음악교육의
새로운 패러다임

음악교육의 새로운 패러다임

특수음악교육학개론

이종열, 신현기 **지음**

Σ 시그마프레스

음악교육의 새로운 패러다임

발행일 | 2016년 9월 20일 1쇄 발행

저자 | 이종열, 신현기
발행인 | 강학경
발행처 | ㈜시그마프레스
디자인 | 강경희
편집 | 문수진

등록번호 | 제10-2642호
주소 | 서울특별시 영등포구 양평로 22길 21 선유도코오롱디지털타워 A401~403호
전자우편 | sigma@spress.co.kr
홈페이지 | http://www.sigmapress.co.kr
전화 | (02)323-4845, (02)2062-5184~8
팩스 | (02)323-4197

ISBN | 978-89-6866-813-5

＊ 책값은 뒤표지에 있습니다.
＊ 이 도서의 국립중앙도서관 출판예정도서목록(CIP)은 서지정보유통지원시스템 홈페이지(http://seoji.nl.go.kr)와 국가자료공동목록시스템(http://www.nl.go.kr/kolisnet)에서 이용하실 수 있습니다.(CIP제어번호 : CIP2016021607)

음악교육은 본질적으로 심미적이고
동시에 총체적이어야 한다

이 책은 장애 학생과 비장애 학생이 공존하는 학급에서 교사가 어떻게 음악교육을 전개해야 할 것인지에 대한 답을 제시하기 위하여 집필하였다. 즉 이 책에서 의미하는 패러다임이란 비장애 학생 중심의 음악 수업에서 장애 학생과 함께하는 음악 수업으로의 변화, 더불어 장애학생과 비장애 학생이 동시에 만족할 수 있는 음악 수업으로의 변화, 그리고 이러한 흐름을 반영하여 음악교육의 본질적 목적을 이루기 위한 교수 방법적 변화를 의미한다.

현행 교육과정에서 제시한 교육의 목적은 인격을 도야하고, 자주적 생활 능력과 민주 시민으로서 필요한 자질을 갖추게 함으로써 인간다운 삶을 영위하게 하는 데 초점을 두고 있다. 이에 따라 현행 교육은 전인적 성장과 문화적 소양 및 창의적 사고를 개발할 수 있도록 도와주어야 하며 이러한 목적을 달성하기 위해서 음악과는 다양한 음악 활동을 통하여 음악의 아름다움을 경험하고, 음악의 기본적인 지식과 기능을 함양하며, 음악의 역할과 가치를 이해하여 음악을 생활화할 수 있는 능력과 태도를 길러주도록 해야 한다.

따라서 음악교육은 본질적으로 심미적이어야 하며, 동시에 총체적이어야 한다. 그래서 이 책은 이에 따른 교수철학을 반영하여 심미적 음악교육과 총체적 음악교육을 지향하는 음악 수업에 수렴할 수 있도록 다음과 같이 구성하였다.

제1부에서는 음악교육의 역사와 철학, 그리고 심리적 관점을 중심으로 특수음악교육의 기초와 배경 및 철학적 가치를 기술하였고, 제2부에서는 음악교육의 목적을 이루기 위해서 지향해야 할 심미적, 포괄적, 총체적 음악교육의 철학과 실천 방법에 대하여 기술하였다. 그리

고 제3부에서는 장애 학생과 비장애 학생이 공존하는 음악 수업에서 적용 가능한 교수이론적 방법들에 대하여 기술하였고, 제4부에서는 특수교육 음악과 교육과정의 변화를 통하여 실제 수업에서 반영해야 할 목표와 기본요소를 기술하였다. 제5부에서는 특수음악교육의 현대적 적용 방법으로서의 공학적, 치료적 접근 방법을 기술하여 사회적 발달과 변화를 반영하였으며, 제6부에서는 음악을 가르치기 위하여 교사가 필수적으로 알아야 할 음악의 기초 이론과 예비교사들을 위한 음악과 임용고시 기출문제 및 해설을 기술하였다.

위의 구성내용을 보아 알 수 있듯이 이제는 특수음악교육학을 학문적으로 정립하고 체계화하여 발달시켜야 함은 물론 더 나아가 세계 여러 나라의 특수음악교육학의 모델을 발굴하여 적용할 수 있는 기틀을 마련해야 한다. 따라서 이러한 특수음악교육학의 발달을 도모하기 위해 일반학교에서 장애 학생과 비장애 학생을 가르치는 일반교사, 특수학교에서 장애 학생들을 가르치는 특수교사, 그리고 임용을 준비하는 예비교사들에게 실질적인 도움이 될 수 있도록 집필하였다.

끝으로 특수음악교육학의 학문적 발달을 염원하는 마음으로 함께해주신 신현기 교수님, 저의 음악교육 철학을 완성시켜 주시고, 그 철학을 담아 음악교육의 영역을 넓혀 가라는 가르침을 주신 이홍수 교수님, 그리고 저의 목소리에 영혼을 담아 아름다운 색깔을 덧입혀주신 바리톤 이종국 교수님, 대학시절 온 열정으로 가르쳐주시며 아낌없는 칭찬으로 격려해주신 변미혜 교수님, 민경훈 교수님, 이남재 교수님, 김광휘 교수님께 감사드린다. 또한 장애 학생의 교육적 발전을 위해 힘써주신 ㈜시그마프레스 강학경 사장님과 편집부에 고마움을 전한다.

심미적 음악교육과 총체적 음악교육의 두 바퀴가 서로 조화를 이루는 수레에,
함께 타고 있는 장애 학생과 비장애 학생이 서로를 위해 노래를 부르며,
그 노래와 웃음소리가 멀리 달나라까지 들리기를 소망하면서

2016년 어느 멋진 날에
이 종 열

PART

특수음악교육의 역사와 철학적 가치

PART ③
특수음악교육의 교수이론과 방법

PART ⑥

임용고시 대비를 위한 음악이론

PART **①**

특수음악교육의
역사와 철학적 가치

음악교육의 역사와 변화

회화 · 조각 · 건축 등의 조형예술은 3차원의 세계에 실재하는 구체적인 소재에 바탕을 두고 공간적인 대상을 항구적인 형태로 창조하는 것을 목적으로 하지만, 음악은 소리라는 예술적 재료를 통해 아름다움을 느끼고 경험하는 데 바탕을 둔다. 음악은 문예나 무용과 더불어 시간의 흐름에 따라 생성(生成)되고 전개된다. 따라서 음악은 동적인 시간예술인 반면 조형예술은 정적인 공간예술이다. 같은 예술이라 하더라도 예술의 종류에 따라 각각 독자적인 특성을 갖추고 있으며 언어로 관념적 의미를 표현하는 문예나, 움직임으로 형상적인 표현을 하는 무용과 달리 음악은 소리의 순수성과 시간적 성질에 바탕을 둔다.

이 장에서는 예술적 관점으로서 음악에 대한 정의와 기원을 살펴보고, 특수음악교육의 태동과 역사에 대하여 간략하게 기술하고자 한다.

1. 음악의 정의와 기원

1) 정의

음악의 정의는 시대와 문화 그리고 민족에 따라 다르게 해석되어 그 관점의 차이가 뚜렷하게 나타난다. 일반적으로 음악이란 소리를 일정한 법칙과 형식으로 종합하여 사상과 감정을 표현하는 시간예술로, 인간의 삶과 밀접한 관련을 맺고 있는 예술의 한 분야라고 설명한다. 따라서 교육과정에서도 '소리의 배합에 의해 인간의 감정을 감동시키는 예술'이라는 페티

(Francois Joseph Fetis)의 정의가 반영되어 있다.

2) 기원

음악은 인간이 지니고 있는 정서적 본능으로서 말과 문자보다도 이전에 생성되었으며, 그리스 신화에서도 자주 거론되었다. 음악의 기원을 과학적으로 연구하려는 시도는 18세기 이래 계속되었으나 확실한 근거가 없어 음악의 기원을 정확하게 파악하는 데는 많은 어려움이 따른다. 그러나 기원을 파악하기 위해 오늘날 비교적 많이 쓰이는 연구방법은 민족음악학에 의해 현존하는 자연민족의 음악을 관찰하는 방법인데, 사실 그것 또한 과학적으로 밝히기란 쉽지 않다. 결국, 음악의 기원에 관한 과학적 연구에서 사변적(思辨的) 추측을 할 수밖에 없는데, 그 내용은 다음과 같다.

① 성적 충동설

다윈(Charles Darwin)은 "사람들이 새와 동물의 이성을 끌기 위해 부르는 소리를 본받아 음악을 만들었다"고 하였다. 주로 새의 관찰에서 출발하여 이성을 끌어들이려는 성적 충동의 발성을 그 기원이라 하였다

② 언어 억양설

18세기에 루소, 헤르더(J. G. Herder)가 주장하였고 대표적인 학자로는 스펜서(Herbert Spencer)가 있다. 이는 언어의 자연스러운 억양에 음악 선율의 기원을 구하려는 학설이다. 그러나 언어 선율을 지니지 않는 자연민족도 있으므로 이 역시 모든 것을 설명할 수는 없다.

③ 감정 표출설

흥분된 감정에 의해서 나오는 음성에 기원을 기초로 하는 학설이다. 즉 인간의 다양한 감정이 발달하여 음악이 되었으며, 그 표현의 유려함이 음악의 질을 결정한다는 이론이다.

④ 집단 노동설

노동과 리듬에 관한 제창으로 사람들이 집단으로 일할 때 힘과 보조를 같이하기 위해 부르는 소리가 노래가 되었다는 학설이다.

⑤ 자연 모방설

원시인들은 속이 빈 물체를 두들겨 소리를 낸다든지 막대기를 흔들거나 나무나 돌 조각

을 맞부딪쳐 소리를 발생시켜 이때 생성되는 리듬과 가락을 토대로 노래가 생기게 되었다는 학설이다.

2. 장애 학생을 위한 음악교육의 태동

장애 학생을 위한 음악교육은 그 역사가 길지 않고 오늘날의 현대 사회가 요구하는 교육적 욕구를 충족시키는 데 미흡한 부분이 많다. 이러한 문제점들을 해결하여 모든 학생에게 맞는 학교 음악교육을 만들기 위해서는 음악교육의 태동을 되짚어보고 현재에 미치는 영향을 살펴볼 필요가 있다.

따라서 장애 학생을 위한 음악교육의 역사적 배경과 근원에 대해 서양과 우리나라로 나누어 살펴보고, 특수교육과 교육과정에 나타난 음악교육의 변화를 짚어봄으로써 앞으로 나아갈 방향에 대하여 생각해보고자 한다.

1) 서양

고대와 중세의 경우 장애인은 종교적 자선사업의 대상이 되기도 하였으나 대부분은 사회 외적 존재, 교육 불가능의 대상으로 취급되며 학대와 유기가 지배적이었다. 이러한 장애인에 대한 종래의 관점을 뒤엎고 근대적 장애인관에 입각한 교육 가능성을 모색하게 한 근대사상의 형성은 인류역사와 특수교육사에 있어 중요한 의미가 있다. 특히 인본주의 사상과 심리학, 의학의 발달 등은 개인 간의 능력 차를 밝혀내어 누구나 소질계발의 권리를 갖고 있음을 인정하게 하였고 장애 학생에 대한 합리적 이해와 대책 수립에도 크게 기여하게 되었다.

근세 초기에 접어들면서 선구적인 특수교육자들을 중심으로 장애 학생 교육과 교육방법들이 시도되어 특수교육방법의 발전에 기초를 닦게 되었는데, 특수교육에서 교육의 수단으로서 빼놓을 수 없는 것이 음악이라 할 수 있다. 19세기 이전에는 장애 학생의 음악교육에 관하여 뚜렷한 연구가 없었고 특별한 교육과 치료를 제공하는 노력도 거의 없었으나 18세기 후반에 프랑스의 의사인 이타르(J. M. G. Itard)에 의해 장애 학생에 대한 감각교육이 시행되었고 이것은 후에 음악교육을 적용하는 데 있어 많은 영향을 주었다. 서양 특수음악교육의 역사는 우선 음악이라는 장르를 특수교육에 활용할 수 있도록 시도한 교육자나 정신의학자들의 역량을 통해 살펴보아야 한다. 흔히 이타르에서 몬테소리에 이르는 이들은 다양한 방법, 특히 감각훈련이라는 새로운 교육개념과 교육환경을 개척함으로 말미암아 음악을 활용한 특수교육의 장을 연 공헌자들이라 볼 수 있다.

이타르는 1799년 아베롱(Averyon)의 야생소년 빅터(Victor)에게 특별한 교수법을 통하여 감각훈련을 시행하였다. 이 작업은 언어훈련 영역에서는 성과를 거두지 못했으나 감각훈련 영역과 사회성 훈련 영역에서 다소의 성과를 거두며 지적장애 학생도 교육할 수 있다는 인식을 심어주었다. 그는 개별학습에 대한 필요, 교사와 학생 간의 신뢰 관계, 학생의 신체적 편안함 등을 강조하였으며, 근육운동과 야외 체육활동, 어린이의 욕구를 충족시켜 주는 활동 역시 중요시하였다.

에스키롤(J. Esquirol)은 정신병과 지적장애를 구별하여, 지적장애 학생은 음악을 배울 수 있는 능력과 감상할 수 있는 능력이 있다고 하였다. 그뿐만 아니라 이타르의 스승인 피넬(Philippe Pinel)의 진단기술을 더욱 발전시키면서, 정신질환자를 보다 인간답게 치료하고자 노력하였다. 당시의 정신질환자에 대한 치료 방법과 대조해볼 때, 인간답게 치료한다는 것은 대단한 모험임과 동시에 이타르가 시행했던 감각적 교육방법에 힘을 실어주었다는 데 의미가 있다(박정선, 1986). 세갱(E. Seguin)은 정신질환에 관심이 많았던 의사로서 페리에(Perier)의 사상과 이타르의 실험, 에스키롤의 접근법을 종합한 독특한 교수법을 만들었다. 그의 교수법은 수동적인 것으로부터 능동적인 것을, 감각적인 것으로부터 지각적인 것으로, 조잡한 것으로부터 세련된 것으로, 관심으로부터 모방으로, 구조적인 활동으로부터 창조적인 것으로 옮겨가도록 하는 것이다. 1839년에 지적장애 학생을 위한 학교를 세우면서 보편적인 치료법을 발전시켰는데, 이 치료법은 이전까지 지적장애의 원인을 뇌의 이상이라고 본 것을 출생 전, 출산 도중, 출산 이후에서도 그 원인이 있을 수 있다는 획기적인 전제를 세우며 지적장애에 대한 새로운 교육접근을 시도했다. 세갱은 이타르와 에스키롤의 교수법을 연구하면서 지적장애 학생을 위한 근대적인 교육방법을 개척한 사람이며 후에 달크로즈(J. Dalcroze)나 몬테소리(M. Montessori)에게 많은 영향을 주었다. 달크로즈는 자신의 스승인 페스탈로치의 교육철학, 즉 학생 스스로 자신의 능력을 강화할 수 있다는 전제하에 지적장애 학생을 위한 교육에 음악을 사용하였다. 음악이라는 장르가 교육에 미치는 효과적인 역량들을 확인하게 해준 달크로즈의 노력은 1922년 시각장애인과 청각장애인들을 가르치는 것에 관심을 두고 교육으로서의 리드믹스를 이용하였다. 달크로즈는 음악의 근원을 리듬으로 보고 모든 학생이 갖고 있는 리듬감각을 조기교육을 통하여 발전시키며 음악을 듣고 학생 스스로 표현해봄으로써 해방감을 맛보게 하는 것을 교육목표로 삼고 있다. 리듬이 중심이 된 그의 무용체조는 어린이에게 리듬 감상 후 표현하게 하는 방법을 통해 발달시키며 어린이의 상상력과 집중력을 길러주고 잠재의식을 표출시키므로 특수아의 조기 음악교육에 도움을 주고 있다. 효과적인 음악교육을 위해서는 어려서부터 음악을 듣고 느끼며 음악에 맞춰 신체 표현을 할 수 있도록 훈련해야 하고, 음악을 귀로만 듣는 것이 아니라 몸 전체로 들음으로써 음악을 느끼고 표현하도록 해야 한다. 따라서 그는 세 가지 교수법, 유리드믹스(리듬교수법), 솔페주(계이름 부르기), 즉흥연주를 개발했다. 달크로즈는 단계적 수업방법보다 즉흥적 수업을 강조하였으며 이것은 지적장애아의 음악교육 발전에 공헌하였다. 몬테소리는 이탈리아의 의사로서 1921년에 출판된 Montessori Methodo라는 책을 통하여 그의 교육원리를 발표함으로써 세계의 주목을 받았다. 그의 교육원리는 학생의 자발성과 감각교육에 근거하며, 스스로 배워 가는 교육방법과 학생의 인지발달을 위한 감각교육에 중점을 둔다. 그는 학생에게 미세한 음도 감지할 수 있는 능력을 갖추도록 하기 위해 고요함을 익히는 것에서부터 음악교육을 시행하였으며, 그의 리듬운동은 달크로즈의 신체 표현과 유사하다. 몬테소리는 조기교육에서 감각과 근육의 훈련을 중요시했고, 또 가정에서 하는 실제적인 생활활동을 강조하였다. 몬테소리는 세갱과 이타르와 같은 방법의 음악지도와 교재교구를 전수했고 달크로즈 리듬운동의 무용체조와 지도방법이 유사하였으며, 어린이에게 미세한 음도 감지할 수 있도록 고요함을 익히는 것에서부터 음악교육을 시도하였다.

몬테소리 교육은 학생의 잠재된 개성을 안내한다. 즉 학생 자신이 가지고 있는 잠재가능성과 자발성을 발견하도록 준비된 환경과 다양한 기회를 제공하여 음악을 통해 전인적 발달과 성장을 할 수 있도록 하였다.

위와 같은 학자들이 교육과 치료적 도구로서 음악의 의미를 파악했으며, 아우이(Valentin Haüy)와 캠벨(F. J. Campbell)은 실제로 학교에서 음악을 적용하였다. 아우이는 파리 맹학교를 설립하고 시각장애 학생을 위한 교육이론을 저술하여 음악을 가르쳐야 할 이유를 피력하였다.

캠벨은 본인이 시각장애인으로서 테네시대학에서 음악공부를 하며 음악교사로 일하게 되었고, 1872년에 학생 2명으로 시작한 그 학교는 후에 왕립사범대학과 음악대학(Royal Normal

College and Academy of Music)으로 발전하게 되었다. 그 결과 왕립사범대학과 음악대학은 장애 학생의 졸업생 80~90%가 자립하게 되었는데 대다수가 음악가, 교사, 피아노 조율과 수선 훈련을 받은 기술자가 되었다. 이것은 전 세계의 시각장애학교들이 직업 준비교육에 중점을 두게 하는 큰 성과였고, 특히 음악교육을 통한 직업 준비과정에 많은 영향을 미쳤다.

2) 우리나라

시각장애인의 경우 일찍부터 점복자로서 혹은 주술자로서의 직책을 가지기도 했는데, 고려 초부터 국가에서는 복업을 과거제도에 포함시켜 복인을 선발하였다. 시각장애인들이 자립생활을 영위할 수 있게 하였고, 복업이 제도화되기도 하였다. 조선시대에 들어와 복업이 명과학으로 개칭되면서 잡학교육이 있었고, 시각장애인 중 일부는 악기를 연주하는 음악 관련 직업을 가졌다. 이를 관현맹인(管絃盲人), 관현맹 또는 고악이라고 한다. 관현맹인은 조선시대 각종 행사의 음악과 음악교육, 악공, 악생의 관리를 담당했던 장악원에 소속된 체아직으로, 조선시대 여자들만 있는 궁중 내연(內宴)에서 관현합주(管絃合奏)나 가무반주(歌舞伴奏)를 맡았다. 세종 초에 18명을 뽑아 음악교육기관인 관습도감에 소속시켜 교육을 받게 하였는데 주로 당악과 향악을 연주하였고 이들이 사용한 악기는 거문고, 당비파, 북, 장구, 해금, 태평소, 피리 등이었다. 1493년(성종 24년)에 편찬된 음악이론서 『악학궤범』과 영조 20년의 『진연의궤』에 관현맹인에 대한 내용이 기록되어 있다. 더 구체적으로 살펴보면 세종 13년에 난계 박연이 세종대왕에게 "시각장애인 악사는 앞을 볼 수 없어도 소리를 살필 수 있으므로 세상에 버릴 사람은 아무도 없다"며 관현맹인에게 녹봉을 주자고 간청했고, 세종대왕은 박연의 간언을 받아들였다고 한다. 이러한 이유로 1445년 세종 초에는 관습도감에 맹인 18명을 입속시키고 음악교육을 시행하였다. 관현맹인 제도를 설치하기도 했는데, 관현맹인은 궁중 내연에서 관현합주나 가무반주를 맡았던 특수한 시각장애 음악인들이다(장사훈, 1974). 이러한 맹인 음악인들을 두었던 이유로는 첫째, 내외법이 엄격했던 그 당시, 여자들만이 있는 궁중 내연에 보는 악공들이 들어갈 수 없었으므로 앞을 못 보는 맹인들에게 궁중에서 연주하게 했다. 둘째, 관습도감의 창기가 사죽(絲竹)과 장구를 배우지 못하였을 때와 궁중의 잔치와 제향 때 관현맹인에게 임시로 반주하게 했다. 하지만 이러한 관현맹인 제도는 갑오경장 때 폐지되었다. 영조 20년에 편찬된 『진연의궤』에 보면 13명의 시각장애인 악사가 피리, 해금, 거문고, 비파 등을 연주했다는 기록이 나온다. 당시 세종시대 이반, 성종시대 김복산 등 유명한 시각장애인 음악가가 많았는데 김복산은 가야금 솜씨가 당대 일인자였다고 한다. 이러한 관현맹인 제도는 1894년에 철폐되었고, 1896년에는 정진소학교에서 시각장애아의 통합교육이 시행되면서 미국 북감리교 선교사들이 서양의 교육방법을 통해 이 땅에서 처음으로 음악을 교육하게 되었다.

이처럼 우리나라에서는 조선시대에도 장애인들을 위한 음악교육을 실시하였고 음악을 이용하여 생계를 유지하도록 하여 음악적 재능을 인정해 관직에 나갈 수 있도록 하였다.

이후 구한말 개화기에는 서구 문명 수용 와중에 선교사들에 의해서 서양 음악이 도입되고 특수교육이 성립되기 시작하면서 음악교육에도 변화를 가져왔다. 우리나라 특수교육의 기원이라고 볼 수 있는 1894년 선교사 로제타 셔우드 홀(Rosetta Sherwood Hall) 여사의 시각장애 소녀를 위한 점자교육 이래 맹학교와 농학교가 설치되었으며, 일본의 조선총독부에 의해 1913년 설치된 제생원에서 교사로 재직하던 박두성은 1928년 맹아동을 위한 한글점자를 완성하여 한국인들의 특수교육에 대한 이해를 증진시키는 계기를 만들었다. 그러나 일제강점기의 음악교육은 민족선각자들이 세운 학교에서 국권 회복을 위해 시행한 음악교과 내용과 관립 교육기관에서 이루어졌던 주입식의 음악교과 내용이 주를 이루고 있어 학교 음악교육 본래의 목적과는 거리가 있다. 이후 광복과 한국전쟁 등의 정치적 상황들로 인하여 예능교과는 더욱 소홀히 다루어졌다. 음악은 정서를 더욱 풍부하게 하는 역할을 하며 신체 표현을 통하여 근육조절을 도와주기도 한다. 다양한 음악 활동은 장애 학생에게도 장애 정도에 따라 더 많은 시간이 소요되거나 낮은 성취도를 보일 수는 있으나 이러한 과정을 통해 다양한 능력을 개발할 수 있다. 이러한 시각은 1955년부터 시행되어 수차례 개정을 거쳐 지금의 교육과정에 이르게 되었다. 우리나라의 특수교육과정은 특수교육 대상자의 특성에 맞는 교육과정과 방법 등이 제시되면서 장애 학생의 음악교육 또한 기존의 전형적인 교육방법과 인식에서 벗어나 그들의 발달단계와 음악적 능력, 다양한 욕구에 맞는 성취학습을 지향하며 발전하게 되었다.

3. 특수학교 음악과 교육과정의 변천

다음은 우리나라 교육과정의 흐름 속에 음악과가 어떻게 변천되었는지 살펴보고, 미래에는 음악과에 대한 발전적 모델로서 어떻게 발전되어야 하는지에 대해 그 기초를 마련하고자 한다.

1) 제1차 교육과정

① 개요

제1차 교육과정(문교부령 제44호 1955년 8월 1일, 1955~1963)은 지식 체계가 중심을 이루는 교과 중심 교육과정이었으나, 교사와 교구의 확보가 어려웠던 시대적 상황 때문에 최소한의 필수적 내용만을 정선하였다. 편제상 교과활동과 특별활동으로 이루어졌으며, 특히 반공 실업교육을 강조하였다. 음악과 교육과정은 가창, 기악, 연주, 감상, 창작이라는 5개 항의 목표로 진술되었다.

② 목표 및 특징

제1차 특수학교 음악과 교육과정의 목표는 심미적 체험을 통하여 미적 정서, 원만한 인격을 형성하는 것이다. 또한 음악적 감각의 향상과 가창, 기악, 창작 등과 관련된 기초 기능과 지식을 익히고, 감상을 통한 정서적 태도를 기르고 이를 일상생활에서 실천할 수 있도록 하는 것을 목표로 하였다. 형식적으로는 기악, 가창, 창작, 감상 등으로 영역을 구분하였으나, 실제 현장에서는 통합적으로 운영해야 함을 강조하였다. 또한 점자로 된 악보, 청능훈련 등을 교육과정에 포함하여 학생의 장애 수준과 개인차를 고려하게 하였으며, 음악적 감각을 최대한으로 발달시킬 수 있도록 하는 데 중점을 두었다.

2) 제2차 교육과정

① 개요

제2차 교육과정(문교부령 제119호 1963년 2월 15일, 1963~1973)은 제1차 교육과정의 문제점을 보완하기 위하여 자주성, 생산성, 유용성, 합리성, 지역성을 강조하였다. 또한 진보주의 사상을 반영하여 경험 중심의 교육을 추구하였다. 따라서 학생들의 경험을 강조하였으며, 학생들의 경험에 따라 그들이 미래에 어떤 인간으로 성장하게 되는지 결정된다고 보았다.

② 목표 및 특징

제2차 특수학교 음악과 교육과정의 목표는 창의적인 표현 기능을 기르고, 음정을 구별하고 박자감과 리듬감을 익혀 음악적 연주 능력을 기르며, 음악을 감상하고, 신체를 통해 자연스럽게 음악을 표현할 수 있는 능력을 기르는 데 있다. 또한 음악 체험을 통해 미적 정서와 리듬 박자에 대한 감각, 신체적 표현을 통한 몸의 유연성과 표현력을 기르는 것을 강조하였다. 지도 내용은 리듬, 가창, 기억, 율동, 감상으로 구성되어 있으며, 세부내용에는 모방해서 부르기, 리듬악기와 가락악기로 합주하기, 악곡의 빠르기에 맞게 신체 표현하기, 음악을 들으며 장면이나 정경 상상하기, 바른 자세로 독창하기 등이 있다. 정신지체학생도 다양한 장르의 곡을 폭넓게 들어보고 음악의 미적 체험을 할 수 있도록 유도해야 함을 강조하였으며, 가창능력에서 비장애 학생과 큰 차이가 없는 경우가 대다수임을 유의하도록 하였다.

3) 제3차 교육과정

① 개요

제1차 교육과정(1955~1963)과 제2차 교육과정(1963~1973)에서는 음악의 기본 이론과 기초적 기능 습득, 심미적 태도 함양 등 주로 음악 외적인 목표에 초점을 맞춘 반면에, 제3차 교육과정(문교부령 제310호 1973년 2월 14일, 1973~1981)에서는 음악성과 창조성의 계발, 조화된 인격 형성 및 바람직한 국민으로서의 교양 함양을 일반 목표로 하여, 독보와 기보능력, 창조적 표현능력과 정서적 생활, 민족 문화 발전에 기여할 수 있는 능력 및 태도를 강조하였다.

② 목표 및 특징

제3차 특수학교 음악과 교육과정의 목표는 음악 체험을 통한 음악성과 창조성 계발, 풍부한 정서함양, 음악적 감각의 발달을 도모하여 점자 악보의 독보, 청음, 기보 등의 능력을 기르고, 그것을 모든 음악 활동에 활용하고 창조적으로 표현하고 감각적으로 느낄 수 있는 감상 능력을 길러 정서적인 생활을 하는 데 두었다. 내용은 가창, 기악, 창작, 감상의 영역으로 구분되어 있으며 가사의 뜻과 악곡의 특징을 살펴 풍부한 감정과 표현으로 부르기, 점자 악보에 의한 학습과 실제 감상에 관련되는 이론, 우리나라 악기를 포함한 악기 연주, 자유로운 창작활동과 음악의 아름다움을 전체적으로 파악하고 악곡을 감각적으로 느낄 수 있는 감상 영역 등이 있다.

4) 제4차 교육과정

① 개요

제4차 교육과정(문교부령 제442호 1981년 12월 31일, 1981~1987)은 개인적, 사회적, 학문적 적합성을 고루 갖춘 종합적인 인간 중심 교육 사조의 영향을 받아 정서를 순화하고 자주적, 창의적으로 아름다운 음악을 만들어낼 수 있는 능력을 기르도록 하였다. 포괄적, 창의적이라는 단어가 본격적으로 사용되기 시작했고 세계의 음악교육이 공통적으로 지향하는 개념적 접근 방법, 학생 중심의 경험학습, 창의적 음악 활동을 수용함으로써 음악 자체에 대한 심미적 체험을 포괄적으로 학습할 것을 핵심으로 하였다.

② 목표 및 특징

제4차 교육과정 목표는 음악적 감각의 향상 도모, 일반적인 악곡의 독보, 악곡을 개성에 따라 표현할 수 있는 창조적 능력 향상, 악곡과 연주의 특징 및 작품의 문화적 배경을 이해하고 음악을 애호하며 즐기는 적극적인 태도를 기르는 데 있으며, 또한 기본 능력 영역을 리듬, 가락, 화음, 형식, 빠르기, 셈여림, 음색 등으로 세분화하였고 음악의 구성요소를 수업의 주제로 삼아 다른 것들은 수단이 되도록 하였다. 즉 제4차 특수학교 음악과 교육과정은 다양한 감각을 통한 음악 경험으로 음악적 감각을 계발하고 미적 정서의 순화를 도모할 것을 목표로 하였다. 가창, 기악, 창작 등의 표현능력과 창의적 자기표현 기능 증진, 음악의 표현 활동에 필요한 기능의 발달, 악보를 보고 정확하게 부를 수 있는 태도를 길러 학습 활동과 일상생활에 활용할 수 있게 하였다. 내용은 신체 표현과 가창, 기악, 감상의 영역으로 구성되어 즉흥적 표현과 풍부한 감성 기르기, 독보·기보능력 향상, 악기 주법 익히기와 아름다운 음색으로 연주하기, 감각적으로 음악을 파악하여 느낌을 비교 감상하기 등으로 구성되어 있다.

5) 제5차 교육과정

① 개요

제5차 교육과정(문교부령 제87-7호 1987년 3월 31일, 1987~1992)은 제4차 교육과정과 뚜렷한 차이는 없다. 제5차 교육과정은 시각장애인학교, 청각장애인학교, 정신지체아학교, 지체부자유아학교로 장애 영역이 구분되었고 1985년 3월 1일부터 시행되었으며 정신지체아학교 교육과정은 '훈련가능'과 '교육가능'으로 구분하였다. 또한 1989년 유치부 교육과정이 만들어져 전 교육과정의 모습이 완성되었다. 아울러 정서장애, 언어장애 등의 치료적 기능도 중시하여 특성이나 능력에 맞추어 교육적 가치를 높일 수 있게 배려하도록 명시하였다. 표현과 감상 영역을 통합하여 지도함으로써 다양한 학습 활동이 이루어 지도록 하여 기본 능력의 발달 정도와 각 영역의 성취도를 균형 있게 평가하고, 영역별로 다양한 평가 방법과 도구를 활용할 것을 강조하였다.

② 목표 및 특징

제5차 특수학교 음악과 교육과정의 목표는 음악 경험을 통한 감각 계발과 미적 정서 순화, 악곡의 구성요소를 구조적으로 파악, 창법과 주법의 기능을 익히고 개성에 따라 표현하는 능력, 음악의 아름다움을 느끼고 즐거운 마음으로 감상하는 태도 등을 익혀 모든 학습 활동과 일상생활에 활용하는 것이다. 내용은 기본능력, 표현능력, 감상능력으로 영역화되어 있으며 리듬에 대한 신체적 반응, 가락의 표현, 셈여림과 악기의 음색 분별, 가창, 기악, 창작을 통한 음악적 기능과 표현능력 증진, 악곡의 종류와 연주 형태를 이해하고 감사하는 능력 등에 주안점을 두었다. 제5차 교육과정은 개념적 접근법을 강조했고 통합적인 학습 방법을 지향했다. 이 교육과정은 기존의 교육과정에 비해 인간주의적인 면을 많이 찾아볼 수 있으나 그 전체적인 특징은 제4차 교육과정보다 특별히 변화된 점은 없다.

음악교육과정의 목표를 살펴보면 '바람직한 체험을 통하여 음악성을 계발하고, 풍부한 정서와 창조성을 길러 조화로운 인격을 형성하게 한다'로 제시되어 있고 이것은 제4차 교과 목표와 같다. 세부 목표에서도 이전 과정의 목표와 거의 동일한데 한 가지 차이점을 보면 '악곡과 연주의 특징 및 작품의 문화적 배경과 관계를 이해하고 음악을 능동적으로 감상하는 심미적인 태도를 가지게 한다'로 제시하였다. 즉 심미적인 태도를 기르는 절대 표현주의적 입장을 지닌 점에서 차이가 있다.

6) 제6차 교육과정

① 개요

제6차 교육과정(교육부 고시 제1992–11호 1992년 9월 30일, 1992~1999)은 우리나라 교육

사상 처음 시도된 지방 분권형 교육과정으로 시도 교육청과 학교의 자율 재량 권한을 확대한 교육과정이다. 개정의 중점은 교육과정 결정권의 분권화, 교육과정 다양화, 적정화, 효율화 등이며, 학생의 적성과 능력, 진로를 고려하고 학습과 생활의 기초능력을 신장하도록 하며, 평가 방법을 개선토록 하였다. 이에 따라 이전의 학년 목표는 없어지고 음악교육의 철학적 근거를 제시하는 성격과 내용 체계가 신설되었으며, 또한 음악의 구성요소에 대한 이해, 가창, 기악, 창작에 관한 표현, 감상 영역으로 구분되어 지도내용을 제시하였고, 심미적 음악 체험을 중요시하였다. 학생들이 음악을 통해 풍요로운 삶을 살 수 있도록 그들의 미적 감수성을 발달시켜 그 가치를 최대한 경험할 수 있도록 하고, 그것을 바탕으로 수준 높은 삶을 영위하게 하는 것을 강조하였다.

② 목표 및 특징

제6차 특수학교 교육과정 음악과의 교육목표는 음악의 체험을 통하여 음의 세계를 알게 하고 악곡의 구성요소와 표현 능력, 음악적 감각의 향상을 도모하였으며 악곡과 연주의 특징 및 배경 등을 이해하고 음악을 즐기는 심미적인 태도 함양에 목표를 두었다. 내용을 보면 표현과 감상 활동을 통해 악곡에 대한 구조적인 이해와 창조적 표현, 악곡의 종류와 연주 형태에 따른 음악의 특징을 파악하고 전체적인 흐름을 풍부한 상상력으로 다양하게 표현하고 평가하기, 여러 지역과 시대의 악곡을 경험하고 우리나라 전통악기를 비롯한 다양한 악기를 직접 연주하고 가락을 만들어 보는 등의 활동을 통해 음악의 아름다움을 느낄 수 있도록 하였다. 지도 내용을 살펴보면 개인의 적성에 맞는 악기를 다루게 하였고 연주, 가창, 수화노래 및 청음 학습과 감상이 전 영역 학습 활동 안에서 균형 있게 전개되도록 하였다. 또한 점자악보의 읽기와 적기도 평가에 포함시켰으며 종합적인 음악 능력 평가를 위해 다양한 평가 방법과 도구 활용을 강조하였다. 아울러 창조적 표현 활동을 전 영역에서 활발하게 전개할 수 있도록 하였고, 개인의 잠재 능력과 소질 계발에 중점을 두어 지도하도록 하였다. 표현과 감상 활동의 통합적인 지도와 학생들의 참여를 강조한 것 역시 이 시기 교육과정의 특징이다.

7) 제7차 특수학교 기본교육과정

① 개요

제7차 특수학교 기본교육과정(교육부 고시 제1998-11호, 2000~2009)은 세계화, 정보화 시대를 주도할 자율적이고 창의적인 한국인의 육성에 중점을 두어 이에 따라 학생 중심의 교육과정, 교육과정 중심의 교육과정, 국가 수준의 공통성과 지역, 학교, 개인 수준의 다양성을 동시에 추구하는 교육과정의 성격을 지녔다. 초등학교 1학년부터 고등학교 1학년까지를 국민공통 기본교육과정으로 구성하여 일관성 있는 체제를 갖추도록 하였고 고등학교 2, 3학년은 선택 중심 교육과정으로 운영하여 학생들에게 재량권을 주었다. 국민공통 기본교육과정에서 음악과를 가르치고 선택 중심 교육과정에서는 음악과 생활을 가르치도록 하였다.

② 목표 및 특징

제7차 특수학교 기본교육과정의 목표는 일상생활에서 아름다움을 느끼고 이를 창의적으로 표현할 다양한 기회를 가짐으로써 풍부한 정서생활 함양을 강조하였고, 음악의 활동을 지각 활동, 표현 활동, 감상 활동 등 세 가지로 구분하였다. '지각 활동'은 예술적 요소를 지각하여 생활을 즐길 수 있는 태도를 기르는 데 중점을 두고, '표현 활동'은 자기 생각과 경험, 느낌을 예술적 방법으로 나타내 창의적 표현력을 기르는 데 중점을 두며, 마지막으로 '감상 활동'은 자연 활동 등에 흥미와 관심을 두고 아름다움과 즐거움을 느끼게 함으로써 미적 정서를 기르는 데 중점을 둔다. 영역별 내용은 학생들의 수준에서 선택할 수 있도록 단계적으로 조직되어 있으므로 서로 유기적인 관계를 맺으면서 생활 중심의 경험 활동으로 전개되도록 하였다. 예능 교과의 성격에 대하여 '지적으로 어려움을 가지고 있는 발달지체 학생들이 자기의 생각이나 느낌을 자신 있게 표현할 수 있도록 다양한 예술적 활동의 기회를 제공함으로써 학생들의 기본적인 활동 욕구를 충족시켜 정서적인 안정감과 심미감을 기르는 과목'이라고 제시하고 있다. 아울러 지도 방향과 교수 학습 방법에 대해서는 모든 활동이 학생의 생활 전반 및 모든 학습 활동을 통하여 이루어지도록 하며 그 내용과 방법은 일정한 틀에 국한하지 말고 학생의 정서적 발달과 창의력, 자율성을 촉구할 수 있도록 하고, 학생의 발달 수준을 고려한 표현 중심 학습과 개방적 분위기의 학습 환경, 구체적이고 직접적 경험이 가능한 지각 활동 등을 세부 내용으로 삼고 있다.

8) 2008년 개정 특수학교 기본교육과정

① 개요

2008년 개정 특수학교 기본교육과정(교육인적자원부 고시 제2008-3호, 2009~현재)은 기존의 음악과 미술을 예능으로 한정한 것에 벗어나 음악을 독립 교과로 두었다. 추구하는 인간상으로는 전인적 성장의 기반 위에 개성을 추구하는 사람, 기초능력을 토대로 창의적인 능력을 발휘하는 사람, 폭넓은 교양을 바탕으로 진로를 개척하는 사람, 우리 문화에 대한 이해의 토대 위에 새로운 가치를 창조하는 사람, 민주시민 의식을 기초로 공동체의 발전에 공헌하는 사람으로 설정하였고, 이것을 토대로 음악과는 다양하고 즐거운 활동, 자율적이고 창의적인 활동 등을 강조하였다.

② 목표 및 특징

2008년 개정 특수학교 기본교육과정은 일상생활에서 아름다움을 느끼고 이를 창의적으로 표현할 수 있는 다양한 음악 활동의 기회를 가짐으로써 풍부한 정서를 함양하고 자발적인 표현 활동을 즐길 수 있는 능력과 태도를 기르는 것에 목표를 두었다. 또한 학생들의 잠재된 음악적 능력을 계발하고, 다양한 문화를 경험하며, 음악 개념을 이해하고 풍부한 정서를 기르는 것과 동시에, 음악을 통하여 자기의 생각이나 느낌을 창의적으로 표현하고, 감상 능력을 기를 수 있도록 음악적 경험을 제공하는 교과이다. 음악과는 지각 활동, 표현 활동, 감상 활동의 3개 영역으로 구성되어, 다양한 음악을 체계적으로 활용하여 변화를 유도하고 심리적 안정감과 만족감을 극대화하여 다양한 발달 영역에서의 기능을 향상시키며 바람직한 행동 변화를 통해 자아실현을 하도록 하였다. 또 학생 개개인의 자발적인 참여를 권장하고 개이의 음악저 요소에 대힌 반응과 판단을 존중하여 음악을 즐길 수 있는 능력과 태도를 기르는 데 중점을 둔 활동과 전통적·현대적 악기의 기능과 활동에 맞게 변형시켜 창의적인 표현력을 기르는 데 중점을 두었다.

9) 2011년 개정 특수교육 기본교육과정

① 개요

2011년 개정 특수교육 기본교육과정(교육과학기술부 고시 제2011-501호 특수교육 교육과정)은 개인의 전 생애와 생활화를 강조하였다. 2008년 개정에 비해 좀 더 구체적이고 명시적으로 '특수교육 대상학생들이 지닌 특별한 요구를 바탕으로'라는 문구를 사용하였다. 또한 2008년 개정과 비슷하게 생활화를 강조하였으며 공동체적 의식을 통한 사회화를 포함하여 학생들이 사회적으로 상호작용을 할 수 있도록 해야 한다는 것을 강조하였다.

② 목표 및 특징

2011년 개정 특수교육 기본교육과정에서 음악과는 다양한 악곡과 활동을 통하여 음악의 아름다움을 경험하게 하고, 음악의 표현·감상·이해 능력을 기르고, 음악을 생활화함으로써 즐거운 생활을 하는 태도를 기르게 하며, 음악 활동을 통해 정서적, 사회적, 신체적, 인지적 발달을 촉진하는 것을 목표로 설정하였다.

또한 음악과의 내용 영역은 '활동', '이해', '생활화'의 3개 영역으로 구성하고, 각 영역은 5개의 학년군으로 구분하여 계열성을 강조하였다. 활동 영역은 '가창', '연주', '창작', '감상'의 4개 소영역으로 구성되어 있으며, 다양한 음악 활동을 통해 표현 및 감상능력을 기를 수 있도록 하였다. 이해 영역은 리듬, 가락, 화성, 빠르기, 셈여림, 형식, 음색의 범주로 구성되어 있으며, 음악의 기본적인 구성요소에 대한 개념을 이해하도록 하였다. 또한 생활화 영역은 생활 속에서 다양한 음악을 경험하고 활용하며 적용하는 태도를 기를 수 있도록 제시하였다.

4. 특수학교 음악과 교재(교과서)의 변천 과정*

1966년 대구보명학교가 우리나라 최초의 정신지체학교로 설립되었으나, 공식적인 음악 교과서(음악과 미술을 포함한 예능교과서)는 제7차 교육과정에서 처음으로 만들어졌다. 우리나라는 1974년 정신지체 특수학교 교육과정이 처음으로 공포되었으나 실제로 정신지체 학생을 위한

---

* 이숙·이난복(2007). 한국 정신지체 특수학교 교육과정 변천사 연구. 특수교육저널 : 이론과 실천8(3)을 요약 정리함

교과서는 제작되지 않았다. 정신지체 학생을 위한 음악교재는 1978년까지 별도로 준비된 것이 없었고, 1979년에 시범 교재가 준비되었으며, 1979년 문교부가 대구 남양학교에 위탁하여 음악교재를 제작하여 각 학교에 배부하였다(김인숙, 1982). 이후에 1989년 대구대학교 특수교육연구소에서 정신지체 학생을 위한 예능 교사용 지도서가 발간되어 사용되다가 2000년에 들어서야 정신지체 특수학교 기본교육과정으로 예능교과서가 처음으로 출간되었다.

1) 문교부가 대구 남양학교에 위촉하여 만든 음악교재

1979년도에 처음으로 만들어진 음악교재는 교육과정에 맞추어 국민학교 과정을 저학년, 중학년, 고학년으로 나누어 만들었다. 이 음악교재는 남양학교에서 제작하여 전국에 있는 정신지체학교에 보급되었으나, 장애의 특성 및 능력의 고려 없이 현행 국민학교 음악 교과서의 몇몇 곡들을 선정하여 정리한 것에 불과했으며(김인숙, 1982) 악곡 선정에 있어서도 일반 초등학교 교과서 내용을 학년 수준을 낮춰서 그대로 사용하였기 때문에 이 교재는 대부분 학교에서 사용하지 않은 것으로 나타났다.

2) 대구대학교 특수교육연구소에서 출판된 예능교사용 지도서

1989년 출판된 예능교사용 지도서는 1979년 만들어진 시범교재보다 좀 더 체계적인 접근을 시도하였다. 대구대학교 특수교육연구소(1989)에 따르면, 1989년 출판된 예능교사용 지도서는 교육과정에 맞추어 음악교과 내용을 초등부 교육가능과 훈련가능으로 구분하여 내용을 정리하였다. 음악의 영역을 가창, 기악, 창작, 감상 등으로 나누어 주변에 있는 자연의 소리를 탐구하고 그림 악보를 사용해 좀 더 쉽게 악기를 연주하도록 하였으며 표현 부분에서 흉내 내기의 기본적 활동을 통해 음악 안에서 자연스럽게 자기 생각을 표현하도록 유도하였다. 또한 주변 자연 현상에 흥미를 갖도록 구성히었다.

정신지체 초등부 훈련가능 예능교사용 지도서는 음악교육을 표현 활동과 감상 활동으로 나누었으며, 표현 활동은 듣고 부르기, 음악에 맞춰 간단한 몸짓하기, 음악에 맞춰 동물 특징 흉내 내기로 구성되었다(대구대학교 특수교육연구소, 1989).

정신지체 초등부 교육가능 저학년 예능교사용 지도서는 음악교육을 표현 활동과 감상 활동으로 나누어서 제시하였으며 훈련가능 학생을 위한 교과서보다 음악적 요소를 자연스럽게 이해할 수 있도록 구성하였다. 표현 활동은 음악 소리에 흥미 갖기(자연의 소리, 친구들 노랫소리에 흥미 갖기)와 소리의 구별(높은 소리와 낮은 소리 구별, 긴 소리와 짧은 소리 구별, 센 소리와 여린 소리 구별)과 모방(자연소리 모방)하기였다. 감상 활동으로는 즐거운 마음으로 노래 듣기, 리듬 치며 음악 듣기, 기악곡 듣고 악기 가려내기, 그리고 연주 광경을 보고 악기 연주하기를 제시하고 있다. 정신지체 초등부 교육가능 고학년 예능교사용 지도서는 음악교육을 표현 활동과 감상 활동으로 나누어 제시하였으며, 표현 활동은 저학년과 유사하나 감상 활동은 저학년보다 좀 더 질적으로 높은 수준으로 구성되었다. 감상 활동은 가사 내용과 박자에 관심을 두고 음악 듣기, 리듬 치며 조용히 듣기, 즐거운 음악과 슬픈 음악 구별하기, 그리고 우리나라 민요 듣기에 중점을 두었다. 또한 여러 가지 악기 알기, 여러 가지 악기로 연주한 감상곡 듣기, 우리나라 전통악기 알기, 감상하기, 여러 가지 음악 듣고 느낌 말하기를 통해서 다양한 음악을 접할 수 있도록 구성하였다.

3) 제7차 기본교육과정 예능교과서

교육부에서 발생한 최초의 음악 관련 교과서로 음악과 미술의 통합교과서이기도 하다.

정신지체 특수학교 기본교육과정으로 처음으로 출간된 예능교과서는 1·2·3으로 구분되어 있으며 학년별 구분을 없애고 10학년제를 도입하여 학생의 능력에 맞게 선택해서 지도하도록 구성되었다(교육부, 2000). 박혜은(2002)의 연구에 따르면, 지금까지 사용된 음악교재와의 가장 큰 차이점은 전래동요와 민요가 차지하는 비율이 예능 1 18.8%, 예능 2 19.3%, 그리고 예능 3 12.7%로서 전체 곡목에서 우리 음악의 제재곡이 비교적 높았다. 예능 1에서는 오선악보를 사용하지 않고 정신지체아들이 악보를 쉽게 볼 수 있도록 3선 악보, 4선 악보, 그림악보를 사용하였고, 예능 2에서는 예능 1보다 동요가 줄어들면서 외국곡의 비율이 조금 높아졌다. 예능 3은 교과서의 제재곡이 47곡으로 예능 1·2에 비해 더 많은 곡이 수록되었으며, 우리나라 곡 23곡, 외국곡 18곡, 감상곡 6곡의 비율로 구성되어 있다.

4) 2008년 개정 기본교육과정 음악교과서

2008년 개정 기본교육과정 음악교과서는 기존의 음악과 미술을 결합한 예능교과서가 아닌 음악을 독립적으로 분리한 최초의 교과서이다. 음악교육의 목적은 일상생활에서 아름다움을 느끼고 이를 창의적으로 표현할 수 있는 다양한 음악 활동의 기회를 가짐으로써 풍부한 정서를 함양하고 자발적인 표현 활동을 즐길 수 있는 능력과 태도를 기르는 데 있으며(교육과학기술부, 2009), 지각 활동과 표현 활동, 감상 활동으로 구성되어 있다. 1·2·3의 3권으로 구성된 음악교과서는 정신지체학생을 주요 대상으로 집필되었다.

또한 위계적 질서에 의한 음악 이해와 가창, 기악, 창작, 감상 등 다양한 영역을 통한 음악의 생활화에 초점이 맞추어 집필하였다.

이종열·신현기(2010)에 따르면 2008 개정 특수학교 기본교육과정 교과서는 제7차 기본교육과정 교과서보다 내용 체계에 있어 더욱 발전적 형태로 변모하였으나 다음과 같은 문제점이 있다고 제시하였다.

첫째, 제7차 기본교육과정과 2008년 개정 기본교육과정 모두 음악교과서에 기악곡은 한 곡도 없이 가창곡으로만 구성되어 있다. 악기에 대한 이해를 포함한 기악교육은 다양한 음악적 표현과 학습자의 창조적인 욕구를 충족시키기 때문에 가창곡과 마찬가지로 그 중요성을 인식하여, 그 기악곡을 학습할 수 있는 제재곡의 비율을 조정해야 할 것이다.

둘째, 제7차 기본교육과정에서는 2/4박자와 4/4박자가 각각 46.3%, 38.5%, 2008년 개정 기본교육과정에서는 2/4박자와 4/4박자가 각각 14.8%, 68.9%로 특정 박이 다수를 차지하고 있다. 즉 제7차 기본교육과정과 2008년 개정 기본교육과정에서 2/4박과 4/4박을 합치면 각각 84.8%, 83.7%로 압도적이다. 2008년 개정 기본교육과정 교과서 해설서에는 음악 2와 음악 3에서 2·3·4박을 강조한다고 서술하였으나, 정작 음악 1에서는 3박의 곡의 각각 15.2%, 9.8%로 비율이 현저히 낮아 상위학년의 연계성에 문제가 될 소지가 크다.

또한 제7차 기본교육과정과 2008년 개정 기본교육과정에서 장단을 분석하면 중중모리장단과 자진모리장단이 다수를 차지하고 있으며, 2008년 개정 기본교육과정의 음악교과서가 조금 더 다양한 장단을 제시히고 있다. 그러나 장난의 기본이 되는 세마치장단과 굿거리장단의 제재곡은 전혀 제시되지 않고 있다.

그러므로 흐름결을 결정짓는 요소인 박(장단)의 학습과 그것을 기반으로 하는 표현의 다양성을 위해 여러 가지 박자(장단)가 있는 악곡이 균형 있게 제시되어야 하며, 특히 3박의 악곡, 세마치장단과 굿거리장단의 악곡을 더 포함하여 음악의 아름다움을 맛볼 수 있도록 구성되어야 할 것이다.

셋째, 제7차 기본교육과정과 2008년 개정 기본교육과정 음악교과서 모두 다장조가 각각 96.2%, 49.2%로 다수를 차지하고 있으나, 2008년 개정 기본교육과정의 제재곡이 조금 더 다양한 조성으로 구성되어 있다. 또한 단조의 곡을 살펴보면 제7차 기본교육과정에서는 0곡, 2008년 개정 기본교육과정에서는 2곡으로 그 비율이 미미하다. 여러 가지 조성의 감각과 음악성의 신장을 위해 정신지체학생의 발달 수준 내에서 더욱 다양한 조성이 균형적으로 선정되어야 할 것이다.

넷째, 제7차 기본교육과정과 2008년 개정 기본교육과정 음악교과서에서는 제창곡이 각각 100.0%, 98.3%로, 둘 다 제창이 압도적으로 높은 비율을 차지하고 있다. 화음의 아름다움을 느끼고 표현할 기회를 마련하기 위해 화성 음악을 경험할 수 있는 다양한 음악 활동이 전개될 수 있도록 제재곡이 선정되어야 할 것이다.

다섯째, 제7차 기본교육과정과 2008년 개정 기본교육과정 음악교과서에서 악곡의 형식을 살펴보면 각각 53.9%, 37.7%로 한도막 형식이 다수를 차지한다는 공통점이 있어서, 다른 음악 개념 요소에 비해 다양하게 구성되어 있다.

여섯째, 악보 제시 형태에 있어 제7차 기본교육과정과 2008년 개정 기본교육과정 음악교과서 모두 셈여림과 빠르기의 표기가 일정한 기준을 가지고 있지 않았다. 특히 빠르기의 표기는 학생들의 악곡 전반의 이해를 돕기 위한 중요한 음악 개념 중 하나이므로 그 표기가 통일성 있게 제시되어야 할 것이다.

5) 2011년 개정 기본교육과정 음악교과서

2011년 개정 특수교육 교육과정은 음악의 아름다움을 경험하여 음악의 표현, 감상, 이해능력을 기르고 이를 생활화하는 태도를 기르며, 나아가 음악 활동을 통해 정서적, 사회적, 신체적, 인지적 발달을 촉진하는 데 중점을 두었다.

학년군별 총괄 목표는 초등학교 저학년 수준부터 시작하여 음악의 경험, 음악을 즐기는 태도, 음악행사에 참여하는 태도, 음악의 활용능력, 음악의 생활 적용 태도에 이르는 점진적인 단계를 거쳐 고등학교 수준에 이르도록 하였다. 또한 각 학년군별 상세 목표는 '활동', '이해', '생활화'의 내용 영역에 따라 제시하였고 학년이 올라감에 따라 성취 수준을 높여 계열화되어 있다. 교과서의 특징을 구체적으로 제시하면 다음과 같다.

첫째, 통합적인 학습 활동을 위하여 학습 내용을 의도적으로 조직하고, 음악 개념의 접근에 가장 적합한 음악 행위를 주된 활동으로 하며, 그 내용을 지도하는 데 있어 도움이 되는 음악 행위를 하도록 구성하였다.

둘째, 우리의 전통음악을 교재로 사용함으로써 참다운 민족 문화 수립에 일역을 담당하는 학생들에게 우리 음악을 제재곡으로 선정하였다.

셋째, 음악교과서를 통하여 창의적이고 주체적인 예술학습을 위해 학생들 자신의 음악이 만들어질 기회가 주어지도록 하였다.

넷째, 실생활에서 학생들이 경험할 수 있는 활동을 소재로 구성하였다.

다섯째, 학습자의 능력과 필요에 따른 과제의 선택과 학습이 용이하도록 학습의 효과를 고려하여 탄력적으로 구성하였다.

여섯째, 생활 장면 중심의 소재를 설정하고 학습한 것을 실생활에 적용할 기회를 제공하기 위해 학생의 적극적인 참여를 유도하였다.

아울러 일률적인 학습 활동에서 탈피하여 다양하게 학습할 수 있도록 음악과 교육과정의 내용을 충실히 반영하는 교과서, 효과적인 음악과 교수-학습 활동을 위하여 다양한 학습 방법을 제시한 교과서, 사고력, 탐구력, 창의력을 신장시킬 수 있는 창의적 구성의 교과서가 되도록 다음과 같은 원리 및 방법에 의해 내용을 조직하였다.

① **음악과 교육과정의 내용을 충실히 반영하는 교과용 도서**

1. 학생에게 있어 인위적이고 조작적인 활동 방식보다 음악교과서의 제재곡을 통한 자연스러운 학습이 되도록 조직하였다.

2. 교육과정의 내용을 기초로 하여 충실하고 체계적인 교과서가 되도록 한다. 특히 활동, 이해, 생활화 영역이 통합적으로 이루어질 수 있도록 구성하고, 음악 활동에 음악 요소가 통합되고 연계되도록 하며, '생활화'를 중시하여 음악 활동과 이해를 바탕으로 학생들이 구체적으로 생활화하는 데 도움이 되는 학습 내용과 학습 활동을 제시하였다.

3. 교육과정을 학년 수준에 맞게 상세화하고 계열화하여 학습자의 수준에 맞게 단원별 학습 분량을 적정화하여 학습 내용을 구성하고 조직하였다.

② **효과적인 음악과 교수 – 학습 활동을 위하여 다양한 학습 방법을 제시한 교과용 도서**

1. 이해 영역, 활동 영역, 생활화 영역을 중심으로 통합적인 학습이 가능하도록 조직하였다.

2. 교육과정을 근간으로 하여 학습목표를 제시하고, 그 목표를 효과적으로 달성할 수 있는 학습 자료와 활동을 다양한 형태로 제시하였다.

3. 학습자가 실제 음악을 통하여 학습 요소(개념, 활동, 태도)를 학습할 수 있도록 실음 중심의 다양한 활동을 할 수 있도록 편찬하였다.

③ 사고력, 탐구력, 창의력을 신장시킬 수 있는 창의적 구성의 교과용 도서

1. 각 단원의 학습 내용 및 활동을 학습자의 수준에 맞추고 적성, 능력, 흥미에 따라 실시할 수 있는 개별학습과 모둠별 학습, 통합적 학습, 주제별 학습을 제시하였으며, 구체적인 예를 통하여 학습 활동을 유발하도록 조직하였다.

2. 학습자의 수준과 흥미를 고려하여 주어진 수업시간에 활용할 수 있는 다양한 학습 내용, 학습과제, 교수-학습 자료로 구성하였다. 단순한 음악 지식이나 음악 활동을 나열하는 것이 아닌 실제 수업에서 활용할 수 있는 풍부한 교수-학습 자료를 제공하였다.

3. 교과서에 학습자가 흥미와 관심을 유발할 수 있는 미적인 디자인을 채택하고, 시각적 내용이 음악 학습의 청각적 내용을 유기적으로 뒷받침하도록 한다.

4. 음악 학습에 대한 흥미와 관심을 두고 학습 내용을 효과적으로 파악할 수 있도록 유익하고 재미있는 질 높은 시각자료를 제시하여 조직하였다.

정리

인간은 누구나 아름다움을 느끼고 '미(美)'를 추구한다. 이러한 아름다움을 '소리'라는 재료를 사용하여 인간의 사상과 감정을 표현하는 예술이 음악이다. 음악은 인간의 역사와 함께 시작되었고 인간이 지닌 내재적 본능이다. 즉 음악은 소수 특정 집단의 소유물이 아니라 모든 인간의 기본적 욕구이다. 따라서 누구나 음악을 배울 권리가 있고, 학교에서는 이들 모두에게 음악을 가르칠 의무가 있으며 장애를 가진 학생들도 일반학생과 동등하게 음악교육을 받을 권리가 있다(이종열, 2003). 그러나 장애 학생을 위한 음악교육은 일반 음악교육에 비해 그 연구의 발전 속도가 느리며, 구체적 교수 · 학습의 자료가 미비한 것이 사실이다. 장애 학생을 위한 음악의 역사적 측면으로서의 태동과 교육과정의 변천을 이해하여

발전적 형태로서의 내용과 지도방법 등을 장애 학생에게 적절히 적용할 수 있는 프로그램 등이 더욱 연구되어 음악을 통하여 다양한 학습적 기능을 기르고 음악의 아름다움을 발견하며 생활 속에서 적용하여 심미적 체험을 구체화해야 할 것이다.

♫ 연구과제

1. 음악의 정의를 새롭게 만들어보고 다른 학생들과 비교해보자.

2. 음악의 기원에 대해서 살펴본 후 자신의 주장을 정당화할 수 있는 근거를 중심으로 비판해보자.

3. 장애 학생을 위한 음악과 교육과정의 발전 방향에 대해 논의해보자.

- 페티 : 소리의 배합으로 인간의 감정에 감동을 주는 예술
- 소리를 일정한 법칙과 형식으로 조합하여 사상과 감정을 표현하는 시간적 예술

① 음악의 정의

② 음악의 기원

③ 장애 학생을 위한 음악교육의 태동

④ 특수학교 음악과 교육과정 변천

⑤ 특수학교 음악교과서 변천

음악교육의 역사와 변화

⑤ 특수학교 음악교과서 변천

- 1979년 : 최초로 문교부에서 음악 시범교재가 발간됨
- 1989년 : 체계적인 예능교사용 지도서가 발간됨
- 제7차 기본교육과정 예능교과서 : 교육부에서 제작한 최초의 음악 · 미술 통합교과서
- 2008년 개정 기본교육과정 음악교과서 : 음악을 독립적으로 분리한 최초의 교과서
- 2011년 개정 기본교육과정 음악교과서 : 음악과 교육과정의 내용을 충실히 반영함
  창의적이고 다양한 학습 방법 제시

② 음악의 기원

- **성적 충동설** : 이성을 끌어들이려는 성적 충동의 발성으로부터 기원함
- **언어 억양설** : 언어의 자연스러운 억양에서 기원했다는 학설
- **감정 표출설** : 흥분된 감정에 의해서 나오는 음성에서 기원함
- **집단 노동설** : 사람들이 집단으로 일할 때 내는 소리가 노래가 되었다는 학설
- **자연 모방설** : 자연계의 음향을 듣고 노래를 만들었다는 학설

③ 장애 학생을 위한 음악교육의 태동

❶ 서양

- **이타르** : 장애 아동 감각훈련 실시 → 장애 아동의 음악교육에 많은 영향
- **에스키롤** : 감각적 교육방법에 힘을 실어줌
- **달크로즈** : 정신지체아동 교육에 음악 사용, 리듬이 중심이 된 무용체조와 즉흥수업 강조 → 정신지체아동의 음악교육 발전에 공헌
- **몬테소리** : 감각·근육훈련의 조기교육 강조, 실제적 생활활동 강조
- **캠벨** : 장애 학교에서 실제적으로 음악교육을 적용함
- **아우이** : 파리 맹학교 설립, 맹 교육론 저술 → 음악교육의 필요성 피력

❷ 우리나라

- **조선시대** : 관현맹인제도, 맹인에게 음악교육을 시행함
- **1896년** : 시각장애아 통합교육 시작 → 음악을 통한 교육이 시행됨
- **1928년** : 박두성 한글점자 완성 → 음악이 정식 교과목으로 채택됨
- **1955년부터** 교육과정 개정을 통해 장애 아동의 음악교육이 발전됨

④ 특수학교 음악과 교육과정 변천

- **제1차 교육과정** : 최소한의 필수내용 선정 → 통합적 운영
- **제2차 교육과정** : 경험 중심의 교육 강조, 정신지체아동의 교육 강조
- **제3차 교육과정** : 음악 내적인 목표(음악성, 창조성, 교양 등)에 초점
- **제4차 교육과정** : 음악적 감각 계발과 미적 정서 순화에 초점
- **제5차 교육과정** : 악곡의 특징과 문화적 배경을 이해하고 심미적 태도를 강조
- **제6차 교육과정** : 잠재능력 개발, 표현·감상의 통합, 학생 참여 강조
- **제7차 교육과정** : 생활 중심의 경험 활동 전개, 수준별 단계적 지도
- **2008년 개정 기본교육과정** : 음악을 독립 교과로 둠, 학생의 자발적 참여 권장, 개인의 반응과 판단 존중, 창의적 표현력 신장에 초점
- **2011년 개정 기본교육과정** : 음악의 경험과 참여를 강조하고 음악의 생활화를 통해 전인적 발달을 도모함

음악교육의 철학적 관점

교육은 자신이 이해하고 있는 지식을 타인에게 전달하는 일련의 과정이다. 교수자는 학습자가 쉽게 이해할 수 있도록 지식을 전달해야 하는데, 이 과정에서 지식을 왜곡하지 않아야 한다. 또한 교수자는 학습자에게 지식을 정확하게 전달하여 긍정적인 변화를 끌어내야 하는데 이때 교수자의 철학은 매우 중요하다.

철학이라는 것은 교육을 가능하게 하는 이정표로서 교육을 실천하는 데 정당성을 부여해준다. 따라서 학문에 대한 철학적인 이해는 음악교육에서의 지식을 이해하기 쉽게 하고 창의적인 지식을 만들어내는 데 도움을 주며, 가르치는 사람은 이를 통해 교육의 전체적인 원리와 방법을 효과적으로 실천하게 한다. 이는 궁극적으로 교사의 교수-학습을 더욱 타당성 있게 만드는 역할을 한다(이종열·신현기, 2012). 이처럼 철학은 교육에 있어 매우 중요한 역할을 하므로 이 장에서는 음악교육의 철학적 관점과 그 방향성에 대하여 살펴보고자 한다.

1. 음악교육의 철학적 관점

1) 서양철학의 관점으로 본 음악교육의 이해

① 자연주의

자연주의 관점에서는 감각적인 경험을 중요시하고 본능과 충동이 서로 관련되어 있다는 생각을 바탕으로 학습이 삶의 맥락에 맞게 이루어져야 함을 강조하고 있다(권덕원 외 3명,

2005). 또한 학생의 나이와 그들의 능력에 따른 흥미, 욕구, 강점 등을 고려하여 학생들이 스스로 즐기면서 배우고 활동하는 것에 초점을 둔다(민경훈 외 11명, 2010). 즉 자연주의를 주장하는 교육자들은 학생들이 자신의 필요나 관심을 통해 평소 흥미를 느끼고 있던 주제를 배울 때 학습 효과가 극대화됨을 강조한다.

음악교육에서는 인간이 가지고 있는 마음을 자연스럽게 표출하고 희로애락과 같은 인간의 자연스러운 감정이 억압되지 않고 솔직하게 표현되는 작품을 가치 있는 것으로 평가한다. 이때 교사는 학생이 자연스럽게 표현하는 자신의 내면을 무시하고 교사가 미리 정해 놓은 틀에 맞추어서는 안 된다.

자연주의 음악교육에서는 학생 스스로 그들의 생활과 환경 속에서 음악에 대한 감성과 관련된 요소를 느끼고 스스로 학습할 것을 강조한다. 따라서 자연주의 음악교육에서 강조하는 바를 구체적으로 살펴보면 다음과 같다.

첫째, 음악이론만을 강조하지 않는다.

둘째, 학생의 흥미를 고려하여 학생이 자연스럽게 즐길 수 있고 스스로 참여하도록 한다.

셋째, 교사가 짜 놓은 결과에 맞는 일방적인 교육이 되지 않도록 하며, 학생의 감성을 키울 수 있도록 다양한 경험을 제공한다.

넷째, 교육에서의 주인은 학생이며, 교사는 도와주는 견인차 역할을 한다.

이처럼 음악교육에서는 학생 각자의 음악적 취향, 음악적 능력, 인지적 발달을 고려하여 동기를 만들어내는 것이 매우 중요하다. 그러므로 교사는 학생 개개인의 강점을 살려 학생의 집중도를 끌어내 스스로 수업에 참여할 수 있도록 해야 할 것이다.

② 이상주의

이상주의(idealism)적 관점에서는 논리적인 사고나 정신적 탐구를 중시하므로, 도덕적인 관점에서 영구적으로 가치가 있다고 인정되는 대상을 음악 교과 내용으로 선정하는 것을 매우 중요하게 생각한다(민경훈 외 11명, 2010). 따라서 이상주의적 관점에서 음악교사의 모델은 '이상적인 상태'의 음악을 체험한 사람으로, 이러한 체험을 토대로 음악적 이상에 도달할 수 있도록 학생을 교육하고 모범을 보여주는 사람이다.

이상주의에서는 학생이 예술에 대한 전반적인 지식을 통합해서 다른 교과와 연관된 학습을 강조하며, 그중에서도 특히 윤리적인 측면을 강조한다. 또한 이상주의 교육에서는 음악에 대한 논리적 생각과 음악적인 개념을 습득하고 관련된 평가를 중요하게 여기며, 특히 영속적인 아름다움을 깨닫는 것이 주된 평가의 목적이다. 음악은 음악에 대한 기본 지식을 바탕으로 인간의 감정을 느끼고 사상을 표현하며, 도덕적인 맥락에서 가치화된 음악의 영속적인 아름다움을 이해하고 조화로운 표현을 추구하는 것을 최종 목표로 두고 있다. 이를 통하여 학생은 음악을 표현하는 방법, 창의적으로 사고하는 방법과 관련된 학습능력을 향상하게 된다.

③ 실재주의

실재주의(realism)는 정신을 근본으로 하는 이상주의와는 반대되는 개념으로, 인간이 볼 수 있는 사물에 초점을 맞추고 있다. 실재주의의 음악교육적 관점에 의하면 음악은 음악 그 자체로서 객관적이고 체계적이므로, 교사는 교육을 통해 학생이 스스로 음악에 대한 의미를 찾도록 도와주는 역할을 해야 한다. 실재주의 교육자들은 음악 작품과 감상자의 감지능력 간의 상관성에 비중을 두면서 브리드의 주장을 지지한다. 브리드의 주장이란, 존재하는 사물에 대한 지각 없이는 지각이 일어나지 않고, 존재하는 사물을 기억하지 않고서는 기억이 이루어질 수 없다는 것이다.

따라서 실재주의의 음악교육적 관점에서 교사는 체계적이며 구조화된 계획과 전문 지식이 포함된 교재를 통해 학생에게 음악의 기본 구성요소를 이해시키고, 학생이 표현 활동을 직접 해볼 수 있도록 지도한다. 이때 교사는 학생을 지도하는 전문가로서 학습 체계에 대한 전문적 지식을 충분히 갖추고 있어야 함을 강조하고 있다.

④ 실용주의

실용주의(pragmatism)란 유용성과 실용성에 중점을 두는 사상이다. 이를 음악적 관점으로 해석하면 음악의 실용적 가치를 인정하고 음악적 지식을 획득하는 것을 목적으로 하며, 음악교육의 본질적 목적을 부수적인 것으로 간주한다.

실용주의 음악교육에 의하면 음악은 단지 학문적, 이론적인 학습에 머무르는 것이 아니라 실생활에서 사용할 수 있는 경험으로 해석한다. 이는 앞서 설명했던 자연주의 관점 — 학생의 학습이 환경 속에서 순수한 감각적 경험을 통해 이루어져야 하고 그들 삶의 맥락에 맞아야 한다 — 과 비슷한 면이 있다.

실용주의를 주장하는 학자인 듀이(John Dewey)는 교육에서의 경험적 측면을 중요하게 보았다. 그의 관점에 의하면 학생들에게 있어서 그들의 삶과 관련 없는 것을 학습하는 것은 실제적인 도움을 주지 못하며, 삶과 연결된 문제를 해결하는 과정을 경험하면서 획득된 특별한 경험을 바탕으로 지식을 형성해야 한다고 주장하였다. 학생들은 이러한 경험을 재구성할 때 비로소 세계에 대한 이해력을 높이고 더 넓은 사고를 가능케 하는 반성적 사고의 체계를 형성할 수 있게 된다.

음악교육과 관련된 철학적 관점은 위에서 언급한 것과 같이 다양하게 존재하고 있다. 하지만 이 중에서 어느 것은 옳고 어느 것은 그르다고 평가할 수는 없으며, 모든 교육적 관점은 상황에 따라 적절하게 적용되어야 한다. 또한, 무엇보다도 가장 중요한 것은 어느 하나의 관점에 치우치지 않고 모든 철학적 관점이 조화를 이루어야 한다는 것이다.

2) 동양철학의 관점으로 본 음악교육의 이해

동양철학은 아시아 지역에 뿌리를 둔 철학으로, 인도를 비롯한 동남아 국가들은 불교와 힌두교를 중심으로 생성되었다. 동양철학을 대표하는 철학으로는 중국의 '제자백가(諸子百家)' 철학이 있다. 제자백가의 철학으로는 유가, 묵가, 도가, 음양가, 명가, 법가가 있으나 본문에서는 이 중에서 우리에게 가장 널리 알려진 유가, 묵가, 도가사상에 담긴 음악에 대해 알아보고 그와 관련된 음악교육철학에 대해 살펴보고자 한다. 또한 우리나라에서 음악사적으로 가치가 있는 '신라시대'의 음악을 재조명해봄으로써 과거에는 음악교육이 어떻게 전개되었는지 알아보고자 한다.

① 유가적 관점

동양철학에서 가장 중심이 되는 사상 중 하나는 '유가(혹은 유교)사상'일 것이다. 천부적 본성대로 삶을 영위할 것을 강조하는 유가사상은, 기질의 차이와 후천적인 환경의 영향에 의해 탁해진 인간의 천부적 본성을 수양을 통해 회복해야 한다고 본다. 이러한 수양의 방법 중 하나가 음악을 통해 순수한 감정을 함양하고 욕정을 억제하여 천부적 본성을 회복하는 것이다.

유가적 관점의 음악철학은 음악의 도덕 교육적 측면, 즉 바른 음악을 통한 심신 수양 및 인격 완성을 중시하고, 세대를 초월하여 공감대를 형성할 수 있는 음악의 확산을 통한 풍속 교정 및 보편적 인간성을 회복하는 것이다. 음악을 통해 보편적 인간성이 회복되면 우주의 모든 생명체를 자신과 똑같은 소중한 생명체로 여기게 되고, 사랑하고 존중하는 마음이 저절로 우러나오게 되어 조화로운 삶을 살 수 있게 된다고 본다(이상호, 2011).

유가적 관점의 가장 대표적인 인물인 공자는 "인간은 시를 통하여 순수한 감정을 일으키고, 예로써 자신의 주체를 확립하며, 음악을 통하여 자신의 인격을 완성한다"고 하였다. 즉 예술을 통하여 인간 완성이 이루어진다고 본 것이다. 특히 공자는 음악을 최종 단계에 놓아 인간 완성이 음악의 경지에서 이루어진다고 하였는데, 이러한 말을 뒷받침하는 공자의 사상이 바로 '예악(禮樂)'이다.

공자는 음악을 통해 예를 실천하고자 하였다. 공자가 학생들을 가르칠 때 시는 필수과목으로 당시의 고전음악은 주로 시와 관련된 음악이었다. 공자는 시에 대한 학습이 예와 음악으로 실현되어야 한다고 생각했다. 공자가 음악을 사랑한 것은 단순히 즐기기 위함이 아니라 예를 완성하는 방법론의 실천이었다. 또한 음악은 혼자서 즐기는 것이 아니라 백성과 더불어 즐겨야 함을 이야기하며 음악을 인격도야의 완성으로 보았다. 또한 공자는 음악의 기능이 민심을 바르게 하고, 풍속을 바꾸고, 평화롭고 아름다운 세계의 건설에 있다고 보고, 음악의 교육적 측면을 강조하였다.

맹자는 '여민락'을 중요시하였다. 여민락이란 정치 지도자가 문화 · 예술 활동을 벌이면서 일반 백성들과 함께 쾌락을 누린다는 뜻이다. 맹자가 살던 시대에는 정치 지도자들이 자신의 신분을 돋보이게 하려고 커다란 궁궐에서 대규모 연회를 빈번하게 열었다. 그들은 맹자가 중요시하였던 '여민락'이 아닌 자원을 온전히 개인적인 향락과 사치를 위해 사용하는 것을 일컫는 '독락'을 추구한 것이다. 맹자는 이처럼 사회적 통합이 아닌 갈등을 부추기고 지도자들의 무분별한 쾌락을 돕는 문화 · 예술의 퇴폐적인 측면을 비판하였다. 하지만 맹자는 공자처럼 음악의 교육적 기능과 문화 · 예술적 가치를 긍정하였고, 문화 · 예술이 사람들의 고통을 달래고 심미 의식을 키우는 적극적인 측면을 인정하였다. 즉 음악이 독락으로 쓰인다면 그 존재 근거를 상실하지만, 여민락으로 쓰인다면 향유할 권리를 갖게 된다고 보았다.

② 도가적 관점

도가라고 하면 노장사상이 대표적인데, 노자는 "오색이 사람의 눈을 멀게 하고, 오음이 사람의 귀를 먹게 하고, 오미가 사람의 입맛을 잃게 한다"고 말하였다. '오음이 사람의 귀를 먹게 한다'는 것은 무슨 의미일까? 소리는 다섯가지밖에 없을까? 인간의 생각과 감정을 다섯 가지 음으로 표현할 수 있을까? 자연의 소리든 악기의 소리든, 어떤 소리든지 이 다섯 음으로만 표현하는 것은 불가능할 것이다.

다시 말해, 수없이 많은 음이 존재하며, 이를 다섯 음으로만 국한하는 것은 사람을 오음의 틀에 길들이고 다른 음의 세계에 귀를 먹게 하는 것이다. 이처럼 노자는 제도화되고 양식화된 오음의 음악 세계는 사람의 진실한 마음을 담아내지 못한다고 비판하였다. 또한 노자는 '위대한 음악은 소리가 없다'고 하였다. 소리는 음계의 규정을 가진 오음에 맞느냐를 따지기 이전에 먼저 마음(의식)의 흐름으로 드러난다. 특정한 분류 체계에 맞는 음악만이 음악이 아닌 것이다.

기존의 음악에 빠진 사람들에게 노자가 "그것이 과연 진정한 음악인가?" 하는 문제를 제기하였다면, 장자는 "어떻게 해야 진실한 음악을 할 수 있는가?"에 대한 실마리를 던져주었다. 장자는 존재의 평등성을 다루고 있는 『제물론』에서 사람의 퉁소(인뢰), 땅의 퉁소(지뢰), 하늘의 퉁소(천뢰)를 이야기한다. 인뢰는 사람이 퉁소를 불 때 내는 소리를 가리키고, 지뢰는 바람이 공간을 지나면서 내는 온갖 자연음을 말한다. 또한 천뢰는 사물이 다른 것에 구속받거나 의지할 필요 없이 그 자체로 악기라는 것을 말한다.

따라서 인뢰는 형식화, 제도화된 음악이고 지뢰는 바람에 절대적으로 의존하는 음악이다. 결국 인뢰와 지뢰는 제도와 사물에 구속된 음악이며, 이는 노자가 부정하는 음악이다. 반면에 천뢰는 존재가 구속받지 않고 상황마다 각자의 방식으로 노래를 부르는 것이다. 예를 들이 아이가 즉흥적으로 음정과 박자를 무시하고 제멋대로 불러도 이것이 사람들이 즐길 수 있는 자유로운 음악이며 풍요로운 예술인 것이다. 이처럼 장자는 '천뢰'를 통해 노자가 말한 '진정한 음악'을 드러내었다.

③ 묵가적 관점

기존의 유가, 도가와 달리 묵가에서는 악(樂)을 반대하였다. 이는 묵가의 공리주의, 즉 '최대 다수의 최대 행복'을 추구하는 사상과 연관되는데, 공리주의에서 음악은 눈앞의 쾌락만을 구할 뿐 장래의 어떤 유리한 결과도 가져올 수 없다고 본다. 묵자의『비악』상권에서 묵자가 음악을 반대하는 이유를 찾아볼 수 있는데, 당시는 강자가 약자를 강탈하고 도적 떼가 제압할 수 없을 정도로 일어나는 등 사회적으로 무척 혼란했던 시기였다. 이러한 상황에서 풍악을 울리는 행위는 천하의 해악을 제거하는 데 아무런 도움이 되지 못하였다. 따라서 묵자는 음악예술이 급한 곳에 쓰일 자원과 예산을 축낸다고 보고 음악을 부정하는 '비악(非樂)'을 주장하였다.

만약 시대적 상황이 달랐더라면 묵자는 음악에 대해 어떻게 생각하였을까? 아마 묵자는 비악을 주장하지 않았을 것이다. 왜냐하면, 그가 부정하는 음악은 궁정에서 펼쳐지는 성대한 의례의 음악이지 모든 음악은 아니기 때문이다. 궁중음악만이 음악이 아니며, 음악을 통해 다수에게 즐거움이나 생산력 증대와 같은 경제적 이익을 가져다준다는 것을 알게 된다면 묵자는 공자처럼 음악에 매료되었을지도 모른다.

④ 신라시대

신라인과 신라사회의 정신적·문화적 특징을 한마디로 요약한다면 '정과 의리'가 지배하는 사회라고 할 수 있다. 그리고 이러한 사회적 의식의 저변에 흐르는 특징을 있게 한 가장 중요한 요소 가운데 하나가 음악이다. 본래 '음'은 사람의 마음에서 생기는 것이고, '악'은 윤리에 통하는 것이기에 신라사회의 음악을 알면 신라인들의 인심을 읽을 수 있고, 신라의 음악과 신라인들의 마음을 알면 신라사회의 정치 사회적 예법과 문화를 이해할 수 있다.『삼국유사』'서(敍)'에서는 옛날 성인이 바야흐로 예악으로써 나라를 일으키고 인의로써 교화를 베푸는 데 있어 괴변이나 폭력과 같은 이야기는 어디에도 말하지 않았다는 내용이 등장한다. 즉 예로부터 예악은 매우 중요한 국가이념이었음을 알 수 있다. 따라서 신라 음악의 등장은 정치적 배경과 깊은 관련이 있는 것으로 유추된다.

우리 민족 교유의 교육단체이자 독특한 교육내용으로 공동체 의식을 지향한 신라 화랑도는 예악 중심의 음악교육을 중시하였다. 화랑은 문무를 겸비하고, 이성과 감성의 조화를 이루어 덕성과 예술성을 두루 갖춘 전인적 인간이었다. (이때 지성미와 야성미의 조화를 추구하고, 가무와 예악을 통해 기의 역동성과 발산성을 불러일으키는 것은 중요한 요건이었을 것이다.) 때문에 이들은 노래와 음악을 즐김으로써 국론을 결집하고, 민심을 안정시키며, 상하계층의 화합을 도모하는 기능을 수행했다고 볼 수 있다.

신라사회는 전쟁이 끊이지 않던 어려운 시대였음에도 음악이나 춤과 같은 예능을 우대하였고, 이에 소질이 있는 사람은 화랑에서 가장 높은 직위까지 오를 수 있었다. 이것은 신라의 음악이 '노래와 음악으로 서로 즐기는' 사회적 기능을 한 것으로 보인다. 또한 단순히 서로 즐기는 수준을 넘어 '우주와 자연의 맑음과 생명의 근원이 되는 기운'에 정통하고, 이를 표현하는 수단이기도 하였다.

이처럼 신라 시대에는 음악에 뛰어난 재능을 가진 인물들이 사회적으로 존경받고, 이들이 다시 사회에 봉사하고 국가에 헌신하는 모습을 보이는 점은 음악이 가지는 가치와 효용을 최고의 상태로 끌어올리고 있다는 것을 의미한다. 뿐만 아니라 신라사회에서의 역사, 검술, 춤, 노래가 화랑교육의 가장 중요한 과정이었던 사실은 신라사회에서 차지하는 음악교육의 비중이 높음을 증명하는 중요한 자료이다. 화랑 풍월주는 당대의 최고 엘리트라고 할 수 있는데 이들에게 음악은 중요한 교육과정이었다는 사실에서 신라사회의 엘리트 교육에 음악이 차지하는 비중이 높음을 알 수 있다(하성일, 2011).

2. 장애 학생을 위한 음악교육철학의 적용

현대의 음악교육철학은 심미주의 철학, 실천주의 철학, 경험주의 철학으로 나눌 수 있다. 먼저 심미적 음악교육은 학습자가 음악이 지니고 있는 심미적 속성과 표현성에 공감하고 이해하는 데 큰 의미를 둔다. 음악교육의 본질과 가치는 '예술로서의 음악'의 본질과 가치에 의해서 결정된다고 보았으며, 이를 심미적 경험과 심미적 교육으로 규정하였다. 또한 참다운 음악교육의 본질은 미적 교육이 되어야 한다고 주장하면서 학교 음악교육에서의 미적 경험을 가치화하였다.

둘째로 실천주의 음악교육은 '실천'과 '실행'의 음악 행위를 매우 중요하게 여기는데, 이 점에서 학습자의 음악적 실행, 음악적 행위가 강조된다. 이 관점에서 음악교육의 가치와 본질은, 음악을 정적인 관조의 대상으로 보아 음악의 미적 개념을 파악하는 미적 경험에 있는 것이 아니라 음악을 만들어내고 표현하는 행위와 음악의 생성 과정에 작용하는 인간의 내적 사고와 관점들을 발견하는 것에 있다고 보았다. 즉 음악을 표현하고 창조하는 등의 실천적 경험을 통해 정신적 산물로서의 음악이 이루어지는 과정, 그리고 그러한 과정에 기능하는 인간의 여러 가지 유형과 차원에서의 사고와 인지 과정, 또한 역사적·문화적 맥락에서의 과정을 중요하게 다루어야 함을 알 수 있다.

마지막으로 경험 중심의 음악교육철학은 서로 다른 개념들을 전체적으로 연결하려는 '통합적 인식'에 중심을 둔다. 음악은 그 자체로서 일차적 의미를 지니고 있다고 보는 것이다. 이 관점에서는 음악교육의 본질적 의미와 가치를 음악으로 만들어내는 과정 그 자체에 있다고 본다. 따라서 학생들이 자기 스스로 작품을 이해하고, 노래와 연주를 하며, 창작하는 과정을 통해서 음악을 아름답게 창조해내는 방법을 터득하고 미적 가능성을 최대한 계발하도록 한다 (민경훈 외, 2011).

이러한 현대 음악교육의 철학을 종합해보면 학생의 '경험'을 중요시한다는 것을 알 수 있다. 단순하게 음악의 개념을 익히는 것이 아니라 학생들이 직접 음악을 창작하고, 표현하고, 연주하는 과정을 통해 음악적 능력을 발전시키고, 더 나아가 학생들의 삶을 풍요롭게 하고, 개인과 공동체의 욕구를 충족시키며, 전인적인 발달을 할 수 있도록 해주는 것이다.

경험을 중심으로 하는 음악철학을 바탕으로 장애 학생에게 음악 수업을 전개하려면 어떻게 해야 하는가? 장애 학생을 대상으로 음악 수업을 전개할 때의 고려사항은 다음과 같다.

먼저 장애 학생 개개인은 다양한 개별적 특성을 지니고 있기 때문에 각자에게 맞는 개별화된 음악교육을 시행해야 한다. 교사는 학생이 평소 관심과 흥미를 느끼고 있던 주제를 배울 때 학습 효과가 극대화됨을 알고, 장애의 유형 및 정도, 지적 수준, 학습특성, 기능 수준 등을 파악한 후, 개별화교육계획에 따라 학생 각자에게 맞는 개별화된 교수법을 적용해야 한다.

또한 교사는 노래, 율동, 악기 등 효율적으로 도구를 사용함으로써 관심과 흥미를 유발할 수 있다. 교사는 학생들의 삶과 밀접한 주제와 도구를 사용하여 현장감 있는 수업을 전개하기 위해 노력해야 하며, 장애 학생들은 주의집중에 어려움을 보이므로 노래를 부르거나 악기를 연주할 때 소리에 집중할 수 있도록 하는 것이 필요하다. 이와 더불어 학생들이 직접 신체적으로 음악을 경험하면서 온몸으로 소리를 지각하고 반응하도록 수업을 진행해야 한다.

♬ 정리

이 장에서는 음악교육의 철학적 관점을 크게 서양철학의 관점과 동양철학의 관점으로 나누어 보았다. 먼저 서양철학의 관점은 자연주의, 이상주의, 실재주의, 실용주의로 나눌 수 있다. 자연주의적 관점에서는 감각적인 경험이 중시되어 학생들이 스스로 즐기면서 배우고 활동하는 것을 추구한다. 이상주의적 관점에서는 음악에 대한 논리적 생각과 음악적인 개념을 습득하고 영속적인 아름다움을 깨달으며 이를 통해 음악을 표현하는 방법을 향상하도록 한다.

실재주의적 관점에서는 체계적인 교육을 통해 학생에게 음악의 기본 구성요소를 이해시키고, 학생이 표현 활동을 직접 해볼 수 있도록 한다. 마지막으로 실용주의적 관점에서는 음악을 단지 학문적인 학습에 머무르는 것이 아니라 실생활에서 사용할 수 있는 경험으로 해석한다.

동양철학의 관점은 유가, 도가, 묵가의 관점으로 나누어 보았고 덧붙여 신라 시대를 중심으로 우리나라의 음악에 대한 철학을 살펴보았다. 유가적 관점에서는 음악을 인격도야의 완성으로 보았으며 음악의 본질이나 원론적인 측면보다도 사회적 효용이나 기능 면에 중점을 두었다. 도가적 관점에서는 특정한 분류 체계에 맞는 음악, 즉 제도화되고 양식화된 것은 음악인 것이 아니라고 보았다. 구속받지 않고 상황마다 각자의 방식으로 노래를 부르는 자유로운 음악이 진정한 음악이라고 보았다.

묵가적 관점에서는 음악은 눈앞의 쾌락만을 구할 뿐이며 급한 곳에 쓰일 자원과 예산을 축낸다고 보고 음악을 부정하는 비악을 주장하였다. 마지막으로 신라시대에는 예악 중심의 음악교육을 중시하였고, 음악·춤을 우대하여 이에 뛰어난 재능을 가진 인물은 존경받았다.

이처럼 음악교육의 철학적 관점은 다양하게 존재한다. 대체로 서양철학적 관점에서의 음악교육은 경험과 음악의 체계적인 이론을 중요시하였다. 반면에 동양철학적 관점에서의 음악교육은 음악을 예와 결부시켜 음악이론보다는 즐길 수 있는 자연스러운 음악을 강조하였다.

교육 현장에서는 음악의 이론과 경험에 중점을 둔 서양철학적 관점과 음악이 갖는 가치에 중점을 둔 동양철학적 관점으로 음악을 상황에 따라 적절히 적용하고 활용해야 할 것이다.

♬ 연구과제

1. 특수음악교육을 전개함에 있어 철학이 필요한 이유를 기술해보자.
2. 서양의 철학자와 동양의 철학자 중 음악교육에 대하여 언급한 학자와 명언을 조사해보자.
3. 실용주의적 관점을 적용한 악곡을 작곡하거나 노랫말을 만들어보자.

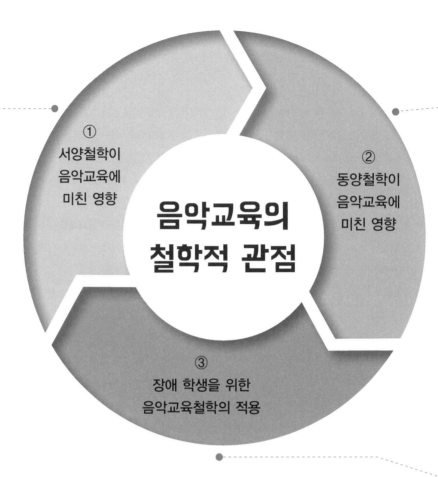

음악교육의
철학적 관점

① 서양철학이
음악교육에
미친 영향

② 동양철학이
음악교육에
미친 영향

③ 장애 학생을 위한
음악교육철학의 적용

① 서양철학이 음악교육에 미친 영향

❶ 자연주의

- 음악이론만을 강조하지 않음
- 학생의 흥미를 고려하여 학생이 자연스럽게 즐길 수 있고 스스로 참여하도록 함
- 교사가 짜 놓은 결과에 맞춘 일방적인 교육이 되지 않도록 하며, 학생의 감성을 키울 수 있도록 다양한 경험을 제공함
- 교육에서의 주인은 학생이며, 교사는 도와주는 견인차 역할을 함

❷ 이상주의

- 이상주의적 관점에서는 논리적인 사고나 정신적 탐구를 중시하므로, 도덕적인 관점에서 영구적으로 가치가 있다고 인정되는 대상을 음악 교과 내용으로 선정하는 것을 매우 중요하게 생각함

❸ 실재주의

- 실재주의는 정신을 근본으로 하는 이상주의와는 반대되는 개념으로, 인간이 볼 수 있는 사물에 초점을 둠

❹ 실용주의

- 실용주의 음악교육은 음악을 단지 학문적, 이론적인 학습에 머무르는 것이 아니라 실생활에서 사용할 수 있는 경험으로 해석함

2

② 동양철학이 음악교육에 미친 영향

❶ 유가적 관점
- 음악을 통해 예를 실천하고자 함
- 음악을 인격도야의 완성으로 보았으며 음악의 본질이나 원론적인 측면보다도 사회적 효용이나 기능 면에 중점을 둠

❷ 도가적 관점
- 특정한 분류 체계에 맞는 음악, 즉 제도화되고 양식화된 것은 음악인 것이 아니라고 봄
- 구속당하지 않고 상황마다 각자의 방식으로 노래를 부르는 자유로운 음악이 진정한 음악이라고 봄

❸ 묵가적 관점
- 음악은 눈앞의 쾌락만을 구할 뿐이며 급한 곳에 쓰일 자원과 예산을 축낸다고 보고 음악을 부정하는 비악을 주장함

❹ 신라시대
- 음악·춤을 우대하여 이에 뛰어난 재능을 가진 인물은 존경을 받음
- 예악 중심의 음악교육을 중시함

③ 장애 학생을 위한 음악교육철학의 적용

- 개별화교육계획에 따른 목표를 체계적으로 세워 각자에게 맞는 개별화된 학습법을 사용해야 함
- 음악과 관련된 다양한 경험을 통해 관심과 흥미를 끌어내야 함
- 학생들의 삶과 밀접한 주제와 도구를 사용하여 현장감 있는 수업을 전개하기 위해 노력해야 함
- 장애 학생들은 주의집중에 제한성을 가지고 있으므로 노래를 부르거나 악기를 연주함으로써 소리에 집중할 수 있도록 하는 것이 필요함
- 학생들이 직접 신체적으로 음악을 경험하면서 온몸으로 소리를 지각하고 반응하도록 수업을 진행해야 함

3

음악교육의 미학적 관점

아름다움이란 음악을 포함한 예술의 본질이자 최상의 가치를 나타내는 개념이며, 예술의 본질, 가치, 의미 등을 탐구하는 학문 분야를 미학(美學)이라고 한다. 음악, 미술 등의 예술 과목이 학교 교육과정에 편성되어 있는 이유는 예술이 인간의 삶과 밀접한 관련을 지니고 있기 때문이며, 예술과 관련된 인간의 삶이란 일상적인 삶 그 이상을 의미한다. 그러므로 음악교육에서 예술적 삶을 지행하기 위한 미학적 과제는 다음과 같다.

> 첫째, 음악교육을 통해 예술작품으로서의 음악에 관심을 갖도록 한다.
> 둘째, 음악교육을 통해 다른 예술과 구별되는 음악만의 특성과 아름다움을 이해하도록 한다.
> 셋째, 음악교육을 통해 음악이 예술작품으로서 지니는 미적 본질을 이해하도록 한다.

이러한 미학적 과제를 풀어 나가기 위해서는 음악교육학 문헌에 제시된 여러 가지 미학적 관점을 살펴볼 필요가 있어 이 장에서는 장애 학생을 위한 음악교육의 미학적 관점과 적용에 대하여 설명하고자 한다.

1. 음악교육의 미학적 관점 [*]

1) 미학의 개요

미론에 대한 견해는 크게 객관주의적 미론과 주관주의적 미론으로 나눌 수 있다. 객관주의적 미론은 전통적·고전적 아름다움을 중요하게 여기는데, 이에 따르면 미의 근본은 '이성적'이며 '미(美)'라는 것은 그것을 지각하는 사람의 내면과는 관계없이 그 자체가 가지고 있는 성질이다. 주관주의적 미론에서의 미는 사물 자체의 특성이 아니라 대상과 지각하는 사람의 관계 속에서 어떤 즐거움이 환기되는 상황적·관계적인 성질로 우리가 즐거움을 느끼도록 환기하는 대상이다.

객관주의적 미학과 주관주의적 미학의 차이를 살펴보면 다음과 같다.

 표1 미학의 관점

미학의 관점	객관주의적 미학	주관주의적 미학
미학의 본질	이성적 본질	감성적 본질
미학의 의미	지각하는 마음과 관계없이 그 대상 자체로 아름다운 성질	대상과 마음 간에 환기된 어떤 즐거움에 대한 관계적 성질
미학의 성질	사물인 그 대상 안에 들어 있는 것	마음속에 일어난 하나의 관념

2) 미학적 관점의 종류

① 관련주의

관련주의의 의미

관련주의(referentialism)는 음악 그 자체보다 음악 작품과 관련된 외적인 요소에서 의미와 가치를 찾으려는 관점이다. 관련주의는 미와 작품 밖의 사물과의 관련성을 중요하게 생각하는데, 음악의 내용과 종류와 관계없이 명시적이고 구체적인 음악이 예술적이며, 그

---

[*] 이홍수(1990), 음악교육의 현대적 접근, 서울 : 세광출판사

렇지 못한 음악은 예술적이지 않다고 본다.

관련주의 미학자들은 작품 자체가 전달하고자 하는 내용을 가지고 있어서 작품을 체험하는 사람에게 어떤 사건이나 사상, 감정, 현상 등을 생각하게 하고, 설명하고, 이해하도록 한다.

영국의 미학자인 데릭 쿡(Deryck Cooke)은 "음악은 본질적으로 언어이며, 좋은 언어에서처럼 이 언어에 사용된 말의 의미를 정의할 수 있다"며 톨스토이와 같은 견해를 주장했다. 쿡은 음악 역시 하나의 언어이기에 의미가 분명하고 특정적이어야 한다고 주장한다. 쿡의 이러한 주장은 표제음악이나 성악곡 등 가사나 특정 의미가 있는 음악에 적합한 이론이다. 음악작품과 다른 예술 형태 중 주제가 같은 것을 골라 비교하거나 음악의 흐름에 따라 그림을 그리고, 이야기를 만들어내려는 시도들이 학습 활동에 포함된다면, 이는 관련주의 관점의 음악교육이 된다고 볼 수 있다.

즉 관련주의는 음악적 특징이 묘사·설명과 같은 음악의 외적요소를 반영하는 것에 초점을 맞춘 작품이 미학적인 예술성을 지니고 있다고 주장한다. 따라서 관련주의를 주장하는 학자는 청자가 음악을 들으면서 관련된 내용을 찾아내는 것에 초점을 둔다.

특별히 전달하려는 메시지가 없는 순수 기악음악은 '감각적 유희'로 여겨 단순히 장식 이상의 가치를 지니지 못한 것으로 평가절하하며, 외적으로 훌륭한 묘사가 이루어질 때 예술적 목적이 달성된다고 주장한다.

관련주의에 대한 비판

- 순수절대음악의 가치를 절하한다.
- 메시지나 용도가 불분명한 많은 걸작들을 설명할 수 없다.
- 음악의 본질적 가치가 아닌 수단적 가치만을 강조한다.
- 메시지 전달의 기능을 설명하기에 취약한 부분들이 많다.

관련주의적 시도에 있어 동일한 음악으로 서로 상이한 해석을 내릴 수 있는데, 이것이 관련주의의 한계성이다. 이러한 한계성을 구체적인 예로 들면 다음과 같다. 한 감상자가 어떤 음악을 듣고 난 뒤, '이 음악은 젊은 청년의 열정을 표현한 것으로 스타카토의 사용은 젊은 혈기와 정의의 실현을 의미한다'고 주장하였다. 그러나 동일한 음악에 대하여 다른 감상자는 '이 음악은 사업에 실패한 어느 가장의 마음을 표현한 것으로, 스타카토를 사용한 것은 그 가장이 낙담하여 더 이상 추락할 곳조차 없는 자신을 의미한다'고도 진술할 수 있는데, 이러한 상이한 해석과 표현이 나타날 수 있다는 것이 관련주의의 한계점으로 드러난다.

② 형식주의

형식주의의 의미

관련주의에 반대되는 관점으로 형식주의(formalism)가 있다. 형식주의는 예술의 다른 특성들보다 작품의 형식에 우선권을 부여하는 예술 이론을 의미하며, 실제로 1970년대에 특정한 예술권에서 사용한 용어이다. 분석적으로 볼 때 대상으로부터 특정한 속성, 성질 또는 관계를 추상화하거나 뽑아내는 것이 가능하나, 이러한 정신 작용은 대상의 다른 속성들을 무시하는 행위이다. 그러므로 비평적 분석은 필연적으로 예술작품의 총체성을 해체한다.

미술 비평가가 예술작품의 형식과 내용에 대해 상호 보완적이기보다는 독립적인 것처럼 논의할 수는 있다. 좁은 의미의 '형식'은 대상을 색채나 텍스처에 관계없이 묘사하는 것을 가리키기 때문이다. 형식주의자들은 음악의 소리에 의미가 있으며 우리가 그 의미에 공감하기 위해서는 음악의 외적 영역이 아닌 소리 그 자체에만 집중해야 한다고 주장한다. 그들은 예술작품의 형식적 특성에 관심을 가지며, 음악 외적 아름다움과 내적 아름다움 사이에는 연관성이 없다고 본다.

그러므로 19세기 미학자 에두아르트 한슬리크(Eduard Hanslick)는 '작곡가가 음악에서 표현하고자 하는 아이디어는 순수한 음악적인 성격을 띠고 있으며, 명확하게 음악 외적인 것을 지칭하는 감정이나 느낌이 음악에 포함되어 있다는 것은 있을 수가 없다'라고 음악미학(On the Musically Beautiful)에서 밝히고 있다. 즉 음악의 요소, 특징, 구조, 원리와 같은 형식적 속성만이 절대적 가치를 가지며 음악교육의 궁극적인 목적 또한 여기에 있어야 한다고 주장했다.

이 관점에서는 음악적으로 의미 있는 형식에 예술적 의미를 부여하며, 음악작품의 우수성은 형식적 구조의 질에 따라 결정되므로 작품의 범주를 벗어난 외적 의미와는 무관하다고 생각한다. 음악을 형성하는 구성요소들, 즉 형식, 음악의 짜임새, 형태 등을 이해할 수 있어야만 음악을 이해한다고 보는 입장이다.

그러나 이와 같은 관점은 음악에 대한 지적 수준을 고려하였을 때 일반적인 사람들에게 적용하기 어렵고, 음악적 훈련을 받은 재능이 있는 사람이어야 가질 수 있다.

형식주의에 대한 비판

- 서양 절대주의 음악에만 한정된 이론이다.
- 소수의 엘리트 교육을 강조한다.
- 음악의 다양한 가치와 그를 통한 경험의 다양성을 설명하지 못한다.
- 음악을 통한 정서적 변화의 설명이 빈약하다.

음악은 인간의 모든 삶과 밀접한 관련을 맺고 있는데, 형식주의자들은 이러한 것을 간과하고 있다. 또한 음악의 구성요소와 형식적인 내용에 초점을 맞추다 보면 외부세계의 아름다움을 놓치게 되고, 미적으로 경험되는 느낌과 감정의 통찰을 느끼기 어렵다. 음악교육에서 형식주의자들이 강조하는 음악의 성분과 구조는 학생의 흥미를 잃게 하기 쉬우며, 설령 성분과 구조를 강조한다 하더라도 음악의 형식적 속성을 완전히 이해하는 것 또한 쉽지 않다.

③ **표현주의**

표현주의의 의미

표현주의(expressionism)란 관련주의나 형식주의와 같은 입장들을 거부하고, 이 입장들의 절충적 위치에서 음악을 바라보면서 음악이 표현하고자 하는 음악의 상징적 의미에 관심을 두는 입장이다. 이 입장에서는 음악을 인간의 감정세계를 소리로 유추한 것, 언어만으로 표현에 한계가 있는 복잡한 인간의 감정을 상징적이고 추상적으로 구체화한 것으로 해석하고 있다.

표현주의의 대표자인 랭거(Susanne Langer)는 인간의 심리적인 영역을 암시적 방법으로 상징화하는 것이 음악이라고 주장하였다. 그에 따르면 표현주의는 인간 경험과 삶에 내재한 속성과 예술의 가치가 근본적으로 유사한 것으로 보고 있으며, 인간의 일상생활에서 표현되는 감정, 갈등, 투쟁, 평정 등이 반영된 것이 곧 예술이라고 해석한다.

실용주의 학자들은 예술작품의 심미적 활동은 예술가의 표현이 아닌 감상자에 의하여 생겨나는 것으로 해석하고 있다. 실용주의의 대표자인 듀이는 예술이 간접적이지만 심도 있게 인간의 괴로움과 기쁨, 안정과 불안정의 균형과 불균형의 반복을 표현한다고 믿었다. 그는 만약 모든 의미가 언어로 표현될 수 있다면 음악과 미술은 존재하지 않을 것이라고 주장하였으며, 같은 입장의 슈바드런은 예술은 청중의 즉각적이고 활발한 참여가 필요하다고 주장하였다.

표현주의에 대한 비판

- 음악의 객관적 측면을 경시하였다.
- 음악의 형식적 구조의 중요성을 간과하였다.
- 주관적 정서의 교육에 대해 비현실적으로 생각하였다.
- 주관적 느낌을 표현하기 위한 기본적인 능력과 훈련의 필요성을 간과하였다.

표현주의는 여러 면에서 다음과 같은 한계성을 갖는다. 첫째, 음악이 과연 음악 이외의 다른 것을 지칭할 수 있는지에 대한 의문점이 있다. 둘째, 어린아이들에게 있어 미적인 대상의 삶이란 어떠한 상태를 의미하는 것인지 불분명하다는 문제점이 있다. 셋째, 질 높은 삶의 기준이 과연 문화, 민족, 지역, 시대를 초월한 통일적 요소로 세워질 수 있는 것인지에 대해서도 논란의 여지가 있으며, 결정적으로 식별할 수 없는 감정의 상태라는 것이 정확히 무엇인지 알 수가 없다는 한계가 있다.

④ **절대표현주의**

절대표현주의의 의미

절대표현주의(absolute expressionism)란 '예술의 의미와 가치가 예술작품의 미적 질에 있다'고 보는 형식주의의 관점을 수용하면서, 동시에 '음악은 인간의 경험과 느낌을 소리라는 음악적 매체를 통해 상징적으로 표현한다'고 주장하는 표현주의적 관점을 지지하는 이론이다.

절대표현주의의 입장에서 리머(Bennette Reimer)는 "예술 경험은 곧 미적 경험이고, 예술적 의미는 미적 의미이며, 예술적 가치는 미적 가치이다"라고 하였다. 그는 작곡가들이 음악을 통하여 자신의 사상과 느낌을 감상자에게 일방적으로 전달한다는 생각은 옳지 않으며, 이는 예술을 메시지를 전달하는 도구로 전락시키는 관련주의자들의 잘못된 견해라고 주장하고 인간의 직접적 감정을 표현하는 것을 예술로 보는 입장도 부정하였다. 리머는 예술을 보다 내면적인 경험으로 보았으며, 예술작품은 인간의 감정을 심미적이면서도 형식적인 형태로 표현한 것이라 주장하였다. 그러므로 음악교육철학은 음악교육의 본질과 가치에 대한 체계적인 진술을 담아야 한다고 보았으며, 이처럼 체계적 진술을 위해서는 음악 예술 그 자체의 본질과 가치에 대한 이해를 수반해야 한다고 보았다.

절대표현주의에서는 심미적 경험을 가장 중요한 음악의 목적으로 다루고 있다. 음악 예술에서 '미적 의미'는 음악을 구성하는 요소들에 의해 만들어진 전체적인 표현 방식을 통해 상징적으로 음악의 의미를 경험하게 하는 것을 말하고 있다. 그러므로 감상자는 이러한 형식적 요소를 통해 전달되는 음악의 미적·정서적 의미를 지각하여 반응하고 경험할 수 있는 것이다.

예술작품의 미적인 질은 표현 형식과 관련이 있다. 하나의 예술작품을 이루는 미적 구성요소들은 모든 인간의 경험과 유사하다. 예술작품의 미적 내용이 삶 속에서 경험하는 것과 관련성을 맺고 있다는 것은 곧 예술작품의 의미 있는 표현 양식을 인간의 삶의 본질에 적용할 수 있다는 것을 의미한다. 그러므로 음악 수업에서 교사는 표현을 하는 형식에 초점을 맞추어 직관적으로 지각과 반응을 이끌어내면서 동시에 심미적 통찰을 유도해야 한다.

♫ 정리

예술교과의 목표 중 하나는 새로운 창작의 산출과정을 통한 교육적 의미의 발견이다. 이러한 목적을 달성하려면 음악에 있어서 '미(美)'에 대한 의미를 알아보고 그것이 교육적으로 어떠한 의미와 가치를 지니는지에 대해서 살펴보아야 할 것이다. 특수음악교육 현장에서는 이러한 음악적 미에 대한 재구성과 인식의 전환이 교수-학습 과정에 있어 새로운 아이디어가 되어 그 주제와 내용을 결정하는 데 주된 밑바탕이 되어야 한다.

더불어 장애 학생을 위한 미학적 관점은 특수음악교육의 새로운 가치를 재창조하는 계기를 마련하고, 우리나라 특수음악교육의 실정에 맞도록 실질적 교수-학습 방안을 재구성해야 할 것이다.

♫ 연구과제

1. 예술작품에 있어 '미(美)'란 무엇이며, 교수-학습 과정에 있어 어떻게 적용해야 할 것인지 생각해보자.
2. 관련주의적 관점으로 표제음악을 해석하여 수업에 적용해보자.

아름다움이란 예술의 본질이자 최상의 가치를 나타내는 개념. 예술과 관련된 인간의 삶이란
일상적인 삶 그 이상을 의미함

음악교육에서의 미학적 과제
- 음악교육을 통해 예술작품으로서의 음악에 관심을 가짐
- 음악교육을 통해 다른 예술과 구별되는 음악만의 특성과 아름다움을 이해하게 함
- 음악교육을 통해 음악이 예술작품으로서 지니는 미적 본질을 파악하게 함

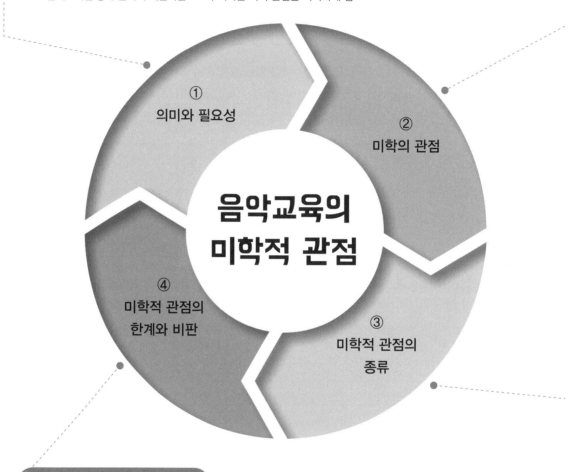

① 의미와 필요성

② 미학의 관점

**음악교육의
미학적 관점**

③ 미학적 관점의
종류

④ 미학적 관점의
한계와 비판

④ 미학적 관점의 한계와 비판

❶ 관련주의 : 사고의 방식에 따라 상이한 해석과 표현이 나타날 수 있다는
한계점을 지님

❷ 형식주의 : 음악의 구성요소와 형식적인 내용에 초점을 맞추다 보면 외부세계와
미적 경험에서 오는 감정의 통찰을 느끼기 어려움

❸ 표현주의 : 여러 한계가 있으나 식별할 수 없는 감정의 상태가 정확하게
무엇인지 알 수 없다는 결정적 한계를 지님

② 미학의 관점

미학의 관점	객관주의적 미학	주관주의적 미학
미학의 본질	이성적 본질	감성적 본질
미학의 의미	지각하는 마음과 관계없이 그 대상 자체로 아름다운 성질	대상과 마음 간에 환기된 어떤 즐거움에 대한 관계적 성질
미학의 성질	사물인 그 대상 안에 들어 있는 것	마음속에 일어난 하나의 관념

③ 미학적 관점의 종류

❶ 관련주의 : 음악 자체보다 음악 작품과 관련된 외적인 요소에서 의미와 가치를 찾으려는 관점

❷ 형식주의 : 관련주의에 반대되는 관점으로 예술의 다른 특성들보다 작품의 형식을 중시하는 이론

❸ 표현주의 : 관련주의와 형식주의의 절충적 위치에서 음악을 바라보며 음악이 표현하고자 하는 음악의 상징적 의미에 관심을 두는 입장

❹ 절대표현주의 : 형식주의의 관점을 수용하면서, 동시에 표현주의적 관점을 지지하는 이론

4

음악교육의 심리학적 관점

세상에는 매우 다양한 음악이 존재한다. 그 음악은 구성이나 진행에 있어 각기 다른 특징을 가지며 우리의 삶과 매우 밀접한 관계를 맺고 있다.

음악에는 음악만이 가지고 있는 특정한 힘이 있으며, 그중에는 사람의 기분을 변화시키는 특별한 힘도 있다. 부드럽고 잔잔한 음악은 마음을 안정시키고, 빠르고 강한 박의 음악을 듣게 되면 흥분하기도 한다. 이처럼 음악은 인간에게 영향을 주며, 인간은 그 음악에 반응한다.

이를 확대하여 살펴보면, 음악은 인간의 삶과 문화에 대한 가치를 높이는 역할을 하고 이러한 가치는 학생들의 삶과 정서에 영향을 주어 삶을 더욱 풍요롭게 할 수 있는 역할을 한다. 즉 음악은 단순히 여가를 즐기는 역할을 뛰어넘어 인간의 삶에 영향을 미치고 있다는 것이다.

음악교육심리는 음악적인 요소를 활용하여 인간의 행동을 변화시키는 것으로, 여러 가지 심리적 원리를 음악교육에 적용하여 음악교육과정에서 생기는 문제를 연구하고 해결하여 교육의 효과를 더욱 극대화할 수 있다. 따라서 이 장에서는 음악과 인간의 심리에 초점을 두고 음악교육의 심리적 배경과 그 기초를 살펴보고자 한다.

1. 음악교육의 심리학적 배경

음악은 개념이나 언어 등 중간 매개체가 없이 직접 인간에게 작용한다는 점에서 다른 예술보다 정서에 대한 영향력이 강하다. 음악이라는 매체가 감정, 자유연상과 같은 심리적 측면과 내분비 순환, 호흡, 혈압과 같은 생리적 측면에 영향을 미친다는 것은 의심할 여지가 없다. 정신적으로 우울할 때는 안정시켜주는 음악을 듣고, 정신이 흐리고 불안하며 머리가 혼탁하고 잡념이 많거나 불면증, 신방승이 있을 때는 즐겁고 명쾌한 음악을 사용하여 음악치료를 할 수 있다는 보고도 있다. 이처럼 음악은 듣는 사람에게 특정한 힘을 전해주고 듣는 사람의 심리나 정신 상태에 따라 음악은 그 사람의 마음이나 정서를 안정시켜 줄 뿐만 아니라 편안한 마음의 상태 등을 만들어주며, 오랫동안 비슷한 성향의 음악을 듣게 되면 성격까지 변화할 수도 있다. 더 나아가서는 인간의 사고와 철학에도 영향을 줄 수 있다.

1) 음악교육심리학의 정의

음악교육에서의 음악심리를 한마디로 정의하기는 매우 어렵다. 이 때문에 음악교육심리학을 광의의 개념과 협의의 개념으로 구분하여 정의하는데 그 구체적인 내용은 다음과 같다.

넓은 의미에서의 음악교육심리는 '음악과 교육의 관계에서 생기는 문제들을 심리적인 지식을 통해 과학적으로 연구하고 답을 찾는 것'이다. 다시 말해서 교수와 학습의 실제 상황에서 생기는 문제들에 대한 직접적인 해답을 찾기 위해 심리적인 현상을 과학적으로 연구하는 것이 음악교육심리이다. 음악교육심리의 넓은 연구 영역에는 음악 그 자체뿐만 아니라 음악 학습과 관련된 인간의 생각과 이해, 행동 등이 포함된다.

음악심리에는 음향심리, 음악적 능력의 측정 및 예측, 음악양식의 문화적 구조, 음악과 음악 학습에 대한 인간의 정서적 반응, 나아가 음악적 자극이나 경험이 인간의 음악적 판단(지각, 인지)과 행동에 어떤 영향을 미칠 수 있는지에 대해서 추론하고 음악 지각, 인지, 행동에 대한 통찰력을 제공하는 것이 포함된다. 또한 교수와 학습 과정 그 자체를 연구대상으로 하는 것이 아닌 음악-학습에 관련된 인간의 사회적 성장 과정을 포함한다. 따라서 음악-학습에 관련된 인간 행동의 심리학적 해석은 음악교육의 원리를 개발하는 데 있어서 매우 중요한 기초가 된다(남경민, 2007).

좁은 의미에서의 음악교육심리는 교육기관에서 이루어지는 음악교육 문제들을 심리학적 지식을 통해 과학적으로 연구하여 답을 찾는 것이다. 대표적인 예로 학교에서의 음악교육심리를 들 수 있는데, 이는 심리학적 이론을 통해 학교 음악교육에서 교사가 마주하는 문제를 과학적으로 연구하고 해결하여 음악교육의 기능을 강화한다.

2. 음악심리학의 기초

1) 음악심리학의 역사

2,500년 전 피타고라스는 우연히 발견한 망치 소리를 듣고 그 물리적 근거를 연구하였는데, 이것이 최초로 인간이 '음악'과 '인간 마음의 관계'에 대해 관심을 두기 시작한 예로 볼 수 있다. 이후 그는 배음과 모노코드의 현 길이 비율로 음악적 협화음을 설명하고자 했는데 이는 소리를 만들어내는 원리, 즉 물리적 세계와 인간의 마음인 심리적 세계를 서로 연관 지으려는 시도였다.

또한 플라톤은 음악이 인간의 심성에 미치는 영향을 강조하면서 윤리적 측면에서 좋은 음악으로 간주되는 도리아 선법과 프리지아 선법의 음악을 많이 들어야 한다고 주장했는데, 이러한 가설 역시 음악은 인간에게 심리적 영향을 미친다는 점을 내포하고 있다. 한편 중세시대에는 음악을 '소리를 통한 수(數)의 표현'으로 보았고 이후 음악사상가들은 음악과 심성의 관계를 수를 통하여 설명하고자 했다. 이러한 관심은 17세기까지 인간이 음악으로 느끼는 미적 감각과 수의 상관관계를 밝히려는 연구로 이어졌다. 18세기의 요한 마테존(Johann Mattheson), 장 필립 라모(Jean Philippe Rameau) 같은 이론가들은 음악이 인간에게 미치는 감각적인 영향이나 감동을 더욱 강조하였고, 이것은 '감정이론(affectenlehre)'으로 발전해 미학 분야에서 본격적으로 다루게 되었다. 그러나 현대 실험과학의 견지에서 볼 때 과학적 검증이 뒷받침되지 않은 형이상학적 연구들은 학문적 가치를 인정하기 어렵다는 시각도 있다. 이러한 문제의식을 바탕으로 19세기 심리학은 '철학의 영역'에서 '실험과학의 영역'으로 편입되고 연구대상과 범위도 인간의 '사상'에서 '행위'가 주요 관심사로 대두되면서 활발하게 논의되기 시작했다. '음악심리학'이라는 용어는 1937년 출판된 제임스 머셀(James Mursell)의 『음악심리학』과 1938년에 출간된 칼 시쇼어(Carl Seachor)의 『음악심리학』을 통해 최초로 언급되었다. 이 두 학자는 모두 '음악심리학'이라는 용어를 사용하였으나 접근방식과 음악심리학의 본질에 있어 많은 견해차를 보인다. 시쇼어는 "이 세상은 물적 세계와 심적 세계로 구별되어 있으며, 음을 지각한다는 것은 물적 대상인 소리가 심적 대상인 음악으로 변환되는 것을 의미한다"고 주장했다. 그의 이론은 20세기에 더욱 체계적으로 연구되었고 '심리음향학'이라는 구체적인 영역으로 발전했다. 한편 머셀은 감상자의 귀에 들어온 '공기의 진동'과 감상자가 취사선택하여 얻은 '감상한 것'은 전혀 다른 대상이리고 보았는데, 이는 감상자의 귀에는 고도로 복잡한 진동의 연속이 들어오지만, 감상자는 그중 일부만을 선택하여 듣기 때문이다. 이러한 머셀의 이론은 '인지심리학'으로 분류된다. 1970년대 이후 인간의 음악적 인지에 관한 연구들은 더욱 활발하게 진행되었고, 최근에는 각종 첨단 기자재와 컴퓨터의 활용으로 괄목할 만한 발전을 이루면서 20세기 음악심리학의 연구 성과는 양적·질적으로 그 어느 시대보다 더욱 풍부해지고 있다.

2) 음악심리학의 관점

음악교육에서 심리학적 관점은 심리학적 학습이론을 사용하여 음악 학습의 각 영역을 가장 효과적인 방법으로 교육함으로써 음악 학습 목표를 달성하고 연구하는 데 있다. 현대 심리학과 관련된 분야는 행동주의적 접근, 인지주의적 접근, 인본주의적 접근, 신경생물학적 접근으로 분류할 수 있다. 각각의 관점에 따른 연구는 '음악 능력의 발달'에 관한 심리학적 지식을 갖게 해 주며, 이러한 지식은 음악 능력을 발달시키기 위한 교수-학습 과정에 다양한 방법으로 적용할 수 있다.

① 행동주의적 관점

행동주의적 관점은 주로 행동에 관심을 두며 관찰하는 것이다. 어떠한 감각이 주어지면 그것은 다양한 상징을 활발히 기능하게 하여 그 상징들을 토대로 어떤 연합이 형성된다고 보는 일종의 연합주의적 접근이다. 예를 들어 어떠한 감각이 '1'이라는 상징과 '2'라는 상징을 활발하게 기능하도록 한다면 이러한 '1'이라는 상징과 '2'라는 상징을 연합하여 '3'이라는 새로운 상징을 만들어내는 것이다.

일반적으로 행동주의적 접근은 자극과 반응의 관계에 대한 연구를 기본으로 하며, 학습에서는 환경적 자극의 역할을 강조하고 관찰 가능한 행동의 변화에 중점을 둔다. 즉 인간의 행동은 외부의 자극으로 인해 발생한다고 보는 관점이다. 감각을 통해 생기는 단순한 상징을 합침으로써 복잡한 상징을 형성하여 생각한다는 일종의 연합적인 생각을 가정하고 있다. 대표 학자로는 파블로프(Ivan Pavlov), 손다이크(Edward Thorndike), 왓슨(J. B. Watson), 거스리(Edwin Guthrie), 스키너(B. F. Skinner), 반두라(Albert Bandura) 등이 있으며 고전적 조건형성이론, 조작적 조건형성이론, 사회학습이론 등을 예로 들 수 있다.

특히 자극–반응의 결합(S-R)은 행동주의적 관점에 있어 가장 기초가 되는 이론으로 이는 인간의 행동은 기본적으로 통제될 수 있으므로, 환경에 의해 학습 행동이 변화된다는 것을 전제로 한다. 행동주의적 관점을 음악 학습이론에 적용 시 고려사항을 제시하면 다음과 같다.

첫째, 음악교육의 목표와 그에 따른 세부적 사항을 명확히 제시함으로써 학생에게 동기를 주어야 하며, 행동에 따른 강화가 중요하다. 둘째, 음악 학습을 위한 시설과 환경이 적합해야 하고 반복적인 연습이 필요하다. 셋째, 교사는 환경을 통제함으로써 완벽히 갖춰진 환경에서 체계적이고 세심한 방법과 교재를 이용해 학습을 이끌어 나가고, 다양한 강화물을 통해 학생의 관심과 흥미를 끌어낼 수 있어야 한다. 넷째, 학생의 경험이나 감성 활동 등 학생이 주도하는 활동보다는 교사의 통제에 따른 학습이 이루어진다.

② **인지주의적 관점**

인지주의적 접근은 관찰을 할 때 주로 인지에 관심을 두는 것으로, 학습을 행동주의적 관점처럼 단순한 상징들의 연합으로 보는 것이 아니라 복잡한 사고과정으로 이해한다. 남경민(2007)에 의하면 인지주의적 접근에서의 인지란 지식을 의미하며 학습은 기억과 동일한 것으로 여겨진다고 하였다. 예를 들어 어떠한 감각이 '1'이라는 상징과 '2'라는 상징을 활성화한다면 개개인의 특성에 따라 복잡한 생각 과정을 거쳐서 '0'이라는 상징을 만들 수도 있고, '4'라는 상징을 만들 수도 있다.

일반적으로 인지주의적 접근에서는 학습자에게서 일어나는 내적 과정을 중시하고, 학습 과정 전체 구조 속에서 부분들의 상호작용을 파악하는 방법이 필요하다고 판단한다. 즉 인간의 행동은 자신만의 목표 설정과 달성이라는 내부동기에 의해 발생한다는 것이다. 인지주의 학자들은 학생이 언어를 기초로 하여 논리 법칙에 따라 일관성 있게 생각한다고 가정한다. 인지주의적 접근에서의 대표 학자로는 베르트하이머(Max Wertheimer), 쾰러(Wolfgang Khler), 코프카(Kurt Koffka), 레빈(Kurt Lewin), 피아제(Jean Piaget), 브루너(Jerome Bruner), 가드너(Howard Gardner), 비고츠키(Lev Vygotsky) 등이 있으며 이들은 표상양식이론, 인지발달이론, 다중지능이론, 정보처리이론 등을 주장하였다.

또한 인지주의 이론은 학습을 인간의 내적인 곳에서 일어나는 정신적 · 인지적 변화로 보고, 외적으로 드러나는 행동을 눈에 보이지 않는 내적인 변화로 인한 결과로 여긴다. 일반적으로 인간은 일련의 인지발달 단계를 통해 성장하기 때문에 학습 또한 학생의 인지발달 단계를 고려하여 계획되어야 한다.

다음은 피아제, 브루너, 비고츠키, 하그리브스(David J. Hargreaves)가 주장한 인지발달이론이며, 이러한 내용을 음악 교수·학습에 적절하게 적용할 필요가 있다.

 표1 인지발달이론

피아제의 인지발달이론	동화와 조절의 균형적 순환에 의한 인지구조의 발달과 성장을 강조
브루너의 표상양식이론	활동적 양식–영상적 양식–상징적 양식의 순서로 학습하고 지식을 표현
비고츠키의 인지발달이론	근접발달 영역에 대한 개념 및 사회, 문화적 맥락 강조
하그리브스의 인지발달이론	예술 영역에서의 인지발달 단계를 논리/과학적인 사고 과정의 발달과는 다른 예술 영역에 있어서의 보편적인 발달과정을 반영 (형상적 단계, 규칙적 단계, 규칙조직 단계)

인지주의에 따른 음악 교수·학습 방법은 다음과 같다. 첫째, 학습자의 주의집중을 유지하고 적절한 학습 분량이 제시되어야 한다. 학습자의 주의력을 분산시키는 요인을 통제하고 단기 기억의 정보처리 능력이 감당할 수 있을 만큼의 분량을 제시해야 한다. 둘째, 유의미한 형태의 패턴에 따른 지각 학습이다. 리듬패턴, 선율패턴, 화성패턴 등에 따른 지각 학습을 통해 음악의 구조에 대한 이해를 도울 수 있다. 셋째, 인지발달과 성장에 따르고, 학습자의 특성을 고려한 학습 단계가 이루어져야 한다. 넷째, 개념 형성과 표상양식의 다양화이다. 이를 위해 언어적, 상징적, 신체적, 청각적, 시각적, 영상적 자료를 제공할 필요가 있다. 다섯째, 정보의 체계화, 조직화 및 정교화이다. 이를 통해 음악의 구조를 이해하고 기억과 학습을 쉽게 한다. 마지막으로 학습 과정을 관리, 수정, 반성하는 학습자의 자기조절능력, 즉 메타인지와 다양한 인지적 전략을 사용한다. 사고의 흐름과 학습의 과정을 의도적으로 수정함으로써 자기조절능력과 반성능력을 발달시킬 수 있다 (민경훈, 2013).

인지주의는 음악이 학습되는 단계와 과정에 대한 이해의 기본적인 바탕을 제공하고, 음악에 관한 정보를 기억, 인출, 재구성하는 데 도움이 되는데 이러한 인지주의의 관점을 음악 학습이론에 적용 시 교사의 역할을 제시하면 다음과 같다.

첫째, 교사는 학생의 음악적 발달 수준을 고려하여 음악교육을 체계적으로 계획해야 하고, 음악 자료를 학생의 지각구조에 맞게 재구성하여 제시해야 한다. 둘째, 다양한 학습 전략, 체계화, 구성 등의 방법을 통해 효과적인 음악 학습이 되도록 하고 학생이 쉽게 기억할 수 있도록 한다. 셋째, 총체적으로 음악 학습을 구성하고, 학생에게 또래집단이나 교사와 적극적으로 상호작용하면서 문제해결능력을 기르게 하는 학습 전략을 함께 사용해야 한다.

③ 인본주의적 관점

인본주의 이론은 자아실현과 같은 개인의 내적 발전에 중심을 두고 있다. 이는 학생의 학습법과 환경 등 지식 습득에 중심을 두는 관점과는 차이가 있다. 음악교육에서의 인본주의는 음악지식을 학습할 뿐만 아니라 학생 자신을 성장시키고, 학생의 동기를 유발함으로써 더욱 학습에 몰두하고 연구할 수 있도록 한다. 인본주의 심리학자로 잘 알려진 심리학자는 매슬로(A. H. Maslow)와 로저스(C. R. Rogers)를 들 수 있다.

매슬로는 인간이 외적 환경에 따라 수동적으로 결정하는 것이 아니라 그 자신이 스스로 결정한다고 하였다. 동기에 관한 연구를 바탕으로 한 매슬로의 이론은 인간의 자주성, 자율성, 존엄성을 인정한다는 점에서 인본주의적이다. 로저스는 인간이 수동적으로 도움을 받고 사는 존재가 아니라 자율적인 능력을 갖추고 능동적으로 자기 행동을 통제하는 존재여야 함을 강조했다.

인본주의 관점에서 바라본 음악교육의 특징은 다음과 같다. 첫째, 교사는 학생 중심의 음악 수업을 통해 학생의 자아실현을 추구하고 개개인의 음악적 잠재력을 계발하여 학생이 주관적이고 창의적인 음악 경험에 많은 관심을 두도록 해야 한다. 둘째, 학생 개인의 음악 특성을 중요시하여 각자의 주관적 음악 경험과 음악 능력의 발전 가능성을 고려한 교수 학습 상황을 제공해야 한다. 마지막으로 교사는 학생이 음악적 잠재력을 펼칠 수 있도록 다양한 음악적 교육 환경을 제공해야 한다.

④ 신경생물학적 관점

신경생물학적 이론은 뇌의 구조에 따른 기능 등을 연구함으로써 뇌와 관련된 교육을 추구한다. 인간의 뇌 신경체계는 의식적 부분과 무의식적 부분, 감성과 관련된 학습을 담당하는 부분 등으로 나뉘어 있다. 이 신경생리학은 행동주의, 인지주의, 인본주의 이론들이 정신적이고 학습적인 면을 추구했던 것과는 전혀 다른 관점을 취하고 있다. 신경생리학적 관점에서 음악교육을 바라보자면 다음과 같은 특징을 지닌다. 첫째, 신경생리학적 이론에서 '음악적 기능'은 신경과 근육의 협응 또는 조화가 잘 이루어진 상태를 뜻한다. 따라서 음악을 연주함에 있어 기능 미숙이라는 것은 근육운동 자체의 신체적 문제로 여기기보다 정신적 문제로 여긴다. 둘째, 음악 학습에서 좌뇌와 우뇌를 균형 있게 활성화하는 수업이 필요하며, 따라서 직관적, 분석적, 논리적, 언어적, 감성적, 표현적, 창의적, 총체적인 교수 전략들을 사용한 교육 방식이 실행·연구되어야 한다. 마지막으로 학생의 기능적 음악 학습을 위해 반복적인 연습이 필요하다.

3) 음악심리학의 효과

음악이 개인에게 주는 심리적 효과에는 의사소통, 연상, 자기표현, 동일시 등이 있다. 구체적으로 설명하자면, 음악은 인간에 의해 발전된 가장 깊고 간절한 비언어적 의사소통으로 개인적인 음악체험은 개인의 기억에 큰 흔적을 남기며 언제라도 의식 밖으로 노출될 가능성을 가지고 있다. 또한 음악을 들으면서 연상되는 경험, 기억 등 상기되는 모든 반응이 심리반응의 중요한 요소가 될 수 있다. 게다가 음악은 자기표현의 수단으로서 카타르시스 효과를 일으켜 조화로운 상태로 회복시키는 기능이 있다. 이 외에도 인간은 자기 자신이 해석할 수 있는 음악과 자신을 동일시하여 일체감을 느끼는 심리가 있다. 예를 들면 명랑하고 밝고 건전한 음악을 들으면 인간의 마음은 밝고 명랑하게 되며 어두운 음악을 들으면 자신도 모르게 어두운 마음을 가지게 된다. 그러나 최근에는 예술성이나 조화가 아닌 대량소비를 목적으로 하는 불건전한 대중음악이 많이 생겨나 감수성이 예민한 학생들에게 가치관의 혼란과 자아의 방향감각을 상실하게 하는 것이 문제점으로 지적되고 있다.

음악은 정서를 유발하는 중요한 자극을 기본으로 하고 있다. 음악은 크게 자극적 음악과 진정을 주는 음악으로 나눌 수 있으며 각각 정서에 영향을 준다. 자극성 음악은 음이 비교적 짧고 단절적이며 타악기 등에 의한 충격적 요소가 많다. 또한 톱니바퀴처럼 끊어지는 스타카토 형식의 음악으로 준엄하거나 엄격함을 느끼게 하며 제지하는 성질이 없어서 신체적 에너지를 높이고 뇌 피질을 자극하기 때문에 사람을 흥분시킨다고 한다. 반면 진정성 음악은 비교적 음이 길고 지속적이며 매끄러운 형태의 음악 요소가 많은 음악으로 화해와 비경쟁적임을 느끼게 해주고 근육긴장을 유발하지 않고 명상적, 진정적 효과를 일으킬 수 있다고 한다.

록, 메탈, 로큰롤 음악연주자들의 태도나 가사 속에는 저항이나 반항 혹은 반사회적인 태도가 강조되어 있으며 헤비메탈 음악에는 폭력, 여성에 대한 지배나 학대, 증오, 신비주의, 악마주의, 죽음 같은 부정적인 내용이 있다. 또 갱스터랩을 분석하면 가사 속에 분노와 폭력성이 발견되기도 한다. 로큰롤 음악에 심취한 집단일수록 반사회적 행동 수준이 높은 경향을 보인다고 한다. 발달심리학적 관점에서 볼 때 음악은 부모로부터 심리적 독립과 자율성을 탐색하는 학생들에게는 중요한 의미를 지닌다. 십대들은 기성세대가 좋아하지 않거나 이해하지 못하는 음악을 선호함으로써 권위에 저항하고 자기만의 세계를 찾으며 부모와의 갈등이나 사춘기의 갈등 같은 개인적 문제로부터의 탈출구를 찾는다. 그러나 스트레스를 마땅히 해소할 방편이 없는 학생들이 그 대안으로 로큰롤이나 헤비메탈 음악을 선호하거나 반사회적 행동을 하게 되는 것으로 해석할 수 있다. 하지만 이러한 경향은 일시적으로 나타나는 현상이며 발달과정이 진행되어 가면서 자극추구 성향이 감소하게 되면 자연스럽게 감소하리라고 기대할 수도 있다. 로큰롤 음악을 선호하는 학생들은 자극추구 성향도 높고 모험추구 성향도 높다. 그러나 모험과 위험추구의 성향을 반사회적 성향이라고 단정할 수 없으므로 로큰롤 음악 심취가 반드시 반사회적 성향을 야기한다고 볼 수는 없다.

4) 음악과 심리학의 최근 연구 동향

최근의 연구 동향을 살펴보면 심리학과 음악과의 관계를 규명한 논문들이 많다. 그중에 음악과 심리학이 만나 창조해내는 수많은 연구 중 가장 대표적인 분야는 음악 지각과 인지 과정에 대한 연구들인데 여기에는 음악의 요소들에 대한 기억, 조성의 판단, 음악의 해석과 같은 과정이 어떠한 인지 처리 과정을 거치는지에 대한 과학적인 연구 방법들이 포함된다. '모차르트 음악은 지능발달에 어떤 영향을 미치는가'와 같이 대중적 관심과 관련된 연구에서부터 'FM 라디오 주파수를 돌릴 때 들리는 백색소음(white noise)은 왜 정서적 안정감과 연관되는지'와 같은 전문적 연구에 이르기까지 다양한 주제가 다루어지고 있다.

음악이 만늘어내는 정서적인 효과에 대한 연구도 빼놓을 수 없다. 감성공학이라 불리는 분야의 연구자들이 최근 활발한 연구를 진행 중인데, 이 분야에서는 심박 수, 피부전도율과 같은 전통적인 측정방법은 물론이고 ERP(Event Related Potential, 사건 관련 전위) 혹은 fMRI(functional Magnetic Resonance Imaging, 뇌 기능 자기공명영상)와 같이 뇌의 활동을 직접 측정·촬영하는 첨단 기법이 사용된다. 이 실험에서 P300이라 불리는 특정 시간대의 파형을 측정한 결과, 음악적 숙련도와 절대음고(absolute pitch) 간의 관련성이 일반적으로 생각하는 것처럼 높지는 않다는 것이 발견되었다. 이는 음악교육과 같은 실제적 측면에도 시사하는 바가 크다고 할 수 있다.

이와 관련해 음악의 기능적 측면을 세부적으로 연구하여 산업 및 임상적 측면에 응용하는 분야 역시 매우 중요한 부분을 차지하고 있다. 전자의 경우는 산업 현장의 작업능률 향상, 혹은 매장에서의 매출 상승 등을 목적으로 하는 음악의 활용적 측면을 말하고 후자는 음악치료(music therapy)라는 분야로 대표된다. 특히 음악치료 분야의 경우에는 국내에서도 이화여대, 숙명여대 등에서 전문가를 양성하고 있는데, 치료자의 언어적 기술에 의존하지 않으면서도 자폐를 비롯한 다양한 장애를 개선하는 데 주목할 만한 효과가 있다는 것이 다양한 연구를 통해 입증되었다.

이외에도 음악교육과 관련된 교육기법 관련 연구, 음악 연주자들의 연주 행동과 관련된 분석 연구 등에 이르기까지, 이론적 측면에서부터 응용의 측면에 이르는 심리학과 음악의 만남은 수많은 세부 연구 분야를 창출해내고 있다.

그리 길지 않은 시간에도 불구하고 이렇게 다양한 분야가 생성되고 많은 연구자 및 관련 분야 종사자들이 여기에 참여하고 있는 것은 어떻게 보면 그다지 놀라운 일이 아니다. 왜냐하면 인간이 사용하고 있는 가장 중요한 정보 중 하나가 음악이며, 인간이 정보를 사용하는 방법과 과정을 연구하는 것이 바로 심리학이기 때문이다.

5) 심리학적 관점으로 본 장애 학생의 음악교육

음악심리를 장애 학생의 음악교육에 적용하기 위한 일곱 가지 이론을 간단히 소개하면 다음과 같다.

첫째, 게슈탈트 이론은 은유적 즉흥연주와 성악적 즉흥연주로 구분하고 타인과의 상호작용에서 인식, 접촉, 자발성 그리고 친밀성을 향상하는 것을 강조한다. 이때 또래와 함께하는 즉흥연주는 감정을 표현하는 데 적합하여 특수교육 대상 학생이 장애로 오는 스트레스와 두려움을 줄이게 되었다.

 표2 게슈탈트 이론 중심의 음악심리학적 적용

심리 이론	음악 적용	음악심리학적 적용	학생 활동 방안
게슈탈트 이론	• 음악 감상 • 차이코프스키 [백조의 호수] • 노래 부르기 • 즉흥연주 • 그루핑하기	• 현실 인지 • 지각 • 조절 • 동화 • 친밀감	• 빈 의자에 앉아 음악을 듣는다. • 떠오르는 이미지에 대하여 이야기한다. • 돌림노래 형식의 노래를 부른다. • 가사 만들어 부르기 • 신체 표현과 함께 상호작용하며 노래를 부른다. • 트릴 형태를 반복하여 즉흥연주를 한다.

둘째, 오르프 이론 중심의 음악심리 활동은 두드리거나 치기를 좋아하는 인간의 본능적 특성을 잘 표현할 수 있게 하여 여러 가지 악기로 연주 능력을 향상시킨다.

 표3 오르프 이론 중심의 음악심리학적 적용

심리 이론	음악 적용	음악심리학적 적용	학생 활동 방안
오르프 이론	• 악기 연주 • 리듬 • 가락 • 즉흥연주 • 신체 표현 • 노래 부르기	• 상호작용 • 의사소통 • 모델링 • 행동 수정 • 강화 • 보상 • 선택 • 지각	• 각자 타악기를 선택하여 자리에 앉는다. • 악기의 소리를 듣고 모방한다. • 그룹별 즉흥연주를 한다. • 손과 발을 이용하여 신체적 활동을 한다. • 돌림노래 형식의 노래를 부른다. • 신체악기 연주와 노래하기를 복합적으로 연주한다.

셋째, 아들러 이론은 창조적 작업을 강조하여 '음악 만들기'를 촉진하고 자발적인 표현을 체험할 수 있도록 하였다.

 표4 **아들러 이론 중심의 음악심리학적 적용**

심리 이론	음악 적용	음악심리학적 적용	학생 활동 방안
아들러 이론	• 음악 감상 • 음악 만들기 • 음악 듣고 심상 표현하기 • 노래 부르기 • 즉흥연주	• 개인의 휴식 • 자아개념 • 지각 • 동화 • 친밀감 • 자아표현	• 음악 듣고 다양한 형식으로 반응하기 • 떠오르는 이미지에 대하여 이야기하기 • 듣고 노래하기, 말하기, 움직이기 • 신체 표현과 함께 상호작용하며 노래 부르기

넷째, 인간 중심 이론은 자기 자신의 완성된 작품을 연주하며 만족감을 느낄 수 있는 즉흥 연주를 비지시적 음악심리의 형태로 적용하는 방법이다.

 표5 **인간 중심 이론의 음악심리학적 적용**

심리 이론	음악 적용	음악심리학적 적용	학생 활동 방안
인간 중심 이론	• 음악 감상 (모차르트 40번) • 노래 부르기 (나처럼 해봐라, 내 이름은) • 즉흥연주	• 상호작용 • 지금-여기 • 사실 • 일치성 • 지각 • 친밀감	• 음악을 듣고 떠오르는 것들을 이야기한다. • 지금 떠오르는 것들을 써본다. • 여기의 나를 설명하기 • 떠오르는 이미지에 대하여 이야기한다. • 돌림노래 형식의 노래를 부른다. • 신체 표현과 함께 상호작용하며 노래를 부른다.

다섯째, 인지 이론의 적용은 스트레스, 우울, 불안장애 등의 부정적 정서를 자극하여 조작적 절차에 의하여 행동에 적용되기도 한다.

표6 인지 이론 중심의 음악심리학적 적용

심리 이론	음악 적용	음악심리학적 적용	학생 활동 방안

인지적
이론
	• 음악 감상
	  차이코프스키
	  〈백조의 호수〉
	• 노래 부르기
	• 즉흥연주
		• 자기조절
		• 안정
		• 수용
		• 지각
		• 동화
		• 친밀감
			• 음악을 듣는다.
			• 화가 났던 일들을 이야기해보자
			  (왜 화가 났을까?)
			• 화가 날 때 기분을 타악기로 표현해보자.
			• 즐거웠던 일들을 이야기해보자.
			  (왜 즐거웠을까?)
			  (즐거운 마음을 가락악기로 표현)
			• 신체 표현과 함께 상호작용하며 노래를 부른다.

여섯째, 음악을 통한 가상심리극은 즉흥성과 창의력을 강조하는 행동 지향의 접근방식이다.

 표7 가상심리극 이론 중심의 음악심리학적 적용

심리 이론	음악 적용	음악심리학적 적용	학생 활동 방안

가상심리극
이론
	• 배경음악과 함께 감상
	• 발걸음과 박자에
	  맞추기
	• 큰소리로 말하기
	• 즉흥연주
		• 자기표현
		• 상호작용
		• 지각
		• 협동
		• 친밀감
			• 주인공 선정, 연극 준비하기
			• 모둠별로 음악과 연극 주제 정하기
			• 대사와 함께 연극하며, 즉흥적으로 감정
			  표현하기
			• 신체 표현과 함께 상호작용하며 노래를
			  부르기

일곱째, 분석심리 이론은 개인의 생각과 감정을 표현하고 자아상을 강화해준다.

 표8 분석심리 이론 중심의 음악심리학적 적용

심리 이론	음악 적용	음악심리학적 적용	학생 활동 방안
분석적 이론	• 음악 감상 • 노래 부르기 • 즉흥연주	• 무의식 • 대상관계 • 욕구 • 지각 • 자기표현	• 맛있는 음식을 선택한다. • 음악에 맞추어 음식과 연관된 것들을 표현한다. • 좋아하는 친구와 노래를 부른다. • 신체 표현과 함께 상호작용하며 노래를 부른다.

음악교육의 심리학적 관점에서 중요시되는 것은 다양한 관점을 상황과 환경에 맞춰 사용하는 것이다. 특히 장애 학생에게 무엇보다 중요한 것은 반복 학습이다. 세부적인 단기목표와 최종적으로 도달해야 할 장기목표를 장애 영역과 정도, 개인의 특성에 맞추어 계획함으로써 학생이 지속해서 학습할 수 있도록 해야 한다. 장애 학생들 또한 일반 학생들처럼 음악적 활동을 통해 자아를 실현하고 자기 발전을 이룰 수 있지만, 일반 학생보다 집중력이 떨어지며 감정의 기복이 심하므로 그에 맞는 교사의 적절한 대처방법이 필요하다. 음악은 인간의 슬픔과 기쁨을 함께 공유하고 치유할 수 있다는 특징을 가지고 있으므로 인간의 심리와 밀접한 관계가 있을 뿐 아니라 음악교육은 장애 학생의 심리적 안정과 발전을 꾀할 수 있는 가장 적합한 교과가 된다.

♫ 정리

음악은 인간의 생각과 감정, 행동 등과 밀접한 관계를 맺고 있으며 음악과 인간의 관계가 과학적으로 증명되면서 음악이 질병을 치유하는 목적으로 사용되기도 한다. 특히 다양한 신경질환 환자들에게 치료 효과를 발휘할 수 있는 잠재력도 지니고 있다. 이렇듯 음악은 사람의 감정과 상태를 대변해주기도 하고 치유하는 역할을 한다. 이는 클래식 음악뿐만 아니라 우리가 자주 접하는 대중음악의 경우도 마찬가지이다. 즉 인간은 음악에 기대게 되고, 음악은 우리의 감정을 다스려주는 역할을 한다. 더 나아가 음악이 심리학의 대상관계이론에서 언급되는 '중간대상'의 역할을 한다. 따라서 음악과 심리의 관계성을 규명하고 그것을 교육의 개념과 연계하여 인간 심리에 미치는 영향을 살펴보며 수업에 적용하는 것은 그 자체로 충분한 의의가 있다.

♫ 연구과제

1. 인본주의적 관점을 설명하고 장애 학생을 위한 음악교육의 가치를 기술해보자.
2. 장애 학생의 발달 단계를 고려하여 인지 이론을 적용하기 쉬운 악곡을 조사해보자.

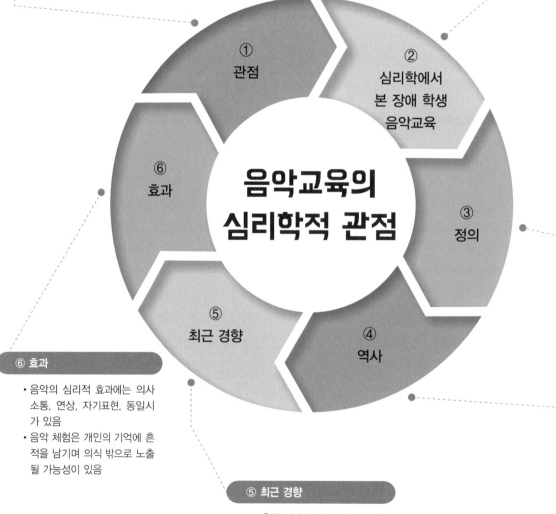

① 관점

- **신경생물학적 관점**
  직관적, 분석적, 언어적, 감성적, 표현적, 창의적, 총체적인 교수 전략들을 사용한 교육 방식을 실행
- **행동주의적 관점**
  음악교육이 학생에게 동기를 주어야 하며 적절한 환경, 반복연습, 교사의 통제가 이루어져야 함
- **인지주의적 관점**
  학생이 주의집중을 유지하도록 하고, 패턴에 따른 지각학습, 특성을 고려한 학습 단계, 다양화, 정교화 등을 고려해야 함
- **인본주의적 관점**
  학생 중심의 음악 수업을 통해 자아실현을 추구하고 잠재력을 펼칠 수 있게 해야 함

① 관점

② 심리학에서 본 장애 학생 음악교육

음악교육의 심리학적 관점

⑥ 효과

③ 정의

⑤ 최근 경향

④ 역사

⑥ 효과

- 음악의 심리적 효과에는 의사소통, 연상, 자기표현, 동일시가 있음
- 음악 체험은 개인의 기억에 흔적을 남기며 의식 밖으로 노출될 가능성이 있음

⑤ 최근 경향

- 음악 지각과 인지 과정에 대한 연구. 여기에는 음악의 요소들에 대한 기억, 조성의 판단, 음악의 해석과 같은 과정이 어떠한 인지 처리 과정을 거치는지에 대한 과학적인 연구방법들이 포함됨

② 심리학에서 본 장애 학생 음악교육

❶ 인지 이론

스트레스, 우울, 불안장애 등의 부정적 정서를 자극하여 조작적 절차에 의하여 행동에 적용

❷ 분석심리 이론

개인의 생각과 감적을 표현하고 자아상을 강화해주는 이론

❸ 가상심리극

즉흥성과 창의력을 강조하는 행동 지향적 접근 방식

❹ 인간 중심 이론

자신의 완성된 작품을 연주하며 만족감을 느낄 수 있는 즉흥연주를 비지시적 음악 심리의 형태로 적용하는 방법

❺ 아들러 이론

창조적 작업을 강조하여 '음악 만들기'를 촉진하고 자발적인 표현을 체험하게 함

❻ 오르프 이론

두드리거나 치기를 좋아하는 인간의 본능적 특성을 잘 표현함

❼ 게슈탈트 이론

은유적 즉흥연주와 성악적 즉흥연주, 또래와 함께하는 즉흥연주가 감정 표현에 적합하여 특수아동이 장애로 인해 받는 스트레스와 두려움을 줄이는 방법

③ 정의

- 넓은 의미
  음악과 교육의 관계에서 생기는 문제들을 심리적인 지식을 통해 과학적으로 연구하고 답을 찾는 것
- 좁은 의미
  교육기관에서 이루어지는 음악교육의 문제들을 심리적인 지식을 통해 과학적으로 연구하여 답을 찾는 것

④ 역사

- 2,500년 전 피타고라스가 망치 소리를 듣고 연구한 것을 시작으로 플라톤, 요한 마테존, 장 필립 라모 등 많은 학자들이 연구함
- '음악심리학'이라는 용어는 칼 시쇼어의 『음악심리학』을 통해 최초로 언급되었고 20세기 들어 '심리음향학'이라는 구체적 용어로 발전됨

음악교육의 기능적 관점

현대사회에서 음악은 다양한 형태와 방식으로 나타나고 있으며, 이것은 음악의 여러 가지 기능으로 재편성되어 기능주의적 관점으로 정리할 수 있다. 기능주의적 관점은 음악이 아름다움을 표현하는 것 이외에도 의식과 계몽, 행사 등 특정한 기능을 가질 수 있다고 보는 것으로, 예술교육이 지향하는 목적 외에 다양한 목적으로 사용될 수 있으며, 학교교육에서도 기능주의적 관점으로 해석하여 학습해야 할 요소 중 하나이다.

따라서 다양한 목적을 가진 기능음악에 대하여 살펴보고 이러한 관점에서의 음악이 인간의 삶, 특히 장애 학생의 생활에 있어 어떠한 역할을 하는지에 대해 생각해보아야 할 것이다.

1. 기능주의적 관점에서 바라본 음악

1) 기능음악의 개념

음악에서의 기능이란 활동, 실행, 효과 또는 기능음악이 가지는 과제, 사명, 목적 등을 나타내는 다의적 개념으로 사용된다. 기능음악은 1940년대 이후 등장한 용어로 작업장, 백화점, 카페의 배경음악 등 경제적 관련성을 지닌 음악과 춤곡이나 행진곡 등 사회적 관련성을 지닌 음악으로 나뉜다.

대중매체가 존재하지 않았던 18세기 이전에는 대부분의 음악이 축제, 결혼식, 장례식, 놀이 등을 위하여 사용되었다. 이 시기까지의 음악은 그 자체의 즐거움을 위해서보다 행사를 위해

쓰였던 것이다. 그 후 대중매체가 발달하게 되면서 사람들은 공간적, 시간적 제약에서 벗어나 생활 전반에서 음악을 쉽게 접할 수 있게 되었고 그로 인해 다양한 음악적 환경이 요구되었다. 특히 라디오나 TV의 경우 음악 자체의 목적보다 어떠한 분위기를 형성하기 위해 연출된 음악이나 광고에 들어가는 음악이 대부분이며 이러한 음악들은 현대 대량생산체제의 사회에서 활용도가 높고 전망이 밝은 대표적인 기능음악으로 그 중요성이 더욱 증대되고 있다.

2) 기능음악의 일반적 특징

음악이 목적에 해당되는 구성요소로서 사용되는 경우에는 그 의도에 맞게 특정 기능을 충족해야 한다. 따라서 기능음악을 이해하기 위해서는 음악의 내재적 가치에 대한 연구와 그것이 사회 안에서 어떻게 사용되었는지에 대한 연구, 그리고 음악의 효과에 대한 연구가 함께 이루어져야 한다.

기능음악이 갖는 일반적 특징을 제시하면 다음과 같다.

- 음악은 보통 우리들의 삶을 동반하는 기능을 가지고 있다. 음악은 우리의 일상생활에 동반되는, 생활에 없어서는 안 될 존재로 인식된다.
- 음악은 사람들을 유혹하는 기능을 갖고 있다. 예를 들어 유흥업소에서 흘러나오는 음악 소리는 사람들을 그곳으로 들어서게 하는 기능을 발휘한다. 이때 음악은 사업의 성쇠를 결정하는 요소 중 하나가 될 수도 있다.
- 음악은 소음을 없앨 수 있고, 적막감을 없애는 기능도 가지고 있다. 예를 들어 치과에서 이를 치료할 때 나는 소리가 환자들이 불안감이나 두려움을 고조시킬 수 있으므로 이러한 소리를 덮기 위해서 그 소리보다 큰 소리의 음악을 틀어 놓으면 환자들이 안도감을 갖도록 도울 수 있다. 또 식당에서 대화를 방해하지 않을 정도의 크기의 음악을 틀어 둠으로써 정적을 막을 수 있다.
- 음악은 우리의 일상생활에서 분위기를 이끄는 데 중요한 요소로 작용한다.
- 음악이 정보를 전달하는 기능은 선전이나 광고에서 나오는 내용들을 효과적으로 전달하고자 할 때 가능하다.
- 특정 음악은 우리들에게 이미지를 전달해주는 기능을 가지고 있다. 물론 그러한 이미지에 맞는 음악을 선택하는 것이 중요하다.

- 음악은 공동체 의식을 강화하는 기능을 갖고 있다. 이것은 사람들이 공동체 안에서의 안정성이나 안도감을 갖도록 도와준다. 예를 들어 학교에 학생들이 함께 교가를 부르는 것도 음악의 이런 기능을 기대하는 것이다.
- 음악은 기쁨의 근원이 될 수 있다. 기분을 전환하는 기능은 음악을 청취할 때의 심리적 변화에 기인한다고 볼 수 있다. 우리는 음악을 들음으로써 많은 심리적 기분의 변화를 경험할 수 있다.
- 음악은 청자의 행동을 이끄는 기능을 한다. 예를 들어 슈퍼마켓이나 백화점에서 사용되는 배경 음악은 음악의 이런 기능을 이용한 것이다.
- 음악은 청취자의 신체적 작용에 영향을 미친다. 가장 대표적인 것은 몸을 움직이는 데 어려움이 있는 환자들을 치료하는 음악요법이다. 노래를 부르거나 악기를 연주하거나 음악을 들음으로써 장애를 가진 사람들이 기능을 회복하는 것을 돕고 기쁨을 준다.

3) 기능음악의 분류

① 의식에 관련된 음악

의식 음악은 행사용 의식(국가기념일, 국가경축일, 왕실 관직의 취임식, 올림픽), 제례의식(궁중에서 행해 온 것으로 문묘, 종묘), 종교의식(굿, 불교의 재)으로 나뉜다. 종교의식 음악은 인류의 태동과 함께 시작된 가장 오래된 기능음악으로, 제사나 종교의식 등의 행사에 사용되는 음악도 여기에 포함된다. 현재까지도 국가행사에서부터 시민행사, 애국식전과 같은 공식적인 예식에 이르기까지 모든 사람들의 주의를 집중시키고 그 뜻을 기리는 데 있어 음악이 중요한 위치에서 사용된다. 의식과 관련된 음악은 의식이 갖는 본래적 기능으로 인해 음악만을 독립적으로 연주하는 상황에서는 그 의미를 잃는다.

② 행진과 사기 진작을 위한 음악

행진곡은 원래 군대를 비롯한 단체에서 질서 정연한 행진을 위해 쓰이는 기능음악을 말한다. 대표적인 노래로서 군가를 들 수 있다. 그러나 현재는 군대에서 쓰이는 음악만이 아니라 국가나 시민들의 행사나 축제와 관련이 있는 음악까지 행진곡에 포함된다. 단, 여기에서는 학교에서 질서와 사기를 진작하기 위한 음악에만 국한해서 설명한다.

행진곡은 단순한 형식으로 이루어져 있는 비교적 짧고 힘찬 곡이 많고 명쾌한 리듬과 규칙적인 형식을 가지고 있다. 악기는 트럼펫, 트럼본, 호른 등의 금관악기와 플루트, 클라리넷, 색소폰 등의 목관악기, 큰북, 작은북 등의 타악기가 사용된다.

③ 계몽을 위한 음악

계몽을 위한 음악은 국가의 정책을 홍보하기도 하고 국민들의 의식과 생활을 보다 나은 방향으로 계도하기 위한 음악이다. 목적하는 바에 따라 의식 개혁, 윤리·도덕적, 그리고 민중의 입장으로 나누었다.

사회의식 개혁 음악

사람들의 의식적 변동은 시대의 사회적 질서와 환경이 변하는 시기에 매우 중요하다. 예를 들어 1970년대에 경제위기를 탈피하고자 하는 구체적 목표가 세워지면서 실시된 '새마을 운동'은 그 이념을 '더불어 살아가는 공동체 건설'로 두었다. 〈새마을 운동 노래〉는 생활환경이 개선되고 소득이 증대되어 살기 좋은 나라를 바라는 의도에서 작곡된 것으로, 국민들에게 잘 살자는 의욕을 부추기고 활력을 불어넣는 중요한 매개체 역할을 하였다.

도덕적·윤리적 목적을 띤 계몽음악·계몽동요

교육계몽음악은 시대가 요구하는 정책 속에서 적절한 내용을 개인에게 심화시켜 사회적·윤리적 태도를 마음으로부터 갖추도록 하는 데 그 목적이 있다.

특히 계몽동요는 공동생활에서 사람들이 사회의 윤리 의식에 자연스럽게 동화할 수 있도록 이끌어준다. 이러한 계몽 동요의 전제 조건은 다음과 같다.

▶ 계몽동요의 전제조건
- 시대가 요구하는 도덕적·윤리적 내용
- 모든 사람이 이해하고 공감할 수 있는 객관적인 내용
- 사회적 문제들에 관해 전달하고자 하는 내용
- 모든 국민을 대상으로 한 홍보성
- 대중의 음악 취향 고려

④ 영상음악(영화, 애니메이션 음악, 게임음악)

1895년 12월 프랑스 파리의 그랑카페에서 뤼미에르 형제에 의해 첫 영화가 상영되었을 때 영화음악의 기원이 시작되었다. 그 이후로 약 100여 년의 역사를 가진 영화는 21세기에도 더욱 비전 있는 분야로 발전하고 있다.

영화, 애니메이션 음악은 영화와 애니메이션을 위하여 작곡되거나 선곡된 음악으로,

주제를 표현하거나 장면의 효과를 위해 만들어진 음악이다. 즉 영화, 애니메이션에서의 음악은 영상에서 받은 이미지를 음악적으로 구성하고 영상의 형식 및 종류에 맞게 표현하는 것이다. 영화음악의 기능은 구체적으로 다음과 같다.

시간·공간적 배경을 확인시키는 기능

영화 〈브레이브 하트〉를 보면 민속 악기의 음색이 시대적 느낌을 형성하고 강화한다. 백 파이프를 사용하여 목가적이고 평온한 분위기를 나타냄으로써 스코틀랜드의 전통적인 공간을 표현한다. 동시에 악기 소리를 통해 시간 배경과 시대적 배경을 연상한다. 이렇듯 영화음악은 이야기의 표현이라는 주된 기능을 가지며, 동시에 시공간적인 표현을 목적으로 하기도 한다.

인물의 내적 심리 파악, 성격을 묘사하는 기능

영화를 구성하는 많은 요소 가운데 인물의 숨겨진 감정, 즉 내적 심리를 표현하는 데 음악만큼 중요한 것은 없다.

순수한 배경음악으로서의 기능

이것은 기능주의적 관점에서의 접근으로, 관객의 무의식 속에 음악이 존재하도록 하는 것을 의미한다. 관객이 의식할 수 없게 하면서도 영화 진행에 도움이 되는 음악을 만드는 것은 대단히 어려운 일이기 때문에 작곡가들에게도 그리 큰 환영을 받지 못한다.

영화의 연속성을 부여하는 기능

영화는 여러 가지 단편들을 연결해 이야기를 만듦으로써 연속성을 가진다.

인간의 감정과 정서에 호소하는 기능

영화 〈샤인〉에서는 라흐마니노프의 열정적인 피아노 연주를 통해 음악적 감성을 관객들에게 호소한다.

⑤ 광고음악

광고음악은 전파 매체를 통해 음악적인 메시지로 상품의 이미지를 효과적으로 전달하는 것이 주된 목적이므로 예술성보다는 광고로서의 기능성을 강조한다. 광고에 사용되는 음악은 크게 내용적 분류와 형식적 분류로 나눌 수 있다.

내용적 분류

제품 판매를 위한 상업광고음악, 기업의 이미지나 기업정보를 제공하는 기업광고, 사회현상과 시대상을 반영하고 메시지를 통해 국민을 계도하려는 공익광고음악으로 나눌 수 있다.

형식적 분류

형식적 분류로는 BGM으로 사용되는 음악과 CM송으로 제작되는 음악으로 나눌 수 있다. BGM(back ground music)은 기존의 음반에 기록되어 있는 음악을 이용하거나 샘플러 등의 연주 음반 등을 통해 편곡되는 경우도 있다. 국내 최초의 CM송은 진로의 진로송이다. CM송은 광고하려는 제품의 이름이나 특징들을 가사화한 광고 노래로서 BGM보다 주체적으로 사용된다.

아울러 광고음악은 다음과 같은 기능도 한다.

차별화의 기능

제품의 타깃을 어떻게 정하느냐에 따라 광고의 콘셉트와 본질이 달라지게 된다. 대부분의 광고에서는 가벼운 팝 음악과 샘플 음악이 자주 사용되지만, 고급 자동차나 백화점, 은행 광고 등에서는 제품의 차별성과 귀족적 품격을 강조하기 위해 클래식을 사용하기도 한다.

목적을 가진 은유적 표현의 기능

은행을 겨냥하여 자산 관리 경쟁력을 강조한 삼성증권의 광고는 다음과 같은 내용이다. 음악회장에서 오케스트라의 웅장한 소리가 울려 퍼지지만 모델은 객석 중앙에 앉아 졸고 있다. 이때 '당신의 귀한 자산, 어떻게 관리하십니까'라는 내레이션이 흐르며 '은행과는 다른 길, 삼성증권에 있습니다'라는 자막이 보인다. 연주회 내내 계속 잠만 자는 모습은 자산을 제대로 관리하지 못하고 은행에 맡겨두기만 하는 소비자를 상징하며, 처음에 등장한 웅장한 소리의 BGM에는 은행과의 전쟁, 금융권과 자산관리 경쟁을 벌이겠다는 의도가 은유적으로 표현되어 있다.

연상과 감정 이입 기능

광고의 목적은 불특정 다수에게 광고주가 의도하는 감정을 이입시키는 데 있다. 사람들은 드라마를 보기 위해 TV를 켜고 기다리던 중에 광고의 배경음악을 듣게 되고, 광고를 본 시청자들은 자기도 모르게 그 광고와 음악을 동시에 연상하게 된다. 그런 후 백화점에서 똑같은 음악이 흘러나오는 것을 듣는 순간 그 제품이 연상되어 물건을 찾게 된다면 이는 광고주의 의도가 적중한 것이라 볼 수 있다.

문화적 흐름으로서의 기능

지난 세기 말 한국에서는 '테크노' 신드롬이 일어나면서 테크노 음악을 비롯한 각종 예술 장르에서 테크노를 새로운 문화의 흐름으로 인식하였다. 광고음악이 그 시대의 흐름으로서의 기능을 가진 것이다. 또한 2002년 한일 월드컵에서의 〈오! 필승 코리아〉도 순수하게 예술적인 가치보다는 문화적 흐름으로서의 가치를 더욱 크게 가졌다.

⑥ 배경음악

배경음악은 영화나 연극 등에서 분위기를 조성하기 위하여 대사나 동작의 배경으로 연주하는 음악을 말한다.

배경음악의 목적은 공간적으로나 시간적으로나 어색하고 딱딱한 환경을 좀 부드러운 분위기로 조성하는 데 있다. 배경음악을 쓰임의 목적에 따라 분류해보면 다음과 같다.

- 생산 능률적 차원에서의 음악 : 인간을 위한 음악(예 : 청소할 때, 요리할 때)
- 개인 또는 공공시설 등 공간에서의 음악(치료, 안정, 휴식) : 개인 또는 공공시설 등의 음악 (예 : 병원, 은행)

⑦ 심리치료와 관련된 음악

환자의 정신적 · 신체적인 건강을 개선하고 유지하며 회복하기 위해 음악을 구조적으로 사용하는 것이다. 한국음악치료학회에서는 음악치료를 '음악 활동을 체계적으로 사용하여 사람의 신체적 · 정신적 기능을 향상시켜 개인의 삶의 질을 추구하고 보다 나은 행동의 변화를 가져오게 하는 음악의 전문분야'로 정의하고 있다.

음악치료는 치료자가 치료 상황에서 체계적으로 내담자에게 음악을 듣게 하거나 적절한 연주 행동을 하게 함으로써 개인의 신체적, 심리적, 정서적 통합과 바람직한 행동 변화를 가져오게 하는 등의 효과를 보게 하는 특수한 심리치료법이다. 그 효과는 내담자의 기분뿐만 아니라 신체적 기능에까지도 작용하는데, 음악을 통해서 심신의 건강이 심리적 원인에 의해서 영향을 받는다는 것을 이해시키고 음악의 기능을 통해 건강을 회복, 증진하는 것이다. 음악치료 프로그램은 개인적인 표현과 정서적 욕구를 위하여 안전한 환경과 구조를 마련한 것이어서 내담자의 고통스러운 정서를 표현하게 하고 받아 주기 위한 그릇이라 할 수 있으며, 내담자가 자신을 되돌아보는 데 안정감을 갖게 하고 현실을 그대로 받아들이도록 도와준다.

음악치료는 대표적으로 다음과 같은 분야에서 사용된다.

내면의 안정을 위한 치료

정신과에서 일하는 음악치료사들은 활동 요법이나 음악 심리치료를 위해 통찰력 발달 재활과 교육에 목적을 두는데, 휠러(Wheelr, 1983)는 음악치료를 지원 활동 중심, 내면 재교육, 분석 카타르시스적 음악치료의 3단계로 구분하고 이를 수행하는 훈련을 한다고 설명했다.

신체 자극을 위한 치료

신체에 장애를 가진 사람들은 자신을 타인과 비교함으로써 자신감 결여, 사회성 부족, 심리적 위축 등의 현상이 일어나기 쉽다. 따라서 신체의 발달 및 신체를 사용하기 위한 동기를 자극하기 위해 음악을 사용한다.

독일의 의사 스핀트게는 병원에서 통증치료의 도구로서 암 환자들에게 음악적 활동을 시켰을 때 불안감과 긴장감을 해결하는 데 큰 효과를 보았다. 또한 죽음을 눈앞에 둔 말기 환자들의 경우 음악을 통해 삶의 질을 지킬 수 있도록 도와줄 수 있으며, 안정제를 사용할 때보다 음악을 듣고 수술실을 들어갈 때 긴장이완에 더 효과적인 결과를 가져왔다는 연구를 발표했다. 따라서 불안을 줄이고 마음을 편하게 하는 목적으로 음악을 사용할 때, 스트레스 호르몬으로 불리는 코르티솔, 부신피질자극호르몬, 프로락틴 수치가 낮아졌다는 결과를 도출하여 음악치료의 효과를 재확인하였다.

2. 장애 학생과 음악

1) 특수교육에서의 기능주의적 가치

특수교육에 있어 음악이 가장 크게 공헌한 점은 활동을 통해 학습을 즐겁게 촉진했다는 것이다. 음악은 심리적 · 생리학적인 면에 있어 장애 학생의 성격에 중요한 영향을 미치는 것으로 알려져 왔으며, 행동주의자들은 아동의 행동을 바꾸고자 할 때 음악을 사용한다.

음악치료는 병원, 학교, 기관, 일대일로 치료 · 교육하는 임상센터 등에서 다양하게 적용되고 있으며 여기에는 음악, 음악 기구, 춤, 음악회 참석, 작곡, 노래 부르기, 노래 듣기 등이 포함된다. 특수교육의 영역에서 음악치료는 장애 학생에게 연속으로 운동하기, 음악에 대해 반응하고 참여하기, 지시 따르기 등의 능력을 향상시키기 위해 사용된다. 이는 모든 아동에게 심리적이고 즐겁고 풍부한 경험을 위해 지식과 기술을 가르치는 음악교육과는 구분된다.

앞에서 살펴본 미학적 관점과 기능적 관점에서의 음악은 인간의 전인적 교육이라는 측면에서 동일한 목적을 갖는다. 음악교육의 미학적, 기능학적 의미란 인간이 가진 다양하고 깊은 생각이나 감정을 소리라는 예술적 재료를 통해 미적으로 반응하고 창의적으로 표현할 수 있는 음악적 능력을 길러줌으로써 더 나은 수준의 삶을 살고 영위하도록 하는 것에 있다고 하겠다. 그러기 위해서는 음악의 아름다움을 발견할 수 있는 능력이 있어야 하는데 사실 장애 학생들은 이러한 지적 능력이 부족한 경우가 대부분이다. 그러나 장애를 가진 아동들의 잔존능력을 바탕으로 발달 단계와 정서적 배경, 그리고 기본 생활과의 관련성 및 학습 수준을 고려하여 접근해 간다면 장애 학생들에게도 심미적 교육이 가능하고, 음악의 아름다움과 기능학적인 면을 통해 장애 학생들도 보다 나은 삶의 질을 추구할 수 있다는 것에 그 의미가 있다고 하겠다.

♪ 정리

음악을 어떻게 교육에 적용할지 생각하는 것은 개인의 주관적인 음악관에 달려 있다. 이를 위해서는 교사 자신이 여러 가지 철학과 관점을 인식하고 적용할 수 있는 능력이 필요하다. 그리고 특수음악교육에 있어서 음악은 자유로운 표현으로 이루어지는 예술임을 교사가 먼저 인식하고 수업에 결부하려는 노력이 있어야 하며, 특수교육 현장에서 음악교육의 방법과 방향을 구체화하고 그 기회를 더욱 확대할 수 있는 여러 가지 아이디어를 가지고 있어야 한다.

또한 장애 학생이 어떻게 하면 보다 좋은 음악교육을 받을 수 있을지 여러 가지 음악교육의 관점을 생각해보고 장애 학생의 수준에 맞는 지도 방법을 선택해서 지도해야 할 것이다.

♪ 연구과제

1. 음악의 여러 가지 기능에 대하여 살펴보고 생각을 나누어보자.
2. 생활 속에서 기능적 관점으로 적용할 수 있는 학습주제에 대하여 생각해보자.

- **기능적 관점**은 음악이 아름다움을 표현하는 것 이외에도 의식과 계몽, 행사 등 특정한 기능을 가질 수 있다고 보는 관점
- 예술교육이 지향하는 목적 외에 다양한 목적으로 사용될 수 있으며, 학교 교육에서도 기능주의적 관점으로 해석하여 학습해야 할 요소 중 하나임
- 다양한 목적을 가진 기능음악에 대하여 살펴보고 이러한 관점에서의 음악이 인간의 삶, 특히 장애 학생의 생활에 있어 어떠한 역할을 하는지에 생각해보아야 함

① 의미와 필요성
② 기능음악의 개념
③ 기능음악의 일반적 특징
④ 기능음악의 분류
⑤ 장애 학생과 음악

음악교육의 기능적 관점

⑤ 장애 학생과 음악

- 특수교육에 있어 음악이 가장 크게 공헌한 점은 활동을 통해 학습을 즐겁게 촉진한 점임
- 음악은 심리적 · 생리학적인 면에 있어 장애 학생의 성격에 중요한 영향을 줌
- 장애 학생의 잔존능력을 바탕으로 발달 단계와 정서적 배경 그리고 기본 생활과의 관련성 및 학습 수준을 고려하여 접근해 간다면 장애 학생들에게도 심미적 교육이 가능하며, 음악의 아름다움과 기능적인 면을 통해 장애 학생들도 보다 나은 삶의 질을 추구할 수 있다는 점에 의의가 있음

② 기능음악의 개념

음악에서의 기능이란 활동, 실행, 효과 또는 기능음악이 가지는 과제, 사명, 목적 등을 나타내는 다의적 개념으로 사용됨.

이 용어는 1940년대 이후 등장하여 경제적 관련성을 지닌 음악과 사회적 관련성을 지닌 음악으로 나뉨. 18세기 이전에는 대부분의 음악이 축제, 결혼식, 장례식, 놀이 등 행사의 목적으로 사용되었으나 그 후 대중매체 발달로 공간적, 시간적 제약에서 벗어나 생활 전반에서 음악을 쉽게 접할 수 있게 되었고 다양한 음악적 환경이 요구됨

③ 기능음악의 일반적 특징

- 삶과 동반하는 일상생활의 기능
- 사람들을 유혹하는 기능
- 소음을 제거하고 적막감을 없애는 기능
- 일상생활에서 분위기를 조성하는 기능
- 정보를 전달하는 기능(예 : 선전이나 광고)
- 특정 음악의 이미지 전달 기능
- 공동체 의식을 강화하는 기능(예 : 교가 제창)
- 심리적 변화를 발생시키고 기쁨의 근원이 됨
- 청자의 행동을 이끄는 기능
- 음악은 청취자의 신체적 작용에 영향을 미침
  (예 : 환자들을 치료하는 음악요법)

④ 기능음악의 분류

- **의식음악** : 행사용 의식, 제례의식, 종교의식 행진과 사기 진작을 위한 음악
- **계몽을 위한 음악** : 목적에 따라 의식 개혁(새마을 운동 노래), 윤리 · 도덕적 , 민중의
  입장으로 나뉨
- **영상음악** : 영상의 주제를 표현하거나 장면의 효과를 위해 만들어진 음악
- **광고음악** : 매체를 통해 음악적인 메시지로 상품의 이미지를 효과적으로 전달하는 목
  적을 지님. 내용적 분류와 형식적 분류로 나뉨
- **배경음악**
- **심리치료 음악**

PART **2**

특수음악교육의
지향과 실천

심미적 음악교육

음악교육의 본질적 목적은 심미적 음악교육과 밀접한 관련이 있다. 심미적 음악교육이란 음악의 미적 체험과 그 체험을 통한 창의적인 음악능력의 향상, 더 나아가 음악적 심성을 계발하는 것을 의미하는데, 결과적으로 이러한 심미적 음악교육은 인간의 전인적 발달에 영향을 준다.

음악교육의 중요한 의미 중 하나가 삶의 본질과 음악의 본질을 엮어 나감으로써 미적 본질을 찾아내는 것이라고 가정한다면 이러한 심미적 교육을 발현하기 위해서는 미적 경험의 방법을 발견해야 하고 이러한 방법들이 전인적 발달을 촉진하는 역할을 해야 한다.

따라서 이 장에서는 심미적 음악교육에 대한 전반적인 내용을 설명하고, 더불어 감정을 표현하는 데 어려움이 있거나 자신의 감정을 정확히 모르는 학생들에게 심미적 음악교육에 대한 적용 가능성과 그 의미를 제시하고자 한다.

1. 음악과 음악교육의 필요성

심미적 음악교육을 구현하기 위해서는 다음과 같이 음악교육의 필요성과 그 본질적 의미의 탐구가 선행되어야 할 것이다.

1) 음악교육의 흐름

학자들마다 음악 교과를 학교 교육과정에 포함할 것인가에 대한 의견이 분분하다. 그러나 음악은 학생들을 심미적인 차원에서 더욱 성숙하게 하고 교육 전반에 있어 긍정적인 영향을 제공하는 교과이다. 음악 교과의 이러한 긍정적 기능들은 음악 교과가 교육과정에 반드시 포함되어야 하는 필요성을 말해준다.

음악 교과에 대하여 더욱 구체적으로 알기 위해서는 먼저 음악교육의 역사적 기원과 전반적인 흐름을 살펴보아야 하는데 그 내용은 다음과 같다.

고대 그리스에서는 전인적 인간을 육성하기 위하여 심신의 조화를 이루는 폭넓은 음악교육을 하였으나, 상대적으로 로마시대에는 정치와 경제에 중점을 두었기 때문에 음악에는 관심이 낮았다. 그러나 그 후 기독교에 의하여 음악교육이 활성화되면서 성가대와 성가대 소속 음악교사가 등장하였으며, 바흐와 같은 유명한 음악가들도 여럿 배출되었다. 르네상스 이후에는 일반 시민들의 경제적 지위가 향상됨에 따라 시민 계층을 위한 음악의 사회적 요구가 대두하였고, 이에 따라 음악의 대중화와 함께 음악가의 독립성 또한 보장되었다. 이러한 흐름에 힘입어 각종 음악원이 설립되었고 음악교육은 더욱 활발하게 전개되었다. 제2차 세계대전 이후 세계 각국에서는 경제발전에 주력하는 양상을 보였으며, 이에 따라 음악교육을 비롯한 예술 분야의 교과는 상대적으로 등한시되는 경향이 나타났다. 그러나 미국음악교육협회(MMCP)가 음악에 대한 활발한 연구와 각종 교육사업을 추진함에 따라 음악교육은 새로운 발전기에 들어섰다.

우리나라 음악교육의 흐름을 보면 1970년대 초까지는 주로 애국·애족 정신을 담고 있는 음악을 교육해왔다. 음악의 본질과 개인적 삶의 관련성보다는 사회적 요소들과의 관계에 초점을 두고 있었다. 그러나 최근에 이러한 음악의 외적 가치만을 중시하는 관점에 대한 반문이 제기되었다. 즉 바람직한 시민 의식 개발, 건강 증진, 건전한 행동 양식 함양 등은 음악과가 아닌 타 교과에 의해서 충분히 학습할 수 있으므로, 음악과에서는 음악의 내적 가치에 초점을 둔 교육을 해야 한다는 것이다.

그동안 음악의 외적 가치에 지나치게 치중함에 따라 음악의 본질적 가치나 음악 예술의 의미 등은 왜곡되고 평가절하되었다. 과거 음악교육이 가창, 기악, 창작을 단순히 훈련하는 방식으로 이루어졌다면 오늘날에는 단순히 음악 기술을 훈련하는 것이 아니라 기악, 창작, 감상 활동 등을 통해서 음악교육의 내적 가치를 중시하고 있다. 다시 말해 음악교육의 목적은 전문적인 음악가를 양성하는 것이 아니라 폭넓은 음악을 향유할 수 있도록 하고, 높은 미적 정서와 풍부한 인간성을 갖도록 하는 데 있다.

그러므로 특수학교 교육과정에서는 음악과의 목표를 다양한 악곡과 활동을 통하여 음악의 아름다움을 경험하게 하고, 음악적 능력을 신장시키며, 더 나아가 음악을 생활화하도록 하였다.

2) 음악교육의 필요성

교육을 통해 지식을 쌓는 것도 중요하지만, 풍부한 정서와 창조성을 기르고 이를 통해 조화로운 인격을 형성하는 것 또한 매우 중요하다. 그러므로 풍부한 인간성을 기르고 삶의 질을 높이는 것이 교육의 중요한 목적이 되는 것이다. 따라서 음악교육은 단순히 이론과 실기만을 강조하기보다는, 음악의 본질을 이해하고 내면적인 가치와 정서를 함양할 수 있는 교과가 되어야 한다.

음악은 인간의 감정을 드러낼 수 있는 가장 순수한 매체이기 때문에 인간의 마음을 변화시킬 수 있을 뿐만 아니라 생활의 원동력이 될 수 있다. 따라서 음악의 본질적인 가치를 알면 감수성이 풍부해지고 이를 표현하는 능력도 높아지게 되는 것이다.

개인의 내면적인 감정을 다루는 음악교육이 이론과 실기에 초점이 맞추어지는 것은 효율적이지 않음에도 불구하고 현재의 음악교육은 단지 가창, 기악 등에 치중하고 있는 것이 현실이다.

다시 한 번 강조하지만 음악은 단순히 지식을 쌓는 학문이 아니다. 교육과정에도 제시되어 있듯이 음악교육의 목적은 아름다움을 느끼는 미적 감수성을 더욱 성장시키는 것이고 이 미적 감수성을 통하여 전인적 발달을 추구하는 것이다.

3) 우리나라 음악교육의 문제점

앞서 음악교육의 역할과 그 필요성에 대해 언급하였다. 그러나 현재 우리나라의 음악교육은 여전히 해결해야 할 많은 문제점을 안고 있다.

첫째, 시수 문제이다. 예체능을 경시하는 풍조로 인해 국어나 수학은 주요 과목이라 하여 많은 시간을 할당하고 있지만, 음악을 포함한 예체능 교과에 대해서는 시수가 부족한 것이 사실이다. 또한 일부 중·고등학교에서는 음악 교과 시간을 다른 교과를 학습하는 시간으로 대체하기도 한다.

따라서 음악과 시수를 늘려야 한다. 위에서 언급한 것과 같이 음악 교과는 학생의 정서적인 부분과 삶에 있어서 중요한 부분을 차지하는 과목이므로, 전인적 인격 형성을 위해 시수의 적절한 배분을 통해 음악 교과를 학습할 수 있도록 해야 한다.

둘째, 교사의 음악적 자질이다. 특히 특수교사 중 음악을 전공하지 않고 특수교육의 전반적인 영역만을 공부한 교사의 음악교육 지도에 문제가 있는 경우가 많다. 이를 해결하기 위해서는 특수교육과 음악교육을 동시에 전공한 교사의 양성이 필요하다.

셋째, 음악수업을 위한 교실환경이다. 장애 학생이 악기를 연주하고 노래할 수 있는 공간과 음악 활동을 진행하기 위한 다양한 교재·교구들이 갖추어져 있어야 한다. 이를 해결하기 위해서는 국가나 교육청에서의 적극적인 지원과 더불어 학교장의 음악교육에 대한 관심과 철학의 긍정적 변화가 필요하다.

2. 심미적 음악교육[*]

1) 심미적 음악교육의 의미와 필요성

심미적 음악교육은 한마디로 설명하면 '음악의 심미적 체험과 그 체험을 통한 창의적인 음악능력의 향상과 음악적 심성의 계발'이라고 설명할 수 있다. 여기서 음악의 심미적 체험은 음향의 이해와 음악적 사고, 미적 통찰의 과정을 통하여 음악의 총체적인 표현을 향유하는 것을 의미한다. 또한 창의적인 음악능력의 향상은 음악의 심미적 체험의 질을 향상시키기 위해 음악표현의 기초능력을 습득하여 독창적인 음악표현능력을 향상하는 것을 뜻하며 음악적 심성의 계발은 음악적 정서를 기르고 음악의 가치를 내면화함으로써 긍정적인 태도와 가치관의 함양에 중점을 두는 것이다. 심미적 음악교육을 연구하는 대표적인 학자로는 리머가 있다.

리머의 심미적 음악교육철학은 '음악 적성의 보편성'에 기초하고 있다. 즉 모든 인간은 음악적 능력을 가지고 태어나며, 학교현장에서는 그 능력을 최대한 계발해주어야 하는 것이다. 리머는 음악교육에서 '심미적 경험'을 강조하였는데, 학생은 음악 활동을 통하여 음악이 내포

* 이홍수(1990), 음악교육의 현대적 접근, 서울 : 세광출판사.

하고 있는 심미적 질(aesthetic quality)에 대한 경험을 하게 되며, 그 결과로 학생의 내면세계는 변화하게 된다. 심미적 음악교육은 개인이 음악작품을 대할 때 내재된 표현적 속성을 지각하고 반응할 수 있게 해줌으로써 심미적 경험을 할 수 있도록 돕는 데 목표를 둔다.

심미적 음악교육철학을 실천하는 교사는 학생이 다양한 종류의 음악을 접할 수 있는 환경을 제공해주고, 학생에게 음악의 표현성에 대해 민감성을 길러주는 역할에 중점을 둔다. 어떤 교과이든 교사가 교육하는 데 있어 교육철학을 지니는 것이 필요하지만, 특히 음악 교과에서 심미적 음악교육을 실현하기 위해서는 교사가 자신의 전공, 즉 음악에 대해서 뚜렷한 철학을 가지고 있어야 한다.

심미적 음악교육은 인간의 전인적 발달에 초점을 두기 때문에 미적 판단력을 높이고 미적 가치를 향상하기 위한 음악교육을 시행하고 있다. 과거 우리나라의 특수음악교육은 단순히 가창·기악 활동에 중점을 두어, 이로 인해 음악의 내재적 가치는 상실되었다. 음악교육이 정당성을 얻는 동시에 미적 교육을 실현하기 위해서는 음악의 미적 가치와 미적 본질을 이해할 수 있게 교육해야 한다. 즉 특수음악교육의 학문적 발달과 음악교육의 본질적 목적을 달성하기 위해서는 음악의 내재적 가치와 심미적 음악교육의 구현을 위한 다양한 방법이 선행되어야 할 것이다.

2) 심미적 음악교육의 이론적 배경

심미적 교육은 인간이 감각기관을 통해서 알게 되는 음악적 대상을 어떻게 미적으로 지각하고 판단하며 어디에 가치를 두는지에 대하여 관심을 갖는 교육이다. 그 궁극적인 목적은 인간으로 하여금 경험 그 자체가 지닌 미적 특성과 가치를 최대한 느낄 수 있게 해줌으로써 질 높은 삶을 누리게 하는 것이다(Reimer, 1970).

심미적 경험에 관한 논의는 고대부터 있었으나, 이 논의가 구체적으로 시작된 것은 근대에 들어서면서부터이다. 머셀(James L. Mursell)은 그의 저서 『음악교육과 인간형성(Human Values in Music)』에서 듀이(J. Dewey)의 진보주의 철학에 영향을 받아 음악과 인간과의 관계를 조명하고, 음악에 의한 인간 가치를 높이 평가했다. 머셀은 1948년 그의 저서 『음악적 성장을 위한 교육(Education for Musical Growth)』에서 음악적 성장의 원리에 바탕을 둔 음악교육의 중요성을 강조하였는데, 음악적 성장이란 예술의 본질과 표현의 양면에 보다 깊게 반응할 수 있게 되는 것이다. 머셀은 음악의 내재적 가치를 역설하면서, 음악을 포함한 모든 예술에 대한 인간의 반응이 본질적으로 '심미적 반응'이라고 보았다. 그는 심미적 경험을 위한 체계화된 기회가 제공될 수 있는 음악교육 과정을 제시하였다.

랭거(S. K. Langer)는 음악에 인간의 감정적 삶의 모습이 묘사되었다고 말하면서, 음악의 주된 기능은 인간 감정의 새로운 표현 영역의 반응을 탐구하고 이해함으로써 주관적 감정의 실체에 대한 통찰과 자기이해의 가능성을 증대시키는 것이라고 주장하였다. 그는 또한 음악교육에 있어 심미적 측면에서의 철학적 원리를 제시하였으며, 이러한 랭거의 심미적 철학관은 마이어(L. B. Meyer)에 의해 유지되었다.

슈바드론(A. Schwadron)은 교육의 역할은 미적 대상과의 상호작용을 통해 심미적 행동이 수반된 경험과 심미적 몰입 상태로 이르게 하는 심미적 태도의 계발에 기여하는 것이라고 주장했다. 그는 심미적 경험이 교육을 통해 계발될 수 있으므로, 음악교육의 역할은 복잡하고 다양한 예술 작품의 미적 가치를 음미할 수 있는 개개인의 심미적 잠재력과 식별력을 계발하는 것으로 생각하였다. 한편 레오나드(C. Leonhard)는 음악교육이 음악만이 제공할 수 있는 심미적 가치를 진정한 목표로 삼아야 하며 이를 위해서는 음악교육철학이 인간 생활에서의 삶의 의미와 일반교육에서의 음악의 역할에 관한 이해를 바탕으로 이루어져야 한다고 주장하였다.

리머는 음악교육 존재가치의 정당화가 음악의 외적 실용성에서 벗어나지 못하는 것을 지적하고 본질적인 내적 심미성의 가치를 인식해야 한다고 주장하였다. 그리고 심미적 교육을 교육현장에 성공적으로 적용하기 위해서는 체계적이고 조직적인 심미적 교육 프로그램 개발에 노력해야 한다고 주장하였다.

3) 심미적 음악교육의 철학 및 특성

리머가 주장한 심미적 음악교육철학은 1970년대의 사회적 흐름에 나라 음악 교과의 본질을 규명하기 위해 새롭게 정립한 철학으로, 절대표현주의 미학에 근거한다. 절대표현주의는 음악의 형식적 요소를 중시하는 형식주의와 형식을 통해 객체화된 느낌의 세계를 나타내는 표현주의를 합친 미학으로 인간의 느낌과 삶의 경험이 소리라는 상징 매체를 통해 구현된 것이라 보는 관점이다.

심미적 교육철학에서는 절대표현주의를 바탕으로 예술작품에 내재한 표현성을 지각하고 반응하는 과정을 통해 예술적 경험을 얻을 수 있다고 보았다. 또한 미적 구조를 지각함으로써 그 의미를 감지할 수 있다고 보았다. 즉 일반적 언어로 형상화되는 의미는 개념화와 추론의 여러 단계를 거쳐서 이해되지만, 음악은 어떠한 매개체 없이 감상자와 음악 간의 직접적인 만남을 통해 그 의미가 단번에 감지될 수 있는 수단이라 본 것이다. 이러한 예술작품에 대한 직관적 감지능력을 '통찰'이라는 개념으로 말할 수 있다.

심미적 음악교육철학은 가창, 기악, 창작, 감상 행위를 통한 표현성의 실현을 음악적 행위라 보았다. 창작은 창작자와 매체 간의 상호작용을 통해 창작자의 느낌을 매체로 형식화하는 과정을 뜻하고, 연주는 창작자가 매체를 통해 형식화된 표현성을 실현하는 과정을 의미한다. 또한 감상은 매우 적극적인 참여행위로 감상자는 감상을 통해 작곡가의 내면적 주관세계를 경험하고 작품의 열려 있는 의미를 탐구하는 과정을 통해 심미적 체험을 할 수 있게 된다.

심미적 음악교육철학에서의 심미적 행동은 지각, 반응, 표현, 개념화, 분석, 평가, 가치화로 구성되고 이것은 다시 목표 행동, 수단 행동, 수반 행동으로 나뉜다. 목표 행동은 음악교육의 지향점으로서 이는 감상을 통해 이루어지는데, '지각 행위'와 '반응 행위'가 여기에 속한다. 수단 행동은 감상을 통한 미적 경험을 심화하는 단계로 '창작 행위, 개념화, 분석, 평가'가 여기에 속한다. 그리고 수반 행동은 목표 행동과 수단 행동의 결과로 음악적 경험이 내면화되는 단계이며 '가치화'가 여기에 포함된다.

3. 심미적 음악교육의 본질 및 가능성

1) 심미적 경험의 특성

듀이는 '인간의 모든 경험은 실생활에 필요한 면을 지니는 동시에 감상하고 지각하고 즐기는 면을 지닌다'고 하였다. 예술은 인간 삶의 의미와 그 본질을 확장하고 삶을 더욱 넘치고 풍족하게 하는 것으로, 인간의 경험 중에서 감상과 지각을 가장 발전시키는 것이라고 할 수 있다. 예술은 특히 감정적 경험을 통해서 이루어지는데 이런 경험은 심미적인 특성을 이해하고 반응하게 됨으로써 나타난다.

리머가 설명하고 있는 심미적 경험은 전인적 인간으로서의 성장을 이끌어주는 심미적 경험과는 다른 것으로, 그 자체의 경험을 위한 만족이지 그 이상의 가치를 획득하는 데 관심을 두는 심미적 경험과는 다르다. 이전까지는 비음악적 결과인 도덕성 함양, 종교적 목적, 치료 요법 기능, 국민적 자질 육성 등에 더 많은 비중을 두었다면, 심미적 경험의 교육적 의미는 리머가 말하는 심미적 경험으로 인해 약화된 것이다.

한편 심미적 경험은 자극에 즉시 반응하는 경험이다. 선행자극으로 음악을 듣는 현상이 일어나면 즉시 그 음악에 대한 반응을 경험하게 된다. 즉 일반화된 정보에 초점을 두는 것이 아니라 즉각적 반응에 초점을 맞추는 것이다.

심미적 경험은 또한 지각하고 반응할 수 있는 심미적 질에 관련된다. 심미적 질은 감성적 요소와 지성적 요소를 갖고 있으며, 감성과 지성을 모두 자극하기 때문에 감정적 요소라고 할 수 있다.

심미적 경험은 주체적이고 주관적인 특징을 가지는데, 미적인 대상과의 직접적인 경험을 통해 그 폭과 깊이가 깊어진다. 음악은 다른 사람들을 통한 간접적인 경험으로 느끼는 것보다 자신이 직접 경험하여 아름다움을 감상하는 것이 중요한 이유가 여기에 있다.

2) 심미적 음악교육의 특성

심미적 음악교육의 특성으로는 크게 여섯 가지를 들 수 있다. 첫째, 일상 경험에서 느끼는 것들을 음악을 통하여 체험하고 또 그 체험에 대한 느낌을 음악적으로 표현한다. 둘째, 음악을 체험함으로써 음 현상을 지각하며 그 후에 신체적, 감각적, 지적으로 반응한다. 이때 음악작품을 이해하는 능력은 개인이 음악을 지각하고 반응하는 정도에 따라 좌우된다. 셋째, 심미적 음악교육은 인간적 성취의 경험을 구체화하는 상징을 파악하게 하여 만족과 희열을 느끼게 한다. 넷째, 음악은 삶의 흐름을 상징하는 의미를 지닌 일종의 표현 양식인데, 심미적 음악교육은 청자에게 음악 속에 담겨 나타나는 것들에 대해 이해하고 반응하게 한다. 다섯째, 음악은 감성에 호소하는 매체이므로 음악적 체험은 직접적인 느낌에 의한 체험이어야 한다. 또한 음악의 의미는 고정되어 있지 않기 때문에 음악에 대해 느끼는 심미적인 느낌이 개인적이고 주관적이며 창조적인 것이라도 그 나름의 가치를 갖는다. 여섯째, 음악의 심미적 체험은 인간 삶의 본질에 대한 통찰과 공감을 가능하게 하며, 그 통찰과 공감의 질과 가능성은 심미적 음악 체험의 질과 범위에 따라 향상되고 확대된다.

4. 심미적 음악교육에 적합한 음악

음악에는 다양한 종류가 있으며, 이러한 음악 중에서 학생에게 내재적 가치와 외재적 가치를 모두 가르치기 위해서는 어떠한 음악을 선택해야 하는지가 매우 중요하다. 하지만 여기에는 두 가지 문제점이 있다. 현재의 음악과 옛 음악의 사용 여부와 음악교육에서 대중음악을 사용하는 것에 대한 논의가 그것이다. 그러나 중요한 점은 현재의 음악과 옛 음악을 분류하고 그 안에서 탐구할 대상을 자유롭게 찾아가는 교육도 필요하다는 것이며, 대중음악 중에서도 심미적 경험을 풍부하게 할 수 있는 곡을 선정하여 내재적 가치와 외재적 가치를 함께 가르칠 수 있도록 교사가 노력해야 한다.

또한, 만약 어느 예술작품이 구조가 약하고 표현이 피상적이라면 음악교육에서 인간의 경험을 접하게 하는 것은 적절하지 않을 수 있다. 그러나 진정한 표현력을 가지고 있는 작품이라면 사람들은 이 작품에 대해서 지각과 반응을 적절하게 표현할 수 있게 된다. 다양한 음악 종류들에서 어떤 음악이 우선순위에 있는 것이 아니라 보편성이 중요시되어야 한다. 보편성이란 음악의 본질을 의미한다. 즉 '음악은 인간의 사고나 느낌 등을 통해 그린 결과'이다.

대중음악도 진정한 표현력을 가지고 있다면 훌륭한 음악 교재가 된다. 리머는 대중음악에 대한 자신의 의견을 재즈와 비교하여 다음과 같이 설명했다.

> 재즈는 대중적인 음악 장르 이상으로 받아들여지지 않았으나 현재는 잘 발달하였고 변화가 풍부하며 뛰어난 표현력을 가지고 있는 장르로 받아들여지며, 음악 장르에서 중요한 위치를 차지하고 있다.

이처럼 리머는 음악을 평가할 때 그 고유한 질에 대해서 생각해보고 판단해야 한다고 주장한다. 현대의 대중음악을 살펴보면 매우 높은 질을 갖춘 작품들이 많이 있으며, 그러므로 심미적 가치를 기르기 위해서는 다양한 예술 음악들을 접할 기회가 필요하다.

즉 음악교육이 심미적 교육이 되기 위해서는 기본적으로 심미적 가치를 지니고 있는 악곡을 선택해야 하는데 이때 음악의 다양한 장르를 인정하고 받아들이면 학습자들에게 내재적 가치를 더욱 심도 있게 심어줄 수 있을 것이다.

5. 심미적 음악교육의 조건

심미적 음악교육은 다양한 음악적 경험이 풍부해야 궁극적으로 이루어질 수 있다. 심미적 음악교육은 예술적 재료를 통하여 아름다움을 지각하고 반응할 수 있으며, 심미적 본질과 가치를 최대한 경험할 수 있다. 이런 삶과 가치를 높이는 음악적 교육을 가능하게 하려면 음악 미적 경험과 음악 미적 행위를 파악해야 한다.

음악적 경험이 향상되기 위해서는 음악 미적 경험이 중요한데, 음악 미적 경험의 조건을 정리하면 다음과 같다(Knieter, 1971).

첫째, 음악과 학습자의 직접적인 경험이 중요하다. 우리는 다른 사람의 경험을 통해서는 적절한 교수·학습을 할 수 없다. 간접적 경험을 통해서는 아름다움을 느끼는 심미적 감수성을 경험하기 힘들기 때문이다. 그러므로 학교현장에서는 음악을 직접 경험하는 데 중점을 두어야 한다. 둘째, 음악 미적 경험은 문화적, 사회문화적 맥락과 관련성을 가져야 한다. 음악은 시대와 문화를 반영하므로, 음악 수업은 사회문화적 맥락 속에서 일어나는 다양한 사건들을 다루어야 한다. 이러한 수업이 이루어질 때 학생은 자신이 살아가고 있는 사회에 적응하며 사회적 능력을 기를 수 있고 세계 시민으로서의 음악 문화도 느낄 수 있다. 셋째, 음악 미적 경험은 자신이 알고 깨달을 수 있는 음악적 지각력(知覺力)을 필요로 한다. 음악에서의 경험은 지각으로부터 시작되어 개념을 형성하고 미적 경험을 가능하게 하므로, 음악교육자들은 학교 수업에서 활발한 감각적 경험과 다양한 음악 미적 활동을 통해서 지각력을 길러야 한다. 넷째, 정서적 반응이 필요하다. 음악 작품 속에 담긴 감정과 정서를 학생이 경험하기 위해서는 유의미한 활동을 접할 수 있게 해야 한다.

리머는 음악과 관련된 행위를 일곱 가지의 음악 미적 행위로 제시하고 이를 심미적 음악교육의 필수요건이라고 주장했다. 심미적 경험을 심화시키는 이 일곱 가지 요소는 지각(perceiving), 반응(reacting), 표현(producing), 개념화(conceptualizing), 분석(analyzing), 평가(evaluating), 가치화(valuing) 행위이다.

지각은 인식하고 구분하고 추측하는 행위를 의미하며, 반응은 예술적 대상을 감상하고 느끼는 것을 말한다. 지각과 반응은 심미적 감수성에서 중요한 요소로 여겨진다. 표현은 가창, 기악, 감상, 창작, 지휘, 동작 등의 모든 음악적 활동을 의미한다. 분석은 악곡을 검토하고 탐색하며 비교, 분류 및 유추함으로써 음악적 개념을 체계화하는 것이다. 가치화 행위는 음악의 내재적 가치를 자신의 것으로 만드는 것을 의미한다.

심미적 행위들이 특정한 원칙에 의하여 이루어질 때 심미적 경험으로 발전되는데, 이때 악곡의 선정과 교수-학습 전략의 사용에 대하여 다음의 사항을 고려해야 한다(이홍수, 1992).

첫째, 음악교육에서 사용되는 악곡은 학생에게 있어 표현력을 신장할 수 있는 것을 선정해야 한다. 음악교육이 학생의 이해를 넓히기 위해서는 개방적이고 자유로운 사고를 유도하고 발산할 수 있는 악곡을 사용해야 한다.

둘째, 교수-학습에 있어 음악을 포괄적으로 경험할 기회를 제공해야 한다. 특정한 영역과 문화에 한정하여 음악 수업을 전개하는 것이 아니라 보다 포괄적이고 통합된 형태의 음악적 경험을 제시해야 한다.

셋째, 교사는 본인이 사용하는 음악적 표현 언어에 주의를 기울여야 한다. 즉 교사는 학생에게 음악을 통해 생겨난 감정을 언어로 제한하지 않고, 음악의 소리 자체에 대한 무한하고 잠재적인 감정을 일으킬 수 있도록 유도해야 한다.

▶▶ 심미적 음악교육을 위한 단계별 행위

- 지각 행위 : 내면의 행동을 통해서 음악을 받아들이는 행위
- 반응 행위 : 자극에 대한 사고, 느낌 등을 나타내는 행위
- 표현 행위 : 음악 활동을 직접 경험하는 행위. 노래, 연주, 작곡, 지휘하는 행위
- 개념화 행위 : 자신이 가지고 있는 지식과 아이디어를 변형하고 확대하는 행위
- 분석 행위 : 음악의 감정적 측면들을 탐구하는 행위
- 평가 행위 : 음악적 활동의 방향을 제시하는 것으로 음악의 질을 높이는 행위
- 가치화 행위 : 내 안의 음악적인 내적 가치, 즉 이 음악이 나에게 주는 의의를 파악하는 행위

🎵 정리

심미적 음악교육의 필요성과 그 가능성을 살펴봄으로써 심미적 음악교육이 인간에게 필요하다는 것을 알 수 있었다. 또한 이러한 음악교육이 각 개인에게 음악적 경험으로서 작용하는 기제를 살펴봄으로써 음악교육의 가능성을 볼 수 있었다.

학생들은 음악 활동을 통하여 아름다움을 경험하고 창의성, 인성, 정서 등의 심리적 과정을 거쳐 음악적 능력을 얻게 되는데, 장애 학생의 경우는 감정을 표현하고 파악하는 데 어려움을 겪으므로 내재적 가치를 인식할 수 없거나, 여러 가지 능력의 제한성으로 인하여 발달과 학습에 어려움을 겪고 있다. 따라서 교사는 지속적인 심미적 음악교육의 발현을 통하여 학생의 감정적 표현을 도울 수 있도록 해야 한다. 이는 정서적인 안정을 얻고 언어 능력 향상, 문제행동의 감소와 성취감과 자존감 제고에 도움을 주며, 참여와 협력을 유도하는 등 전반적인 발달에 기여할 수 있을 뿐 아니라, 이러한 과정을 통해 장애 학생이 전인적 인간으로서 발달하는 데 도움이 되기 때문이다.

음악 미적 교육은 지각력, 정서적 반응, 경험, 사회문화적 관련성과 연관을 맺고 있어 이를 심미적 경험으로 확대하기 위해서는 지각, 반응, 표현, 개념, 분석, 평가, 가치화가 선행되어야 한다. 이때 음악에 대한 미적 교육의 요소와 심미적 경험을 확대하기 위한 행위 요소 중 가장 중요한 것은 '지각'인데 이것은 지적 능력의 제한성을 가지고 있는 장애 학생들에게 잔존능력을 발달시키는 방법이 된다. 교사가 장애 학생들의 발달과 지적 능력의 수준을 고려하여 세심하게 관심을 갖고 노력하여 교수한다면 장애 학생들도 다양한 음악적 경험을 할 수 있을 뿐 아니라 음악을 통해서 자신의 생각이나 느낌을 창의적으로 자유롭게 표현할 수 있을 것이다.

🎵 연구과제

1. 장애 학생을 위한 심미적 음악교육의 당위성을 설명하고, 음악 수업에 적용하는 데 있어 어려운 점을 생각해보자.
2. 악곡을 선택하여 심미적 음악교육을 적용할 수 있는 아이디어를 나누어보자.

- **심미적 음악교육** : 음악의 심미적 체험과 그 체험을 통한 창의적인 음악능력의 향상 및 음악적 심
  성의 계발
- 심미적 교육의 필요성
  ① 음악 적성의 보편성
  ② 학생의 내면세계가 변화됨
  ③ 전인적 발달을 가져옴

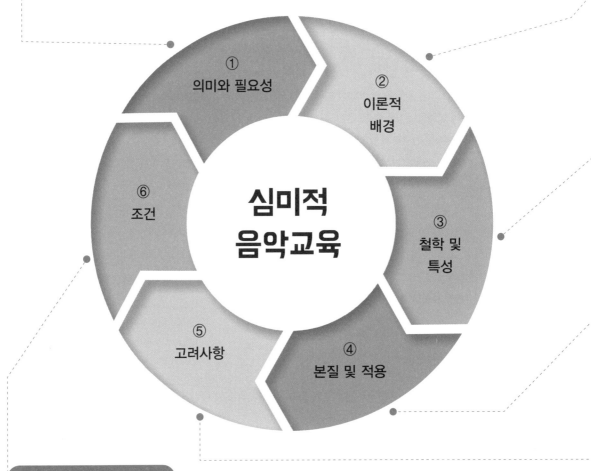

① 의미와 필요성

② 이론적 배경

심미적
음악교육

③ 철학 및 특성

④ 본질 및 적용

⑤ 고려사항

⑥ 조건

⑥ 조건

- 음악 미적 경험의 조건(Knieter, 1971)
  ① 음악과 학습자의 직접적인 경험이 있어야 함
  ② 음악 미적 경험은 문화적, 사회문화적 맥락과 관련성을
    가져야 함
  ③ 음악 미적 경험은 자신이 알고 깨달을 수 있는 음악적
    지각을 필요로 함
  ④ 정서적 반응을 필요로 함

- 심미적 음악교육의 단계별 행위
  ① 지각(perceiving)
  ② 반응(reactiong)
  ③ 표현(prducing)
  ④ 개념화(conceptualizing)
  ⑤ 분석(analyzing)
  ⑥ 평가(evaluationg)
  ⑦ 가치화(valuing)

6

② 이론적 배경

심미적 경험에 관한 논의는 고대부터 있어 왔으나
근대에 들어서면서부터 구체적으로 이루어짐

① 머셀(James L. Mursell)
② 랭거(S. K. Langer)
③ 슈바드론(A. Schwadron)
④ 리머(B. Reimer)

③ 철학 및 특성

- 예술작품에 대한 직관적 감지능력을 '통찰'이라는 개념으로 말할 수 있음
- 가창, 기악, 창작, 감상 행위를 통한 표현성의 실현을 음악적 행위라 봄
- 심미적 행동을 지각 행위, 반응 행위, 표현 행위, 개념화, 분석, 평가, 가치화로 구성함

④ 본질 및 적용

- 일상 경험에서 느끼는 것들을 음악을 통해 체험하고, 그 체험에 대한 느낌을 음악적으로 표현하게 함
- 음악을 체험함으로써 음 현상을 지각하며 그 후에 신체적, 감각적, 지적으로 반응하게 함
- 심미적 음악교육은 인간적 성취의 경험을 구체화하는 상징을 파악하게 하여 만족과 희열을 느끼게 함
- 청자에게 음악 속에 담겨 나타나는 것들에 대해 이해하고 반응하게 함
- 음악적 체험은 직접적인 느낌에 의한 체험이어야 함. 또한 심미적인 느낌이 개인적이고 주관적이며 창조적인 것이라도 나름의 가치를 갖도록 함
- 심미적 음악 체험은 인간 삶의 본질에 대한 통찰과 공감을 가능하게 하며, 통찰과 공감의 질 및 가능성은 심미적 음악 체험의 질과 범위에 따라 향상되도록 함

⑤ 고려사항

- 현대 음악과 고전 음악을 분류하고 그 안에서 탐구할 대상을 자유롭게 찾아가는 교육이 필요함
- 대중음악 중에서도 우리의 심미적 경험을 풍부하게 할 수 있는 곡을 선정해야 함
- 심미적 음악교육을 위해서는 기본적으로 심미적 가치를 지니고 있는 악곡을 선택함
- 음악의 다양한 장르를 인정하고 받아들임으로써 학습자들에게 내재적 가치를 심어줄 수 있도록 노력해야 함

7

포괄적 음악교육

개인의 타고난 잠재능력을 최대한 발달시키는 것을 교육의 목적이라고 가정한다면 음악교육의 목적은 다양한 악곡과 음악 활동을 통하여 음악성과 창의성을 기르고 음악의 생활화를 통하여 음악적 정서를 신장하는 것이다. 포괄적 음악교육은 이러한 음악교육의 목적과 밀접한 관련성을 맺으며 광범위한 교육의 자원을 기반으로 모든 음악적 분야의 통합을 강조한 것이다.

포괄적 음악교육은 다양한 지원을 바탕으로 연구가 활발히 이루어져 왔으며, 이러한 연구 결과로 포괄적 음악교육을 적용한 지도방법과 개념들이 생겨났다.

따라서 이 장에서는 포괄적 음악교육에 대해 알아보고 그것을 바탕으로 장애 학생을 위한 음악 학습 지도의 내용과 포괄적 음악교육의 적용 가능성에 대하여 살펴보고자 한다.

1. 포괄적 음악교육

1) 포괄적 음악교육의 정의와 목적

① 포괄적 음악교육의 정의

포괄적 음악교육은 1957년 이후 미국에서 시작된 심미적 교육 운동으로 인해 생성된 개념으로, 포괄적 음악성을 계발하는 것을 목적으로 하고 있다. 또한 음악을 폭넓게 수용하는 종합적인 음악교육으로서 음악 학문을 이루는 다수의 영역을 하나의 총체적인 학문으로 교수·학습할 수 있는 음악교육을 의미한다. 이것은 학생들이 음악에 감각적으로 지각하고 반응하는 동시에 지적으로 이해하고 분석할 수 있는 능력, 음을 창조적으로 조작할 수 있는 능력을 함양하고자 하는 교육 이론이다. 또한 포괄적 음악교육은 느낌을 표현할 수 있는 음악능력과 같은 통합적 경험을 중시하며 무엇보다도 교육의 주체를 학생으로 여기는 교육 이론이다.

포괄적 음악교육은 페스탈로치와 루소의 자연주의적 교육 이념과 방법을 기반으로 달크로즈와 코다이(Zoltán Kodály), 오르프의 음악교육 이념과 접근 방법을 적극적으로 수용하고 있다. 특히 음악의 예술적, 문화적 및 역사적 특성, 인간적 필요성을 강조하고, 현대음악을 포함한 모든 종류의 악곡을 교재로 사용한다. 또한 창의적이고 통합적인 음악 체험을 중시하여 교수학습 내용을 구조화하며, 나선형 교육과정을 기본으로 하고 있다. 이것은 부분적이고 편협한 음악교육을 지양하고 학생들에게 적합한 포괄적 음악성의 계발을 강조하며 더 나아가 음악의 형태와 종류, 시대와 문화에 관계없이 다양한 음악을 수용하여 모든 형태의 음악을 교육의 대상으로 삼고 있다.

② 포괄적 음악교육의 목적

포괄적 음악교육의 목적은 다음과 같다(이홍수, 1992).

첫째, 포괄적 음악교육은 학생에게 포괄적인 음악성(comprehensive musicianship)을 길러 주는 것을 목표로 한다. 포괄적인 음악성이란 음악의 어느 한 영역에만 치우친 제한된 수준의 음악성이 아닌 폭넓고 다양한 음악적 능력을 의미한다. 즉 음을 감각적으로 지각하여 반응하고, 지적으로 분석하면서 이해하며, 음을 창조적으로 표현할 수 있는 종합적인 음악능력이 포괄적인 음악성이다. 다시 말해 음악적 느낌을 폭넓게 발달시킴과 동시에 편협한 음악 수업을 지양하고 음악이 가진 심미적 구조와 가치를 올바르게 인식하게 하는 것이 포괄적 음악교육의 목표이다.

둘째, 포괄적 음악교육은 능동적이고 창의적인 음악 활동을 할 수 있도록 한다. 학생들이 음악의 개념과 본질을 이해하고 폭넓은 내용을 학습하도록 하는 것이 목표이므로, 실제 상황 속에서 음악을 접하게 함으로써 개인의 음악적 능력을 성장시키고 음악에 대한 관심을 자연스럽게 유도한다.

이처럼 포괄적 음악교육은 다양한 악곡을 선정하고, 선정된 악곡을 폭넓고 깊이 있게 다룰 것을 강조한다. 또한 학생들이 선정된 악곡을 연주하고 감상, 분석하는 과정을 통하여 음악을 깊이 있게 이해하도록 하며 가창, 기악, 창작, 감상 등 음악의 행위 기능을 향상시킬 수 있도록 한다.

2) 포괄적 음악교육의 역사적 배경

1957년 구소련이 인공위성을 발사하자 미국 정부는 '탁월함을 추구하자'는 이념 아래 과학 및 관련 교과들을 집중적으로 지원하게 되었다. 그 영향은 점차 과학과 관련 교과 외의 영역에까지 확산되었다. 음악 영역에서는 포드 재단의 지원으로 YCP(젊은 작곡가 프로젝트)와 CMP(현대음악 연구)가 시행되었다. 이 밖에도 CM(포괄적 음악성)과 MMCP(맨해튼빌 음악교육 과정 연구), HMCP(하와이 음악교육 과정 연구) 등 여러 연구가 이루어졌다.

포괄적 음악교육은 이러한 연구들을 통해 형성된 총체적인 개념으로, 모든 음악의 소재가 교육의 대상이 된다. 이러한 음악교육의 경향을 반영하여 학교 교육에서는 현대 사회의 교육이 추구하는 목표와 방향에 대해 집중적으로 연구함으로써 학생 개개인의 포괄적인 음악성을 계발하게 되었다. 그러므로 오늘날 포괄적 음악교육은 학교 음악교육에서 포괄적인 음악성을 계발하기 위한 좋은 방법으로 강조되고 있다(이홍수, 1990).

심미적인 교육을 주장하는 사람들은 종래의 '연주를 위한 연주'보다는 음악의 예술적 가치에 중점을 두고 음악교육의 본질에 접근하는 것을 강조했다. 이를 계기로 음악교육에 대한 연구와 실천이 이루어졌고, 미국의 음악교육자들은 '음악적으로 계발된 시민의 육성과 위대한 음악문화의 창건'을 성취하고자 노력하였다. 그들의 광범위한 논의와 실험은 마침내 '포괄적 음악교육'이라는 개념을 도출해냈다.

포괄적 음악교육의 중요성이 대두한 것은 1960년대 중반인데, 당시 미국 대학은 학과 단위로 세분됨에 따라 음악의 일부분만 습득한 학생이 많이 배출되었다. 또한 미국 초등학교에서는 학생에게 노래 부르기가 90% 이상인 불균형적 음악 수업을 시행하였으며, 중·고등학교에서는 음악 이론에 대한 과도한 지도와 연주 기능 습득에 치우친 음악교육을 제공하였다. 이에 대하여 비판적 견해를 밝힌 음악교육가들은 음악교육이 본래의 목적을 잃고 있다고 판단함과 동시에 음악교육의 재탄생이 필요함을 느껴 총체적이며 통합적으로 음악을 배울 방법들을 모색하였다. 그리고 마침내 이들은 '포괄적 음악교육 프로그램'을 주장하였고 이는 앞서 언급한 젊은 작곡가 프로젝트(Young Composers Project, YCP), 예일 음악교육 세미나(The Yale Seminaron Music Education), 현대음악 연구(Contemporary Music Project, CMP), 맨해튼빌 음악교육 과정 연구(Manhattanville Music Curriculum Program, MMCP), 탱글우드 심포지엄(Tanglewood Symposium) 등 여러 프로젝트, 세미나, 심포지엄을 통해 구체화되었다.

그들은 포괄적 음악교육을 성공으로 이끄는 데 있어 교사 역할의 중요성을 강조하였다. 따라서 교사에게는 폭넓은 음악적 지식과 음악교육에 대한 근본적인 접근, 그리고 연주를 위한 음악이 아닌 음악 본연의 예술적 가치에 관심을 가지는 태도가 요구되었다. 사실 이전의 음악교육에 대한 편협성 문제는 미국뿐만 아니라 세계 각국이 안고 있는 문제였는데, 이를 해결하기 위해 세계 각국의 상호 간 연구 노력을 통해 '포괄적 음악교육(Comprehensive Music Education)'이라는 개념이 형성된 것이다.

3) 포괄적 음악교육의 조건

포괄적 음악교육을 위한 조건은 다음과 같다.

첫째, 음악의 여러 영역이 통합적으로 운영되어야 한다. 이것은 음악의 인지적 영역, 감정적 영역, 정신운동적 영역이 모두 긴밀한 연관 체계를 통해 통합적으로 지도되어야 한다는 뜻이다.

둘째, 학생 중심의 음악교육이어야 한다. 즉 학생 개개인이 음악 수업의 주체가 되어야 한다. 교사는 학생이 스스로 판단하며 각자 나름대로 음악에 대한 지식, 기능, 가치관을 형성할 수 있도록 이끌어주는 역할을 해야 한다.

셋째, 경험 위주의 음악교육이 되어야 한다. 포괄적 음악교육이 이루어지기 위해서는 학생이 다양한 음악적 경험을 토대로 여러 형태 및 종류의 음악들을 널리 경험하고, 분석하고, 비판하며, 만들어볼 수 있는 직접적인 경험이 필요하다.

넷째, 창의적인 음악교육을 실현해야 한다. 창의적인 음악교육은 작곡 활동에 한정하여 수업을 구성하는 것이 아니라 다양한 음악 활동과 경험을 중심으로 모든 수업 활동에서 창의적으로 접근한다는 의미이다.

다섯째, 능동적인 음악교육이어야 한다. 포괄적 음악교육은 학생 스스로 창조하고 발견하는 능동적인 음악교육을 추구한다.

그러므로 포괄적 음악교육에 의한 수업 개발을 위해서는 모든 시대와 지역을 아우르는 광범위한 교재를 사용하여 총체적인 음악적 경험을 할 수 있도록 해야 한다. 그리고 음악의 여러 영역이 통합적으로 다루어지는 수업, 창의적이면서도 학생이 능동적으로 이끌어 나가는 수업이 되도록 해야 한다.

4) 포괄적 음악교육의 원리와 접근(이홍수, 1990)

① 포괄적 음악교육의 원리

포괄적 음악교육은 포괄적인 음악성 계발을 지향하는 교육법으로 폭넓고 다양한 음악적 능력, 즉 음에 대하여 민감하게 지각하고 반응할 수 있는 청감능력과 지적으로 분석·이해하는 인지력, 창조적으로 조작·표현할 수 있는 종합적인 음악능력을 기르는 것을 목표로 한다.

이러한 음악교육은 음악 행위들이 상호 관련되어 있다는 것을 전제로 한다. 포괄적 음악교육은 먼저 음악 학습에서 음악을 구성하는 요소 간의 관계성에 초점을 맞춘다. 또한 음악 이론, 연주, 감상, 작곡, 다른 예술과의 관련성과 같은 모든 음악 행위들을 통합하여 다루기도 한다. 결과적으로 통합 지도를 통해 모든 음악 행위들을 통합하는 하나의 창의적인 사고를 개발해낼 수 있으며, 이는 포괄적 음악교육의 목표이기도 하다.

포괄적 음악교육을 위한 학습 과정은 나선형 교육과정에 근거한다. 나선형 교육과정이란 각각의 개념들이 연속적인 과정에 있는 것으로 보고, 같은 주제를 점차 단순한 수준에서 복잡하고 세련된 수준으로 구성해 나가는 것이다.

표 1은 포괄적 음악교육을 이용한 음악 기초 개념들에 대한 수업 방안을 예로 든 것이다. 교사는 이러한 원칙을 가지고 학생이 주체적·창의적으로 활동할 수 있는 음악 수업 환경을 조성해야 하며, 연주지도에서는 창의적인 음악 체험을 위한 기악 지도를 해야 한다.

② 포괄적 음악교육을 위한 접근 방법

포괄적 음악교육의 주요 접근 방법으로는 공통 요소 접근법(common elements approach), 행위 위주 접근법(musicianly function approach), 교수 전략 접근법(educational strategies approach) 등이 있다.

공통 요소 접근법

공통 요소 접근법이란 다양한 문화와 양식이 어우러진 음악 속에서 공통적으로 드러나는

표1 나선형 교육과정의 16단계(이홍수, 1990)

개념 단계	음색	셈여림	형식	리듬	음높이
1	음색의 선택을 통한 표현	p, f, mf	전반적인 청각적 계획(소리의 짜임)	박자와 빠르기	비고정 음정
2	대조되는 음색	크레셴도 데크레셴도	반복되는 요소들	박자를 지니는 음과 쉼	선택된 고정 음정
3	합창에서의 성부 혼합	ff, pp, mp	오스티나토	한 박자 이상의 음과 쉼	F, G, A음과 그 옥타브 음들
4	음색의 혼합	강약의 형태	모방과 동기	8분음표와 8분쉼표	5음 음계의 음조합
5	음색의 작곡	긴장과 이완	돌림 노래	2박자와 4박자	전음계군
6	약음기 사용	악센트	세도막 형식	당김음	선율
7	명확한 음색	이음줄	프레이즈	소절과 마디	다성음악
8	단음음색	스타카토	다양한 프레이즈	리듬의 확대와 축소	7개의 음 배열
9	비브라토	테누토	역진행	다양한 박자	조옮김 음정
10	화성적 혼합	sfz	카덴차	점점 빠르게 점점 느리게	화성음
11	트레몰로 텅깅주법	fp	연속 형식	16분음표와 16분쉼표	12음 기법과 전회
12	드럼, 타악기의 연타	다양한 소리 요소	론도	셋잇단음표	3화음
13	손가락의 트레몰로	지속적인 화음	변주곡 형식	2분음표의 박이 똑같지 않은 쌍음표	비화성음
14	타악기의 연주용 막대에 의한 음색	화음에 멜로디가 중첩됨	서곡 형식	6박자계	완전4도 음정의 화음
15	피치카토	불협화음	복합 형식	불규칙 박자	7음계
16	조작된 피아노	분산 화음	악장 형식	복합 리듬	소리군

구조적 요소들을 이해할 수 있도록 이끌어주는 종합적인 음악 학습 방법이다. 또한 음악적인 문화와 전통, 혹은 음악 양식의 개별성과 무관하게 어떤 음악이든 공통적으로 가지는 음악적 기능을 이해함으로써 모든 음악에 접근할 수 있도록 하는 종합적인 음악 학습 방법이기도 하다. 이 접근법에 따르면 순수음악, 찬송가, 재즈, 민속음악 등 장르를 불문하고 모든 음악은 구조상 본질적인 공통점을 갖고 있다.

음악의 형식과 구조는 음악적 요소들의 조직과 결합의 형태에 따라 결정되는데, 음악의 구성요소가 조직되는 방식은 크게 세 가지로 나눌 수 있다.

- 수평 조직 : 계속해서 흐르는 소리와 휴지(休止)를 시간상으로 연결하는 방식을 의미한다. 수평 조직에는 규칙적인 리듬과 불규칙한 리듬이 있고, 가락은 리듬과 음높이를 수평적으로 연결한다.
- 수직 조직 : 동시에 이루어지는 소리의 조직을 말하는데, 동시에 소리가 나는 화성, 동시에 발성되는 음의 차이와 서로 다른 가락을 의미하는 성부가 대표적이다.
- 표현의 질 : 특유의 소리를 발생시키는 표현 양상을 말한다. 소리의 크기와 세기를 말하는 셈여림과 소리의 특정한 색깔과 질을 말하는 음색이 대표적이다.

이러한 공통 요소 접근법은 음악의 형식과 구조의 공통 요소들을 교육과정의 기반으로 삼아야 한다는 것이다. 이에 따라 공통 요소 접근법에서는 개념들이 모여 여러 하위 개념을 만들며, 쉬운 것에서 어려운 개념의 순으로 연계성을 가진 나선형 조직을 적용하고 있다. 이것은 지도 방법 중에서 학생들이 학습 활동을 통해 음악을 체험하며 새로운 모습의 음악적 개념을 형성하도록 하는 것이다. 즉 공통 요소 접근법은 교재 속에 있는 악곡을 노래하거나 연주함으로써 새로운 음악적 개념이 형성되거나 혹은 기존의 개념에 변화를 가져오게 하는 접근방식이라 할 수 있다.

행위 위주 접근법

행위 위주 접근법이란 음악을 배울 때 처음부터 전문 음악가의 행위를 하는 것처럼 시작해야 한다는 개념이다. 음악가의 행위란 연주, 감상, 작곡, 곡 분석 등으로, 학생들은 연주자, 감상자, 작곡자, 분석자, 연구자 등 음악가의 역할들을 경험해야 한다. 이러한 지도 과정은 음악을 총체적으로 경험하고, 인지하고, 효과적으로 이해하도록 돕는다. 이러한 과정을 통해 학생들은 연주자, 감상자, 작곡자, 분석자 등과 같은 음악가의 활동에 직접 참여하게 되어 음악의 공통 요소를 발견할 수 있다. 이런 발견 학습은 학습자들의 수준에 쉬울 수도 있고 어려울 수도 있으므로 교사의 역할이 중요하다. 교사는 학생들이 쉬운 행위에서 점차 어려운 행위로 나아갈 수 있는 환경을 만들어주어야 한다.

교수 전략 접근법

교수 전략 접근법은 학생들이 능동적으로 학습 활동을 한 뒤 습득한 지식이 실제 행동으로 나타나게끔 학습 과정을 구성하는 것이다. 교수 전략 접근법은 행위 위주 접근법과 유사한 면이 있으나 엄연히 다른 접근법으로서, 습득한 지식을 바탕으로 나타나도록 기대하는 학생의 행동이 실제로도 나타나도록 교사가 학습 전략을 계획하는 것이다. 따라서이 접근법에서는 교사의 역할이 특히 중요하다. 교사는 음악 수업을 통해 학생들이 풍부하게 체험할 수 있는 기회를 제공하도록 수업을 구성해야 한다. 또한 교사는 학생들이 기악 연습을 통해서 음악의 기본 요소와 보편적인 원리를 습득하도록 도움을 주어야 한다.

5) 포괄적 음악교육의 결과

① 학생 중심의 지도

오늘날의 교육계는 개별 학생의 발달 과정에 관심을 두고 이해하려는 시도와 함께 인간 중심 지도를 하는 경향을 가지고 있는데, 포괄적 음악교육은 이러한 경향을 잘 반영하는 모델이라 할 수 있다. 교육과정은 급격하게 변하는 현대 사회에서 교육이 확고한 위치를 차지할 수 있도록 끊임없이 재조정되어야 한다. 따라서 음악교육자들은 학생과 급변하는 사회 간의 거리를 좁히는 데 필요한 것들을 학생에게 제공해주어야 하는 의무를 지닌다.

교육 전문가들은 인간의 민감한 감정을 계발하고 더 나은 삶의 방법을 제공하기 위해 지식·기능만을 편협하게 추구하는 대신 심미적인 자각능력을 계발해야 한다. 교육에서의 인간화는 예술과의 관계에서 더욱 강조되고 있다. 즉 음악의 인지적 영역, 심동적 영역, 정의적 영역이 서로 긴밀한 연관성을 지니도록 통합적으로 지도해야 한다는 것이다. 그런데 포괄적 음악교육은 이러한 각 영역을 조화롭게 통합·운영하여 학생들의 음악에 대한 느낌을 자유롭게 표현할 수 있도록 도와주기 때문에 인간 중심 지도가 가능하다.

포괄적 음악교육을 실현하는 교사는 음악 수업을 진행할 때 안내자 역할을 한다. 이때 학생은 음악 학습의 주체가 되어 스스로 음악 세계에서 실험하고 발견하며 창의적으로 표현하는 음악인으로서의 행위를 경험할 수 있다. 또한 경험 위주의 음악교육과 음악적 활동, 경험 등의 모든 수업 활동에서 창의적으로 접근할 수 있어 단순한 지적 추구가 아니라 음악의 아름다움을 발견하게 도와주는 프로그램으로 학생 중심의 지도가 가능하다.

② 음악 개념의 성장

브루너는 '개념'을 '지식의 구조', '학문의 기저를 이루고 있는 일반적인 아이디어' 또는 '일반적 원리' 등으로 정의하였다. 이런 의미에서 개념이란 '외부의 자극에 대한 내적인 기억의 대응물 또는 이전의 상호작용에 영향을 미친 것과 일치하는 방법으로 주어진 사물이나 상황에 반응하도록 해주는 힘'을 의미하며, 여러 가지 구체적인 현상을 포함하는 가장 근본적이고 보편적인 공통 요소이다.

이러한 의미의 개념은 포괄적 음악교육에 있어 매우 중요한 요소로, 각각의 개념에 대한 상호 관계를 이해하고 학습함으로써 음악적으로 성장하게 된다.

③ 창의성 신장

창의성은 생활 속에서 직면하게 되는 새로운 문제들을 해결하고 새로운 문화를 창출할 수 있는 중요한 능력인데 포괄적 음악교육은 창의성을 신장하는 데 많은 도움을 준다.

아울러 창의성이란 유창성, 유연성, 독창성, 정교성, 민감성을 의미한다. 이와 관련하여, 포괄적 음악교육은 음악개념과 경험의 조화로운 통합을 기본으로 하고 있고 확산적인 음악적 사고를 통하여 창의적 행위를 유도할 수 있는 다양한 아이디어를 도출해낼 수 있는 이론이다. 따라서 포괄적 음악교육을 통하여 창조적인 음악적 행위에 성공할 수 있는 경험은 음악에 대한 새로운 사고를 동기화하는 촉진제가 될 것이다.

2. 장애 학생을 위한 포괄적 음악교육

음악교육은 학생의 독특한 개성과 개별적인 잠재력에 맞는 활동을 제시해주어야 한다. 이를 위해 음악교육은 집단의 정신적, 신체적, 정서적, 물리적 상태에 적합해야 함은 물론, 동시에 학생 개개인의 욕구에도 적합할 수 있도록 개별화되어야 한다. 또한 학생들이 음악 수업에 대한 흥미를 지속해나가는 가운데 구체성과 반복, 실제성, 단순감각성의 원리를 강조해야 한다. 그리고 경험의 폭을 넓히기 위하여 다양한 음악 활동과 접촉 및 접근 방법을 학생에게 제시하면서도 기본적인 음악의 틀을 반복 및 심화해주어야 한다(고해란, 2004).

이렇듯이 장애 학생을 대상으로 한 포괄적 음악교육은 학생의 활동과 역할을 중요시하여 학생들이 음악 활동을 통해 성취감을 맛보게 해주는 데 목표를 두고 있다. 이를 위해서는 음악 활동에 있어 교사와 학생 간의 내적 공감이 필요하며 특히 교사는 학생들의 동기를 유발하는 데 관심을 기울여야 한다. 그러나 장애 학생들은 음악적 표현 활동에 대한 흥미나 의욕, 욕구가 강함에도 불구하고 표현능력이 지체되어 있으므로, 이러한 불균형에 대한 해결방법과 장애 학생의 수준에 맞는 지도방법을 강구하기 위한 그 해결방안으로서의 포괄적 음악교육은 매우 중요하다.

🎵 정리

현재 수준에서 장애 학생의 음악교육은 자칫 편협한 수업으로 진행될 우려가 있는데, 포괄적 음악교육은 가창, 기악, 창작, 감상 등을 통해 장애 학생들에게 다양한 음악적 체험을 제공할 수 있는 교육적 대안이 될 수 있으므로 장애 학생의 음악교육을 능동적으로 구성하여 다양하게 진행하는 방법으로 조명되고 있다.

이러한 맥락에서 포괄적 음악교육은 지식 추구에만 치우치지 않고 창조적이며 혁신적으로 구성된 교육 프로그램과 나선형 교육과정을 근간으로 학습 과정의 구성을 강조한다. 그리고 각 영역을 사용하여 학생들의 창의성을 자극하는 수업 환경을 제공하며 적절한 전략의 투입을 통해 음악의 본질적인 목적을 달성할 수 있도록 한다.

더 나아가 장애 학생의 음악 학습 지도에 있어서 장애 특성을 고려하여 포괄적 음악교육을 적용한다면, 통합교육 현장에 직면한 과제를 해결할 수 있는 초석이 될 것이다.

🎵 연구과제

1. 포괄적 음악성이 장애 학생에 미치는 영향에 대하여 생각해보자.
2. 시대와 장르를 초월하여 사용할 수 있는 음악에는 어떤 것이 있는지 알아보고 그 이유를 생각해보자.

포괄적 음악교육의 정의
- 1957년 이후 미국에서 시작된 심미적 교육 운동에 의해 생성된 개념으로, 포괄적 음악성을 계발하는 것에 목표를 둠
- 음악을 폭넓게 수용하는 종합적인 음악교육으로서 음악학문을 이루는 다수의 영역들을 하나의 총체적인 학문으로 교수 · 학습할 수 있는 음악교육을 의미함

포괄적 음악교육의 목적
- 학생의 포괄적인 음악성을 기르도록 함
- 능동적이고 창의적인 음악 활동을 할 수 있도록 함

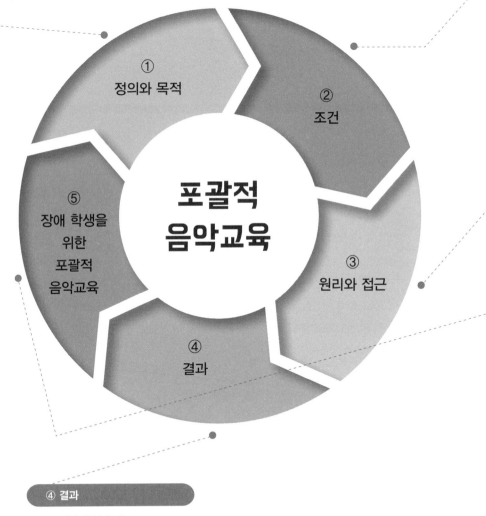

④ 결과
- 인간 중심의 지도
- 음악적 개념의 성장
- 창의성 신장

② 조건

포괄적 음악교육의 조건

- 음악의 여러 영역이 통합적으로 연관되어야 함
- 학생 중심의 음악교육이어야 함
- 경험 위주의 음악교육이 되어야 함
- 포괄적 음악교육에서는 창의적인 음악교육 요소와의 통합을 요구함
- 능동적이고 동적인 음악교육이어야 함

③ 원리와 접근

원리 : 포괄적 음악교육을 위한 학습 과정은 나선형 교육과정에 근거함

접근 방법

- 공통 요소 접근법 : 다양한 문화와 양식이 어우러진 음악 속에서 공통으로 드러나는 구조적 요소를 이해할 수 있도록 이끌어줌
- 행위 위주 접근법 : 음악을 배울 때 처음부터 전문 음악가의 행위를 하는 것처럼 시작해야 함
- 교수 전략 접근법 : 학생들이 능동적으로 학습 활동을 한 뒤 습득한 지식이 실제 행동으로 나타나게끔 학습 과정을 구성함

⑤ 장애 학생을 위한 포괄적 음악교육

적용 및 의의

음악교육이 장애 학생에게 주는 긍정적인 영향(하수영, 1993)

- 음악은 장애 학생이 지닌 여러 욕구를 충족해주고 다양한 경험을 제공하며, 타인과의 의사소통 수단 등 사회화 매체로서의 역할을 함
- 음악은 그들의 정서를 표출할 수 있는 매개체로 긍정적인 사회적 통합의 기회를 제공하고 낯설게 느껴졌던 문화적 관습을 학습할 기회를 제공함
- 음악은 학생의 신체적·정신적 욕구들을 지속적으로 충족할 수 있도록 함
- 음악은 미저인 감정과 경험을 제공함
- 음악은 장애 학생을 포함한 모든 학생에게 여가와 오락 및 흥미를 제공함

장애 학생의 음악 학습 지도

- 창조적이고 혁신적으로 구성된 교육 프로그램을 만들어내도록 함
- 나선형 교육과정을 근간으로 학습 과정을 구성함
- 각 영역을 아우르는 동시에 학생들의 창의성을 자극하는 수업 환경을 제공하고 적절한 전략을 투입한다면 학습 효과를 높일 수 있을 것임
- 장애 특성을 고려하여 그에 맞는 교수 적합화 방법을 모색함 → 통합교육 현장에 직면한 과제를 해결하는 데 초석이 될 것임

8

총체적 음악교육 1

음악과 개정 특수교육 기본교육과정의 목표는 다양한 악곡과 활동을 통하여 음악의 아름다움을 경험하게 하며, 음악의 표현 · 감상 · 이해 능력을 기르고, 음악을 생활화함으로써 즐거운 생활을 하는 태도를 기르도록 하며, 음악 활동을 통해 정서적 · 사회적 · 신체적 · 인지적 발달을 촉진하는 것을 목적으로 한다. 이러한 목표를 효율적으로 달성하려면 음악과 내용 중 가장 많은 비중을 차지하는 활동 영역과 이해 영역의 효과적인 학습이 선행되어야 한다. 이때 활동 영역은 경험적 접근 방법, 이해 영역은 개념적 접근 방법을 통하여 구현될 수 있는데 현실적으로 수업 현장에서 음악 수업을 전개할 때는 특정한 하나의 접근 방법으로 학습목표를 이루기는 어렵다. 따라서 활동과 이해가 적절하게 배합되어 그 음악적 의미가 생활로 구현되거나 생활 속에 적용될 때 좋은 수업이라고 할 수 있다. 즉 음악의 목표를 달성하고 좋은 수업을 제공하기 위해서는 경험적 접근 방법과 개념적 접근 방법이 조화롭게 구성되는 '총체적 접근 방법'으로 수렴되어야 할 것이다.

최근 이러한 접근 방법은 다양한 교과와의 결합을 통한 창의성 신장을 목표로 그 개념과 범위가 확대되고 있으며, 그 역할과 중요성이 더욱 부각되고 있다. 즉 음악 영역 내에서의 통합과 예술교과와의 통합을 넘어 정치, 경제, 사회, 문화, 심지어 수학, 과학과 같은 비예술교과와의 통합을 바탕으로 다양한 교과에서 음악을 발견하는 총체적 음악교육으로 발전되어야 할 것이다. 그러므로 이 장에서는 총체적 음악교육의 의미와 그 중요성에 대해서 살펴보고 총체적 음악교수법의 여러 가지 아이디어를 통하여 특수교육 현장에서의 적용 가능성을 탐색해보고자 한다.

1. 총체적 접근 방법의 기초

음악 수업을 전개할 때 가장 주의해야 할 것은 경험적 접근 방법(가창, 기악, 창작, 감상) 혹은 개념적 접근 방법(리듬, 가락, 화성, 형식, 셈여림, 빠르기, 음색) 등과 같이 특정한 접근 방법에 치우치지 않고 다양한 영역과 교과를 통합하여 음악에 접근할 수 있도록 해야 한다는 점이다. 더 나아가 음악은 물론 예술과 비예술교과를 뛰어넘어 학생을 둘러싸고 있는 다양한 영역과 생활의 맥락에서 음악적 의미를 발견해야 한다. 따라서 음악 학습에서 총체적 접근 방법은 음악적 개념과 음악에 대한 활동을 넘어 체험을 통해 다양한 교과와 영역에 대한 통섭을 바탕으로 음악에 대한 의미를 발견해야 한다.

1) 총체적 음악교육의 개념과 의의

'총체'는 다양한 요소를 지닌 것들을 조화롭게 통합하는 것을 의미하고, 다양한 교과 및 영역과의 의미 있는 연계를 통해 하나의 체계로 만들어 나가는 과정을 말한다. 즉 총체적 접근 방법에 의한 음악교육에서는 음악의 개념과 경험 및 정의적 영역에 대한 통합을 뛰어넘어 이 영역들 가운데 서로 관련되는 다양한 측면을 연결한다. 따라서 '총체적 음악교육'의 가장 큰 핵심은 교과에 대한 경계를 없애고, 관련되는 교과와의 통합을 시도한다는 것이다.

음악 학습에서 통합은 음악적 개념 및 생성원리와 음악의 행위, 음악에 대한 태도 등 음악에 관련된 것들을 종합적으로 다루며, 그들 간의 서로 관련되는 측면들을 동시에 고려하여 이루어지는 수업을 말한다. 그러나 최근 음악과 교육과정에서 그 내용과 범위가 점차 확대되고 있고 통합교과의 분과체제에서 벗어나 여러 독립교과가 서로 관련된 상태로 변화되어 가고 있어 총체적 접근 방법의 요구가 더욱 증대되고 있다.

이때 총체적 음악교육방법은 교육의 목적을 달성하기 위하여 음악을 그 중심에 두고 분절된 지식과 경험을 유의미한 방식으로 서로 관련짓고, 학생의 자발적 참여를 통하여 전체로서의 학습이 이루어져 점차 음악적 지식을 통합해 가는 역할을 하고 있다. 이러한 총체적 접근 방법을 사용하여 음악교과를 학교 현장에 적용하기 위해서는 특수교육 대상 학생의 정서발달과 인지발달을 동시에 고려하는 생애주기적 접근과 특수교육 대상 학생의 요구와 특성에 따라 융통성 있는 교수·학습적 접근에 초점을 맞추어야 한다. 즉 활동 영역, 이해 영역, 생활화 영역을 총체적으로 운용하며 전개해야 할 것이다.

2. 총체적 접근 방법의 필요성

총체적 접근 방법은 위에서 언급했던 것과 같이 첫째, 음악교육의 '활동', '이해' 영역의 배합을 통해 음악교과의 목표를 궁극적으로 달성하는 데 필요하다. 이는 음악교과 교육뿐만 아니라 다른 영역 교과의 목표를 달성하는 것에도 영향을 미친다. 따라서 총체적 접근 방법은 각 교과의 목표를 달성하는 것에 유용하게 사용될 수 있다. 둘째, 음악적 지식뿐만 아니라 다양한 영역의 지식을 발달시키는 데 필요하다. 총체적 접근 방법은 다양한 영역의 교과들을 통합하여 지도하기 때문에 하나의 교과에서 다양한 교과에 대한 지식을 창출할 수 있다. 셋째, 학생의 요구와 특성에 따른 융통성 있는 교과운영이 가능하게 한다. 학생의 요구에 따라 목표를 수립하고 다양한 교과를 통합하여 지도할 수 있어 학생의 요구에 맞게 교과를 운영할 수 있다. 또한 총체적 접근 방법은 학생의 창의성뿐만 아니라 교사의 개인적 능력을 개발하는 것에도 많은 도움을 줄 수 있다. 이러한 총체적 접근 방법의 필요성을 간단하게 정리하자면 다음과 같다.

▶ **총체적 접근 방법의 필요성**

① 음악교육의 '활동', '이해' 영역의 효과적인 배합을 통해 궁극적으로 음악교과의 목표가 달성됨
② 음악적 지식뿐만 아니라 다양한 영역의 지식 또한 발달함
③ 학생의 요구와 특성에 따른 융통성 있는 교과운영이 가능함
④ 총체적 접근 방법은 학생의 창의성뿐만 아니라 교사의 개인적 능력을 개발하는 것에도 많은 도움을 줌

이러한 총체적 교육방법의 가장 큰 장점은 특수교육 대상 학생의 창의성 신장에 있다. 따라서 다음에서는 그 내용을 구체적으로 기술함으로써 총체적 음악교육방법의 당위성을 설명하고자 한다.

1) 창의성 신장

창의성이란 장애와 비장애를 떠나서 인간이 삶을 영위해 나가는 과정에서 필수적인 인지적 요소 중 하나이다. 그러나 창의성을 정의할 때 그것을 바라보는 관점은 학자마다 다르다. 여

러 학자가 주장하는 창의성의 정의를 살펴보면 다음과 같다.

 표1 **창의성의 정의**

학자	정의
길포드(Guilford, 1950)	새롭고 신기한 것을 낳는 힘
로저스(Rogers, 1959)	하나 이상의 결과를 발생시키는 행동의 출현이며, 그것은 그 개인의 특성과 개인을 둘러싼 사건, 사람, 자료, 자기 생활사의 어떤 상황 등에서 생성되는 과정
토런스(Torrance, 1979)	어려움과 문제를 감지하고 정보에서 틈을 찾아내고 빠진 요소나 잘못된 무언가를 찾아내 이러한 결함에 대해 추측과 가설을 세워 그 추측과 가설을 평가, 검증하며 이것들을 재수정하고 재검증하여 마지막으로 그 결과를 알리는 과정
테일러(Taylor, 1988)	특정한 목적을 갖고 모인 집단에 의하여 지속적이고 유용하고 만족스러운 것으로 받아들여진 신기한 작품을 만들어내는 과정

학생이 창의성을 발휘할 수 있는 조건에 대해 로저스(Rogers, 1962)는 경험에 의한 개방성, 판단 기준의 내재성, 심리적 안정과 심리적 자유 등 세 가지 요소가 필요하다고 주장하였다. 특히 심리적 안정과 심리적 자유는 요소나 개념을 자유자재로 관련짓는 매우 중요한 능력이다. 이는 개인의 능력과 특이성이 인정되고 외부로부터의 평가가 제한되며 전적으로 신뢰받는 경우에 이룩되어 언어적·상징적 표현이나 행동의 자유가 보장될 때 조성된다(김충회, 1985).

2) 음악적 창의성

음악은 음을 소재로 한 예술(미를 추구하는 창조 활동)이기 때문에 음악교육과 창의성은 깊은 관계가 있다. 이는 학생이 자기표현을 할 때 그들 자신이 인식하지 않는 마음의 상태에서 자신의 정서와 상상력에 의하여 본능적으로 자기표현을 하는 것에서 관찰할 수 있다. 예컨대 학생의 리듬에 맞추어 몸을 흔든다거나 내키는 대로 노래를 지어서 부른다거나 하는 등의 행위를 종종 볼 수 있듯이 학생은 자기 활동을 주체적으로 행한다. 즉 자발적·자주적으로 무언가를 요구하고, 흥미를 느끼고 스스로 능동적이며 적극적으로 표현 활동을 하는 것이다. 학생은 이와 같은 자발적인 활동을 하는 가운데 새로운 것을 발견하고 익혀갈 수 있다. 즉 학생은 왕성한 자기 활동력과 상상력을 가지고 새로운 의미를 발견하며 자라는 것이다. 이것이 바로 창의적 활동이다(김학수 · 허창규, 1969).

이홍수(1990)는 창의적인 음악 학습의 관건이 전적으로 교사에게 있다고 설명하면서 창의적인 음악 활동을 네 가지 범주로 나누어 설명하고 있다.

첫째, 음악 작품의 예술적 가치를 창의적으로 수용하는 일이다. 이는 다른 사람이 만든 창작품을 감상하는 활동을 가리키는 것으로써 감상자의 감상 수준과 표현자의 표현 수준이 저마다 다른 것을 인정한 상태에서 나름의 심미적 음악체험을 하는 것을 말한다.

둘째, 음악작품을 개성 있게 표현하는 일이다. 이는 앞서 말한 창의적 수용의 다음 단계로 감상자 나름의 방식으로 수용한 음악적 사고를 자신만의 방식으로 표현하는 것을 의미한다.

셋째, 즉흥적인 음악 표현 활동이다. 자신의 음악적 의도에 따라 음향을 즉흥적으로 조작 표현하는 활동을 말한다.

넷째, 작곡 활동이다. 작곡은 자신의 음악적 의도에 따라 악보의 형태로 음향을 조직하는 활동으로 이 활동은 모든 음악적 체험의 총체적 결과인 동시에 모든 음악 학습의 시발점이다.

이홍수(1990)가 창의적인 음악 학습의 관건이 전적으로 교사에게 있다고 설명한 것과 마찬가지로 오르프 또한 음악적이지 않은 학생은 없다고 주장하며 누구나 음악에 접근할 수 있고 음악을 배울 수 있다고 주장하였다. 따라서 교사에게는 학생의 음악적 창의성을 길러줄 수 있는 활동을 제공해야 할 의무가 있다.

위 학자들의 견해를 살펴볼 때 음악적 창의성도 일반적 창의성과 마찬가지로 모든 인간이 가진 기본적인 성향으로서 토런스와 오르프의 주장처럼 계발될 수 있는 성격을 가지고 있다. 즉 교사가 어떠한 태도를 가지고 어떠한 활동을 제공하며 안내하느냐에 따라 장애 학생의 음악적 창의성 계발 여부가 좌우된다고 볼 수 있다. 이는 음악적 창의성이 일부 창의적 능력이 있는 일반학생에게만 나타나는 특성이 아니라 장애 학생 역시 동등하게 창의적 음악 활동을 전개해 갈 수 있는 가능성이 많다는 의미이다.

3. 총체적 음악활동의 유형

총체적 음악교육방법의 유형은 크게 음악 교과, 예술 교과, 비예술 교과 내에서의 통합 등으로 나뉘며 그 구체적인 내용은 다음과 같다.

1) 음악 영역 내의 통합

음악 영역 내에서의 통합은 체험을 통한 음악교육의 내용(소리 탐색 및 듣기, 가창, 감상, 기악, 작곡 등)을 분리해 다루지 않고 음악적 개념과 경험을 서로 연계하여 학습하도록 하는 것이다. 음악 활동의 통합적 연결은 음악적 개념을 좀 더 쉽게 인지하고 표현할 수 있게 한다.

① 가창 중심 활동

가창 활동을 통하여 더욱 다양한 표현을 할 수 있고, 가창이 노래하는 활동 그 자체가 아닌 창작 활동의 일환으로 활발히 수용되도록 여러 가지 창작적 표현을 끌어낼 수 있다.

 표2 가창 중심 창작표현 활동

창작표현 활동	내용
가사의 뜻 여러 가지로 나타내기	가사 속의 언어들을 제각기 다른 느낌으로 나타내도록 여러 가지 표현 방법을 제시
가사 없이 노래하기	허밍을 통해 선율만을 흥얼거리도록 해봄으로써 선율만의 특징이나 아름다움이 어떤 것인지 생각
노래속도 바꾸어 부르기	주어진 곡을 빠르게, 느리게 불러봄으로써 곡이 어떻게 달라지는지 생각
마디 잘라 부르기	노래의 마디를 서로 주고받음으로써 연결감각을 키움
돌림노래 하기	반복적 화음 구조를 갖는 노래나 대비된 리듬 구조를 갖는 노래들은 일정한 간격으로 따라가는 돌림노래를 만들어 노래

② 기악 중심 활동

- 악기 모형을 종이로 만들고 음악에 맞추어 연주자 체험하기
- 서로 다른 악기들을 배합하여 연주하기
- 주어진 악기의 가락에 자기가 생각하는 멜로디를 더하여 연주하기
- 악곡 속의 여러 가지 악상 기호 표현을 바꾸어 연주하기
- 곡의 속도를 변화시켜 연주하기
- 창곡의 리듬을 넣어 즉흥 연주하기

③ 창작 중심 활동

창작은 자신이 느낀 것을 멜로디로 표현하는 활동으로 이와 같은 지도는 리듬과 가락을 바꾸어 노래하고, 악기로 연주하며, 감상과 연계하여 쉽게 활동할 수 있다. 작곡 중심의 창작은 음악의 여러 구성요소인 리듬, 가락, 화성, 형식 등을 기초로 하는 것이므로 사전에 음악의 구성요소에 대한 학습이 매우 중요하다.

④ 감상 중심 활동

악곡을 선택하여 학생들에게 들려준 후 리듬과 가락에 집중하도록 하고 학생들에게 간단한 악기로 연주하도록 하여 음악을 수용하는 데 있어 동기를 유발한다.

교사는 학생들의 의견을 받아 샘플을 만든 후 이것을 기초로 악곡을 자유롭게 바꾸어 연주하고 감상한다. 이렇게 함으로써 음악의 다양한 구조를 학습하고 창의적으로 감상할 수 있는 발판을 마련한다.

2) 예술 교과와의 통합

예술 교과에는 음악, 미술, 무용, 문학 등이 있다. 음악과 무용을 통합할 때 학생은 시간, 공간 및 힘에 대한 개념을 이해하고 음악 활동에 자신감을 얻는다. 음악과 문학을 통합할 때는 학생의 음악적, 문학적 호기심과 이해능력 발달에 도움이 된다. 음악과 미술의 통합은 음악 감상과 미술 표현이라는 자연스러운 활동을 통해 이루어질 수 있으며, 소리라는 추상적 매체를 구체적으로 표현할 수 있는 활동이다. 즉 예술 교과 내에서의 통합은 학생의 신체, 인지, 정서의 통합적인 발달과 동시에 음악능력의 발달을 도울 수 있다.

① 신체 표현(음악극)을 이용한 창작 활동

여러 가지 모습이나 현상에 대한 묘사를 선율에 담거나 마음의 느낌이나 상상을 가사 없는 선율, 화음, 리듬 등으로 표현하거나 음악극을 이용한다.

② 음악 감상 후 미술 활동

음악을 듣고 채소나 과일로 음악의 느낌을 표현하거나 연상되는 이미지를 미술 교과를 이용하여 여러 가지 재료와 도구를 사용하여 표현하는 활동이 있으며, 이러한 활동을 통하여 음악적 상상력과 감성을 신장시킬 수 있다.

③ 음악과 관련 창작품(미술) 제작 활동

음악은 다양한 방법으로 표현할 때 그 음악적 심상과 음악성이 더욱 구체화될 수 있다. 그 예로 채소를 이용하여 악기 만들기, 재활용품을 이용하여 다양한 악기 만들기, 생활 속 재료들을 이용한 악기 만들기, 생활 속 다양한 소리로 음악 만들기 등의 다양한 창작품을 제작함으로써 다양한 교과와 영역을 통합하여 다양한 인지적 사고와 발산적 사고를 신장시킬 수 있다.

3) 비예술 교과와의 통합

음악은 언어, 수학, 과학 등의 비예술 교과 내에서의 통합도 이루어질 수 있다. 음악과 언어와의 통합에서 책 읽기, 노랫말 등의 언어적 측면과 가락 리듬 등의 음악적 측면은 서로의 능력 발달에 큰 영향을 미친다. 음악과 수·과학과의 통합은 음악적 활동이 수·과학 교과의 기술적인 측면을 향상할 수 있도록 돕는다. 예를 들어 음악에서 동물의 수, 색깔 및 계절 등에 관한 노래를 통해 수에서의 기억력, 서열화를 배우게 되고 목소리와 악기 및 주변 환경 소리의 탐색을 통해 수·과학에서 개념에 대한 탐색과 분류 능력을 발전시킬 수 있다. 즉 각 비예술 교과 내에서의 통합은 학문적인 지식 및 개념을 습득하고 음악성 발달을 동시에 추구할 수 있게 한다.

① 음악을 이용한 실험(과학)

음악은 다양한 학문과도 쉽게 결합할 수 있는데 대표적인 것이 과학과의 통합이다. 예를 들면 모차르트 음악을 들려주고 콩나물의 발아율을 탐구하거나 혹은 클래식 음악을 일정 시간 들려준 양파의 성장을 관찰하는 활동이 대표적이다. 또한 진공청소기 혹은 드라이기와 같은 백색소음과 관련해 다양한 실험 또한 교사와 함께 진행할 수 있다.

② 조율(수학)

조율은 특정 악기의 음정을 조절하는 활동을 의미하는데 음정에 대한 조절은 현의 길이와 밀접한 관련을 맺고 있으므로 현을 조절하여 악기의 음정을 조정하는 활동은 음악을 통한 수학적 활용능력, 수학을 통한 음악의 개념이해 학습에 도움이 된다.

③ 여러 나라의 음악(사회)

음악은 여러 나라 혹은 여러 시대의 음악을 듣고 그 나라 혹은 시대를 파악하고 간접적으로 경험하는 활동을 통해 사회교과와의 결합을 이루어낼 수 있다. 이렇게 다양한 음악을 듣고 그 사회에 대해 생각하며 학생들은 사회에 대한 이해를 높일 수 있고, 현재 학생이 있는 사회와 다른 사회와의 차이에 대한 이해를 더욱 쉽게 할 수 있도록 도울 수 있다.

④ **동화 만들기(문학)**

음악이 다른 교과와 통합 제시될 때 학생의 다양한 표현을 끌어낼 수 있다. 음악은 문학과도 다양하게 결합할 수 있다. 예를 들면 오페라나 판소리와 같은 극음악의 한 장면을 교사와 함께 동화책으로 제작하기, 동화책 속의 이야기를 간단한 음악으로 나타내보기 등의 다양한 활동을 할 수 있다. 이렇게 문학과 관련지어 음악을 이해하는 것은 학생이 다양한 관점에서 음악을 감상하고 표현할 수 있도록 도우며 표현하는 방법을 제시해주기도 하여 학생의 음악적 감성과 동시에 표현력을 신장시킬 수 있다.

4. 총체적 교육방법의 효과

총체적 교육방법의 효과는 매우 다양하지만, 그중에서 대표적인 것으로는 바람직한 인격의 형성과 통합, 지식의 실용적 사용, 학습의 용이, 협동성의 발달을 들 수 있다. 총체적 교육방법을 적용하여 얻을 수 있는 효과를 살펴보면 다음과 같다.

1) 바람직한 인격의 형성과 통합

총체적 교육방법은 학생이 일상생활 속에서 겪는 사건과 경험을 통해 더 나은 인격을 형성하고 자아를 통합하도록 한다. 이러한 바람직한 인격이 형성되고 인격이 자아에 통합되도록 하는 것은 외부적인 요인보다 내면적인 요인에 더욱 영향을 받는다. 즉 궁극적으로 학생의 내면에서 통합이 이루어질 수 있어 전문가들은 통합의 환경을 제공하여 통합의 질을 보다 높여줄 수 있다. 따라서 전문가들은 학생의 경험을 중심으로 선행지식을 확인하고 다양한 경험을 제공해주어 학생들이 스스로 경험을 통합하도록 해야 한다.

2) 지식의 실용적 사용

지식을 총체적으로 섭근하게 될 때 경험이 결합되어 제3의 의미를 만들어낼 수 있으며, 이는 일상생활과 학생의 자아에 긍정적으로 영향을 미치게 된다. 더욱이 지식은 삶 속에서 형성되고 활용되기 때문에 일상의 문제를 창의적으로 해결할 수 있는 발판이 되어 새로운 변화에 효율적으로 대처할 수 있는 실용성을 신장시킬 수 있다.

3) 학습의 용이

학습의 용이에 관하여 잉그램(James B. Ingram)이 주장하는 점은 다음과 같다.

- 심리적 조직을 강조한다.

  학생들의 요구와 발달 및 현재 지식을 고려하여 내용을 조직한다. 여기서 발달을 고려한 내용의 조직은 인지발달 이론가들의 주장에 의해 학생의 현재 발달 수준보다 한 단계 위의 내용을 제시하여 인지의 균형을 이루도록 한다는 의견이 있다.

- 일상생활에서의 구체적 경험과 관련이 있다.

- 학생의 참여 · 협동학습기회의 제공으로 학습동기 유발에 효과적이다.

  위에서 언급되었던 것과 같이 통합은 학생에 의해 이루어지기 때문에 학생 중심의 수업을 진행해야 한다. 이러한 학생 중심의 수업을 하기 전에 학생이 기초지식을 형성하도록 해 수업의 여건을 형성하도록 해야 하고 교사는 통합교육과정에 대해 충분한 지식을 갖추고 있다.

- 학습방법을 강조한다.

4) 협동성의 발달

협동성은 학생 인격의 통합이며 현대의 경쟁사회에서 석응하는 데 있어 필수적인 요소이다. 협동은 교수-학습에서 구현되어야 하는데 학습의 형태 따른 상호 의존성의 관계를 살펴봄으로써 협동의 중요성을 다음과 같이 설명할 수 있다.

표3 학습의 형태(출처 : Johnson, D, 1975)

학습 형태	내용
개별학습	타인과의 상호 의존이 없는 상태의 학습이며 학습 시 자신의 목적만을 달성하고자 함
경쟁학습	타인과 배타적인 관계로 경쟁을 통하여 목적을 달성하고자 하며 자신과 타인은 서로의 학습에 영향을 미친다고 생각
협동학습	타인과 서로 의존하고 협동하여 목표를 달성하고자 하며 공동 목표의 달성을 위해 노력하고 책임감을 느낌

총체적 교육은 학생의 개인차에 맞는 다양한 교수학습의 형태를 지니고 있어 학생의 통합과 협동성을 발달시킨다.

5) 학교와 사회와의 연결

잉그램이 주장하는 학교와 사회의 분리 현상은 다음과 같다.

- 학교는 사회의 일부지만 서로 다른 가치체계를 추구한다.
  학교는 내재적 가치를 강조하지만, 사회는 실제적인 경향을 띠고 있다. 하지만 이 둘은 상호 보완적 활동으로 서로 떨어질 수 없다.
- 사회는 직업의 세계를 반영하고 학교는 학습의 세계를 반영한다.
- 학교는 형식적 학습의 장이고 사회는 비형식적 학습이 이루어진다.

위의 분리 현상과 관련하여 첫째, 총체적 교육과정은 단지 지식보다 지식을 활용하는 능력을 학습하도록 하여 학교와 사회를 연결해주고 사회에 적응하는 능력을 개발할 수 있다. 둘째, 총체적 교육과정에서는 진로와 관련된 내용을 반영하고 있어 이것을 통해 사회에 적응하도록 진로와 직업에 관한 지식을 가르칠 수 있다. 셋째, 총체적 교육을 통해 실제적이고 경험적인 교육을 시행할 수 있다.

5. 총체적 음악교육방법을 위한 고려사항

총체적 음악교육방법을 적용하는 데 있어 교육을 받는 대상과 통합내용에 따른 지도방법 및 여러 가지 고려사항이 필요하다. 그 구체적인 내용은 다음과 같다.

1) 학생 중심

교과 간의 경계를 넘어서기 위해서는 교사들이 수업을 공동계획하고 협력하여 학생의 학습에 대해서 끊임없이 의사를 교환해 나가는 학생 중심의 음악교육의 되어야 하며 평가에서도 교사의 주장은 어디까지나 잠재적, 보조적인 활동이 되어야 한다. 교사의 주장이 표면화된다면 학생의 창의성이 무시될 수 있다는 우려가 있으므로 주의해야 한다.

2) 개별적 특성 고려

표현 기능에서 선천적으로 좋은 소질을 가진 학생이 있는 반면에 음색이 나쁘고 음감이 좋지 않은 학생도 있기 마련이다. 따라서 음악적 적성이 뛰어난 학생만 교육해서는 안 된다. 더욱이 장애로 지적 제한성을 가지고 있는 학생도 있으므로 표현 기능의 우열에 초점을 둘 것이 아니라 성취와는 관련 없이 음악을 하는 그 자체의 과정을 즐기도록 해야 한다. 물론 지식과 기능 같은 것이 음악성을 기르는 바탕은 되겠지만 음악의 본질은 느낌과 표현에 대하여 미적인 아름다움을 느끼도록 하는 데 있다. 따라서 학습 자체가 즐겁지 않다면 이는 음악의 본질적 목적에 맞지 않는 것이며, 더 나아가 음악적 지식 활동만을 계속하면 학습자의 흥미를 잃게 된다. 즉 실제의 표현이나 감상에 있어 음악이 재미있고 즐거움을 표현하는 데 중점을 두고 개개인의 생각과 음악적 느낌을 존중하여 자신의 느낌을 창의적으로 표현할 수 있도록 해야 할 것이다.

3) 다양한 경험

음악 경험의 종류는 가창, 기악, 창작, 감상뿐 아니라 신체 표현과 같은 음악적 역동성과 언어 리듬의 상호작용을 포함한다. 즉 총체적 음악교육은 단순히 음악 내에서만의 활동을 뛰어넘어 생활 속에서 음악의 발견을 기초로 한 다양한 활동으로 구성되어야 하고, 특히 장애 학생에게 적용하기 위해서는 학생을 둘러싸고 있는 많은 물리적 요소에서의 음악적 발견과 표현을 토대로 다양한 경험이 선행되어야 할 것이다.

4) 다양한 교과와의 통합

음악 수업은 단순히 가창, 기악, 창작, 감상의 활동만을 전개해서는 안 된다. 즉 음악뿐만 아니라 예술 교과를 넘어 다른 교과와의 총체적인 통합을 시도하여 음악을 폭넓게 수용할 수 있도록 다양한 교수방법을 전개해야 할 것이다.

🎵 정리

장애 학생을 둘러싸고 있는 물리적, 심리적, 사회적 환경에 장애 학생이 적응하는 데는 창의성이 필수적이다. 장애 학생은 창의성을 신장시킴으로써 물리적 환경에서 더욱 적극적으로 활동할 수 있고, 심리적인 부분에서도 안정감, 자존감 등의 긍정적인 정서를 가질 수 있다. 또한 다른 사람과 어울려야 하는 사회적 환경에서도 창의성을 이용해 자기 생각을 표현하거나 다른 사람과의 관계를 유지하고 이끌어갈 수 있다. 창의성의 신장은 장애 학생의 삶에 있어서 이러한 큰 장점들이 있으므로 장애를 가진 학생들도 일반학생과 똑같이 음악적 창의성을 길러주어야 한다.

이러한 창의성 신장에 대한 당위성은 음악과 교육과정의 목표에서도 알 수 있다. 음악과 교육과정에서는 창의성에 초점을 두어 다양한 악곡과 음악 활동을 통하여 창의성을 기르는 것을 강조하여 장애 학생에게 '소리'라는 예술적 재료를 통해 자기 생각과 느낌을 다양하고 개성적으로, 더 나아가 솔직하게 표현할 수 있도록 기회를 제공하는 것에 초점을 맞추고 있다(이종열ㆍ신현기, 2010). 이렇게 장애 학생의 삶에서 중요한 부분을 차지하는 창의성은 총체적 교육방법을 사용하여 효과적으로 신장시킬 수 있다. 총체적 음악교육은 장애 학생이 다양한 환경에서 학생의 음악적 지각을 자극하여 다양한 반응이 일어나도록 도와주고 격려해주는 것에서 시작된다. 따라서 총체적 음악교육방법이 성공을 거두려면 음악적 의도를 가지고 창의적 예술 표현을 끌어낼 수 있도록 전문가들이 최대한의 지원과 방법을 강구해야 할 것이다. 그리고 더 나아가 음악작품의 예술적 가치를 장애 학생이 생각하고 표현할 수 있도록 도와주고 개성적으로 표현하며 즉흥적인 표현 활동을 유도하여 창작 활동으로 이어지도록 이끌어주어야 할 것이다.

♬ 연구과제

1. 총체적 음악교육방법을 사용하여 장애 학생의 창의성 신장을 도울 수 있는 방안에 대하여 기술해보자.

2. 총체적 음악교육방법이 장애 학생에게 어떠한 영향을 주는지 알아보자.

3. 창작 수업 시 장애 학생의 흥미를 자극할 수 있는 아이디어를 생각해보자.

4. 자연의 현상을 이용하여 음악 개념을 신장시킬 수 있는 학습방안을 기술해보자.

5. 음악과 수학을 결합한 창의적인 수업을 전개해보자.

① 총체적 접근 방법의 기초

❶ 개념 및 의의
• 총체 : 다양한 요소를 지닌 것들의 통합
  (다양한 영역과의 연계를 통해 하나의 체계로 만들어 나가는 과정)
• 자발적 참여를 통해 전체로서의 학습이 이루어져, 점차 음악적 지식을 통합해 가는 역할

❷ 유형
• **음악 영역 내의 통합** : 음악교육의 내용들(소리 탐색 및 듣기, 가창, 감상, 기악, 작곡 등)
  간의 통합
• **예술 교과와의 통합** : 음악, 미술, 무용, 문학
• **비예술 교과와의 통합** : 언어, 수, 과학 등의 학문적인 교과와의 통합

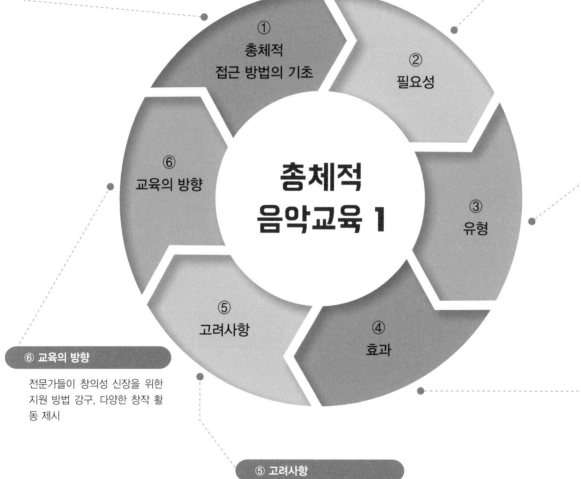

① 총체적
접근 방법의 기초

② 필요성

총체적
음악교육 1

③ 유형

④ 효과

⑤ 고려사항

⑥ 교육의 방향

⑥ 교육의 방향

전문가들이 창의성 신장을 위한
지원 방법 강구, 다양한 창작 활
동 제시

⑤ 고려사항

지도 방법 및 고려사항
• **학생 중심** : 교사의 주장 표면화에 주의(학생의 창의성 고려)
• **모든 학생 고려** : 성취에 상관없는 활동(흥미 위주, 표현 활동)
• **다양한 영역과의 통합** : 다른 예술 영역과의 통합
• **다양한 경험** : 음악을 중심으로 다양한 활동으로 구성(다양한 경험)

② 필요성

목표달성, 타 영역의 지식 신장, 융통성 있는 교과운영
학생의 창의성 신장

- **창의성 신장** : 경험에 의한 개방성, 판단 기준의 내재성, 심리적 안정과 심리적 자유 필요
- **음악적 창의성** : 왕성한 자기 활동력과 상상력을 가지고 새로운 의미를 발견
  ① 음악작품의 예술적 가치를 창의적으로 수용
  ② 음악작품을 개성 있게 표현
  ③ 즉흥적인 음악 표현 활동
  ④ 작곡 활동

③ 유형

❶ 음악 영역 내에서의 통합 : 가창, 기악, 창작, 감상 중심 활동

❷ 예술 교과와의 통합

- 신체 표현(음악극)을 이용한 창작 활동 : 느낌이나 상상을 가사 없는 선율, 화음, 리듬 등으로 표현
- 음악 감상 후 미술 활동 : 미술 영역을 이용하여 여러 가지 재료와 도구를 사용하여 표현
- 음악과 관련 창작품 제작 활동 : 창작품 제작으로 다양한 교과와 영역을 통합하여 인지적 사고와 발산적 사고를 신장

❸ 비예술 교과와의 통합

- 음악을 이용한 실험(과학)
- 조율(수학) : 현을 조절하여 악기의 음정을 조정하는 활동은 음악을 통한 수학적 활용능력, 수학을 통한 음악의 개념이해 학습에 도움

④ 효과

❶ 바람직한 인격의 형성과 통합
통합은 학생의 내면에서 이루어짐. 교사는 통합된 환경을 제공하여 통합의 질을 보다 높여줄 수 있음

❷ 지식의 실용석 사봉
삶의 문제를 해결하고 새로운 변화에 대처할 수 있도록 함

❸ 학습의 용이
심리적 조직 강조, 구체적 경험, 학습 동기 유발, 학습 방법 강조

❹ 협동성의 발달
다양한 교수학습의 형태를 지니고 있어 협동심을 발달시킬 수 있음

❺ 학교와 사회와의 연결
서로 다른 가치체계(상호 보완적), 직업 세계 반영, 형식적 · 비형식적 학습

총체적 음악교육 2

총체적 음악교육은 다양한 영역과 교과와의 결합을 통하여 사고력과 창의성을 길러 주고 있어 전인적 교육과 통합적 사고력의 신장을 추구하는 최근의 교육적 흐름에 부합하는 교육방법이다. 이러한 시대적 흐름에 따라 음악 내에서의 통합뿐 아니라 예술 교과와의 통합 그리고 그것을 넘어 정치, 경제, 사회, 문화, 수학, 과학과 같은 비예술 교과와의 통합을 바탕으로 음악교육이 발전되어야 할 것이다. 따라서 이 장에서는 예술 교과와의 통합과 비예술 교과와의 통합을 중심으로 교사와 함께 진행할 수 있는 총체적 음악교육방법의 예를 제시하고자 한다.

1. 총체적 음악교육방법의 유형별 실례

1) 예술 교과와의 통합

① 신체 표현(음악극)을 이용한 창작 활동

오페라를 이용한 신체 표현

카르멘

투란도트

놀이를 이용한 신체 표현 지도안

음악적 정서함양을 위한 신체 표현 활동 지도안

- **활동주제** : 키가 쑥쑥 자라는 나무예요
- **활동목표** : ① 신체를 이용하여 음의 높낮이를 알 수 있다.
  　　　　　　② 키를 이용하여 음 높낮이의 관계를 이해할 수 있다.
  　　　　　　③ 몸을 이용하여 간단한 곡을 연주할 수 있다.
- **음악적 세부 요소** : 가락(소리의 높낮이)
- **준비물** : 단순한 음계로 된 악보(예 : 무엇이 무엇이 똑같을까)

1. 본활동

1) 도입
① 교사와 함께 나무가 자라는 모습에 관해 이야기한다.

　"나무의 씨앗을 뿌려 커다란 나무가 되기까지의 모습을 이야기해볼까?"

　"씨앗에서 새싹이 나서 점점 키가 커져요."

2) 전개
① 교사가 몸을 바닥에 밀착시켜서 최대한 낮은 자세를 취한다.

　"땅에 씨앗을 뿌렸어요. 여기에 물을 주고 햇빛이 비치면 씨앗은 어떻게 될까요?"

　"쑥쑥 자라서 새싹이 돼요."

② 몸을 점점 일으켜 세우면서 나무가 자라는 모습을 표현해본다.

　"새싹은 쑥쑥 자라 점점 키가 커지지요. 또 어떤 변화가 생길까요?"

　"가지도 같이 길어져요."

　"그럼 여러분이 앉았다가 점점 일어나면서 키가 커지는 모습을 표현해보고,
　팔을 뻗어서 가지가 자라는 모습을 표현해보세요."

③ 도레미파솔라의 음을 키에 따라, 팔의 길이에 따라 자유롭게 정한다.

　"몸을 이렇게 표현하면 도, 이렇게 표현하면 레, 또 이렇게 표현하면 미가 돼요.
　파, 솔, 라도 여러분이 한번 정해볼까요?"

④ 음과 신체 표현을 짝지은 다음 악보를 보며 몸으로 표현해 본다.

　"이제 이 노래의 음이름을 따라 부르면서, 조금 전에 정했던 신체 표현으로 표현해보
　세요."

3) 심화 활동

▶ 주제 : 몸으로 연주해요

① 신체 중에서 두드렸을 때 소리가 나는 부분에 관해 이야기한다.

발 구르기, 손뼉치기 등으로 박자와 리듬감을 익힐 수 있다.

② 발 구르기 대신 사용할 수 있는 악기(예 : 트라이앵글, 큰북), 손뼉치기 대신 사용할 수 있는 악기
(예 : 탬버린, 작은북)에 대해 이야기해본다.

③ 제재곡을 부르며 발 구르기와 손뼉치기로 연주해보고, 대신 사용할 수 있는 악기로도 연주해본다.

4) 마무리

① 씨앗을 뿌려 나무가 되기까지의 과정을 그림으로 표현해본다.

점점 키가 자라고 가지가 뻗어 나가는 모습을 보고, 음의 높낮이를 이해할 수 있다.

2. 활동에 대한 학생의 반응 및 교육적 의의

단순히 음악의 요소인 가락(높낮이)을 주입식으로 가르쳐주기보다는 직접 몸으로 표현하도록 도와주어야 한나. 생활 속에서 쉽게 접할 수 있는 현상을 통해 음악을 일상생활화할 수 있다.

② 미술교과를 이용한 활동

자연물을 이용한 표현 활동

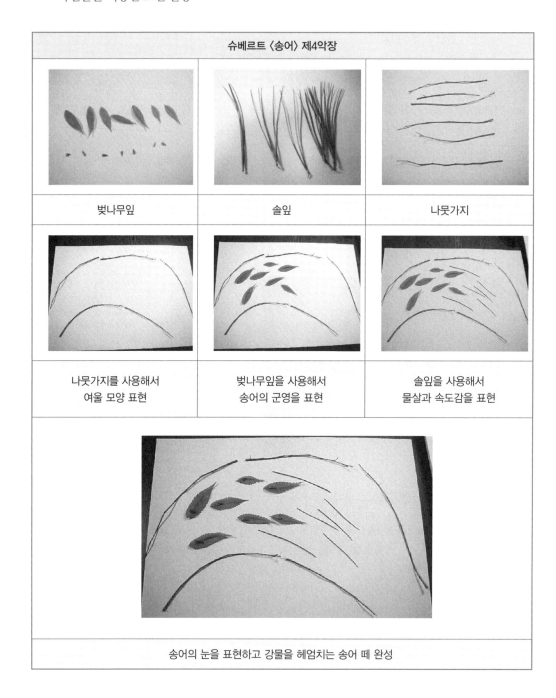

슈베르트 〈송어〉 제4악장		
벚나무잎	솔잎	나뭇가지
나뭇가지를 사용해서 여울 모양 표현	벚나무잎을 사용해서 송어의 군영을 표현	솔잎을 사용해서 물살과 속도감을 표현
송어의 눈을 표현하고 강물을 헤엄치는 송어 떼 완성		

베토벤 교향곡 제6번 〈전원〉 중 제2악장 시냇가의 전경에서		

솔방울, 나뭇가지, 가위, 접착제	솔방울을 자르고 나뭇가지를 잘라 새 만들기 준비	꾀꼬리, 메추라기와 뻐꾸기를 상징한 새 꾸미기
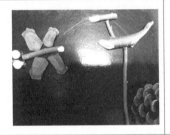		
곤충을 상징한 나비 만들기	시냇가와 주변의 야생화 단지 만들기	시냇가의 물고기

시냇가 주변의 사람과 해를 표현하고 완성하기		

컬러클레이를 이용한 표현 활동

오페라 〈사랑의 묘약〉	오페라 〈아이다〉	오페라 〈나비부인〉

③ 음악과 관련 창작 활동(악기 만들기)

채소 관악기

준비물 : 파프리카, 당근, 젓가락, 칼

만드는 과정	
 파프리카 꼭지를 빼고 속 안을 비워둔다.	 파프리카 표면에 젓가락으로 3개의 구멍을 양쪽으로 만든다.
 당근 역시 속을 칼로 도려낸다.	 당근 표면에 4개의 구멍을 낸 후 좁은 입구 쪽에 멜로디언 마우스피스를 끼운다.

꽃 탬버린

준비물 : 하드보드지, 방울, 시트지,
펀치, 꽃과 나뭇잎 조화, 칼

만드는 과정	
 하드보드지에 2개의 본(탬버린 크기)을 그린 후 오려낸다.	 안쪽 부분에 솜을 부착하기 위해 양면테이프를 양면 안쪽 면에 붙이고 한 면에 솜을 붙여주고 서로 마주대고 붙인다.
 전체를 시트지로 감싼 후 장식으로 짙은 색 테이프를 이용하여 그림과 같이 두른다.	 나뭇잎 넝쿨 조화를 비슷한 간격을 유지하며 둘러준 후 고정해준다.
 사이사이에 구멍을 낸 후 방울을 철사를 이용하여 달아주되 소리가 경쾌하게 나는지 확인하며 고정해준다.	 마지막으로 예쁜 색의 조화 꽃을 이용하여 장식한다.

호박 드럼
준비물 : 늙은호박, 당근, 감자, 호박, 오이고추, 양파, 방울토마토, 나무젓가락, 접착부직포

1. 호박과 각종 야채는 깨끗이 씻어서 준비한다. 자연의 느낌을 최대한 살리기 위해 껍질째 사용한다.	2. 울림공간을 확보하기 위해 호박 밑둥을 잘라내고 속을 비운다.	3. 야채들의 각기 다른 크기에 맞도록 적당히 구멍을 뚫는다.

4. 다양한 재료들을 구멍에 맞추어 꽂아준다.	5. 나무젓가락에 접착부직포를 씌우고, 방울토마토를 꽂아 북채를 만든다.	6. 끈으로 오선의 느낌을 표현하며 심미적인 아름다움을 연출한다.

여러 가지 채소로 장식하여 북채와 함께 세팅한다.

2) 비예술 교과와의 통합

① 음악과 국어

음악 정의 내리기

음악은
마음의 안식처이다.

기쁠 때나 슬플 때,
힘이 들 때 음악을 들으면
집에 있는 것처럼
마음이 따뜻해지고
편안해지기 때문이다.

음악은
나의 영원한 단짝친구다.

언제 어디서든지
음악과 함께
하기 때문이다.

음악은 꽃이다.

길을 가다 아름다운 꽃이
있으면 잠시 멈춰 서듯이
좋은 음악이 들리면
멈추고 싶기 때문이다.

② 음악과 사회

지도안

15 학교 가는 길

1차시 소리를 탐색하고 표현하기

1. 학습 목표
1) 학교 주변에 들을 수 있는 여러 가지 소리를 알아본다.
2) 여러가지 소리를 다양한 방법으로 표현한다.

2. 교수 · 학습 자료
• 리듬 카드, 전자저작물 등

3. 지도상의 유의점
• 학교에서의 수업 내용은 교과에 대한 인지적 학습 뿐만이 아닌 생활 속에서의 적용을 위한 학습인 만큼 안전교육에 대한 학습도 함께 이루어질 수 있도록 지도한다.
• 일반적으로 장애 아동은 집중을 잘 하지 못하고, 주의가 산만한 경우가 많기 때문에 주위 환경에서 학생의 흥미를 불러일으킬 수 있는 다양한 음악적 재료들을 이용한다.

4. 교수 · 학습 활동

┃ 도입
■ 리듬 인사하기
　▶ 리듬 인사로 시작한다.
　▶ 어떤 말로 인사할지 친구들과 생각해 본다.
　▶ 교사가 리듬으로 인사하면 따라한다.

♪ ♪ ♪ ♩	♪ ♩	♪ ♪ ♪ ♩	
안 녕 하 세 요	반 갑 습 니	다	

♪ ♪ ♪ ♩	♪ ♩	♪ ♫ ♪	♫ ♫
오 늘 하 루 도	신 나 게	신 나 게	재 미 나 게

┃ 전개
기초 교통안전 지키기
■ 학교에 올 때 주의할 것에 대해 이야기하기
■ **횡단보도를 건널 때 주의사항 알기**
　▶ 학교 근처에 있는 횡단보도의 위치를 인지한다.
　▶ 횡단보도에서는 주위를 살펴 차가 오는지 확인하고 반드시 초록불일 때 건넌다.
　▶ 횡단보도에서는 뛰지 않고 손을 들며 건넌다.

┃ 전개
주요 1 학교 주변의 여러 가지 소리 알기
■ 학교 가는 길에 보았던 것에 대해 이야기하기
　▶ 동영상 자료를 보고 학교 가는 길의 모습을 이야기한다.
　▶ 학교 주변의 여러 가지 소리를 듣는다.
　▶ 자동차 소리, 자동차 경적 소리, 자전거 소리, 인사하는 소리 등을 듣는다.

주요 2 여러 가지 소리를 다양한 방법으로 표현하기
■ 학교 주변에서 들을 수 있는 여러 가지 소리 내기
　▶ '부웅~, 빵빵, 따르릉' 등 재미있는 소리를 흉내 낸다.
　▶ 소리의 높낮이로 다양한 인사를 한다.
　　• 친구야 안녕, 반갑다 친구야 등
　▶ 친구들의 웃음소리를 흉내 내어본다.
　　• '까르르', '하하하', '히히히' 등
　▶ 교실에서 들을 수 있는 다양한 소리를 흉내 낸다.
　　• 종소리, 책상 부딪치는 소리, 발자국 소리
　▶ 교실 밖에서 들을 수 있는 다양한 소리를 흉내 낸다.
　　• 수돗물 소리, 복도에서 걷는 소리, 새소리, 바람 소리 등

출처 : 음악과 교사용 지도서(이종열, 2013)

③ 음악과 과학

16 자연의 나라

1차시 여러 가지 자연의 소리를 탐색하고 표현하기
(함께 가요 숲 속 나라)

1. 학습 목표
1) 여러 가지 자연의 소리를 듣는다.
2) 자연의 소리를 흉내낸 악기를 사용하여 표현한다.

2. 교수 · 학습 자료
• 낙엽, 캐스터네츠, 트라이앵글, 버드휘슬, 전자저작물 등

3. 지도상의 유의점
• 일반적으로 장애 학생은 집중을 잘하지 못하고, 주의가 산만하기 때문에 주위 환경에서 제시되는 다양한 자극들 중에서 학습 활동에 필요한 자극을 선택하여 반응하는 능력이 부족하다. 주의 집중 능력은 과제 해결을 위한 가장 기본적인 능력이므로 학생이 과제에 주의를 집중할 수 있도록 지도하는 것이 학습을 촉진하는 방법이 되어야 한다.
• 소리는 눈에 보이지 않는 비구체물이기 때문에 비장애 학생과 똑같은 자료를 제시하면 소리의 길고 짧음을 이해하기 어렵다. 그러므로 생활 속에서 쉽게 볼 수 있는 물건들을 이용하고 학생의 발달 수준과 정서에 맞는 학습 활동을 제시하여야 한다.

4. 교수 · 학습 활동

▌도입

■ 인사하기
　▶ 원을 만들어 앉는다.
　▶ 옆 사람과 돌아가면서 악수해 본다.
　▶ 수업을 시작할 때에는 어떤 인사가 좋을지 친구들과 생각해 본다.
　▶ 학생들이 생각한 인사를 교사가 쉬운 리듬으로 재구성하여 반갑게 인사한다.
　▶ 인사를 할 때 친구들의 이름을 서로 불러주며 리듬에 맞추어 인사한다.

♪	♪	♫ ♫	♪ ♪	♩	♪ ♪	♪ ♪	♪ ♪
안	녕	안녕안녕	안 녕	○	○ ○	○	안 녕

♪ ♪	♪ ♪	♩	♪ ♫	♪ ♫	♫ ♫
오 늘	하 루	도	신나게 신	나 게 재	미 나 게

▌전개

기초 경험 이야기

■ 이야기 나누기
　▶ 체험 학습의 경험을 이야기한다.
　▶ 교사가 체험 학습의 장소에서 어떤 소리를 들을 수 있었는지에 대해 이야기를 할 때 주의 깊게 듣는다.
　▶ 체험 학습 중 재미있었던 일에 대하여 말한다.

주요 1 소리 탐색하기

■ 소리 알아보기
　▶ 자연의 여러 가지 모습을 이야기한다.
　▶ 숲 속에는 어떤 소리를 들을 수 있는지 생각해본다.
　　• 새소리, 벌의 날아다니는 소리, 바람에 흔들리는 나뭇잎 소리, 낙엽 밟는 소리, 풀벌레 소리 등
　▶ 자연의 모습을 상상하며 들을 수 있는 소리에 대해 친구들과 이야기한다.

■ 자연의 소리 듣기
　▶ 동영상 '아름다운 숲'을 감상한다.

15 • 동영상을 감상할 때에 교사는 숲 속의 전체적인 이미지에 대해 설명해 주고 다양한 소리에 대한 동기 부여에 초점을 둔다.
• 특히 숲의 소리 중 풀벌레 소리, 새소리 등 듣기 편안한 자연의 소리에 귀를 기울이도록 한다.

출처 : 음악과 교사용 지도서(이종열, 2013)

▶ 여러 가지 자연의 소리를 듣는다.
• 나뭇잎 소리, 풀벌레 소리, 오리 소리, 새소리, 벌의 날갯짓 소리 등

■ 자연의 소리 알아맞히기
▶ 여러 가지 자연의 소리를 듣고 그 소리를 입으로 흉내 낸다.
▶ 교사가 입으로 흉내 낸 소리를 알아맞힌다.

■ 낙엽(혹은 단풍잎) 밟는 소리 들어보기
▶ 교사가 준비한 낙엽을 깨끗한 바닥에 뿌려 놓으면 양말을 벗고 낙엽을 밟는다.
• 조심스럽게 밟기도 하고 뛰어다니며 밟기도 한 후 낙엽을 지정된 장소에 모아놓는다.
▶ 낙엽의 소리를 잘 듣고 전자저작물에서 들었던 나뭇잎 소리와 비교한다.
▶ 낙엽 밟는 느낌을 말하고 자리에 앉는다.

주요2 자연의 소리를 악기로 표현하기

■ 악기 소리 탐색하기
▶ 교사가 이야기와 동시에 악기 소리를 들려줄 때 주의 깊게 듣고 소리의 느낌을 이야기한다.

어느 화창한 가을, 다람쥐 친구들이 숲속나라에 들어가려고 합니다. 풀벌레들이 아름다운 목소리로 노래를 부르며 친구들을 반기네요(트라이앵글 트레몰로). 그 모습을 본 산새들은 '안녕' 하고 인사합니다(버드휘슬). 저 멀리에서 놀고 있던 오리들도 덩달아 신이나 '꽥꽥' 하며 빠른 걸음으로 뛰어오고 있네요(캐스터네츠 2번)

▶ 교사가 악기 소리를 들려주면 학생들은 그 악기를 선택하여 자유롭게 표현한다.

5. 평가
1) 여러 가지 자연의 소리를 들을 수 있는가?
2) 자연의 소리를 흉내 낸 악기를 사용하여 표현할 수 있는가?

6. 보충 활동 및 참고 자료
■ 동물 표현하기
▶ 자연의 이미지를 좋아하는 음식 재료를 이용하여 교사와 함께 표현한다.
（지도） 교사가 재료를 미리 잘라놓고 학생은 교사와 함께 형태를 만든다.

〈준비물〉
계란, 소시지, 밥, 검은깨, 김, 당근 등

〈만들기〉
– 새
❶ 교사는 밥을 세모로 틀을 잡아 얼굴을 만든다.
❷ 검은 깨와 김, 당근으로 눈과 깃털을 표현한 후 계란 노른자로 부리를 만든다.

– 토끼
❶ 반드시 완숙한 계란을 사용하여 토끼의 얼굴과 몸통을 만든다.
❷ 검은깨와 노른자로 눈과 입을 표현한 후 소시지 1/2을 사용하여 귀를 만든다.
❸ 얼굴과 몸통은 이쑤시개로 고정한다.

〈주의사항〉
학생들이 다치지 않게 교사가 미리 잘라놓은 재료를 사용한다.

출처 : 음악과 교사용 지도서(이종열, 2013)

2. 교사와 함께하는 총체적 음악교육 활동의 아이디어

음악 활동을 단순히 음악 내적 활동에만 국한하는 것은 의미가 없다. 왜냐하면 음악교육의 본질은 소리의 지각과 반응을 통한 다양한 표현에 있으며 이러한 다양한 표현은 여러 교과와의 총체적 결합 상태일 때 더욱 구체화되기 때문이다. 그러므로 소리의 형식적 구조와 조직화 활동뿐만 아니라 음악과 관련된 다양한 표현적 요소를 도입하여 통합된 총체적 음악 활동의 예를 들면 다음과 같다.

1) 음악극**

음악극 창작 수업 모형은 외국의 경우 1990년대에 초등학생을 대상으로 하여 개발되었고 우리나라의 경우도 1990년대 후반 음악극 창작을 시작으로 많은 논문이 발표되었다. 기존의 창작 수업 모형을 분석함으로써 장애 학생을 위한 음악극과 프로그램을 구안할 새로운 아이디어를 창출할 수 있다.

① Create an Opera 프로그램

이 프로그램은 스피크(Constance J. Speake)가 초등학교 학생을 대상으로 1993년에 개발한 것이다. 그는 음악극에 대한 이해를 돕기 위하여 학생이 직접 음악극을 만들어보는 과정을 경험할 필요가 있다는 생각을 하고 이 프로그램을 개발하였다. 따라서 이 프로그램은 학생이 음악극에 대한 관심과 흥미를 갖게 하고, 음악적 능력에서의 발달적 변화를 도모하고자 하는 데 그 목적을 두었다. 여기서 음악적 능력이란 음악 요소와 음악능력을 의미한다. 이에 따라 프로그램의 내용은 크게 음악 요소와 음악능력으로 구분되며, 그 하위 내용 요소는 다음과 같다. 음악 요소는 멜로디, 리듬, 하모니, 표현양식을 의미하고, 음악능력은 노래하기, 듣기, 악기 연주하기, 신체 표현하기를 의미한다. 이 프로그램의 핵심적인 측면은 활동과정 및 방법에 있다고 할 수 있다.

Create an Opera 프로그램의 활동 과정 및 방법은 다음과 같다.

***

** 김효경(2010). 음악극 창작활동이 음악적 창의성에 미치는 영향. 한국교원대학교 교육대학원 석사학위 논문을 요약 · 정리하였음.

음악극 준비하기

음악극을 보고 음악극의 내용을 분석하고 인물들이 지니는 내부적인 감정을 파악한다.

노래 연습하기

먼저 교실의 다양한 교과에서 자연스럽게 테이프에 녹음된 노래를 들을 기회를 마련한다. 피아노 반주에 맞추어 노래를 배우고, 노래한 것을 테이프에 녹음한다. 그 후에 배역에 따라 노래를 구분하고 독창과 합창할 노래를 구분하여 다시 녹음한다.

통합 활동하기

음악극에 필요한 의상과 소품, 무대배경을 만들고 역할과 노래에 따라서 동작을 연결하여 신체 표현을 만들면서 통합된 활동으로 구성한다.

공연하기

이러한 과정을 거쳐서 완성된 음악극을 공연한다.

스피크는 Create an Opera 프로그램을 초등학교 3학년 학생에게 시행한 결과 음악극 만들기에 참여한 학생은 음악극에 대한 흥미와 더불어 학습동기가 고양되었음을 보고하였다. 또한 음악적인 능력에서는 멜로디, 리듬, 하모니, 표현 스타일 발달의 향상을 보였으며 노래하기, 듣기, 악기 연주하기, 신체 표현하기, 창의적으로 표현하기 능력이 향상되었다고 보고하였다.

2) Peace Once Again 프로그램

셔우드 등(Sherwood et al., 1994)은 초등학교 저학년 학생을 대상으로 한 'Peace Once Again 프로그램'을 구성하였다. 이 프로그램은 특히 문학 수업과의 통합적인 프로그램을 측면을 강조하면서 음악극으로 개발한 것이며, 음악극을 실시하는 과정을 통해서 음악극에 대한 이해를 학생이 어떻게 발전시켜 나가는지를 알아보고자 한 것이다.

음악극의 활동 과정은 다음과 같다.

① 브레인스토밍하기

음악극의 주제, 제목, 인물들에 대해서 논의한다.

② 인물 설정하기

음악극의 등장인물들에 대한 구체적인 논의와 등장인물의 성격, 요구, 상황 등을 고려하고, 각 인물 간의 관계 설정과 대비되는 성격 간의 비교도 이루어진다.

③ 대본 쓰기

기존의 음악극을 각색하여 새로운 음악극으로 구성된다.

④ 역할 분담하기

학생의 능력과 흥미에 따라 이루어진다. 역할 분담은 연출자, 작가, 소품 담당, 조명, 무대감독, 의상감독, 그리고 공연자들로 구성된다.

⑤ 공연하기

이러한 과정을 거쳐서 완성된 음악극을 공연한다.

⑥ 저널 쓰기 단계

음악극을 공연한 후에 음악극의 경험과 절차에 대한 느낌을 적는다. 이를 통하여 자연스러운 반성적 평가와 함께 쓰기 발달 그리고 음악극에 대한 이해가 발달한다.

셔우드에 따르면 Peace Once Again 프로그램을 시행한 결과 참여 학생은 자신을 표현하는 기회를 갖게 되었고 협동의 원칙에 근거한 공동학습을 원활하게 수행하였으며, 음악극과 같은 활동적인 학습이 진정한 의미의 자연스러운 경험 활동임을 밝히고 있다.

3) 우리나라의 음악극 창작 수업 모형

우리나라에서도 음악극 창작에 관한 논문들이 많이 발표되고 있다. 이와 관련하여 몇 가지를 살펴보면 다음과 같다.

이효숙(2001)은 학생을 대상으로 한 음악극 활동 과정을 다음과 같이 구성하였다.

① 계획하기

음악극에 대한 소개와 이해 그리고 실시할 음악극에 대한 구체적인 활동에 대해 계획한다.

② 등장인물 분석도 작성하기

등장인물에 대한 보다 구체적인 분석을 통해 등장인물의 특성, 상황, 감정 등을 고려하여 음악극을 실시할 때 역할에 맞는 표정과 신체 표현 등을 가능하게 한다.

③ 노래 부르기

기존의 음악극에 있는 노래를 부르기도 하고 노래 가사를 바꾸어 부르기도 한다.

④ 신체 표현하기

노래에 어울리는 신체 표현을 구성하는 단계로 노래 길이와 신체 표현의 조화를 고려하고 역할과 노래 내용에 적절하게 구성한다.

⑤ 공연 및 평가하기

앞의 단계를 거쳐 완성된 음악극을 공연하고 공연이 끝난 후 공연장면 녹화 비디오를 보면서 반성적 평가 시간을 가진다.

⑥ 저널 쓰기 단계

음악극을 공연한 후에 음악극의 경험과 절차에 대한 느낌을 쓰는 것이다.

이효숙(2001)에 따르면 음악극을 통해 학생의 이야기 이해력이 높아졌으며 음악적 능력, 신체적 능력도 향상되었다고 보고하고 있다. 또한 학생이 음악극에 능동적인 참여자로서 자발적인 학습의 전개를 이끌어 나가기 위해서는 공연의 결과보다는 학습의 과정에 교육적 가치를 두어야 한다고 말한다. 이는 이 연구에서 공연의 결과에 집중하기보다는 음악극을 만드는 과정에 더 중점을 두어야 한다는 시사점을 보여주고 있다.

지금까지 살펴본 음악극 창작 프로그램은 모두 비슷한 단계를 거쳐 음악극이 완성되어 가도록 고안되어 있으며, 음악극 창작 프로그램의 목표, 활동 과정, 내용을 간략하게 정리하면 다음과 같다.

 표1 음악극 프로그램 요약

프로그램	제작자	목표	대상	활동 과정	내용
Create an Opera	스피크 (Speake, 1993)	• 음악극에 대한 관심과 흥미를 느낀다. • 음악적 능력의 발달적 변화를 알아본다. • 완성된 음악극을 공연한다.	초등생	① 음악극 준비하기 ② 노래 연습하기 ③ 통합 활동하기 ④ 공연하기	① 음악극의 내용 분석하기, 인물들의 내부적인 감정 파악하기 ② 노래 듣기, 피아노 반주에 맞추어 노래 배우기 ③ 의상과 소품 만들기, 무대 배경 만들기, 신체 표현 만들기

(계속)

Peace Once Again	셔우드 (Sherwood, 1994)	• 음악극에 대한 이해를 학생들이 어떻게 발전시켜 나가는지를 알아본다.	초등 저학년	① 브레인스토밍하기 ② 인물 설정하기 ③ 대본 쓰기 ④ 역할 정하기 ⑤ 공연하기 ⑥ 저널 쓰기	① 음악극의 수제, 제목, 인물들에 대해서 토의하기 ② 등장인물들에 대한 성격, 요구, 상황 고려하기 ③ 음악극을 각색하여 새로운 대본 만들기 ④ 역할 정하기 ⑤ 공연하기 ⑥ 음악극에 대한 느낌 및 감상 쓰기
아동 음악극	이효숙 (2001)	• 음악극 활동이 아동들의 문식성과 음악적 능력 및 신체 표현 능력을 신장시키는지 알아본다.	아동	① 계획하기 ② 실행하기 ③ 공연 및 평가하기	① 음악극의 등장인물 분석도 작성하기 ② 노래 연습하기, 신체 표현하기 ③ 공연하기, 저널 쓰기
음악극 창작	황소영 (2003)	• 이야기 음악극 만들기를 통해 창작 능력을 신장할 수 있는지 알아본다. • 음악극을 통해 창작의 기초를 다진다.	초등 3학년	① 이야기 설정과 대본 작성 ② 창작 활동 구성 ③ 소집단 구성 ④ 음악 창작 활동 지도 ⑤ 음악극 연습 ⑥ 발표 및 평가	① 3학년 수준에 맞는 이야기와 대본 작성하기 ② 시나리오에 맞게 창작 활동 삽입하기 ③ 소집단 구성하기 ④ 삽입된 창작 활동 만들기 ⑤ 음악극 연습하기 ⑥ 공연 및 평가하기
창작 음악극	송유정 (2000)	• 주체적 표현능력 계발이 가능하도록 한다.	고등 2학년	① 소집단 구성 ② 대본 설정 및 시나리오의 작성 ③ 창작 활동의 지도 ④ 연기 및 노래 연습 ⑤ 무대미술 지도 ⑥ 총연습 ⑦ 발표·평가	① 소집단 구성하기 ② 순수창작 혹은 기존의 대본을 각색하여 대본 작성하기 ③ 독창, 중창, 합창 창작하기 ④ 창작한 노래 연습과 인물에 맞는 연기 연습하기 ⑤ 소품, 의상, 조명지도하기 ⑥ 전체 연습하기 ⑦ 공연 및 음악극에 대한 반성하기

🎵 정리

음악성을 신장시키기 위한 창작 활동을 장애 학생에게 접목하기 위해서는 음악의 개념과 그 위계적 질서를 이해해야 한다. 예를 들면 즉흥적으로 곡을 창작하기 위해서는 일상생활에서 흔히 볼 수 있는 자연의 소리, 생활공간의 소리 등 다양한 소리를 지각하고 이해하며 반응하는 활동이 충분히 선행되어야 한다. 그러므로 음악적 개념을 바탕으로 하는 위계적 질서는 장애 학생에게 있어 창작 활동을 더욱 원활하게 하고 음악의 즐거움을 맛보는 중요한 기회가 될 것이다. 그러기 위해서는 교사의 역할이 매우 중요하다.

　다변화된 창작 활동이 이루어지기 위해서는 즉흥적 표현이 중시되어야 한다. 즉흥이라고 하면 음악을 통찰하는 단계에서나 실현될 수 있다는 편견을 버려야 할 것이다. 왜냐하면 즉흥의 음악이 음악적 혹은 비음악적과 관계없이 즉흥 활동에 참가하여 음악을 듣고 표현한 것만으로도 충분히 가치가 있으며, 이러한 활동이 반복될 때 다양한 감수성과 정서가 함양될 수 있기 때문이다. 더 나아가 다양한 교과와의 연합을 통한 총체적 활동으로 사고력과 창의성을 신장시킬 수 있는 노력을 멈추지 않도록 교사와 장애 학생 모두가 노력해야 할 것이다.

🎵 연구과제

1. 총체적 음악교육방법의 중요성을 기술하고 장애 학생에게 적용할 수 있는 다양한 아이디어들을 생각해보자.
2. 음악의 내면화와 가치화를 위하여 음악과 예술 교과 혹은 음악과 비예술 교과에 적용할 수 있는 아이디어들을 생각해보자.

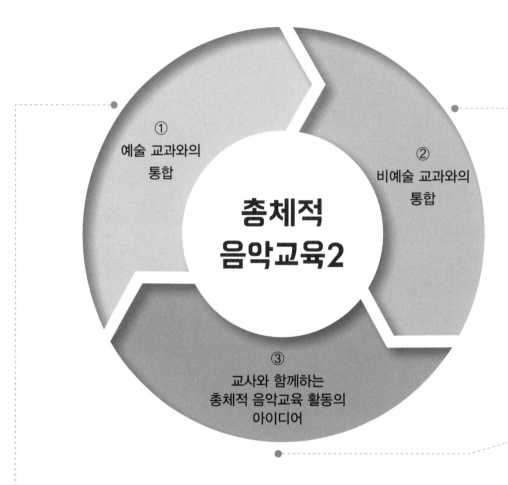

① 예술 교과와의 통합
② 비예술 교과와의 통합
③ 교사와 함께하는 총체적 음악교육 활동의 아이디어

총체적
음악교육2

① 예술 교과와의 통합

❶ 신체 표현(음악극)을 이용한 창작활동
• 오페라를 이용한 신체 표현
• 놀이를 이용한 신체 표현
• 음악적 정서함양을 위한 신체 표현

❷ 미술교과를 이용한 활동
• 자연물을 이용한 표현활동
• 컬러클레이를 이용한 표현활동

❸ 음악과 관련 창작활동(악기 만들기)
• 채소 관악기
• 꽃 탬버린
• 호박드럼

PART

특수음악교육의
교수이론과 방법

10

음악교육의 교수이론과 사상

음악교육의 시작 시기는 학자들마다 주장하는 바가 다르다. 아이들의 음악적 감수성은 태어남과 동시에 진행되기 때문에 음악교육은 태어날 때부터 시작해야 한다고 주장하는 학자들이 있는 반면 음악교육을 어렸을 때부터 시작하는 것은 좋지만, 어느 정도 부모와의 교감이 이루어진 시기 이후부터 시작하는 것이 좋다는 의견도 있다. 이렇듯 음악교육 시작 연령이 학자마다 다양할 뿐만 아니라, 교육철학과 방법 또한 주장하는 바가 다르다. 그러므로 이 장에서는 여러 음악교육학자의 철학과 음악적 관점 및 교수 방법 등을 알아보고, 특수교육에 있어 적용 가능성을 살펴보며 교수학습에 대한 다양한 관점을 탐구해보고자 한다.

1. 고든의 음악교육

1) 고든

고든(Edwin E. Gordon, 1928~)은 미국 출신의 저명한 교수, 연구자로 현재까지 활동하고 있는 음악교육학자이다. 현재 미국에서 가장 활발하게 음악교육을 연구하고 있는 사람으로서 교육학 학위와 더불어 베이스를 연주하는 재즈 음악가로서의 경력을 가진 교육자이다. 고든이 주장하는 음악교육 핵심은 음악을 이해하고 즐기는 것에 있다. 이를 위해 강조되는 것이 오디에이션(audiation)하는 능력이다. 'audiate'는 고든에 의해 착안되었으며, 우리말로는 '즐겁게 감상하다'로 해석할 수 있다. 즉 음악을 정확하게 이해하고 즐길 수 있는 것이 바로 오디에이션의 핵심이고, 이러한 오디에이션의 신장을 위하여 언제, 어떻게, 무엇을, 어떤 순서로 가르쳐야 하는지를 강조하고 있다.

2) 음악교육철학 및 방법

① 오디에이션

고든의 학습 이론을 설명하기에 앞서 오디에이션의 개념을 이해해야 한다. 고든의 저서 『영·유아를 위한 음악 학습 이론』에 따르면, 사람이 음악을 배우는 과정은 언어를 배우는 과정과 동일하다. 언어를 배우기 위해서는 그 언어로 생각하는 능력이 있어야 하듯이 음악을 듣고 연주하고 읽고 쓰는 데 필요한 음악적으로 생각하는 능력, 이것이 바로 오디에이션이다. 오디에이션은 음악을 학습하는 데 매우 중요한 기초적 능력으로, 언어에서의 생각과 대응되는 개념이라 할 수 있다.

정리하면, 오디에이션은 '실제로는 들리지 않는 음악을 상상하여 마음속으로 듣고 이해하는 능력'이다. 여러 음악 활동을 통하여 오디에이션을 배운다. 음악을 듣거나 연주하는 것뿐만 아니라 음악을 읽거나 쓰는 것, 그 외의 어떤 음악 활동을 통해서도 오디에이션을 학습할 수 있다. 오디에이션은 실제로 소리가 나지 않아도 마음속으로 음악을 듣고 이해하는 것이기 때문에 음악을 들으면서는 오디에이션이 불가능할 것으로 생각할 수 있으나 이는 잘못된 생각이다. 다른 사람의 말을 듣거나 자기의 의견을 이야기하면서도 끊임없이 생각할 수 있듯이 음악을 듣거나 연주를 하면서도 끊임없이 오디에이션을 할 수 있다.

오디에이션 능력을 잘 활용한 대표적인 음악가로는 베토벤을 들 수 있다. 베토벤은 생애 후반에 청력을 상실했지만, 그는 그러한 상황을 극복하고 훌륭한 곡들을 작곡했다. 그가 이렇게 할 수 있었던 이유는 마음으로 음악을 들을 수 있는 상태, 즉 오디에이션이 가능했기 때문이다. 고든의 학습 이론은 이러한 오디에이션 능력을 키우는 데 중점을 둔다. 음악교육의 목표가 음악을 진정으로 이해하고 즐기게 하는 데 있다면, 오디에이션 능력을 계발하지 않고서는 음악교육의 목표를 실현할 수 없다.

② **오디에이션 유형**

고든은 오디에이션은 종류와 상관없이 위계적이고 순환적인 과정을 거친다고 주장했으며, 고든은 그것을 근거로 오디에이션을 다음과 같이 여덟 가지 형태로 분류하였다.

제1형태

제1형태는 가장 흔한 유형으로서 학습자가 잘 알고 있거나 모르는 음악을 들을 때 발생하며, 학습자가 음향 자극을 받았을 때 축적된 청지각을 통해 악곡에 담긴 어떤 대상, 질, 또는 관계를 인식하여 음악의 구조적 측면까지 이해하게 되는 것을 의미한다. 학습자는 음악을 들으면서 그 속의 리듬패턴과 음정패턴을 연결하고, 이전에 들었던 패턴들을 상기하며, 나아가 다음에 나올 패턴들을 기대함으로써 그 음악에 대한 총체적인 의미를 부여한다.

그렇게 해서 학습자는 음악을 들으면서 그 음악의 조성패턴과 리듬패턴을 서로 연결해 의미 있는 단위로 만들고, 이 과정에서 구조적인 음가만을 취사선택한다. 고든은 언어에서 단어와 같은 개념으로 패턴을 설명하고 있다. 그는 학생에게 패턴을 가르치는 것을 통해 학생의 오디에이션 능력을 계발하고자 했으며, 리듬패턴과 조성패턴으로 나누어 가르쳐야 효과적이라고 주장했다.

제2형태

학습자는 청지각의 도움 없이 그가 읽는 일련의 상징체계들로부터 음정패턴, 리듬패턴을 조직하고 오디에이트(audiate, 음악을 마음으로 듣는다)한다. 이를 '기보적 오디에이션(notational audiation)'이라 하는데, 이는 학습자가 마음속으로 읽거나, 불러보거나, 작곡하거나 혹은 악기로 연주할 때 나타난다. 오디에이션이 잘된 학습자는 어떤 노래의 클라이맥스 부분을 읽을 때 음이 상행하며 악상이 커진다고 이해하는 정도에 그치지 않고, 곡이 절정에 달하는 극도의 긴장감과 그 부분이 차지하고 있는 비중을 함께 느낄 수 있게 된다.

제3형태

제3형태가 있으려면 제1, 2형태의 오디에이션 능력이 선행되어야 한다. 박자와 리듬과의 관계를 이해하고, 중심음을 기준으로 하여 생성된 음들의 조직을 감각적으로 파악하고 이해해 음계를 조직할 수 있어야 하며, 들은 것을 기호로 표현해야 한다. 따라서 제3형태가 일어나기 위해서는 악보를 사용하는 데 적용되는 일반적 원리를 습득해야 한다.

제4형태

이 형태는 악보 없이 음악을 음미하거나 목소리 또는 악기로 연주할 수 있는 과정을 의미한다. 이 과정은 친근한 곡을 암기하여 그대로 회상하는 것이 아니라 음악의 중요한 부분을 순차적인 오디에이팅과 구성을 통해서 저장하였다가 재구성하는 것이다.

제5형태

제5형태의 오디에이션은 제3, 4형태의 오디에이션이 결합한 것이다. 다만 제3형태는 외부에서 물리적인 청각적 자극을 듣고 오디에이트한 것을 기보하는 것이라면, 제5형태는 물리적으로 소리가 들리지 않는 상태에서 과거에 오디에이트하여 기억하고 있던 것을 회상해내 기보하는 것이다.

제6형태

자신의 생각과 의도에 따라 지금까지 경험했던 모든 음악적 능력들을 사용하여 음악을 새로 구성·작곡하거나 즉흥적으로 연주할 때 일어나는 오디에이션이다. 이러한 과정을 통해서 학생은 음악을 구성하는 요소들의 개념을 형성하고 음악의 생성 원리를 발견하게 되며, 이미 습득한 개념과 원리를 창작하고 변형하는 데 적용함으로써 음악적 개념과 원리를 확장해 나간다. 이 과정은 친근하지 않은 음악을 통하여 지속된다.

제7형태

창작한 것을 악보로 적는 능력이 생기면 음악적 성장 속도가 현저히 빨라지게 된다. 이 과정에서 학습자는 친근하거나 친근하지 않은 형식을 모두 이용하여 창작하거나 즉흥 연주한다.

제8형태

제8형태 또한 기보의 한 유형이다. 악곡을 창작하거나 즉흥적으로 연주한 음악을 기보하기 전에 기억한다.

고든이 분류한 여덟 가지 오디에이션의 유형은 크게 감상(듣기), 독보(읽기), 연주, 기보의 4개 영역으로 나눌 수 있다. 이러한 범주 안에서 학습자가 음악을 듣고 그것을 내면화하여 창의적으로 표현하기까지의 과정을 세분화한 것은 오디에이션의 단계에 위계적으로 적용하기 위한 준비 작업이라고 할 수 있다. 오디에이션의 8형태(8유형)를 정리하면 다음과 같다.

 표1 **오디에이션의 유형 및 특징**

유형	종류	특징
1	듣기	익숙한 음악/새로운 음악
2	읽기	익숙한 음악/새로운 음악
3	쓰기	익숙한 음악/새로운 음악 받아쓰기
4	기억하고 연주하기	외우고 있는 음악
5	기억하며 쓰기	외우고 있는 음악
6	창작하기와 즉흥연주하기	새로운 음악
7	창작하기와 즉흥연주하기	새로운 음악
8	창작하기와 즉흥연주하기	새로운 음악

③ 오디에이션 6단계

고든은 모든 학습자에게 공통적으로 일어나는 과정을 6단계로 위계화하였고 그 과정을 간단히 요약하면 표 2와 같다.

 표2 **오디에이션의 6단계**

단계	오디에이션
1	소리를 지각하는 단계
2	지각된 소리의 청각적 의미를 저장하는 단계
3	조성감과 리듬감에 근거하여 소리들을 조성패턴과 리듬패턴으로 조직하는 단계
4	오디에이션이 계속되는 동안 선행 단계에서 조직된 패턴들을 저장하는 단계
5	이미 오디에이트했던 패턴들을 회상하여 새로 지각된 패턴들과 비교하는 단계
6	이전까지의 과정을 통해 얻어진 모든 정보를 이용하여 앞으로 출현할 패턴들을 예견하는 단계

3) 교수 방법 및 접근 방법

① 학습 이론

고든의 음악교육은 내용학습 이론과 기능학습 이론 두 요소로 구성된다. 내용학습 이론은 학습 자체의 특성과 관련되어 있으며, 기능학습 이론은 학습 내용을 자신에게 어떻게 적용하는지와 관련되어 있다. 음악 학습에 있어서 이 두 가지 요소는 상호 의존적인 관계를 갖고 있으며 이러한 학습 이론은 고든이 주장하고 있는 다양한 교수·학습 접근 방법에 영향을 주고 있다.

기술연계학습 이론

고든의 기술연계학습 이론에서는 기본적으로 학습 과정에 단계가 있음을 가정하고 있다. 즉 하나의 학습 과정에는 선행 학습 과정이 있고 뒤이어 후속 학습 과정이 있다는 것이다. 고든은 학습 이론에서 음악을 가르치는 순서를 가장 중요하게 여겼고 소리를 상징보다 앞서 학습해야 한다고 주장했다.

고든은 피아제의 인지발달 단계와 가네(Robert M. Gagne)의 지적 기능 학습에서 학습목표와 위계화에 나타난 단계를 자신의 이론에 도입하여 음악에서의 연계학습 이론을 제안하였다. 특히 고든은 가네의 학습 이론에 지대한 영향을 받았으며 그의 음악 학습 이론의 체계화를 세우는 데 이를 적용했다고 밝히고 있다. 고든의 기술연계학습 이론을 표로 나타내면 다음과 같다.

 표3 **기술연계학습 단계**

단계		내용	
1단계	듣기·반응	오디에이션을 통하여 음악을 듣고, 들은 것을 따라 부르는 단계	
2단계	언어 연합	이미 배운 패턴들을 언어적 명칭과 연결시켜 대상들의 차이점을 구별할 수 있도록 하는 단계	변별 학습
3단계	부분 종합	학습자는 이미 배운 패턴을 그룹으로 듣고 그 성질을 구별하는 단계	
4단계	기호 연합	앞서 배웠던 리듬패턴과 조성패턴을 기보 체계에 맞게 읽고 쓸 수 있는 단계	
5단계	종합	변별 학습의 모든 단계들이 전체로 통합되는 과정	

(계속)

6단계	일반화	새로운 패턴을 듣고, 읽고, 쓰면서 이미 학습한 음악의 요소들과 구별하고 익숙하지 않은 음악의 새로운 패턴들을 일반화하는 단계	추론 학습
7단계	창작 · 즉흥연주	이미 배운 것이나 유추한 것이 아니라 독창적인 패턴을 만들어내는 단계	
8단계	이론적 이해	오디에이션이나 연주에 의해 음악적 언어를 구사하는 것을 이해하기 전에는 가르치지 않고 그것을 습득한 후 음표에 관한 이론의 세세한 기술을 학습하는 단계	

내용연계학습 이론

고든의 내용연계학습 이론은 서양 음악의 구성요소 중 리듬과 조성의 내용을 난이도별로 조직하여 학습자의 음악적 수준에 적절한 내용을 체계적으로 적용할 수 있는 이론적 근거를 마련해 준다. 또한 고든은 학생에게 가능한 다양한 음악을 경험시키는 것을 중요하게 여겼다. 내용연계학습 이론을 표로 나타내면 다음과 같다.

 표4 **내용연계학습 이론**

내용연계 학습 이론	리듬내용 연계학습	박	박자
		매크로 비트 마이크로 비트 멜로딕 리듬 인택트 비트	규칙 박자 불규칙 박자
	조성내용 연계학습	조성감 / 조감각 / 다중조성 / 복합조성	

② **교수 – 학습 활동**

고든의 음악 학습 이론에 의한 교수–학습은 학습순차활동(Learning Sequence Activities, LSA)과 일반수업활동(class activities)으로 이루어진다. 학습순차활동(LSA)이란 학생의 합리적이고 순차적인 학습을 위해 수업 10분 동안 리듬패턴과 음악패턴을 익히는 활동이며, 일반수업활동은 보통 음악 시간에 이루어지고 있는 수업 활동이다. 이러한 모든 활동은 오디에이션 능력을 키우는 데 중점을 두도록 설계되어 있다(한경실, 2010).

학습순차활동

LSA 활동에는 반드시 음패턴과 리듬패턴만을 사용하여 수업하게 된다. 패턴은 음악적 의미를 가지는 가장 작은 기초 단위로서, 음패턴은 리듬을 배제한 음만으로 이루어지며 리듬패턴은 음을 배제한 리듬만으로 이루어진다. 음과 리듬패턴은 각각 준비패턴, 학급 패턴, 개인패턴의 세 가지 종류가 있으며, 대부분의 패턴은 교사가 부르고 학생이 따라 하게 되어 있다. 교사는 음패턴을 부른 후 학생이 따라 부르기 전 반드시 1, 2초 정도 쉰 후 큰 숨을 쉬어 학생이 패턴을 오디에이트할 시간을 주어야 한다. 그리고 리듬패턴을 부를 때는 기본박의 흐름을 깨지 않고 계속하는 것이 매우 중요하다. 첫 단계에서는 음패턴은 밤(bum), 리듬패턴은 바(bah) 등 의미 없는 한 가지 음절을 이용하여 가르친다. 단계가 올라가면 계이름과 리듬 음절을 사용하게 된다. 교사와 학생이 학급패턴 여러 개를 계속해서 불러 학생이 각자의 개인패턴을 부담 없이 부를 수 있도록 한다.

일반수업활동

LSA 활동 시에는 반드시 패턴들을 사용하여 가르치지만, 일반수업에서는 반드시 패턴을 가르쳐야 하는 것은 아니다. 그러나 효과적인 수업을 위해서 일반수업활동에서도 패턴을 쓰는 것은 좋은 방법이다. 고든의 음악 학습 이론에 기초한 가창 수업의 특징은 다음과 같다. 첫째, 가창은 대부분 듣고 부르기로 시행된다. 상징적 연합-읽기 단계에 와서야 비로소 악보를 읽게 된다. 둘째, 듣고 부르기로 노래를 가르칠 때 처음에는 가사를 부르지 않는다. '밤', '라' 등 한 가지 음절을 사용하여 불러준다. 언어 연합 단계에 왔을 때 계이름이나 리듬 음절을 사용해야 한다. 셋째, 처음에 학생이 곡의 조성과 키(key)를 알 수 있도록 준비시킨다. 예를 들어 가르칠 노래가 장조라면 노래 전에 곡과 같은 키의 솔, 미, 도 등 계이름을 불러줌으로써 조성에 대한 감각을 느낄 수 있도록 해 주어야 한다. 넷째, 첫 음만을 사용하여 박자에 어울리는 리듬으로 나 같이(ready sing) 음절을 부른다.

③ 고든의 음악교육이 장애 학생에게 미치는 영향

고든의 음악 학습 이론은 학생들이 음악을 어떻게 배우는지를 관찰, 연구한 것을 토대로 음악을 배우는 순서, 내용, 방법을 체계적으로 이론화한 것이다. 고든은 음악을 배우고 이해하기 위해서는 음악 이론이나 악보 읽기를 통해서가 아니라 반드시 소리로 듣고 경험하는 것을 통해 배워야 한다고 주장한다. 또한, 인간이 음악을 학습하고 교수하는 데

도 정해진 순서대로 해야 효과적이듯 장애 학생들도 음악의 이론이나 악보를 읽는 것보다 먼저 이루어져야 할 부분은 감상과 표현을 통하여 순차적으로 음악을 경험하도록 하는 것이다. 따라서 장애 학생들도 음악을 배우고 이해하기 위해서는 장애 학생들이 스스로 악기를 만져보고, 다루어볼 수 있도록 해야 하며, 고든이 주장하는 음악교육의 전개 과정을 정해진 순서대로 교육해야 할 것이다. 그리고 고든의 기능연계학습 이론의 원칙은 기능 학습의 요소에서 단계별 과정의 중요성에 대하여 강조하고 있는데 장애 학생들 또한 마찬가지로 개념의 인식과 음악 활동을 전개할 때 발달 단계와 수준을 고려하여 순차적으로 진행해야 할 것이다.

2. 오르프의 음악교육

1) 칼 오르프

칼 오르프(Carl Orff, 1895~1982)는 20세기의 위대한 작곡가 중 한 사람으로, 음악교육의 새로운 방향을 제시한 선구적인 음악교육자이다. 오르프는 흥미를 갖고 자연스럽게 음악을 접할 수 있도록 교수법 이론과 실제적 체계의 기틀을 마련하였다.

1895년 7월 10일 뮌헨에서 태어나 뮌헨에 있는 음악학교(Akademie der Tonkunst in Munich)에서 그의 음악 인생이 시작되었다. 1923년 오르프는 도로시 귄터(Dorothee Günther)를 만나게 되며, 그녀로 인해 율동과 춤, 리듬훈련을 위한 학교를 설립하겠다는 비전을 갖게 되면서 1924년 급기야 뮌헨에 귄터학교(Güntherschule)를 세웠다.

오르프는 리듬이 음악, 춤, 언어에 내재하는 기본 요소라는 관점을 바탕으로 이들을 통합하여 하나의 언어로 재조직하는 것으로부터 음악교육을 시작했다. 그리고 그 과정에서 즉흥연주와 창조를 중심적으로 가르쳤다. 그의 학생들 대부분은 음악교육에 대한 사전적 경험이 없었기 때문에, 그는 신체의 소리와 리듬에 관한 율동과 목소리를 가장 중요하고 자연스러운 악기로 강조하였다. 또한 그는 다양한 종류의 소리를 형성하는 데 있어 여러 종류의 북을 사용했으며, 오스티나토는 모든 즉흥연주의 형식을 구성하는 중요한 요소라고 생각했다.

2) 음악교육철학 및 방법

오르프의 철학적 배경은 다음의 세 가지로 요약된다(권덕원, 2005).

① 리듬에 의한 움직임

리듬은 인간의 심장처럼 음악에서 가장 중요한 요소이다. 따라서 음악 학습의 기본은 리듬학습에서부터 출발해야 한다. 자연발생적인 리듬은 언어와 율동과 음악에 모두 존재하는 요소로, 음악 학습에서 가장 먼저 다루어야 한다.

② 아동을 위한 음악교육

창의성 계발이 음악교육의 주된 목표여야 한다. 따라서 모든 음악 활동에는 항상 다양한 매체를 통한 즉흥연주, 즉흥표현 등의 창의적 활동이 필요하며, 아동들은 창의성을 계발하기 위해 많은 음악작품의 주제를 알아야 한다.

③ 원초적 음악교육을 위한 '원시음악(primitive music)'

아동의 음악적 능력은 원시적 상태에서 지속적 · 점진적으로 발전한다. 따라서 음악 학습은 아주 쉬운, 그리고 자연적이고 다양한 활동에서부터 시작해 점차 진전되어야 한다.

오르프의 철학적 배경을 바탕으로 한 교수 방법의 특징은 다음과 같다.

- 음악을 배우는 과정은 모국어를 배우는 과정과 유사하다.
- 모든 아동을 위하여 만들어졌다.
- 아동이 좋아하는 여러 가지 활동을 통해서 음악교육을 시작한다.
- 음악의 기본 요소인 리듬부터 교육한다.
- 인간이 진화해온 과정처럼 음악을 배운다.
- 오르프 악기를 사용한다.
- 즉흥연주를 통해 창의성을 계발한다.
- 그룹수업 방식으로 진행되며 아동의 적극적인 참여를 요구한다.

3) 교수 방법 및 접근 방법

① 모방(Imitation)

학습의 초기 단계에서 음악적 개념과 기술을 가르치기 위해 사용된 전통적인 교수 방법으로, 동시모방과 기억모방으로 나뉜다.

동시모방 : 전통적으로 내려오는 언어(예 : 곤지곤지, 도리도리, 죔죔 등)
기억모방 : 메아리 모방이라고도 하며, 교사가 연주한 것을 기억한 후 일정한 시간 뒤에 따라 하는 것
　　　　　이다.
중복모방 : 교사가 먼저 A라는 동작을 보여주고 B라는 동작으로 넘어갈 때 학생들은 A동작을 모방한
　　　　　다. 즉 교사의 B와 학생들의 A가 동시에 일어나는 것을 의미한다.

② 탐색(Exploration)

모든 매체에서 새로운 아이디어를 적용해보는 과정으로, 주변의 소리를 찾는 활동에 초점을 맞춘다.

③ 독보 및 기보(Literacy)

악보를 읽거나 쓰는 것을 의미한다. 악보를 읽고 쓰기 전에 음악을 읽고, 음악적 소리를 기호화하거나 그림으로 표기한 차트를 가지고 음악을 표현하며 음악을 듣고 느낌을 상징적으로 그리는 활동이다.

④ 즉흥연주(Improvisation)

이전의 음악적 경험을 바탕으로 새로운 것을 창조하는 과정이다. 높은 단계의 음악적 능력으로 학습 내용을 학생이 충분히 이해하고 있을 때 가능하다.

4) 오르프의 음악 학습 과정

① 말하기

- 음악은 모국어를 배우듯이 자연스럽게 습득할 수 있다.
- 다양한 리듬과 연결 지어 학습한다.

② 노래 부르기

- 말하기와 노래 부르기는 극 영역을 보충하는 상호 보완적 관계이다.
- 말을 리듬과 관련지어 학습하며, 음높이를 발견하여 노래 형식으로 유도한다.
- 노래 부르기는 신체 표현과 즉흥연주의 바탕이 된다.

③ 신체 표현

- 음악 개념을 신체 동작과 결합함으로써 음악적 이해와 성장을 강화한다.
- 자신의 느낌을 함의적, 독창적으로 표현하는 데 바탕을 둔다.

④ 즉흥연주

- 음악교육의 제1목표는 심미적 가능성의 탐색이고, 제2목표는 창의성과 협동성의 신장이다.
- 즉흥연주는 창의성 및 독창적 표현력과 협동성을 기르는 데 중요하다.

5) 오르프 악기

① 신체 타악기

오르프에서 사용되는 신체 타악기는 네 가지 형태(손가락 튕기기, 손뼉치기, 무릎치기, 발구르기)이며, 주로 많이 사용되는 것은 손뼉치기와 무릎치기이다.

② 무선율 타악기

무선율 타악기는 소리가 나는 원리나 악기의 재질, 소리의 효과에 따라 다음과 같이 나눌 수 있다.

- 가죽울림 타악기 : 핸드 드럼, 탬버린, 봉고, 작은북

- 나무울림 타악기 : 우드블록, 캐스터네츠, 템플 블록, 마라카스
- 금속울림 타악기 : 트라이앵글, 카우 벨, 핑거 심벌

오르프 악기 중에서 무선율 타악기에는 다양한 종류의 민속 타악기들도 다수 포함되어 있다.

③ 선율 타악기

선율 타악기에는 학생이 사용하기 쉽도록 크기를 소형화하고, 음악을 세분화(소프라노/알토/베이스)한 악기가 많다. 또한 건반을 탈부착할 수 있도록 하여 필요한 건반만 세팅한 후 연주할 수 있도록 만들었기 때문에 다른 악기에 비해 상대적으로 다루기 쉽다.

대표적으로 글로켄 쉬필, 실로폰, 메탈로폰이 있으며 모든 음역의 실로폰과 메탈로폰은 그 음들이 각각 낱개로 분리된 resonator bar(하나의 음에 한 개의 공명통이 있는 것)가 있다.

6) 오르프 슐베르크(Orff Schulwerk) : 아동을 위한 음악

- 오르프의 음악교육 척도를 마련하고, 그 이후의 교육이 어떤 체계로 가야 하는지를 제시하고 있다.
- 언어, 동작, 무용, 악기 연주들로 구성되어 있다.
- 리듬을 기초로 한 동작과 즉흥성을 통한 창의적 음악 표현에 초점을 둔다.
- 단순한 것에서 복잡한 것에 이르기까지 다양한 수준이 수록되어 있다.
- 여러 악기를 위한 합주곡집이다.

7) 오르프의 음악교육이 장애 학생에게 미치는 영향

오르프의 음악교육철학에 의한 특수교육적 함의를 정리하면 다음과 같다.

- 슐베르크는 음악적 재능이 있는 소수의 학생을 위해서만 만들어지지 않았다.
- 나이와 능력, 수준과 관계없이 모든 학생을 대상으로 만들어졌다.
- 누구나 음악의 아름다움을 공유하고 싶은 본능이 작용하며, 그 아름다움을 장애의 유무와 관계없이 향유할 수 있다.
- 신체 표현, 악기 연주 등 다양한 음악적 경험, 미적 경험, 창의성을 계발한다.
- 언어, 동작, 무용, 악기 연주 등 통합적 음악교육과 바람직한 인격 형성을 돕는다.

- 악기 연주를 통해 장애 학생과 비장애 학생과의 통합적 음악 수업이 가능하다.
- 다양한 음악 활동을 통해 음악적 표현 능력, 주의집중, 자신감 향상 등의 음악치료적 효과를 얻을 수 있다.

3. 달크로즈의 음악교육

1) 달크로즈

달크로즈(Emile Jaques-Dalcroze, 1865~1950)의 접근 방법은 '유리드믹스(아름다운 흐름결)'라는 말로 요약할 수 있다. 달크로즈는 음악과 신체 움직임을 통해 학습자를 온전한 인간으로 발달시키는 데 초점을 두었는데, 그에 따르면 리듬적으로 자연스럽게 반응하는 것을 배움으로써 인간의 신체적·지적·도덕적·심미적 부분의 조화로운 발달과 균형이 이루어질 수 있다고 한다.

달크로즈는 스위스의 음악가로 제네바 음악원에서 솔페지오, 화성, 작곡을 가르쳤다. 그의 교수법은 학생에게 청음을 가르치는 방법을 연구하면서 만들어졌다. 달크로즈는 학생과의 수업을 통해 관찰하고 실험하면서 흐름 결의 신체적 반응 훈련이 얼마나 중요한지를 확인하였다. 그는 청음훈련과 시창 연습을 통해 음계와 음정, 조성, 화음 등을 감지하고 식별하는 능력을 기를 수는 있지만, 학생이 음악을 더욱 깊이 느끼고 이해하는 데는 충분하지 못하다고 생각하였다. 달크로즈는 인간의 생동감에 뚜렷하게 관련되는 음악적 측면은 음악의 움직임이고, 특히 리듬과 셈여림은 전적으로 사람의 움직임에 근거하며 그것의 모델은 근육 조직에서 발견된다고 믿었다. 또한 그는 음악적인 느낌의 민감성은 신체적인 움직임에 대한 감각의 민감성에 달려 있다는 것을 깨달았으며, 예민한 청감각과 신체적인 반응이 결합한다면 놀라운 음악적 능력이 창출될 것이라고 확신하였다. 결국 그는 감상과 동작, 느낌과 동작, 감각과 느낌, 분석과 감각, 독보와 분석, 작곡과 독보, 즉흥연주와 작곡, 연주와 즉흥연주 등을 나선형으로 연결하는 학습 과정과 방법을 만들어냈다. 달크로즈의 이러한 교수법에 영향을 준 사람으로는 페스탈로치, 클라파레드, 루시가 있다. 달크로즈의 유리드믹스는 초기에는 음악가를 교육하기 위해 만들어졌지만, 점차 아동을 위한 조기 음악교육과 특수교육의 영역으로 확장되었다.

2) 음악교육철학 및 방법

① 유리드믹스

유리드믹스(Eurhythmics)라는 용어는 좋음을 의미하는 그리스어 '유(eu)'와 리듬, 비율, 대칭을 의미하는 '리드미(rhythmy)'가 결합한 말이다. 인간은 동작 속에서의 대칭, 균형, 리듬적인 정확성을 통하여 음악 속에서의 대칭, 균형, 리듬적 정확성을 경험할 수 있다. 달크로즈는 유리드믹스 교육의 목적을 좋은 흐름을 갖게 하는 데 있으며 이러한 좋은 흐름은 음악뿐만 아니라 모든 예술의 기초이며 원동력이 된다고 생각하였다. 그는 인간의 삶은 심장의 박동, 숨결 등과 같은 흐름을 지닌다고 생각하고, 음악적 요소(흐름, 가락, 화음, 형식, 셈여림 등)를 지도하기 위하여 그러한 요소를 먼저 신체적인 움직임을 통해 경험하도록 이끌었다.

'흐름'은 유리드믹스 학습의 주된 요소이다. 달크로즈에 따르면 흐름은 시간과 공간, 에너지의 전체적 정황 속에 존재하지만, 그것은 움직임의 수많은 요소 간의 복잡한 상호작용으로 발생한다. 그는 흐름을 34개의 세부적인 요소로 분류하고 각 요소를 단순한 것으로부터 복잡한 것의 순으로 나선형 형식으로 지도하였다.

달크로즈는 몸을 하나의 악기로 보고, 학생에게 신체 동작을 통해 음악 표현을 체험하도록 함으로써 여러 가지 음악적 개념을 형성하도록 이끌었다. 그의 음악교실에서는 학생이 교사의 즉흥적인 피아노 연주에 따라 자유롭게 움직이는 기회를 많이 가졌다. 즉 맨발에 편한 옷을 입고, 교사의 즉흥 연주에 따라 걷고, 웅크리고, 기고, 뛰고, 달리고, 깡충 뛰고 뒹구는 등 저마다의 음악적인 느낌을 신체 동작으로 표현하는 것이다. 이 활동에서 중요한 것은 음악을 주의 깊게 듣고 독특하고 다양한 움직임을 만들어내는 일이다. 신체적인 동작이 전적으로 음악적 현상에 의존해야 하며 그 동작이 개인적인 느낌에 따른 표현이어야 하기 때문이다.

② 솔페지오

솔페지오 수업은 시창과 청음을 움직임과 결합한 통합교육이다. 이것은 절대음감과 상대음감을 동시에 계발하는 것뿐만 아니라 음악 안에서의 각 음의 역할과 음의 관계를 듣고 이해하여 표현력을 높이는 것이 목적이다. 이 방법은 음계와 선법, 음정, 가락, 화음, 대위법, 즉흥 노래 표현 등의 이론과 실제를 학습하기 위한 단계적이고 체계적인 내용으로 구성되었으며, 달크로즈는 유리드믹스에서 발견한 음악 지도의 원리와 방법을 악보 보고 부르기와 청음훈련에 활용하였다.

달크로즈는 계이름 부르기를 통해 학생의 청음능력을 계발하고자 했는데, 그는 계이름으로 부름으로써 음의 높이를 분별하고 음 간의 관계를 파악하는 능력이 생긴다고 보았다. 그리고 그것을 몸의 움직임과 결합함으로써 학생이 악보 속에서 흐름의 모양과 가락, 음정, 프레이즈, 셈여림표 등을 보면서 마음속으로 그 음향을 떠올릴 수 있게 된다고 생각했다.

계이름으로 부르기에서 교사는 학생이 음의 높낮이 관계를 여러 가지로 탐색하게 함으로써 음의 높이를 정확하게 파악할 수 있도록 유도해야 한다. 예를 들어 두 마디의 가락을 큰소리로 노래 부르고, 다음의 두 마디에 해당하는 시간 동안은 침묵을 지키면서 불렀던 가락을 마음속으로 떠올리게 한다.

달크로즈는 학생에게 고정도법에 의한 보고 부르기 방법을 익히도록 권하였다. 고정도법에 의한 계이름 보고 부르기는 'C음'은 항상 '도'로 부르는 방법이다. 그는 학생이 절대 음감을 습득하도록 이끌었다. 나이가 아주 어린 경우 아동들이 특히 몸의 동작으로 높은 것과 낮은 것을 나타내도록 했는데, 이 경우 높이의 차이가 심한 두 소리로 시작해 점차 좁은 간격의 음정들을 다루었다. 그리고 점점 올라가는 가락, 내려가는 가락, 같은 높이로 이어지는 가락 등으로 가락의 방향을 탐색했다. 학년이 높아질수록 어려운 음정 관계를 다루게 되었다. 가온 '다'에서부터 옥타브 '다'음까지의 음계를 배우고, 노래 부르며 음정을 구별하는 교수를 하였다.

달크로즈의 수업에서 악보 읽기는 계이름으로 부르기의 첫 과제가 아니다. 바람직한 절차는 음향을 듣고 그것에 적극적으로 신체적인 반응을 하고 소리를 내는 등의 활동을 거친 다음에 악보 읽기와 적기가 첨가된다. 조성과 진조 등의 개념도 단계적으로 다루어지고 있는데, 예를 들면 다장조 음계의 구성음들과 사장조 음계의 구성음들 비교하기, 가까운 조성 간의 관계 알아보기, 전조의 과정과 기능 알아보기 등이 학생의 탐색 활동을 통해 이루어지고 있다.

③ 즉흥연주

달크로즈는 음악 학습에서 창조의 기회가 매우 중요하다고 생각하여 즉흥연주(improvisation)

교육의 필요성을 강조하였다. 그는 즉흥연주 활동을 통해 음악 해석능력, 테크닉, 청음능력을 발달시키고자 하였다.

달크로즈의 즉흥연주 지도에 사용되는 것은 움직임, 말, 이야기, 노래, 타악기, 현악기, 관악기, 피아노 등이며, 이것들은 때에 따라 각각 사용되기도 하고 한꺼번에 사용되기도 한다. 그의 즉흥연주 지도에 가장 많이 사용된 악기는 피아노였다. 달크로즈는 즉흥적으로 자신의 음악적 의도를 자유롭게 표현하기에 가장 쉽고 적절한 악기를 피아노로 생각했다. 피아노를 이용한 즉흥연주에 익숙해지면 둘 이상의 소리를 동시에 내거나 한 학생에게 자기 나름의 화음을 결정하여 특정한 형태로 연주하게 하고 나머지 학생에게 그 화음 위에 가락을 만들도록 유도하여 화성적 구조에 친숙하게 할 수 있도록 하였다.

즉흥연주 과정에서는 특히 교사의 역할이 중요하다. 위와 같은 활동을 할 때는 교사가 아낌없는 격려와 최대한의 자유를 주는 것이 중요하기 때문이다. 또한 교사는 즉흥연주 활동 안에서 수업을 이끌어 나갈 수 있는 탁월한 제안을 해야 하며, 동시에 즉흥연주가 음악적 충동에서부터 시작되어야 한다는 논리를 잊지 않아야 한다. 따라서 어떤 하나의 음악적 요소를 복합적으로 사용한다든지 여러 음악적 요소를 복합적으로 사용한다든지 하는 것은 교사의 재량에 달렸다고 할 수 있으며, 즉흥연주 앞부분을 시작하고 중간에 전개 과정을 유도하고 마무리해줌으로써 학습자가 음악 전체를 느끼고 이해할 수 있도록 도와주어야 한다. 특히 마지막 지도 단계에는 학생이 즉흥연주의 느낌을 스스로 판단하게 함으로써 적절한 음악적 표현에 대한 인식을 지니게 하는 것이 중요하다.

3) 달크로즈 이론을 적용한 음악 · 무용 통합교육

생상스의 〈동물의 사육제〉를 활용하여 무용과 음악을 통합교육으로 달크로즈의 유리드믹스 교육을 할 수 있다. 생상스의 〈동물의 사육제〉는 솔페지오와 즉흥연주의 결합으로 나타난다. 솔페지오가 강조된 작품에서 나타나는 음악적 동작은 전문무용 동작이 아니라 일상생활에서 일어나는 걷기, 뛰기, 흔들기, 앉기 등의 자연스러운 동작들로, 이것들은 누구나 쉽게 효과적으로 배울 수 있다. 음악 · 무용 통합교육은 자연스러운 몸의 움직임을 중요시하고 특정한 부분의 움직임만이 아닌 신체의 모든 부분을 사용하게 하여 신체의 각 부분을 조화롭게 발달시키는 데 목적이 있다. 그리고 음악적 요소들에 따라 움직임으로써 창의적인 신체 표현 능력을 기르는 데 초점을 맞춘다. 즉흥연주가 강조된 작품에서 음악에 따른 동작은 일상생활에서 쓰이는 동작들이 응용·변형되어 나타나는 것을 시작으로, 점차 전문적인 무용 동작으로 복잡하고 다양하게 변화된다. 주로 대형 공간에서 군무를 추는 등 공간을 넓게 사용하면서 동작들이 여러 가지 형태로 변화되는데 이 과정에서 교사는 학생에게 여러 가지 동작과 프레이즈, 리드믹 아이디어 등을 주어 그것을 즉흥적으로 전개하도록 훈련시킨다. 이를 통해 창의적이고 다양한 동작을 개발할 수 있으며 창의적인 자기표현 능력의 신장과 정서 안정의 효과를 얻을 수 있다. 즉흥연주에서는 교사가 요구하는 동작이나 아이디어를 가지고 학생이 곡을 만들어 가기 때문에, 적절한 주제와 동작을 선택하고 학생에게 자신감과 신뢰감을 주어 편안하고 자유로운 분위기가 되도록 유도하는 데 있어 교사의 역할이 중요하다. 즉흥연주는 주로 군무를 중심으로 만들어지고 있으며 협동심과 집중력, 사회성을 기르는 등의 사회적 교육 가치를 가진다.

〈동물의 사육제〉는 프랑스의 음악가 생상스(C. Camille Saint-Saens, 1835~1921)가 작곡한 14곡의 실내 관현악용 모음곡으로, 갖가지 동물의 모습을 재미있게 묘사하고 있다. 제1곡은 서주와 사자왕의 행진, 제2곡은 암탉과 수탉, 제3곡은 당나귀, 제4곡은 거북이, 제5곡은 코끼리, 제6곡은 캥거루, 제7곡은 수족관, 제8곡은 귀가 긴 등장인물, 제9곡은 숲 속의 뻐꾸기, 제10곡은 큰 새장, 제11곡은 피아니스트, 제12곡은 화석, 제13곡은 백조를 소재로 묘사하였으며 제14곡은 끝 곡으로 되어 있다.

이 중 제2곡 암탉과 수탉을 예로 들면 다음과 같다. 제2곡은 알레그로와 모데라토의 4박자 곡으로 닭의 우는 소리와 모습을 비이동 동작으로 머리만을 사용하여 표현한 곡으로, 피아노가 닭이 우는 소리를 짧은 꾸밈음과 긴 트릴, 스타카토, 레가토로 연주한다. 스타카토에서는 머리의 방향을 바꾸어 가며 닭이 모이를 쪼는 모습을 표현하고, 레가토 부분에서는 목을 쭉 빼고 주위를 둘러보는 모습으로 부드럽게, 그리고 길게 늘어지는 느낌을 표현한다.

〈악보3〉 암탉과 수탉

이 작품은 솔페지오 교육을 강조하는 대표적인 곡으로, 학습자는 이 곡을 통해 아티큘레이션을 경험할 수 있다. 아티큘레이션은 동작과 동작 사이에 생명력을 불어넣어 그 나름의 빛깔을 갖게 하는 작업이다. 꼭꼭 쪼는 모습에서 목을 길게 뽑는 모습으로 연결할 때 더 생동감 있고 활기차게 표현되며 동작과 동작 사이의 완성도가 높아진다.

4) 달크로즈의 음악교육이 장애 학생에게 미치는 영향

달크로즈 음악 활동은 많은 연구를 통해 장애 학생들에게 긍정적인 영향을 미치는 것이 검증되었다. 특히 지적장애 학생들의 주의집중력 향상에 긍정적인 변화를 가져올 수 있는데, 달크로즈 음악 활동을 통해 학생의 주의 집중도가 증가하고 과잉행동이 감소하였다는 연구결과가 있다. 그리고 달크로즈 음악치료 프로그램을 적용하면 지적장애 학생의 운동능력과 자기표현 및 사회적 기술을 향상하는 데도 효과가 있다. 또한 학습장애 학생에게 달크로즈 교수법을 응용한 음악치료 프로그램을 적용한 결과 사회성과 자기존중감이 향상되었다는 연구도 있다. 그리고 사회성의 하위요인인 협동성, 준법성, 자주성 요인에서 유의미한 차이가 나타났으며, 자기존중감의 하위요인인 개인관계, 친구관계, 가족관계, 학교관계 요인에서도 유의미한 차이가 발생하였다고 보고된 연구도 다수 있다.

4. 몬테소리의 음악교육

1) 마리아 몬테소리

로마대학 부속병원에서 정신과 의사로 근무하며 열악한 환경의 장애아들을 보게 된 몬테소리(Maria Montessori, 1970~1952)는 지적장애 아동들의 생활을 배려하는 것이 의학적 치료보다 더 시급하다는 것을 확신하고 이를 위한 교육 방법을 찾았다. 그리고 1900년 로마에서 지적장애 아동을 위한 교사를 양성하기 시작한 몬테소리는 동료 교사들과 함께 장애 아동을 위한 교육 방법도 개발해 나갔으며, 공립 지적장애학교를 직접 운영하였다.

몬테소리는 이타드와 세갱의 연구를 바탕으로 하여 지적장애 아동을 위해 운동, 감각교육, 읽기와 쓰기, 수학능력과 일상생활훈련에 중점을 둔 교육 방법을 개발하였으며, 몬테소리학교에서 2년간 교육을 받은 지적장애 아동들은 당시의 통념을 깨고 일반 초등학교 입학시험에 통과했다. 이처럼 몬테소리가 당시로는 불가능하다고 믿었던 특수교육을 성공적으로 발전시켰다.

2) 음악교육철학 및 방법

몬테소리의 음악교육철학을 요약하면 다음과 같다.

첫째, 몬테소리는 아동들은 감각기관을 발달시키지 않으면 어느 것도 완성할 수 없다는 것, 감각 기능을 발달시켜야 지적인 발달을 가져올 수 있다는 것, 아동들의 잠재력을 밖으로 표현하게 하는 것은 감각기관을 통해서만 가능하다는 것 등을 주장하였다.

둘째, 몬테소리는 생태학적으로 아동일 때 나타나는 민감기(sensitive period)를 학습에 무한한 가능성을 계발할 수 있는 시기로 보았다(전영순, 1986).

셋째, 몬테소리는 유아기에 최소한의 필요한 음악적 기술을 습득할 수 있도록 준비된 환경을 제공해주어야 하며, 창조적으로 자신을 표현할 수 있도록 단계적인 교과과정을 제공해야 함을 강조하였다.

넷째, 몬테소리의 '준비된 환경에서의 음악교육'은 전체 교과과정을 통한 준비 단계로부터 시작하며, 음악의 한 과목에만 초점을 맞추지 않고 생활 그 자체가 음악성의 발달을 위한 요소가 된다.

몬테소리 교육 방법의 기본 원리는 특별한 환경을 준비해 놓고 그 환경 안에서 아동 스스로 결정을 내리게 하는 것이다. 그 원리를 깊이 살펴보면 다음과 같이 요약할 수 있다.

① 아동관

몬테소리는 아동기에 강하게 나타나는 집중 현상에 대해 민감기와 흡수 정신(absorbent mind)의 개념을 사용해 설명하였다. 민감기란 아동의 발달과정 중 일정 기간에만 볼 수 있으며 지적 흡수력이 왕성한 시기로, 몬테소리는 아동의 발달 단계에 따라 질서에 대한 민감기, 감각에 대한 민감기, 언어에 대한 민감기 등이 있다고 하였다. 흡수 정신이란 아동이 환경과 경험에서 스스로 배운다고 믿고 성인이 정신을 이용해 지식을 흡수하는 반면 아동은 자신의 정신적 생활 속에서 지식을 흡수하게 되는 것을 말한다. 흡수 정신의 발달 단계에는 무의식적 단계(출생~3세)와 의식적 단계(3~6세)가 있다.

몬테소리는 아동이 무능력한 존재가 아니므로 아동 속에서 위대한 생명을 발견하고 자기발전을 촉구해야 한다고 보았다. 준비된 환경 속에서 자유롭게 활동하여 본연의 정상적인 상태를 찾는 것이 몬테소리 교육의 궁극적인 목표이다.

② 자동교육

몬테소리는 아동이 스스로 발달한다고 주장한다. 몬테소리는 아동이 살고 있는 집에서 자유의 원리를 만끽하며 최대한 좋은 환경에서 자기 활동을 할 수 있도록 하였다. 즉 간섭을 최소한으로 줄이고 정서발달에 적합한 환경을 제공하여 환경이 자기 교육의 수단이 되어야 한다고 믿었다. 몬테소리의 자동교육에서는 전통적인 교육 방법에서의 교사의 역할에서 벗어나 교사를 아동과 환경의 촉매자로서의 역할을 하는 존재로 축소해 아동의 자율성을 향상해야 한다고 보았다.

③ 개별화된 교육

아동은 각기 독특한 존재이므로 각 아동에 대한 교육은 개별화되어야 한다. 학습의 동기는 내면으로부터 발생하는 것이므로 외적인 상이나 벌은 필요하지 않으며 작업의 성공이 곧 보상으로 이어진다. 교사는 아동이 받아들일 준비가 되었을 때 아동의 수준에 맞게 적절하게 교구를 제공하며, 고찰을 통해 아동이 좌절감을 느끼는 것을 줄일 수 있다. 개별화된 교육을 자세히 살펴보면 다음의 여섯 가지 특징이 있다.

첫째, 자유의 개념은 준비된 환경 내에서 필수적인 요소이다. 몬테소리의 방법은 자아발달을 도모하는 준비된 환경에서 자유롭게 움직이고 행동할 수 있도록 고안된, 자발적이고 확장된 체계이다. 둘째, 아동은 환경의 질서와 구조를 내면화함으로써 정서적 질서감과 지성을 형성하게 된다. 셋째, 아동은 자연과 현실의 한계성을 내면화할 기회를 가져야 한다. 넷째, 학습 환경 내의 모든 것은 아름답고 질이 좋은 것이어야 하며 매력적으로 비치되어야 한다. 교실의 분위기는 편안하고 따뜻하며, 참여하고 싶은 마음을 불러일으켜야 한다. 다섯째, 교구의 목적은 기술을 교육하거나 지식을 전달하는 등의 외적인 것에 있지 않고, 아동의 주의력과 집중력을 자극하여 성장을 돕는 내적인 것에 있다. 여섯째, 공동생활에 필요한 태도를 계발하기 위해서는 환경에 대한 소속감, 책임감, 타인에 대한 존중심, 혼합연령학급, 침묵게임 등을 통해 그룹 질서를 훈련해야 한다.

④ **준비된 환경**

몬테소리는 준비된 환경을 일차적 구성요소로 강조한다. 준비된 환경이란 아동들이 요구하는 모든 것을 갖추고 있어야 하면서 동시에 아동을 성장시키는 장소여야 한다. 이러한 특성은 몬테소리의 준비된 환경에서 중요하고 기본적인 여섯 가지 구성요소인 자유, 구조와 질서, 현실과 자연, 미와 분위기, 교구, 공동생활의 발달 등으로 나뉜다.

⑤ **교사의 역할**

몬테소리 교육에서는 교사 역시 준비된 환경의 하나이다. 교사는 아동의 각 발달 단계에 나타나는 양상을 잘 관찰하고 다음의 발달을 이룰 수 있는 경험을 제공하여, 목표에 도달한 아동이 그 자신에게 도움이 되는 경험을 스스로 찾게 해야 한다. 따라서 몬테소리 교육 교사는 준비된 환경의 요소로서 환경을 정비하고 관리하는 존재이며, 아동에게 간단명료하고 정확하게 교구를 제시하는 교구 제시자이다. 교사는 관찰을 통하여 아동이 환경과 상호작용을 시작할 때까지는 적극적으로 개입해야 하지만, 일단 아동과 환경의 상호작용이 이루어진 뒤에는 소극적으로 개입하는 관찰자여야 한다. 또 교사는 아동 개개인에게 존중과 사랑을 갖고 권위를 배제한 수동적인 입장으로 준비된 환경의 요소로서 임해야 한다.

3) 교수 방법

몬테소리는 음악교육에서 아동의 자기표현, 의사소통을 중요시하였다. 리듬과 음률의 연습, 음악적 표현, 악보의 읽기와 쓰기를 음악교육의 내용으로 다루었는데, 여기에는 소리에 대한 교육과 탐색의 중요성, 악기 연주의 기회 강조, 선 따라 걷기 등을 통한 리듬에 맞춰 움직이기 등이 포함된다. 이러한 영역들의 음악적 요소들은 오늘날 듣기, 악기 다루기, 노래 부르기, 리듬에 기초한 동작교육이 포함된 프로그램이다. 몬테소리 음악교육의 내용을 크게 듣기학습, 악기 연주를 위한 학습, 노래 부르기, 리듬에 맞추어 움직이기의 네 가지로 나누어서 살펴보자.

표5 교수 방법

듣기학습	• 몬테소리는 아동의 듣기 기술을 발전시키기 위해서는 침묵을 인식하게 하는 것이 출발점이라고 함 • 침묵으로부터 점차 벨이나 북과 같은 것을 사용하여 소리와 소음을 소개하면서 아동이 둘 사이를 구별할 수 있도록 이끌어냄 • 먼저 소음과 음악의 음을 분별하게 하고, 점차 음을 판별할 수 있는 능력을 기르게 하여 종합적인 음악 감각을 길러줌 • 크고 귀에 거슬리는 소리의 괴로움을 겪은 아동은 무질서한 소음을 좋아하지 않게 되고 그러한 소리 만들기를 멈춤
악기 연주를 위한 학습	• 몬테소리는 악기 다루기 학습에서 가장 기초적인 것으로 음감벨을 사용함 • 아동들은 벨을 치면서 같은 음을 찾아서 한 쌍으로 짝을 지어보고 서열화하는 연습을 하면서 자발적으로 혼자 노래를 부름 • 벨로 학습한 아동들은 음계의 바른 순서를 알게 되고 소리만 듣고도 음의 관계를 알 수 있게 되며 연습을 통해 금속관, 나무막대, 작은 하프나 피아노 같은 다른 악기에도 연관 지을 수 있음
노래 부르기	• 아동 스스로 부르는 간단한 노래는 중요한 음악적 경험으로서 벨 소리에 맞춘 목소리 연습과 피아노 음악에 맞추어 줄을 따라 걸으면서 하는 노래 등을 포함함 • 몬테소리에 의하면 아동들은 음악을 들으면서 음악을 몸의 움직임을 통해 느끼고 멜로디보다 리듬에 반응하며, 이러한 작업을 통해서 비로소 노래하게 된다고 함
리듬에 맞추어 움직이기	• 몬테소리 방법에서의 음률 활동은 선을 따라 걷기부터 전개되므로 이 활동은 아동이 마루에 그려진 선을 따라 걷는 것에서부터 시작되며 바른 몸가짐 하기, 균형감과 안정감 갖기, 자유로운 동작하기 등을 목적으로 함 • 선을 따라 걷기에서는 한 겹의 선보다 집중적인 여러 겹의 선이 사용되는데 아이들은 이 선 위에서 줄타기 곡예사와 같이 한 걸음 한 걸음 걷는 것을 배움 • 계속해서 걸을 때는 항상 음악이 사용되어야 하는데, 이때는 매우 단순한 행진곡이거나 아이들의 자발적인 노력을 불러일으켜줄 수 있는 리듬을 가진 곡을 사용하는 것이 좋음 • 아이들은 걷기 활동을 통해 박자의 분류, 율동적인 박자와 악곡, 음의 강약, 분위기 등을 학습하다가 음악에 초점을 맞추어 선을 이용한 활동을 끝냄 • 그 후 악기를 가지고 피아노 음악에 반주를 넣을 수 있게 되고, 계속된 연습을 통하여 음악의 속도에 걸음을 맞출 수 있게 됨

4) 몬테소리의 음악교육이 장애 학생에게 미치는 영향

몬테소리 교수법을 적용한 장애 학생이 기존의 일반교육을 받은 학생보다 언어 영역, 운동 영역에 있어 더 나은 결과를 얻었다는 연구가 있으며(K. Neise, 1973), 현재도 다양한 종류의 장애 학생을 위해서 몬테소리 접근법과 그 교수법을 응용하고 실천하기 위한 다각도의 연구가 진행되고 있다.

몬테소리 교육은 시각, 촉각, 감각 운동 등의 지각적인 면에 중심을 두고 있으며 몬테소리의 모든 교구는 최소한의 언어적 지도로 고안되어 있고, 조기교육에 관한 강조점을 두는 등 청각장애 학생의 적용 가능성을 제시했다.

또한 몬테소리는 감각교육과 지적 교육을 불가분의 관계로 다루고 있는데, 지적 발달은 감각교육을 통하여 이루어지고 감각을 발달시키는 것은 지적 발달을 촉진한다는 확고한 교육철학을 가졌다. 이는 이타드와 세갱의 사상에서 영향을 받은 것으로, 특히 근육운동을 통해 신경감각기관을 강화하여 불완전한 감각을 발달시킴으로써 지적 기능을 계발하려고 한 세갱의 생리학적 교육방법을 근간으로 감각교육을 체계화했다.

♫ 정리

음악 교수 방법과 이론은 시대적 배경과 철학에 따라 바뀌며, 그에 따라 음악교육에 대한 학자들의 인식 또한 변화된다. 따라서 교사는 과거에 다양한 학자들이 이루어 놓은 학설들에 근거한 음악교육 방법을 현대에 맞추어 재해석하고 재구성하여 새로운 방향을 제시하려고 노력해야 한다. 더불어 특수교사는 이러한 것들을 다시 재구성하여 장애 학생들에게 적용할 수 있는 방법, 즉 여러 가지 음악 교수 이론과 방법들을 장애 학생들의 환경과 수준에 따라 어떻게 제시하고 적용해야 하는지에 대해 고민해보고 새롭고 현장감 있는 교수-학습 방법들을 개발해야 할 것이다.

♫ 연구과제

1. 오르프의 음악교육철학을 특수교육에 적용함에 있어 어떠한 교육적 함의를 지니고 있는지 알아보자.
2. 달크로즈의 유리드믹스를 장애 학생에게 적용할 수 있는 학습지도안을 만들어보자.
3. 교수방법을 선택하여 수업에 적용하고 그 교육적 의미를 설명해보자.

❶ 음악교육철학 및 방법

오디에이션 : 실제로는 들리지 않는 음악을 상상하여
마음속으로 듣고 이해하는 능력

❷ 교수 방법 및 접근 방법

학습 이론
① 기능학습 이론(기술연계학습 이론)
② 내용학습 이론(내용연계학습 이론)
교수-학습 활동
① 학습순차활동(LSA)
② 일반수업활동

① 고든

② 오르프

**음악의
교수이론과
사상**

④ 몬테소리

③ 달크로즈

❶ 음악교육철학 및 방법

• 아동들은 감각기관을 발달시키지 않으면 어느 것도 완성할 수 없음
• 민감기를 학습에 무한한 가능성을 계발할 수 있는 시기로 보았음
• 유아기에 필요한 음악적 기술을 습득할 수 있도록 준비된 환경을 제공해주어야 하며, 창조적으로 자신을 표현할
수 있도록 단계적인 교과과정을 제공해야 할 것을 강조함
• 음악의 한 과목에만 초점을 맞추지 않고 생활 그 자체가 음악성의 발달을 위한 요소가 됨

❷ 교수 방법

듣기학습, 악기 다루기를 위한 학습, 노래 부르기, 리듬에 맞추어 움직이기

❸ 음악교육이 장애 아동에게 주는 영향

• 몬테소리 교육은 시각적, 촉각적, 감각운동 등의 지각적인 면에 중심을 두고 있음
• 몬테소리의 모든 교구는 최소한의 언어적 지도로서 고안되었고, 조기교육에 관한 강조점을 두는 등의 특징을
통해 청각장애 아동의 적용 가능성을 제시함
• 감각교육과 지적 교육을 불가분의 관계로 다룸. 세갱의 생리학적 교육 방법을 근간으로 감각교육을 체계화함

② 오르프

❶ 음악교육철학 및 방법

- 리듬에 의한 움직임에 기초
- 아동을 위한 음악교육에 중점
- 원초적 음악교육은 '원시음악'의 바탕

❷ 교수 방법 및 접근 방법

- 모방
- 탐색
- 독보 및 기보
- 즉흥연주

❸ 장애 학생을 위한 음악교육의 적용

- '슐베르크'는 음악적 재능이 있는 소수의 학생을 위해서만 만들어진 것이 아님
- 나이와 능력, 수준과 관계없이 모든 아동을 대상으로 함
- 누구에게나 음악의 아름다움을 공유하고 싶은 본능이 있으며, 그 아름다움은 장애의 유무와 관계없이 향유될 수 있음
- 신체 표현, 악기 연주 등 다양한 음악적 경험, 미적 경험, 창의성을 계발함
- 언어, 동작, 무용, 악기 연주 등 통합적 음악교육과 바람직한 인격 형성을 도움
- 악기 연주를 통해 장애 아동과 비장애 아동과의 통합적 음악 수업이 가능함
- 다양한 음악 활동을 통해 음악적 표현능력, 주의집중, 자신감 향상 등의 음악치료적 효과를 얻을 수 있음

③ 달크로즈

❶ 음악교육철학 및 방법

- **유리드믹스**
  좋음을 의미하는 그리스어 '뉴(eu)'와 리듬, 비율, 대칭을 의미하는 '리드미(rhythmy)'가 결합한 말
- **솔페지오**
  시창과 청음을 움직임과 결합한 통합교육
- **즉흥연주**
  즉흥연주 활동을 통해 음악 해석 능력, 테크닉, 청음 능력을 발달시키고자 하였음

❷ 장애 학생에게 미치는 영향

- 지적장애 학생들의 주의집중력 향상에 긍정적인 변화
- 지적장애 아동의 운동능력과 자기표현 및 사회적 기술의 향상
- 사회성과 자기존중감 향상

11

음악교육의 교수적 접근

음악은 느낌과 표현을 강조하는 교과이므로 즐거움과 흥미를 줄 수 있을 뿐만 아니라 인지적 능력에 제한성을 가지고 있어도 음악의 아름다움을 감수하는 데는 다른 교과보다 크게 영향을 받지 않는다는 장점이 있다. 또한 다양한 음악 활동을 통하여 일반 학생과 같이 수업에 참여하고 즐길 수 있다는 자신감과 흥미를 주며, 다른 사람들과 좀 더 넓은 의사소통을 하여 사회적 상호작용을 신장시키는 능력을 기를 수 있다.

이처럼 음악교육은 장애 학생이 가지고 있는 잠재능력을 강화하고 정신적, 신체적, 정서적으로 일반학생과 동일한 조건의 기능을 하게 함으로써 한 사회에 속한 구성원으로서의 통합을 자연스럽게 이루어 성취감을 느낄 수 있게 할 수 있다. 따라서 장애 학생에게 음악을 제시하는 방법과 적용하는 방법은 음악교육의 효과를 극대화하기 위해 매우 중요한 부분이라고 할 수 있다. 이 장에서는 일반 음악교육에 다양한 접근 방법인 개념적 접근 방법, 경험적 접근 방법, 창의적 접근 방법을 살펴보고, 이를 바탕으로 장애 학생을 위한 음악적 접근 방법에 대한 다양한 아이디어를 제시하고자 한다.

1. 개념적 접근 방법

1) 음악 개념

음악교육의 기본적인 목표 중 하나는 음악적 개념을 이해하는 것이다. 개념이라는 것은 '한 인간이 어떤 사물이나 대상을 경험한 뒤에 머릿속에 갖게 되는 경험한 것들에 대한 자기 나름이 주관적 사고나 아이니어'를 의미한다. 즉 음악적 개념이란 음악의 본질적 특성과의 직접적인 경험을 통해 얻은 각자의 주관적인 음악적 의미나 아이디어이며, 음악을 이루는 공통적 보편적인 요소, 음악의 구조와 원리를 쉽게 이해하고 활용하는 데 있어 기본적인 바탕이 되는 생각을 말한다. 또한 음악적 개념은 사람이 음악 활동을 하면서 음악을 좀 더 쉽게 이해할 수 있도록 도와주는 바탕이 되는 것, 즉 브루너(Jerome S. Bruner)가 말한 '구조'이며, 음악적으로 생각하고 활동할 수 있게 하는 핵심적인 요소이다. 음악에 대한 개념이 없다면 악보를 보고 연주하는 것은 거의 불가능하며, 설령 그것이 가능하다 하더라도 그것은 미숙한 형태의 음악에 불과하다. 따라서 음악교육에서는 이 음악적 개념을 이해하는 것을 강조하고 있다.

이홍수(1990)에 의하면 음악적 개념은 음악을 이루는 데 기본이 되는 공통 요소의 개념과 음악 행위의 보편적인 원리, 그리고 음악적인 의미들을 뜻한다. 음악적 개념은 인간이 음악에 관해 음악적으로 사고할 수 있도록 하고, 음악을 이해할 수 있게 하며, 음악적으로 음악 행위를 할 수 있게 하는 결정적인 요건이 된다. 음악을 배우는 데 꼭 알아두어야 할 음악적 개념은 학자나 교육과정마다 차이를 보이는데 그 내용은 다음과 같다.

표1 음악적 개념

학자	음악적 개념
정세문	1차적 기본 개념 : 리듬, 가락, 화성 2차적 기본 개념 : 형식, 속도, 강약, 음색
성경희	본유적 개념 : 음높이, 음의 강도, 음의 길이, 음색 관습적 개념 : 가락, 리듬, 화음, 형식, 빠르기, 음색
이홍수	흐름결(rhythm), 가락, 화음, 형식, 구조, 조직, 빠르기, 셈여림, 음색, 음질
석문주	서양음악 : 리듬, 가락, 화성, 형식, 음악적 표현(빠르기, 셈여림, 음색) 국악 : 장단, 가락, 표현, 음색
HMCP	소리, 리듬, 가락, 화음, 형식, 조성, 조직
CMP	소리(음높이, 음길이, 리듬, 음의 질), 형식, 양식, 역사, 문화
MMCP	음높이, 리듬, 형식, 셈여림, 음색

2) 개념적 접근 방법

개념적 접근 방법은 하나의 개념을 배우면 다른 내용을 학습할 때 이미 배운 개념을 적용할 수 있도록 학습하는 것이다. 이승희(2009)에 의하면, 브루너는 인지발달의 결과를 사고능력의 계발로 보았고 교과의 기본적인 개념이나 원리를 이해하는 것이 지식 전이의 기초가 된다고 주장하였다. 브루너는 기본적인 개념을 이해하면 교과의 내용을 훨씬 쉽게 학습할 수 있고 이는 다른 지식을 얻는 데도 도움을 주어 기초적 지식에서 고등 지식으로 가는 거리를 좁힐 수 있다고 했다. 브루너의 교육에 대한 이러한 생각은 음악 교과에도 많은 영향을 끼쳤다. 음악교육적 측면에서의 '개념적 접근 방법'은 학생이 음악 활동을 함으로써 이전에는 알지 못했던 음악 개념을 새롭게 알게 되거나 기존에 가지고 있던 지식개념을 활용하여 새로운 음악 개념을 형성하도록 하는 접근 방법이다. 개념적 접근 방법은 음악 수업에서 학생이 직접 다양한 음악적 활동을 체험하면서 습득하는 음악적 개념에 중점을 두고 있으며, 학생이 스스로 중심이 되어 학습하고 배운 지식으로 창의적으로 개념 간의 상호 관련성을 연결할 수 있도록 한다. 따라서 음악적 개념은 음악을 이해하고, 음악적으로 생각하고 행동할 수 있게 하는 중요한 요인이 된다.

음악 수업에서 학생들이 새로운 음악적 개념을 효율적으로 형성하는 데는 네 가지 단계를 거친다. 첫째, 교사는 수업에서 어떠한 음악적 개념을 교수할지 결정한다. 구성의 요소와 의미, 원리 중 어떠한 것을 가르칠 것인지를 확실하게 정한다. 둘째, 교육내용을 구성하는 데 있어 앞에서 결정한 가르치고자 하는 개념을 바탕으로 하여 악곡을 선택해야 한다. 셋째, 학생에게 음악적 아이디어를 음 현상과 표현원리를 활용하여 나타내도록 한다. 넷째, 학생이 체험한 활동 내용을 구체적이고 명확하게 정의적인 언어로 진술하도록 한다.

3) 개념적 접근 방법의 의의 및 중요성

'개념적 접근 방법'은 브루너가 학문 중심, 구조 중심적 교육과정의 한 방법으로 제시한 것으로 하나의 기본적 개념을 학습하고 그것을 다른 내용을 학습할 때 활용할 수 있도록 하는 접근 방법이다. 브루너는 어떠한 교과라도 그 교과의 밑바탕이 되는 기초적인 '구조'를 가르치면 적은 시간의 학습을 통해서도 평생을 살아가면서 필요한 핵심적인 것을 파악할 수 있다고 보았다. 그는 『교육의 과정』에서 '구조'를 '기본 개념' 또는 '일반적 원리'라는 말과 같은 뜻으로 사용하고 있다. 기본적인 구조를 아는 것은 그 지식을 활용할 수 있다는 뜻으로 새로운 지식을 학습할 때 습득된 지식을 활용할 수 있다는 조건을 가지는 것이다. 브루너는 교과의 기본적 개념 학습에 대해 다음과 같이 주장한다.

첫째, 기본적 개념을 알고 있으면 교과를 훨씬 쉽게 이해하고 습득할 수 있다. 한 예로, 문학 교과에서 멜빌(H. Mellville)의 『백경(白鯨)』이라는 소설을 읽는 학생은 작가가 대체로 악의 주제와 악을 제거하려는 사람들의 운명에 관해 서술했다는 것을 알 때 비로소 그 소설을 제대로 이해하고 습득했다고 할 수 있는 것이다(이홍우, 1990).

둘째, 인간의 기억은 전체적으로 구조화된 형태 안에 세세한 사항이 포함되어 있을 때 더 오래 지속될 수 있다는 것이다. 지식이 수학 또는 과학의 '공식'같은 단순화된 형태로 표현될 때 바로 기억 속에 세세한 자료가 있다는 것을 보여준다. 보편적으로 우리는 공식, 사물을 보여주는 약화나 그림 등 복잡한 사물을 압축해서 표현한 기술들을 기억한다. 기본적인 개념을 학습한다는 것은 배운 것들이 기억에서 사라지지 않는다는 것이며, 이러한 기억으로 필요한 세세한 내용을 재구성할 수 있다.

셋째, 기본적인 개념을 이해하는 것은 다른 지식을 학습하는 데도 도움을 준다. 우리가 어떤 사물이나 문제를 안다는 것은 그것을 학습했다는 것뿐만 아니라 배운 것과 비슷한 사물이나 문제도 파악할 수 있다는 것을 의미한다. 이렇듯 습득한 내용을 바탕으로 새로운 것을 이해할 수 있는 것을 가능하게 하는 것이 기본적인 개념의 이해이다.

넷째, 초보적인 지식과 고등한 지식의 관련성이다. 우리는 고등한 지식을 배울 때 초등학교와 중학교 때 습득한 기본적인 내용을 바탕으로 함으로써 다양한 도움을 받을 수 있다. 이전에 배운 지식을 확장하여 활용함으로써 초보적인 지식과 고등한 지식 간의 간격을 좀 더 좁힐 수 있다.

4) 개념적 접근 방법의 적용

사물을 관찰할 때는 최대한 다양한 관점으로 관찰해야만 올바른 관찰을 할 수 있다. 이는 음악에도 적용된다. 넓은 시야를 가지고 음악의 기본적인 개념을 먼저 체험하면서 이해하도록 하여 학습자들의 음악적 시야가 모든 시대와 지역의 음악적 개념을 파악하게 하는 것이 음악교육에서의 개념적 접근 방법이다.

개념적 접근 방법은 교과서에 실린 악곡을 배울 때 반복적으로 노래를 부르고 연주를 함으로써 새로운 음악적 개념이 형성되거나 기존의 개념에 변화를 가져오도록 하는 데 그 목적이 있다. 이홍수(1990)는 음악 수업에서 새로운 음악적 개념 습득을 위한 효과적인 방법으로 다음과 같은 단계를 제시하고 있다.

1단계, 수업에서 가르치고자 하는 음악적 개념을 결정한다. 이때 교과서에 수록된 악곡뿐만 아니라 교육과정에 제시된 악곡 중 하나 또는 그 이상의 곡을 선정할 수 있다.

2단계, 선정된 음악적 개념이 명확하게 나타나는 악곡을 제시하여 학생이 다양한 체험을 할 수 있도록 한다. 지도하고자 하는 음악적 개념에 학생이 주의를 기울여 악곡을 감상하도록 이끌어주어야 하며, 노래하고 연주할 때 이를 명료하게 표현할 수 있도록 한다. 악곡의 탐색, 분석을 통해 그 속에 숨어 있는 음악적 개념을 발견하는 것을 시작으로 진정한 의미의 악곡과의 만남을 이루는 것이야말로 음악적인 개념을 형성하는 지름길이라 할 수 있다.

음악적 개념은 특정 악곡에만 제한된 것이 아니라 모든 음악에서 보편적인 의미를 지니는 것으로, 다양한 악곡과 음악적 경험을 하도록 함으로써 그곳에서 공통된 음악적 개념을 발견하고 능동적으로 자신만의 음악으로 명료하게 표현할 수 있어야 한다.

음악적 개념을 교과서에 있는 하나의 악곡만으로 지도하는 것은 잘못된 교수 방법으로, 교사는 교과서에 실린 악곡뿐만 아니라 그 악곡과 유사하거나 대조적인 악곡들을 부가적으로 선정할 수 있다. 이렇게 다양한 악곡을 활용하여 학생에게 직접 음악적 개념을 체험할 수 있는 활동들을 제시한다면 수업목표에 효과적으로 접근할 수 있을 것이다.

3단계, 이미 습득된 음 현상과 표현 원리를 자신들의 음악적 아이디어를 표현하는 데 창의적으로 활용할 수 있어야 한다. 학생이 자신의 의도대로 악곡의 셈여림이나 리듬, 가락과 가사 등을 바꿔 보는 등의 창작 활동을 통해 악곡의 의미를 명확하게 파악하는 것은 음악적 개념을 형성하는 데 도움이 되는 간접 경험이다. 이러한 활동은 음악적 개념을 배우는 것보다 더 쉽고 장기적으로 기억하는 데 도움이 될 것이다.

4단계, 학습한 내용을 학생이 능동적으로 구체적이고 명확한 자기만의 정의적 언어로 서술하도록 한다. 제시된 음악적 개념을 그대로 암기하기보다는 음악 개념을 자기만의 언어로 재구성하여 이해하고 파악하도록 하는 것은 새로운 개념 형성에 있어 중요한 단계이다.

이상의 단계를 정리하면 다음과 같다.

표2 늠악 수업에서 학생의 새로운 음악적 개념 습득을 위한 효과적인 방법

단계	내용
1단계	음악적 개념의 결정(선정) 교과서 수록 악곡뿐 아니라 교육과정에 제시되어 있는 악곡을 1개 이상 선정한다.
2단계	음악적 개념의 명확한 악곡 제시 학생이 다양한 체험을 하도록 한다. 다양한 음악적 경험을 하도록 함으로써 공통된 음악적 개념을 발견하고 능동적으로 자신만의 음악으로 명료하게 표현할 수 있어야 한다. 다양한 악곡을 활용하여 직접 음악적 개념을 체험하는 활동을 제시하여 수업목표에 효과적으로 접근할 수 있다.
3단계	음악적 아이디어 표현의 창의적 활용 자신의 의도대로 셈여림, 리듬, 가락, 가사를 바꿔보는 등의 창작 활동을 통해서 악곡의 의미를 명확하게 파악하도록 한다.
4단계	정의적 언어로 서술 음악적 개념을 자기만의 언어로 재구성하여 이해하고 파악하는 것이 새로운 개념 형성에서의 중요한 단계이다.

2. 경험적 접근 방법

1) 음악 경험

음악 경험이란 소리의 음조나 리듬의 영향과 같이 소리가 전달하려는 모든 것을 직접 체험하는 것이다. 즉 학생이 자연이나 인위적인 소리를 듣고 모방하기, 탐색하기, 혼자 또는 함께 노래 부르면서 듣고 느끼기 등 감정표현을 민감하게 인식할 수 있도록 하는 모든 활동을 말한다.

인간의 삶과 관련된 보는 것은 음악의 소재가 될 수 있어서, 음악생활에서 개인이 가지는 음악적 경험은 중요한 선험적 요소로 작용할 수 있다. 허은진(2009)에 의하면 음악 경험은 성장발달에 매우 중요한 것으로, 다양한 방법으로 일어날 수 있다. 학생은 흥미와 욕구에 부합하는 내용 및 방법으로 음악 수업의 가창, 기악, 감상, 창작 및 신체표현 등의 모든 영역에서 음악을 경험한다. 교사는 학생이 미묘한 음에 귀를 기울이며 신체와 오감이 충분히 성장할 수 있도록 하여 습득한 음악적 경험이 행동력과 의지력의 근원이 되도록 한다.

가스통(Gaston, 1968)은 음악적 경험이 개인의 태도, 신념, 선입관, 그가 사는 시간과 공간의 조건이 모두 합쳐서 나온다고 말하고 있다. 이는 음악적 경험이 비단 과거와 현재의 음악 활동뿐만 아니라, 연주와 감상의 영향을 받는다는 것을 시사한다. 인간의 음악적 활동은 단순히 자발적인 음악과의 상호작용으로만 형성되는 것이 아니라 문화적 영향, 학습, 동기유발, 보상, 음악적 자극에 따라 만들어진다.

음악 경험은 음악과 교육과정에서 가창, 기악, 창작, 감상의 영역으로 분류되는데 이는 학자들에 따라 조금씩 차이가 있다. 가드너(Howard Gardner)는 음악 활동의 영역을 연주와 창작, 음악에 따른 신체 동작, 청음훈련과 감상으로 나누었고 엘리엇(David Elliott)은 작곡, 편곡, 연주, 즉흥연주, 지휘 등으로 구분하였다. 이용일은 음악의 행위를 작곡, 연주, 감상으로 나누었고 석문주는 가창, 기악, 신체 표현, 작곡, 음악분석 등으로 음악 활동 영역을 구분하였다. 음악과 교육과정은 학생 본인이 음악 활동의 주체가 되어 자신의 느낌과 사고에 따른 의도를 음악적으로 표현할 수 있는, 즉 의미 있는 음악 경험을 제공할 수 있어야 한다. 의미 있는 음악 경험이란 음악적 개념과 형식을 분석하고 배우는 활동에 그치는 것이 아니라 학생 개개인이 음악 활동을 재구성하고 재창조해서 개인적인 의미를 부여하는 것이다.

2) 경험적 접근 방법

음악 수업에서의 경험적 접근은 음악과 관련된 경험을 통해 수업하는 것이다. 경험적 접근 학습은 학생이 학습의 주체로서 스스로 연주자, 감상자, 작곡자가 되어 음악의 구성과 원리를 탐색, 발견, 사고, 조작, 판단하여 모든 시대·지역·문화의 음악을 직접 접하는 것이다. 이 수업에서는 학생이 표현하고자 하는 음악이 들리는 그대로의 소리가 아니라 학생 본인들의 음악적 느낌과 논리적 사고, 음악적 개념들을 총체적으로 결합된 결과가 나오도록 이끌어야 한다. 예를 들면 학생은 악보를 읽으면서 으뜸음을 기준으로 다른 음의 높이를 스스로 찾아내거나 한 박자 기준으로 음들의 상대적인 길이를 찾아 소리 내는 기회를 통해 음악을 논리적으로 생각할 수 있다. 또한 가락의 흐름이나 가사 속에서 왜 그 음이 높아야 하고, 길어야 하며, 크게 내야 하는지 판단하여 표현하도록 이끌어줄 수 있다. 따라서 학생이 다양한 경험을 하기 위해서는 악곡을 많이 다루고 다양한 교재와 교구를 활용해야 한다. 교사는 학생이 스스로 음악의 구조와 원리를 파악하거나 악곡을 해석하고 새롭게 조직함으로써 지식을 확대할 수 있도록 이끌어주어야 하며, 또한 학생의 선행 경험과 흥미도를 고려하여 주체적인 표현 활동을 할 수 있게 격려해주고 존중해주어야 한다.

리머가 새롭게 제시하는 경험 중심 음악교육철학은 음악의 본질에 관한 절충적 미학과 이에 따른 음악의 가치, 그리고 절충주의적 관점에서 음악교육의 본질과 의미, 가치를 체계화한 것이라고 할 수 있다.

3) 경험적 접근 방법의 의의 및 중요성

학생에게 음악적인 지각과 반응이 연속적으로 발생하도록 하려면 표현행위가 중심이 되어야 한다. 또한 이전의 체험을 통해 습득된 음악의 구성요소 · 개념 · 표현의 원리를 통해 학생이 스스로 음악적 아이디어를 표현하게 해야 한다.

칼 오르프의 음악교육 이론에 따르면, 음악은 능력에 구애받지 않고 모든 학생을 위한 것으로서 원시적인 아이들 놀이 세계에서부터 더 복잡한 발달 단계를 거쳐 현재의 음악 수준으로 이끌어주는 것이라고 하였다. 그에 따르면 음악은 일찍 시작하는 것이 좋고 즉흥적이어야 한다고 했다. 또한 오르프는 연주, 창조, 감상, 분석 등과 같이 음악적 행위를 통해서 음악교육에 접근하고자 하였으므로 주입식 교육을 반대하고 자연스러운 접근을 강조했다. 그는 이러한 자연스러운 활동을 위해서는 조력자의 역할을 지닌 교사가 필요하다고 하였는데, 교사는 단지 학생에게 길을 인도해주는 안내자로서 역할을 할 뿐만 아니라 창의성, 가능성, 그리고 자율성의 신장에 도움을 주는 역할을 한다고 주장하였다.

경험적 접근 방법은 체험을 통해 습득된 음악의 구성요소와 개념, 표현의 원리를 적용하여 자신의 음악적인 아이디어를 표현하는 과정이라고 할 수 있다. 음악 창작 활동은 가장 적극적이고 가치 있는 음악 체험의 기회가 된다. 학생 스스로 참여한 음악 속에서 자신만의 음악을 창조하며 더욱 적극적인 자세로 음악을 이해하게 되는 과정이 가장 중요하다. 박제된 음악이 아닌, 스스로 창조하고 감상하는 과정을 거치며 살아 있는 음악을 느끼는 경험이야말로 이 접근 방법의 핵심이다. 더불어 음악과의 직접적, 지각적, 다면적 경험을 통하여 인간 삶의 특별한 질을 감지하고 이를 통하여 다른 방식으로는 도달할 수 없는 자신에 대한 발견에 이를 뿐 아니라 자신이 속한 문화권, 보편적인 인간의 삶의 특별한 속성을 이해할 수 있게 된다.

4) 경험적 접근 방법의 적용

① 가창

오르프에 의하면 가창은 말 리듬놀이를 익히고 난 후 자연스럽게 이어지는 활동이다. 장애 학생의 가창 지도는 주로 듣고 부르기로 구성되어 있으며, 가창학습 지도에 필요한 기본 요소에는 자세와 발성, 호흡을 들 수 있다. 가창 지도를 할 때는 즐겁게 노래하는 태도를 갖고, 많은 곡을 부르기 위해 노래 부르기의 기초 기능과 감각을 기르고 표현 의욕을 높이는 것이 좋다. 노래 부르기 지도는 점진적으로 무리 없이 이루어져야 한다.

좋은 자세는 올바른 호흡과 발성, 공명에 꼭 필요한 선행조건이라고 할 수 있는데 바른 자세는 근육을 효율적으로 움직이게 한다. 이 때문에 노래를 부를 때는 어깨에 힘을 빼고 등과 가슴을 펴며 시선을 앞을 향하도록 지도하는 것이 좋다. 호흡은 숨표에 따라 규칙적으로 하도록 하고 짧고 빠른 호흡의 사용을 가르친다. 장애 학생이 자신의 목소리를 들을 기회 역시 충분히 마련되어야 하며, 고함치지 않는 부드러운 소리, 맑고 깨끗하며 아름답고 밝은 소리를 내도록 가르친다. 대부분의 장애 학생은 언어 지체를 보이므로 가사로 부르기 전에 '아, 에, 이, 오, 우'와 같은 모음을 길게 하거나 짧게 발음하도록 지도하다가 점차 자음과 단순한 가사를 붙여 노래할 수 있도록 지도한다.

장애 학생은 대부분 음역이 좁고 리듬감이 부족하며 음악적 어려움뿐만 아니라 언어 사용에서도 어려움을 겪기 때문에 곡과 가사의 신중한 선정이 필요하다. 따라서 단조롭고 후렴구가 있으며 일상생활과 관련된 노래를 선정하고 율동을 포함하면 좋다. 혹은 상상력을 자극할 수 있는 노래여도 좋다. 또한 학생에게 직접 노래를 부르게 하여 음악개념을 습득하고 악곡의 의미와 느낌을 표현하는 기회를 제공하는 것은 매우 바람직하다. 다양한 방법으로 여러 가지 표현을 하며 노래를 많이 부를 수 있도록 유도하고 발표의 기회를 제공하는 것은 학생의 자신감을 증진할 수 있다.

② 기악

기악 활동은 음악교육에서 가창이나 감상 등 다른 활동에서 제공할 수 없는 특별한 음악적 경험을 학습자에게 제공할 수 있다. 악기를 연주함으로써 음의 고저, 음의 길이, 음의 강약을 학습할 뿐만 아니라 음정이나 음계, 음향과 관련된 여러 음악 이론을 악기를 통해 더욱 쉽게 이해할 수 있다. 이처럼 기악 활동은 여러 가지 다양한 기회를 제공하고 경험하게 하여 음악교육의 효과를 활성화하며, 무엇보다도 즐거움을 느낄 수 있도록 도와주는 효과적인 학습 방법이다.

장애 학생을 위한 악기 다루기는 악기를 두드리거나 불고 흔들어보는 등 악기를 탐색하는 것으로 시작하여 점차적으로 연주 기술을 지도하며 악기의 음악적 특징을 설명한다. 주로 단순한 리듬 악기의 활동을 통해 음높이가 고정된 가락 악기를 지도한다.

기악의 지도 방법은 다음과 같다.

- 음악을 듣고 악기를 자유롭게 쳐 보며 어떻게 쥐고 연주해야 좋은 소리가 나는지를 탐색하도록 한다.
- 교사의 연주나 음향자료를 모방한 후 창의적인 연주 방법의 사용을 독려한다.
- 여러 가지 악기와 함께 연주해봄으로써 서로 어울리는 악기를 구별하고 친구들과 협력하는 방법을 배우도록 한다. 더 나아가 실로폰, 핸드벨, 멜로디언 등의 가락 합주를 통해 화음감을 느낄 수 있도록 한다.

③ 창작

창작이란 예술가가 독창적으로 예술적 향상을 내면적 및 외면적으로 형성하는 활동을 말한다. 음악과 관련된 외적 창작 활동은 음악을 자신의 느낌을 다양한 방법으로 표현하는 활동으로 선율·가사의 창작과 즉흥연주, 그리고 음악과 관련된 기타 다양한 활동으로 구성되어 있다. 예를 들면 손, 발, 무릎, 입 등 신체를 이용하거나 자신의 주위에 있는 책상, 필통, 나무, 돌, 플라스틱, 종이 등의 물체를 이용하여 소리를 내보며, 빈 깡통에 콩이나 쌀 등을 넣어서 마라카스를 만들어보거나 컵에 물을 부어서 컵 실로폰을 만들어 다양한 소리를 경험할 수 있다(교육인적자원부, 1999). 모방 수준에서 더 나아가 특징을 재미있게 표현할 수도 있다. 이러한 창작 활동을 통해서 학생은 스스로 음악 활동에 적극적이고 능동적으로 참여할 수 있게 된다.

창작은 단순한 소리를 즉흥적으로 모방하거나, 리드미컬한 음악에 맞추어 신체적인 활동을 하는 것을 기본으로 한다. 처음에는 재미있고 쉬운 전래 동요와 같이 자연스러운 문답이 가능한 노래를 배우고 점차 가사 바꾸어 노래 부르기, 상황에 맞는 노래 찾아 부르기, 노랫말에 리듬 붙이기, 모방하여 노랫말 만들기, 즉흥적으로 노랫말 만들기, 개성에 따라 자유롭게 표현하기, 악곡의 특징에 따라 창조적으로 표현하기 등의 활동을 지도한다. 더 나아가 즉흥연주를 통해 박자, 강세, 길이, 빠르기 등 리듬과 관련된 요소와 음높이, 음계, 화음 등 선율과 관련된 요소를 자연스럽게 익히며 개성과 창의력을 발현할 수 있게 될 것이다.

④ 감상

감상은 라틴어의 'appretio', 즉 '평가하다' 또는 '감상하다'라는 어휘에서 유래된 것으로, 예술을 음미하고 그 미적 내용을 즐기며 이해하는 체험이라고 정의된다. 음악 활동에 있어 작곡자와 연주자, 감상자는 동등한 관계를 맺는다. 작곡가는 선율에 의미를 부여하여 새로운 곡을 창조하고, 연주자는 작곡자의 감동을 재현 · 창조하며, 감상자는 작곡자와 연주자의 아름다운 선율을 인간의 삶과 관련지어 해석하거나 느낌을 향유한다. 그것이 작곡자 · 연주자의 뜻과 일치하면 비로소 올바른 감상이 이루어진다. 그러므로 학생이 올바른 감상 활동을 하고, 예술적으로 감상하게 되며, 온몸으로 음악을 흡수하게 될 때 음악교육의 목표를 성취할 수 있다.

장애 학생을 위한 감상 활동에서는 표현과 놀이를 통해 아름다움에 관해 관심을 가지고 흥미를 느끼게 하는 것이 매우 중요하다. 같은 자극이나 경험에도 다양하게 반응하고, 작은 일에 크게 반응하는 등 개인차의 범위가 넓다. 따라서 장애 학생의 감정이 풍부하게 발산되고 자유롭게 표현할 수 있는 여건을 마련해주는 활동이 감상 활동인 것이다. 감상 활동은 대상을 주의 깊게 관찰하고, 그것의 특성을 발견하며, 내용을 이해하고 내면화하는 과정을 거쳐서 이루어진다. 그러므로 장애 학생에게 감상 지도를 할 때 감상 시간을 따로 내기보다는 지각 활동 및 표현 활동 과정에서 자연스럽게 감상이 이루어지도록 통합하는 것이 좋으며, 학생의 이해 수준을 고려하여 감상의 제재와 시간을 선택하고 다양한 방법과 매체를 사용해 지도하도록 한다.

감상학습을 전개할 때의 구체적인 고려사항을 살펴보면 다음과 같다.

- 곡을 선택할 때는 멜로디가 단조로우며 이해하기 쉽고 선이 뚜렷하며 감상하기 쉬운 곡으로 선택한다.
- 감상하기 전 연주에 사용하는 악기를 먼저 만져보고, 소리 내어 본다. 이러한 활동이 어려운 경우 동영상으로 보고 느끼게 한 후 감상한다.
- 감상을 나눌 때 학생의 생활과 연관 지어 이야기하며, 단순한 것에서부터 시작하여 전

체적인 내용을 질문하고 대답하도록 한다.

- 음악에 대한 감정을 구체적인 동작으로 표현해본다. 리듬에 맞춰 프레이즈의 시작과 종결을 동작으로 지시하기 또는 그 음악의 새 주제가 시작되는 곳이나 재현부를 동작으로 나타내도록 한다.
- 학교 밖의 음악회 등을 통해 다양한 작품을 감상하는 기회를 갖는다.
- 학생이 스스로 자신의 느낌이나 생각을 간단하게라도 표현할 수 있도록 격려하고, 좋아하는 내용을 확산하고 활용할 수 있도록 도와준다.

⑤ **신체 표현**

달크로즈는 '음악의 주된 요소는 흐름결이고 모든 음악적 흐름결의 원천은 사람의 신체에서 나오는 자연적인 흐름결에 기초한다'고 하였고(이홍수, 1990), 사람들이 악곡을 정확한 빠르기로 연주하지 못하더라도 정해진 빠르기로 규칙적으로 연주할 수 있다고 했다. 또한 연령이나 문화와 관계없이 모든 사람이 음악의 강세(accent)를 신체적으로 표현할 수 있고 리듬에 몸을 흔들거나 발로 박자를 맞출 수 있다는 사실에 주목하였다. 예를 들어 악곡을 정확한 빠르기로 연주하지 못하더라도 실생활에서 정해진 빠르기로 걷는 것이 가능하며, 음악에서 듣는 강세를 신체적으로 표현할 수 있다.

음악은 사람이 본능적으로 신체를 움직여 리듬에 호응하도록 한다. 그 이유는 음악의 원천이 인간의 감정이며, 음악은 인간의 내면적 감정을 몸의 각 부분이 감지하고 있고 몸짓으로 표현하는 것이기 때문이다. 그러므로 감정을 가진 모든 인간은 음악에 따라 신체를 움직이는 것이다. 이것은 비록 본능에 의한 것일지라도 긍정적 효과가 대단하다. 소리를 통해서 전달되는 음악적 개념이나 이미지를 몸의 움직임으로 연결하는 것은 심신의 조화와 일치를 이루고 관찰력이나 판단력, 상상력, 창조력 등을 키워준다(안재신, 2004). 또한 신체 표현을 통해 음악을 이해하는 데 큰 도움을 준다.

음악에서의 신체 움직임은 크게 신체적 접근법과 극적 접근법으로 나눌 수 있다(김영연, 2002). 먼저 신체적 접근은 일정한 패턴의 동작을 통한 움직임을 말한다. 이미 있는 율동이나 춤이 음악의 요소에 밀접하게 관련되어 있어서 단순히 그 동작을 따라 하면서도 충분히 음악을 느끼고 경험할 수 있게 되는 것이다. 신체적 접근법에 의한 기초 동작은 학생 스스로 자신의 힘의 균형을 느끼고 여러 가지 동작을 통해 힘을 유지하도록 하며, 몸을 활발히 움직임으로써 공간감과 유동성을 기를 수 있게 한다.

반대로 극적 접근법은 탐색적으로 신체 움직임을 하며 독창적으로 자기를 표현하는 방법이다. 즉 음악을 듣고 느끼는 대로 표현하는 것이다. 하지만 음악의 각 요소를 이해하지 않고서는 충분한 창의적 신체 활동이 이루어지지 않는다. 극적 접근법은 주어진 음악을 작곡자의 창조 과정을 밟아 가며 해석하고 다시금 알맞은 신체 동작을 창조해야 하는 독창적이고 자율적인 활동이다.

3. 창의적 접근 방법

1) 창의성의 개념

① 창의성

창의성의 정의

창의성이란 '기존의 것으로부터 새로운 것을 만들어내는 지적인 능력' 또는 '문제 해결을 할 때 자신과 환경과의 상호작용을 통한 자기표현'이다.

창의성의 적용

창의성의 적용이란 새로운 사고 유형을 통해 기존의 관계를 다양한 관점으로 생각하거나 표현하는 능력을 말한다. 창의성은 전통적인 사고 유형에서 벗어나 새로운 유형으로 사고하는 능력을 말하며, 창의적 사고는 누구나 잠재적으로 가지고 있는 능력이지만 성장할 수 있는 기회와 특별한 조건에서만 육성되므로 교육을 통해 창의적인 사고가 형성되도록 해야 한다(김효정, 2008).

 표3 창의성의 정의

김춘일(1999)	'창의성은 인간 정신 능력 가운데 불확실한 것 중 하나'
임선하(2003)	'창의성은 그 자체로 다양한 속성을 가지고 있어서 하나의 용어로 정의될 수 없다.'
길포드(Guilford, 1950)	'창의성이란 새롭고 신기한 것을 낳는 힘'

테일러(Taylor, 1988)	'창의성은 특정한 목적을 갖고 모인 집단에 의하여 지속적이고 유용하고 만족스러운 것으로 받아들여진 신기한 작품을 만들어내는 과정'
로저스(Rogers, 1959)	'창의성이란 하나 이상의 결과를 발생시키는 행동의 출현이며, 그것은 그 개인의 특성과 개인을 둘러싼 사건, 사람, 자료, 자기 생활사의 어떤 상황 등에서 생성되는 과정'

창의성의 어원

창의력, 창조성, 창조력은 창의성과 유사한 단어이며 모두 영어 'creativity'에 속하는 단어다. 의미에 약간의 차이는 있지만 'creativity'는 성격 및 능력의 측면을 포함하므로, 여기서도 창의성을 창의적인 성격뿐만 아니라 창의적인 능력의 의미까지 포함하고자 한다.

② **음악적 창의성**

정의

음악적 창의성의 의미를 제시하면 표 4와 같다.

 표4 음악적 창의성의 의미

엘리엇	음악 활동 분야(즉흥연주, 작곡, 연주 등)에서 과거와 현재의 창의적인 음악의 소산물을 기반으로 새로운 음악을 창조하는 것을 의미
웹스터	확산적 사고와 수렴적 사고가 교대하는 역동적인 정신과정
이홍수	음악적 현상을 파악하고 대처하는 데 있어서의 민감성, 샘솟듯 나오는 음악적 아이디어의 창출력, 새롭고 다양한 음향이나 악곡을 만들어내는 독창성, 분석하고 종합하여 새로운 음향을 조성하는 능력, 음향이나 악곡을 새로운 방식으로 정의하는 능력

특징

- Hamann(1991)은 개인적인 예술적 경험을 많이 가질수록, 음악적 경험을 많이 가질수록, 즉흥연수 기술에 대해 공부하고 활용할수록 창의성 점수는 더 높게 나타나는 경향이 있다고 하였다.
- Vaughan과 Myers(2001)는 음악적 창의성과 일반적 창의성과의 관련성을 연구하였다.
- Gibson(1989)과 Auh(1996)는 창의적인 음악 프로그램을 학생에게 적용한다면 음악적 창의성과 일반적 창의성 모두를 개발할 수 있다고 하였다. 즉 학자들은 음악적 창의성과 일반적 창의성은 정적인 상관관계를 보이며 이러한 관계가 음악적 창의성에 대한

표5 창의성의 요소

토렌스의 창의성 요소	음악적 창의성 요소
토렌스가 정의한 창의성의 요소인 유창성, 융통성, 독창성, 정교성이 음악 활용의 요소와 유사하다는 전제로 창의성 신장을 위한 음악 프로그램으로 활용하여 창의성 요소가 향상되었는지 측정	음악 활동 과정에서 음악적 창의성 요소인 유창성, 리듬적 안정성, 관념화 등을 추출하여 측정

이해를 돕는다고 생각하고 있다.

- 음악적 창의성은 사고 과정 및 경험 안에서 환경 내 여러 자극, 음악적 사고능력, 인지 발달, 개인의 지적 능력과 성격적인 특색들을 상호 교류하며 이루어진다.
- 답이 하나인 수렴적 사고보다는 다양한 답을 모색할 수 있는 발산적 사고를 사용해야 한다.
- 창의성 신장을 위한 포괄적 음악교육은 오르프 교수법, 코다이 교수법, 달크로즈 교수법을 바탕으로 한다(김효정, 2008).
- 창의적 음악 표현은 주어진 악곡을 그대로 노래 부르거나 연주하는 것이 아니라 말리듬 오스티나토, 신체 리듬 오스티나토를 만들어 표현하기, 보르둔 반주 만들기, 리듬, 가락 짓기 등의 다양한 표현 활동을 의미한다(구혜승, 2012).

2) 창의적 수업 모형

① 1단계 : 산출의도(세 활동 중 어떤 결과물을 산출할지 고려함)

음악 구조의 개념적 이해를 표현하는 활동을 작곡이라 하며, 연주자가 연주할 때 착상된 것을 표현하는 행위는 즉흥연주이다. 한편 소리 구조의 이해 과정을 글이나 언어로 나타내는 것은 분석이라 한다.

② 2단계 : 사고 과정

기능적 기술은 음악 적성, 음악적 개념, 숙련성, 심미적 감수성, 즉 음악성으로서 창의적 사고 과정 속에서 영역에 맞게 창의적 결과물을 산출하기 위해서 사용한다. 기능적 요약은 동기유발, 인성적 요인, 환경변인, 잠재적 이미지로서 음악 적성, 음악적 개념, 심미적 감수성에 혼재된 특성으로 직접적인 사고 과정에 영향을 끼친다. 또한 준비-부화-조명-확인 단계를 걸쳐서 발산적 사고가 형성된다.

③ 3단계 : 창의적 결과물

작곡, 즉흥연주, 분석

▶ 창의적 수업 모형은 인지적 입장의 정보처리학습 이론인 월러스(Graham Wallas)의 창의적 사고 단계와 발산적, 수렴적 사고 기능을 바탕으로 정의적 요인인 동기유발, 인성적 요인, 환경변인, 잠재적인 이미지까지 고려한 통합적인 음악수업 모형을 말한다(김효정, 2008).

3) 창의적 접근 방법

① 특징

음악교육에서 학생의 체험은 음악적 안목 형성 및 창의성과 음악에 대한 태도에 영향을 미친다. 창의는 새로운 생각을 하는 것을 말하며 음악교육에서의 창의적 접근이란 음악적 상황에 대해 민감하게 반응하고 아이디어를 창출하도록 교육하는 방법이다(김효정, 2008). 이는 경험을 통해 음악을 탐색하고 지각하고 음악작품의 독특한 표현, 즉흥적인 음악 표현 및 창의적인 음악 활동을 이용한 수업을 통해 나타난다. 또한 음악의 창의적 접근은 음악 내적인 요소뿐만 아니라 음악 외적 요소와의 연계를 통해 이루어진다.

② 교사의 역할

창의적인 학습 활동에서 교사의 역할은 학생에게 창조적인 능력을 발현하도록 격려하고 음악을 좋아하도록 자극하며 그것을 표현하기에 적합한 예술적인 방도를 찾도록 도와주는 것이다. 또한 교사에게는 지금까지 해왔던 것보다 상당한 수업 준비의 노력이 요구되며, 교사가 수업을 할 때는 창의성 신장을 항상 염두에 두고 학생의 사고 과정, 활동 과정을 이끌어내야 한다(김효정, 2008).

③ 학습자의 역할

학생은 결과물보다 창의적인 활동 과정 자체를 중요시해야 한다. 창의적인 활동 과정은 음악적 아이디어의 중요성 인식, 음악 개념과 원리를 자신의 음악으로 만드는 기회, 음악 요소의 다양한 구성을 통한 음악 현상 탐구 및 효과 인식, 작곡 및 감상의 의미 이해

1단계 : 산출의도

〈세 활동 중 어떤 결과물을 산출할지 고려함〉

작곡	즉흥연주	분석

음악적 사고 단계의 주요 활동 영역

* 작곡 : 음악 구조의 개념적 이해를 표현하는 활동
* 즉흥연주 : 연주자가 연주할 때 착상된 것을 표현하는 행위
* 분석 : 소리 구조의 이해 과정을 글이나 언어로 나타내는 것

2단계 : 사고 과정

발산적 사고

가능적 기술

음악 적성
음악적 개념
숙련성
심미적 감수성
(=음악성)

준비 → 부화 → 조명 → 확인
〈월러스의 창의적 사고 단계〉

* **준비** : 문제의 명확한 정의, 관련 정보 수집, 유용한 자료의 검토, 해결해야 할 요구사항의 검사 등
* **부화**(=숙고) : 문제 해결자가 문제 해결과 무관한 활동을 하는 동안에 발생하는 것으로 미처 깨닫지 못하거나 전의식적인, 혹은 무의식적인 활동기간
* **조명**(=통찰) : 갑자기 '바로 이거야', '아하'를 경험하는 경험. 어떤 문제의 해결책이 갑작스럽게 떠오르는 단계
* **확인** : 실행 가능성이나 수용 가능성을 점검하는 단계

가능적 요인

동기유발
인성적 요인
환경변인
잠재적 이미지

수렴적 사고

* **음악 적성** : 창의적인 정보를 인식할 수 있는 능력
* **음악적 개념** : 음악적 소재를 포괄적으로 인지하고 있는 사실
* **숙련성** : 음악과제에 실제적인 정보를 사용할 수 있는 숙련의 정도
* **심미적 감수성** : 음악적 소리 구조를 깊이 느끼고 반응하는 능력

* 가능적 기술은 창의적 사고 과정 속에서 영역에 맞게 창의적 결과물을 산출하기 위해서 사용함
  (예 : 연주 활용을 위해 숙련성, 심미적 감수성 사용)
* 가능적 요인은 음악 적성, 음악적 개념, 심미적 감수성에 혼재된 특성으로 직접적인 사고 과정에 영향을 끼침

3단계 : 창의적 결과물

작곡	즉흥연주	분석

▶ 웹스터의 수업 모형 : 인지적 입장의 정보처리학습 이론인 월러스의 창의적 사고 단계와 발산적·수렴적 사고 기능을 바탕으로 정의적 요인인 동기유발·인성적 요인·환경변인·잠재적인 이미지까지 고려한 통합적인 음악 수업 모형

등을 모두 포함하고 있기 때문이다. 학생은 학습의 주체가 되어 스스로 음악을 탐색하고 풍부한 상상력을 통해 음악을 창의적으로 만들어야 한다(김효정, 2008).

④ **고려사항**

이를 위해서는 활동 전개에 앞서 창조에 대한 뚜렷한 의도가 내재된 다양한 상황을 마련해주고 이를 표현할 수 있는 다양한 방법을 제공하여 자유롭게 표현할 수 있는 분위기를 조성해주어야 할 것이다.

⑤ **오르프 교수법 활용**

오르프 교수법을 활용한 수업은 창의적 음악 표현력과 음악 기초 기능, 그리고 음악 태도에 긍정적인 영향을 미친다(구혜승, 2012).

4) 장애 학생을 위한 창의적인 음악 수업으로의 변화

21세기 정보화 사회는 다방면으로 창의적 인간을 요구한다. 지금과 같은 정보화 사회에서 세계 각국은 창의적 인재 양성을 위해 노력을 아끼지 않고 있으며, 한국의 교육과정에서도 창의적 인재양성에 힘쓰고 있다(구혜승, 2012). 교사 및 각 교과의 수업 또한 시대의 변화에 맞추어 발전해야 하며, 학교 차원의 변화뿐만 아니라 사회와 사회 구성원 개개인의 인식 변화도 함께 이루어져야 한다. 현재 학교 음악 수업에서 창의성을 저해하는 가장 큰 요인은 교사조차도 장애로 인해 학생이 음악적 창의성을 발휘하지 못할 것이라는 선입견을 지녔다는 점이다. 따라서 교사의 태도 전환이 가장 먼저 이루어져야 하며 장애 학생 역시 잠재적 능력을 잘 활용하면 음악을 보다 개성 있게 표현할 수 있다.

이를 위해서 특수교육 담당 교사의 세심한 관심과 배려가 있어야 하며, 통합교실에서 장애 학생에게 하나의 음악적 역할을 담당하도록 하는 것과 그 역할에 대한 교육적 수정 전략을 활용하는 등의 다양한 노력이 필요하다. 또한 장애 학생은 주의집중에 어려움이 있는 경우가 많기 때문에 아이들의 관심을 사로잡을 창의적인 음악적 교수 방법과 전략이 구체적으로 연구되어야 할 것이다.

4. 교수적 접근을 위한 고려사항

- 음악 학습에서의 주체는 장애 학생이어야 한다.
- 장애 학생이 끊임없이 음악을 지각하고 반응하도록 유도한다.
- 소리에 대한 지각과 반응을 토대로 음악의 구조와 원리를 파악하도록 교사가 도움을 주어야 한다.
- 교사는 학생이 다양한 악곡에서 음악 개념을 발견할 수 있도록 이끌어야 한다.
- 장애 학생이 학습의 주체로서 작곡자, 연주자, 감상자가 된다.
- 교사는 장애 학생이 다양한 문화에서 음악을 만날 수 있도록 기회를 만들어야 한다.
- 교사는 장애 학생이 '작은 음악가'가 될 수 있도록 하며, 그들의 음악을 존중해야 한다.
- 창작 활동은 단순히 음악을 만드는 것이 아니라 생활 속에서 음악을 발견하고 적용하는 것에 초점을 둔다.

- 장애 학생의 감상 활동은 단순히 듣는 것이 아니라 듣는 과정 안에서 수준에 맞게 음악을 형상화하고 조직하는 방법이어야 한다.
- 다른 나라의 음악뿐만 아니라 한국의 전통 음악을 강조하여 다양한 수업이 전개되도록 노력한다.

🎵 정리

지금까지 좀 더 쉽게 접근할 수 있는 의미 있는 음악 수업을 진행하기 위해 개념적·경험적·창의적 접근 방법에 대해서 살펴보았다. 중요한 것은 음악 수업을 할 때 장애 학생에게 부족한 것을 지적, 학습적 능력으로만 생각하지 않으며, 학습 활동이 한 영역에만 치우쳐 계발되는 것이 아니라는 점을 알아야 한다는 것이다. 여러 영역에서의 능력을 함께 고려하여 장애 학생이 직접 경험할 수 있는 다양한 활동이 여러 음악교육자들의 이론적 근거와 교육적 의도, 원리를 가지고 음악 교수 방법에 최대한 반영된 수업이 되어야 한다는 것이다. 즉 음악적 개념을 형성하고 음악 활동을 할 때 다양한 방법을 활용하고, 언어, 신체 등과 같은 다른 교과 영역을 통합한 접근을 할 때 더욱 다양하고 재미있는 수업이 이루어질 것이다.

🎵 연구과제

1. 교과서에 실린 제재곡을 선택하고 그 악곡을 개념적 혹은 경험적 접근 방법으로 수업을 전개해보자.
2. 창의적 접근 방법은 장애 학생에게 어떠한 교육적인 효과를 지니는지 알아보자.
3. 한국 음악의 가장 큰 특징을 '장단'과 '시김새'라고 할 때, 장애 학생에게 전라도 민요 '진도 아리랑'을 개념적 접근 방법으로 이렇게 제시할 것인지 생각해보자.

• 브루너가 학문 중심, 구조 중심적 교육과정의 한 방법으로 제시한 것으로, 하나의 기본적 개념을 학습
  하고 그것을 다른 내용을 학습할 때 활용할 수 있도록 하는 접근 방법

음악 수업에서 학생의 새로운 음악적 개념 습득을 위한 효과적인 방법
  1단계 : 음악적 개념의 결정(선정)
  2단계 : 음악적 개념의 명확한 악곡 제시
  3단계 : 음악적 아이디어 표현의 창의적 활용
  4단계 : 정의적 언어로 서술

② 경험적 접근 방법

- 음악과 관련된 경험을 통해 수업하는 것
- 경험적 접근 방법은 경험을 통해 체득된 음악의 구성요소와 개념, 표현의
  원리를 적용하여 자신의 음악적인 아이디어를 표현하는 과정임

경험적 접근 방법의 적용
- 가창
- 기악
- 창작
- 감상
- 신체 표현

③ 창의적 접근 방법

- 창의적 음악 표현은 주어진 악곡을 그대로 노래 부르거나 연주하는 것이 아닌,
  다양한 표현활동을 의미

장애 학생을 위한 창의적인 음악 수업으로의 변화
- 장애로 인해 학생이 음악적 창의성을 발휘하지 못할 것이라는 선입견에 대한
  교사의 태도 전환이 선행되어야 함
- 특수교육 담당 교사의 세심한 관심과 배려가 필요하며, 통합교실에서 장애 아
  동에게 하나의 음악적 역할을 담당하도록 하는 것과 그 역할에 대한 교육적 수
  정 전략을 활용하는 등 다양한 노력이 필요함
- 아이들의 관심을 사로잡을 창의적인 음악적 교수방법과 전략이 체계적으로 연
  구되어야 함

④ 장애 학생의 다양한 음악적 접근을 위한 고려사항

- 음악 학습에서의 주체는 학생이어야 함
- 장애 학생이 끊임없이 음악을 지각하고 반응하도록 유도함
- 소리에 대한 지각과 반응을 토대로 음악의 구조와 원리를 파악하도록 교사가 도움을 주어야 함
- 교사는 학생이 다양한 악곡에서 음악 개념을 발견할 수 있도록 이끌어야 함
- 장애 학생이 학습의 주체로서 작곡자, 연주자, 감상자가 됨
- 교사는 장애 학생이 다양한 문화에서 음악을 만날 수 있도록 기회를 만들어야 함
- 교사는 장애 학생이 '작은 음악가'가 될 수 있도록 하며, 그들의 음악을 존중해야 함
- 창작 활동은 단순히 음악을 만드는 것이 아니라 생활 속에서 음악을 발견하고 적용하는 것에 초점을 둠
- 장애 학생의 감상 활동은 단순히 듣는 것이 아니라 듣는 과정에서 아동의 수준에 맞게 음악을 형상화하고
  조직하는 방법이어야 함
- 다른 나라의 음악뿐만 아니라 한국의 전통 음악을 강조하여 다양한 수업이 전개되어야 함

음악과 교수 적합화의 방법

장애인 등에 대한 특수교육법은 「교육기본법」 제18조에 따라 국가 및 지방자치단체가 장애인 및 특별한 교육적 요구가 있는 사람에게 통합된 교육환경을 제공하고 생애주기에 따라 장애 유형·장애 정도의 특성을 고려한 교육을 실시하여 이들이 자아실현과 사회통합에 기여함을 목적으로 한다(교육과학기술부, 2008). 이때 통합교육은 매우 중요한 역할을 하고 있으며 특수교육 분야에 있어 꾸준한 관심 영역으로 자리 잡아 왔다.

그러나 장애 학생들이 일반학급의 수업에 참여하게 될 때 장애 학생과의 수업에 대한 생소함이나 거부감으로 인하여 어려움을 호소하는 일반 교사들이 늘어나고 있으며, 특수학급 교사로부터의 많은 전문적 지원을 요구하고 있는 실정이다(박수환, 1997; 이대식, 2002; 최선실·박승희, 2001; 김수현, 2010). 더불어 일반 교사나 학생이 장애 학생에 대해 호의적이지 못한 태도나 학교 관리자의 비협조로 인하여 상호 간의 긴밀한 협력관계를 구축하지 못하고 있어 통합교육의 효율성이 저해되고 있는 실정이다.

그러므로 오늘날 교사들이 직면하고 있는 학생들의 다양한 요구와 능력 차를 해결하고 학생 개개인의 개성과 특징 및 능력의 편차를 해결하기 위한 교육과정의 운영과 교수 방법의 변화가 절실하다.

이 장에서는 통합교육의 성공과 문제점의 해결을 위하여 교수 적합화 이론을 제시하고 음악과에서 적용할 수 있는 교수 적합화의 방법과 그 가능성에 대하여 살펴보고자 한다.

1. 교수 적합화의 기초

통합교육환경의 양적 증가와 장애 학생의 일반교육과정에 대한 물리적 배치의 증가는 장애 학생을 어떻게 일반교육과정에 접근시킬 것인가에 대한 연구와 교육 방안을 필요로 한다. 왜 냐하면 일반교육과정 중심으로 진행되는 현재의 통합교육현장에는 통합교육에 대한 구체적 인 계획이나 기반이 마련되어 있지 못한 실정이고, 장애 학생에 대한 개별적인 지원도 제대 로 제공되지 못하고 있는 것이 현실이기 때문이다(이수현, 2010). 따라서 성공적인 통합교육을 실현하기 위해서는 장애 학생들의 다양한 특성과 능력에 맞는 교수과정의 조절과 수정이 필 요하다.

1) 정의

교수 적합화란 다양한 교육적 요구를 지닌 학생의 수행능력을 향상시키고 수업 참여의 범위 와 양을 확장하기 위하여 교수 환경, 교수 집단, 교수 내용, 교수 방법, 평가 방법 등을 조절 (accommodation)하고 수정(modification)하는 과정이다. 즉 교수 적합화는 장애 학생이 수업에 참여할 수 있도록 돕는 교수-학습상의 전반적인 지원이라고 볼 수 있다. 교수 적합화는 다양 한 학생의 특성과 요구에 따라 학교의 학습 환경을 적합하게 하는 학교의 능력을 신장시키는 것이며, 교수적 조절에서 도움을 얻고 성공적인 교육 경험을 할 수 있도록 학생의 능력을 향 상시키기 위한 교수적 중재를 제공하는 것이다(Wang, 1989; 김수현, 2010에서 재인용). 즉 다양 한 교육적 요구를 지닌 학생들의 수행능력 향상과 수업 참여의 범위와 양을 확장하기 위하여 교수 환경, 교수 집단, 교수 내용, 교수 방법, 평가 방법을 포함하는 교육의 전반적인 환경을 조절하고 수정하는 과정을 의미한다. instructional adaptation이나 curricular adaptation에 대 한 용어는 각 연구자의 학문적 배경이나 입장의 차이에 따라 다양하게 사용되고 있다. 글레이 저(Glaser, 1977)는 적절한 교수행위를 선택하고 적용하는 과정을 교수 적합화라고 하였으며 교사가 장애 학생들의 성공적인 수업을 위해 교수자료, 과제, 시험절차, 평가기준, 교수적 집 단 크기, 피드백 기술을 수정하고 대안적인 교수 활동을 제시하는 것이라고 하였다.

따라서 교수 적합화의 의미는 다양한 교육적 요구를 지닌 학생들의 수행능력 향상과 수업 참여의 범위와 양을 확장하기 위하여 교수 환경, 교수 집단, 교수 내용, 교수 방법, 평가 방법 을 포함하는 교육의 전반적인 환경을 조절하고 수정하는 과정이라고 정리할 수 있다.

2) 교수 내용

효과적인 교수 적합화를 위해서는 교수 환경이나 방법을 정교하게 조절하거나 교과의 내용을 수정하는 등의 노력이 필요하다. 장애 학생의 요구 수준에 따라 단계적으로 교수 자료와 방법을 적합화해야 하며, 가령 장애 학생의 능력 수준이 낮다고 할지라도 교수 자료는 그들의 생활 연령에 적합한 기능과 생활 기술을 포함하고 있어야 한다.

3) 교수 적합화의 구성과 방법

교수 적합화의 구성과 방법은 교수 적합화의 정의에 따라 여러 가지 구성요소가 다양하게 분류될 수 있는데 신현기(2004)는 교수 환경, 교수 집단, 교수 방법, 교수 내용, 평가 방법의 다섯 가지로 분류하였다.

① 교수 환경의 적합화

교수 환경은 수업이 진행되는 장소의 모든 요소를 일컫는 것으로 교수 환경의 적합화는 통합학급의 물리적, 심리적, 사회적 환경을 장애 학생들의 교육목표를 달성하기 위해 수정하고 보완하는 것을 의미한다(박승희, 1999). 따라서 장애 학생들이 일반학급에서 일반 학생과 함께 정상적으로 수업에 참여하고, 교육적 효과를 성취하기 위해서는 반드시 물리적, 사회적 환경을 수정할 필요가 있다. 예를 들면 물리적 환경에서의 수정은 실내외 환경, 기온, 조도, 표면, 경계선, 벽의 표시 등과 같은 것들을 포함하고, 심리·사회적 환경에서의 수정은 학생의 태도, 신념, 기대, 선행학습 경험, 또래 관계와 같은 것들이 포함된다(정주영·신현기, 2001). 일반 교사가 이런 교수 환경에 큰 변화를 주기에는 어려움이 많지만 단순하게 변화시킬 수 있는 경우도 많다. 예를 들어 통합체육 환경에서 평행력에 문제가 있는 학생 주위에는 카펫, 체조 매트 등을 배치하거나 지적장애나 시각장애 학생들에게 경계선을 표시하기 위한 고깔, 밝은색 테이프를 사용하는 것, 주의집중을 위해 매트를 쌓아서 칸막이로 사용하여 체육관을 부분적으로 분리하여 사용하는 것 등이다.

② 교수 집단의 적합화

교수 집단이란 일반적으로 수업을 진행하기 위해 학급 구성원을 조직화하는 것이다. 교수 집단 구성은 학생들의 학습과 행동에 큰 영향을 미친다. 비교적 동질 집단인 통합교실에 장애 학생을 통합시키기 위해서는 교수 집단에 대한 특별한 고려가 필요하다.

전체 학급 교수 : 전체 학급 교수는 교사 중심의 구조화된 교수 형태로 교실 전체의 학생이 교사로부터 같은 내용을 같은 방법을 통해 배운다. 이러한 교수 집단 구성은 장애 학생들에게 가장 효과적이고 강력한 집단 구성 방식으로 지지되고 있다. 하지만 모든 학생들이 동일한 속도와 양식을 통해 정보를 습득해야 하므로 개인차가 심한 장애 학생들의 경우 개별적인 피드백이 적고 수업 참여 기회가 제한되어 어려움을 경험할 수 있다.

또래교수 집단 : 또래교수는 한 학생이 다른 학생의 교수를 위한 중개 역할을 수행하는 교수 형태로, 전체 집단 교수에 비해 학생 중심적인 교수 집단 형태이다. 교사는 학생들을 짝짓고 한 학생을 개인교사로, 한 학생을 학생으로 임명한다. 이때 개인교사는 학생의 학급과 학업 내용의 유지에 대한 책임을 갖는다. 또래교수 집단의 유형은 학생의 요구, 교수 목표, 교수 환경, 교사의 선호도에 따라 정해지는데, 특히 학생들의 연령, 또래교수의 전달방식, 학생들의 능력에 따라 결정된다.

협력학습 집단 : 협력학습은 경쟁이나 개별화된 학습보다는 공동의 학습 목표에 따라 서로 다른 능력의 학생들이 소집단을 구성하여 활동하는 교수 집단 형태이다. 협력학습의 다섯 가지 구성요소로는 학생들의 상호 의존성, 촉진적 상호작용, 책임감, 사회적 기술이나 대인관계기술, 논의하고 사정할 수 있는 능력이 있다. 협력학습 집단의 운영이 효과적이 되기 위해서는 집단배치의 신중, 집단의 목표와 개인의 책임 규정, 대인 간 기술, 협력 기술에 대한 구체적인 훈련 제공, 집단의 활동 과정 모니터링, 모든 학생에게 유사한 양의 과제 제시가 요구된다.

컴퓨터 보조 교수 집단 : 컴퓨터 보조 교수는 학생의 기술, 지식, 학업상의 수행을 향상하기 위한 목적으로 컴퓨터를 사용하는 교수 방법이다. 컴퓨터 보조 교수는 크게 교실 중심 모형과 실험실 중심 모형으로 대별되는데, 교실 중심 모형은 교실 내에서 소수의 학생을 대상으로 하며, 나머지 대다수 학생들은 다른 교수 학습 활동에 참여하게 된다. 반면, 실험실 중심 모형은 전체 학생들을 대상으로 한다.

협력교수 집단 : 협력교수는 통합교실에서 장애 학생과 일반 학생의 교육적 요구를 만족하기 위해 제안된 교수 형태로, 동일한 물리적 공간 안에서 다양한 학생들로 구성된 집단에 대해 2명 이상의 교사가 실제적인 교수를 제공하는 것을 말한다. 최소제한환경을 제공하는 데 커다란 기여를 하고, 장애 학생의 학습 경험을 풍부하게 하고 다양하게 하는 이점

을 지니며, 학생 개개인을 고려하여 장애 학생의 요구를 충족시키는 개별화교육의 가능성을 높이는 데 의의가 있다.

보조교사 활용 : 보조교사를 활용하는 형태이다. 보조교사는 통합교실의 교사가 수업을 진행하는 동안 장애 학생의 학업 및 행동상의 문제들을 지원하는 역할을 하게 된다.

교정 프로그램 배치 : 1명의 장애 학생이 1명의 교사로부터 직접 교수 혹은 관리를 받게 되는 형태로, 통합교실의 교사나 특수학급 교사, 관련 전문가, 보조교사가 교수를 제공할 수 있다.

③ 교수 내용

효과적인 교수 적합화를 위해서는 장애 학생의 요구 수준에 따라 단계적으로 교수 자료와 방법을 적합화해야 한다. 아무리 장애 학생의 능력 수준이 낮다고 할지라도, 교수 자료는 그들의 생활 연령에 적합한 기능과 생활기술을 포함하고 있어야 한다. 이를 위해서는 학생들에게 제공되는 교육과정의 내용을 적합화하는 교사의 전문성이 요구되며, 이를 위해서는 교육과정을 적합화하기 위한 지침을 마련하는 것이 필요하다.

교수 자료와 교수 방법의 적합화 단계를 제시하면 다음과 같다.

1단계 : 같은 과제, 같은 교수 목표, 같은 교수 자료

어떠한 수정이나 조절도 요구되지 않는다. 장애 학생들은 일반 학생들과 동일한 과제에 참여하며 동일한 교수 목표 아래 동일한 교수 자료를 제공받는다. 필요한 경우 협력교수를 사용할 수 있으며, 감각장애 학생들을 위해 보청기, 점자, 수화 등도 사용할 수 있다.

2단계 : 같은 과제, 수정된 교수 목표, 같은 교수 자료

장애 학생은 일반 학생들과 동일한 과제에 동일한 교수 자료를 갖고 참여하지만, 교수 목표는 장애 학생의 수준에 기초하여 수정된다. 수정된 교수 목표에 따라 학생의 반응 양식을 수정한다. 장애 학생은 좀 더 쉬운 방법을 이용하여 과제에 반응할 수 있다(읽기는 것 대신 듣는 것, 오려서 붙이기 대신 가리키기 등). 이 단계부터 장애 학생을 위한 개별화가 시작된다.

3단계 : 같은 과제, 다른 교수 목표, 다른 교수 자료

아직까지는 장애 학생과 일반 학생들이 동일한 과제에 참여하지만, 장애 학생은 일반 학생들과 다른 교수 목표에 따라 다른 교수 자료를 제공받게 된다. 예를 들어 국어 시간에 일반 학생들은 전체 낭독을 하는 반면, 장애 학생은 CD를 들으며 따라 읽을 수 있다. 이 단계는 2단계에 비해 개별화의 강도가 높다.

4단계 : 같은 주제, 다른 교수 목표, 다른 과제

장애 학생은 일반 학생들이 참여하고 있는 과제와 동일한 주제 활동에 참여한다. 하지만 일반 학생들과 다른 교수 목표에 따라 다른 과제에 참여하게 된다. 이 단계에서부터는 장애 학생을 위한 개별화의 강도가 높아진다.

5단계 : 다른 주제, 다른 과제, 다른 교수 목표, 다른 교수 자료

이 단계에서 장애 학생은 일반 학생들과 완전히 다른 주제와 과제에 참여하게 되며, 이로 인해 다른 교수 목표에 의해 다른 교수 자료를 제공받게 된다. 이 단계에서는 장애 학생에게 기능적이고 생활 중심적인 교수 내용을 제공한다. 장애 학생의 교수 목표는 일반 학생들의 일반교육과정과 전혀 관련을 갖지 않으며, 교수 활동은 통합교실에서 이루어질 수도 있으나, 주로 특수학급이나 학습도움실과 같은 교실 외의 장소에서 주로 이루어진다.

④ 교수 방법

교수 방법의 적합화는 교실 내의 모든 학생을 대상으로 교수하지만, 서로 다른 방식으로 교수하는 것을 전제로 한다. 교사는 단일한 수업 맥락 안에서 모든 학생을 위한 교수 계획을 수립한다. 이러한 교수 계획 수립을 위한 4단계는 다음과 같다.

첫째, 교수할 기본 개념을 규명한다. 즉 장애 학생을 포함한 교실 내의 모든 학생이 이해해야 할 개념을 말한다. 둘째, 교수할 기본 개념을 제시하는 데 사용될 수 있는 다양한 방법을 규명한다. 다양한 질문을 준비할 수도 있고 감각 조작을 이용한 여러 활동을 수업에 활용할 수도 있다. 셋째, 학생이 과제를 수행할 수 있도록 다양한 방법을 제공한다. 여러 가지 교수 자료와 방법은 학생의 학습을 촉진하는 데 사용될 수 있다. 과제 수행 목표와 난이도는 학생의 흥미와 요구 및 능력에 따라 조정될 수 있다. 넷째, 평가 방법을 결정한다. 평가 방법은 학생의 능력 수준에 근거해야 하며, 실제 수업에서 사용했던 방법과 밀접하게 연관되어야 한다.

한편, 교수 적합화를 실행할 때는 장애 학생이 교실 전체 수업에서 소외되지 않도록 주의를 기울여야 한다. 교사는 장애 학생들을 위해 적합화된 활동들이 수업 전체 맥락 속에 통합될 수 있게 제시함으로써 장애 학생이 수업에서 소외감을 느끼지 않도록 배려해야 한다.

⑤ 평가 방법

장애 학생을 평가할 때 교사는 학생의 장애에 초점을 맞추는 것이 아니라 장애 학생들이 할 수 있고 알고 있는 것에 초점을 두어야 한다. 이는 장애의 특성을 전혀 고려하지 않아도 된다는 뜻이 아니라 장애 학생에 대한 평가의 초점을 장애 학생이 할 수 있거나 알고 있는 것에 맞추기 위해 평가의 적합화가 필요하다는 것을 의미한다.

평가 적합화의 유형은 크게 과정을 중심으로 평가 전, 평가 중, 평가 후의 단계로 범주화하기도 하고, 평가 운영과 점수 부여에 관한 조절로 나누어 설명하기도 하며, 평가의 구성과 운영방식, 장소로 범주화하기도 한다.

2. 음악과 교수 적합화의 기초

음악교과는 음악성과 창의성을 기르고 예술적 정서를 풍부하게 한다. 그러나 특수교육 현장에서는 대부분 노래를 부르거나 듣고 율동하는 것에 중점을 두고 있다. 그러나 다양한 음악적 경험은 음악적 성장에 큰 영향을 미치게 되므로 위에서 언급한 것 이외에 생활 도구로 소리를 만들거나 자연과 동물의 소리를 듣고 창의적으로 표현하는 활동을 전개하여 장애 학생들의 창의력과 표현력, 그리고 상상력을 길러주어야 한다. 장혜성·장혜원·황은영(2007)의 연구를 바탕으로 음악과 교수 적합화 방법을 제시하면 다음과 같다.

1) 음악 활동 구성을 위한 교수 적합화

장애 학생을 위한 음악 활동의 구성은 자료, 목표, 공간, 시간을 고려하는 것이 중요하다.

- **자료** : 일반 학생과 함께하는 음악 활동에 장애 학생을 참여시키기 위해서 교사들은 활동에 필요한 자료들을 장애 학생의 요구와 필요에 맞게 수정해야 한다. 예를 들어 음악 활동 중에 미끄러지는 것을 방지하기 위해서는 바닥에 미끄럼 방지 매트를 깔고 북을 칠 때 채를 놓치지 않도록 하기 위해서는 밸크로를 이용하는 것이 필요하다.
- **목표** : 음악 활동에서 개별화교육계획(IEP)의 특정 목표를 자연스럽게 삽입하는 것은 활동 중에 여러 가지 기능적 기술을 발달시킬 수 있다. 음악 활동 속에서 장애 학생의 반응이 전체적인 IEP 목표와 연계되어 계획할 때 가장 성공적인 활동이 될 수 있다. 장애 학

생을 위한 IEP 목표는 각 장애아의 모든 정보를 포함하고 있는 것으로 음악 활동에서익복표 역시 IEP 목표와 연계하여 계획하는 것이 중요하다. 또한 이런 음악 활동의 목표들은 음악 정규 교과 과정에서도 효과적으로 달성될 수 있어야 한다.

- 공간 : 공간은 교사가 음악 활동을 계획할 때 필수적으로 고려해야 하는 것 중 하나이다. 특히 지체장애나 시각장애 학생이 함께 음악 활동을 할 경우에는 환경의 변화가 더욱 필요하다. 움직이는 활동에 방해되지 않도록 충분한 공간을 확보하는 것이 필요하다. 활동은 장애 학생들에게 익숙한 공간에서 시작하는 것이 좋으며 한 번에 너무 많은 활동을 진행하여 혼돈을 주기보다는 활동의 수를 제한하는 것이 좋다. 활동 중 자리를 이탈하거나 산만해지는 것을 피하기 위해 미리 활동 영역을 색깔 테이프 등 시각적인 것을 사용하여 표시하면 좋다.

- 시간 : 음악 활동을 구성할 때 시간은 필수적으로 고려되어야 할 요소이다. 왜냐하면 장애 학생이 활동에 참여하기 위해서는 많은 시간이 필요하기 때문이다. 따라서 교사들은 융통성을 가지고 기다릴 수 있는 여유를 가져야 한다.

2) 음악 활동을 위한 교수 적합화의 종류

① 노래 부르기

영아는 점점 자라면서 단순히 의미만 전달하는 소리에서 점점 음악적인 요소, 즉 멜로디와 가사를 가지는 노래라는 형식을 통해 자신의 감정을 표현하고 전달하게 된다.

이를 확대하여 해석하면 노래를 함께 부르는 것은 감정의 자유로운 표현을 의미하며 여러 가지 영역에서 장애 학생에게 효과적일 수 있다는 것이다. 즉 익숙한 노래를 함께 부르며 소속감을 느낄 수 있고, 노래 그 자체만으로도 그룹 간의 사회적 상호작용을 증가시킬 수 있디. 또힌 노래 선곡에서 단순한 단어, 반복적인 구조, 쉬운 멜로디, 익숙한 노래를 선택하는 것이 좋다. 그리고 노래를 시작하기 전에 노래와 관련된 이야기를 하거나 그림, 사진 등의 시각적인 자료를 보여주는 것도 도움이 될 수 있다.

성공적인 노래 부르기를 위해서는 실제 나이와 발달연령을 고려하여 수준에 맞는 적절한 노래를 선택하고 좋아하는 노래를 집에서도 가족과 함께 부를 수 있도록 악보나 녹음된 음악을 제공해야 한다. 더 나아가 음역을 고려하여 악보를 재수정하거나 합창수업을

진행할 때에 복잡한 화성의 사용을 지양하고 적은 노력으로 화음의 아름다움을 느끼는
방법을 구안해야 한다.

② 악기 연주하기

악기 연주는 여러 가지 악기를 사용하여 다양한 소리를 내는 것으로 장애 학생이 좋아하
는 음악 활동 중 하나이다. 악기를 제시할 때는 정확한 이름과 연주 방법을 먼저 시범 보
이는 것이 좋고 가능하면 성공적인 경험을 할 수 있도록 사전에 대·소근육의 기능 정도
를 고려하여 악기를 수정하여 준비하는 것이 필요하다.

성공적인 악기 연주를 위해서는 소리가 좋고 튼튼하며 위험하지 않은 악기를 사용하도
록 한다. 던지거나 부딪침으로 인해 쉽게 파손되지 않고 끝이 뾰족하거나 날카로워서 찔
리지 않을 수 있는 안전한 악기를 사용하도록 하며, 어떤 악기든 사용 전에 적절하게 사
용될 수 있도록 악기를 재조정한다. 또한 악기를 선택하거나 연주할 때 충분한 탐색시간
을 주고 반응을 기다려야 한다.

③ 음악 만들기

음악 만들기는 직접 가사나 노래를 만들어보는 것이다. 즉흥적이고 자발적으로 음악을
만드는 것은 자기표현과 창조성을 위해 좋은 활동이 될 수 있다. 또한 이러한 음악 만들
기는 스스로 결정하고 선택하게 함으로써 장애 학생에게 자기결정권을 지도할 수 있다.
예를 들어 '생일 축하합니다'라는 익숙한 노래에 또래의 이름을 넣어 부르는 것은 음악
만들기의 간단한 형태라고 할 수 있다. 이러한 음악 만들기는 노래뿐만 아니라 악기 연
주에서도 가능하다. 한편, 폐품을 이용해 스스로 악기를 만들어보고 이를 소리 내어 보는
것은 미술과 결합된 또 하나의 음악 만들기의 좋은 경험이 될 수 있을 것이다.

④ 음악 감상하기

음악 감상은 일반 학생뿐만 아니라 장애 학생들에게도 선호도가 가장 낮은 활동이므로
교사들도 음악 활동 시간에 음악 감상을 많이 하지 않는다. 가만히 앉아서 음악을 들어
야 하는 수동적인 감상은 일반적으로 집중력이 짧고 활동량이 많은 아이들에게는 쉽지
않은 활동이다. 따라서 음악을 들으면서 몸을 움직여보거나 자신이 만든 소리, 즉 자신이
부른 노래나 악기 연주를 녹음하여 다시 들어보는 것은 새로움을 주고 흥미를 느끼도록
하는 방법이 될 수 있다.

성공적인 음악 감상을 위한 고려사항을 제시하면 다음과 같다. 장애 학생이 선호하는 음악을 조사하여 감상하고 다양한 장르의 음악을 감상한다. 또한 처음에는 소리를 식별할 수 있도록 여러 가지 소리를 들려준다. 예를 들면 장애 학생에게 친숙한 자연의 소리나 동물 소리 등을 들려주는데 이때 소리가 모호하지 않고 잡음이 없어 자연의 소리나 동물의 소리가 분명하게 구별될 수 있는 것을 사용하는 것이 좋다.

⑤ **신체 표현**

신체 표현은 일반 학생과 장애 학생 모두가 함께 참여할 수 있는 가장 기초적인 음악 활동이다. 이때 음악과 동작은 상호 자극이 될 수 있는데 동작을 창조하기 위해 음악을 자극으로, 음악을 창조하기 위해 동작을 자극으로 사용할 수 있다. 신체 표현을 위해 주로 사용되는 음악은 2박자의 동작에 적합한 음악 슈만의 〈어린이를 위한 앨범〉 중 '병사의 행진', 3박자의 동작에 적합한 음악은 발트토이펠의 〈스케이트 왈츠〉, '봄의 왈츠' 등이 있으며 4박자의 행진에 적합한 음악은 차이코프스키의 〈호두까기 인형〉 중 '행진곡' 등이 있다. 음악과 함께하는 신체 표현 중 가장 단순한 형태로는 눈, 코, 입 등 신체 부분을 가리키고 말하는 것에서부터 노래에 따라 좌우로 움직이기, 오른쪽/왼쪽 등의 방향성 인식까지 다양하게 사용될 수 있다.

성공적인 신체 표현을 위한 고려사항은 다음과 같다. 강제로 참여하지 않도록 하며 움직이기 전에 박수나 발 구르기 등으로 박을 느끼도록 하고 단순한 동작을 먼저 시범 보여주고 시작한다. 또한 각 장애 학생의 능력에 맞게 난이도를 조정하여 시행하는 것이 좋다.

⑥ **악기 지도하기**

장애 학생에게 악기를 가르칠 때는 장애 학생의 인지, 신체, 사회적 능력을 고려하여 전통적인 악기를 개조하거나 방법을 수정하는 것이 필요하다.

장애 학생에게 악기를 가르치는 기본적인 단계는 적절한 악기를 선택하는 것이다. 또한 악기 지도를 위해서는 장애 학생이 음악적 과제를 쉽게 달성할 수 있도록 조정해야 한다. 다음은 관악기의 입술 모양을 익히기 위해서 다양한 방법으로 관악기 부는 연습을 시도하게 하는 예다.

• 입으로 소리내기

- 느리게-빠르게 변형해 가면서 소리내기
- 손가락을 입술에 대고 소리내기
- 마우스피스 없이 소리내기
- 마우스피스를 대고 소리내기
- 마우스피스를 악기에 끼고 소리내기

3) 음악과 교수 적합화의 교수 전략

① 공간의 변형과 교실 배치

그룹으로 음악 활동이 이루어지기 위해서는 먼저 움직일 수 있는 충분한 공간이 필요하며 장애 학생에게 익숙하고 안전한 환경이 적절하다. 이를 위해 일정한 공간에서 일정한 절차를 따르는 것이 좋다. 그리고 교실에 물리적인 변화가 생긴다면 미리 장애 학생에게 알려주어야 한다.

공간 수정

음악 활동은 음악 감상과 같은 정적인 활동과 악기 연주, 율동과 같은 동적인 활동으로 나뉜다. 음악을 통해 자신의 기분을 몸으로 표현하기 때문에 몸을 움직일 수 있는 공간 확보가 필요하다. 또한 음악 활동의 공간은 장애 학생에게 익숙해야 한다. 이를 위해 일정한 공간에서 일정한 절차에 따라 활동을 전개하는 것이 좋다. 만약 교실에 어떤 변화가 생기면 미리 장애 학생에게 알려주어야 하고, 일과 활동 중 장소 이동이 있을 때는 교실에 있는 게시판에 공지한다.

자리 배치

장애 학생의 자리 배치에서도 교사가 잘 보이고 장애 학생의 반응을 최대한 유도할 수 있는 위치를 고려하는 것이 좋다. 만약 선호하는 또래 옆에서 활동에 잘 참여하고 상호작용을 잘 나타낸다면 선호하는 또래 옆에 자리 배치를 하는 것이 유용하다. 시각에 어려움이 있는 학생은 되도록 앞좌석에 배치하고 눈을 부시게 하는 창문이나 조명기구에 가깝지 않게 한다.

② 시각적 자료 제공

장애 학생들이 통합환경의 활동에서 소외되지 않고 참여하기 위해서는 장애 학생이 음악 활동의 진행사항을 이해할 수 있고 흥미를 느낄 수 있는 시각적 자료를 제공하여 교육적 **목표**를 달성하는 데 도움을 줄 수 있다. 교사는 장애 학생이 음악 활동에 참여하는 데 불편함이 없도록 보조도구와 시각적인 자료를 준비한다. 색깔악보를 이용하여 음정이나 리듬을 기억하는 것을 도울 수 있다. 색깔악보는 장애 학생이 음악의 특별한 부분에 집중할 수 있게 도와준다.

③ 음악과 교구의 지원

음악과와 관련된 도구적 지원은 악기의 선택, 도구 지원, 악기의 효율적 제공으로 나눌 수 있다.

악기의 선택

리코더와 같은 관악기는 호흡을 조절하는 방법을 배울 수 있고 쉐이커와 핑거심벌즈 같은 타악기는 소근육을 조절하는 방법을 배울 수 있다. 따라서 장애의 특성과 유형에 따라 악기를 선택적으로 사용해야 한다.

도구 지원

도구 지원은 악기를 쉽게 연주할 수 있게 도구를 지원하는 것이다. 장애 학생의 신체적 제한 때문에 악기를 연주하는 데 어려움이 있을 때 교사는 보조도구를 사용하여 장애 학생이 손쉽게 연주하도록 한다. 예를 들어 벨크로 중에는 어떤 물건을 손에 감아 붙일 수 있는 찍찍이가 있다. 또한 벨크로 줄의 한 면에 도구를 끼울 수 있게 부착된 작은 주머니를 만들어 이곳에 악기 채를 끼워 넣어 악기 채로 실로폰을 연주할 수 있게 할 수 있다.

악기의 효율적 제공

악기 연주 시 다루기 쉬운 악기에서부터 조금씩 다루기 어려운 악기를 제공하여 장애 학생에게 성공적인 연주 경험을 한다.

④ 인적 지원 활용

장애 학생이 음악 활동 중에 성공적인 반응을 할 수 있게 교사와 또래가 적절한 지원과 격려를 해야 한다.

교사 지원

음악 활동에서 교사는 장애 학생 옆에서 여러 가지 지원을 할 수 있고 직접적 교수를 통해 도울 수 있다. 교사의 시범 보이기, 교사의 언어적 · 신체적 촉진을 이용하여 활동 참여를 격려한다.

또래 지원

또래 지원은 또래가 교사와 친구 역할을 동시에 할 수 있기 때문에 장애 학생의 능력을 강화하는 최상의 지원이라고 할 수 있다. 더 나아가 또래가 장애 학생의 모델이 되어 음악적 반응을 더욱 촉진할 수 있다.

⑤ 활동내용 수정

의미 있는 참여를 위해서 장애 학생의 능력과 요구에 적절하게 활동내용을 수정하여 지원해야 한다.

과제 분석

과제 분석이란 계열적 순서로 구성되어 있는 음악 활동을 각 장애 학생의 수준과 특성에 맞게 지도할 수 있게 단계별로 나누는 것이다. 장애 학생에게 악기를 가르치기 위해서는 복잡한 음악적 과정을 쉽게 달성될 수 있게 하위과정으로 나눈 과제 분석을 시행하여 지도하면 매우 효과적이다. 예를 들어 소고 치는 방법에 대한 과제 분석을 하면 다음과 같다.

> 소고를 본다. → 소고의 손잡이를 잡는다. → 소고 채를 다른 손으로 잡는다. →
> 소고의 가운뎃부분을 응시하고 채로 친다.

활동의 단순화

교사는 인지적 장애, 학습장애, 신체적 장애를 가진 유아를 위해 활동을 단순하게 변형해서 어떤 부분이라도 참여할 수 있게 한다. 예를 들어 교사는 노래 부르며 동시에 악기를 연주하는 과제를 시행할 때 이 활동에 어려움을 보이는 장애 학생에게는 악기 연주나 노래 부르기 중 하나를 선택하여 단순화시켜 목표를 세운다.

난이도 조절

교사는 장애 학생이 음악 활동에서 과제를 수행할 수 있도록 하기 위해서는 난이도를 조절해야 하며 난이도는 장애 학생의 기능에 맞추어져야 한다. 리듬치기를 할 때 장애 학생이 또래의 리듬치기 수행력에 못 미칠 수 있다. 이런 경우 교사는 점 4분음표와 점 8분음표를 연주할 때 장애 학생은 난이도를 조절하여 4분음표를 두 번 치게 하거나 2분음표를 한 번 치게 하여 난이도를 조절할 수 있다. 또한 교사는 리코더를 불 때 구멍을 모두 테이프로 막고 맨 밑의 2개의 구멍만 남겨 두어서 〈비행기〉 노래를 2개의 손가락으로 쉽게 연주할 수 있게 한다.

⑥ 가정연계

교사는 음악 활동에 쓰일 노래 테이프나 악보를 부모에게 전달하여 가정에서도 지도할 수 있게 한다. 부모는 장애 학생들과 함께 음악 활동에서 사용될 노래를 감상하고 노래하고 리듬에 맞추어 연주하므로 교육기관의 일과 중에 있을 음악 활동에 장애 학생이 더욱 잘 참여하게 할 수 있다.

🎵 정리

통합교육 현장에서 장애 학생에게 음악교과를 적용할 때 그들의 개성과 능력의 편차를 해결하기 위하여 교육과정의 운영과 교수 방법을 수정하거나 조절해야 한다. 또한 장애 학생들의 요구를 바탕으로 개성과 능력에 적합한 다양한 음악적 경험을 제공하고, 음악 활동에 필요한 기본적 능력을 길러주며, 이를 일상생활 속에서 적용할 수 있도록 해줌으로써 장애 학생의 삶을 더욱 풍요롭게 할 수 있도록 도와주어야 한다.

이때 교사는 장애 학생의 특성과 요구에 알맞은 교육과정 수정과 교수의 체계적인 구조화를 통해 음악의 개념을 이해하게 하고 다양한 음악 활동을 경험하게 하며, 생활 속에서 음악을 활용하고 적용하여 생활화할 수 있도록 노력해야 할 것이다(교육과학기술부, 2009).

🎵 연구과제

1. 특수학교 음악교과서에 나타난 교수 적합화를 적용한 예를 조사해보자.
2. 장애 학생의 독보력 향상을 위한 그림악보를 만들어보자.
3. 음악 개념을 지도할 때 장애 학생을 위한 교수–학습 방안을 기술해보자.

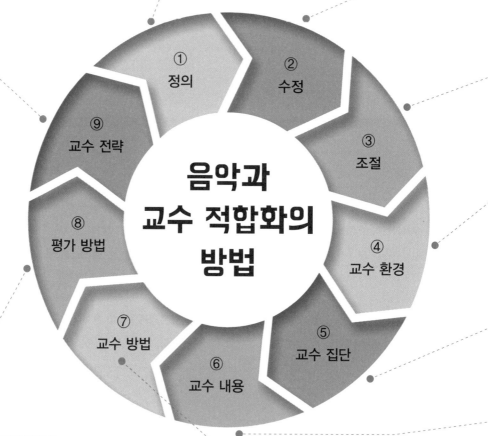

⑨ 교수 전략

- 공간의 변형과 교실배치(공간 수정, 자리 배치), 시각적 자료 제공, 음악과 교수의 지원(악기 선택, 도구 지원, 악기의 제공순서), 인적자원 활용(교사 지원, 또래 지원), 활동내용 수정(과제 분석, 활동의 단순화, 난이도 조절), 가정 연계

① 정의

- 교육적 요구를 지닌 학생의 수행능력을 향상하고 수업 참여의 범위와 양을 확장하기 위해 교수 환경, 교수 집단, 교수 내용, 교수 방법, 평가 방법 등을 조절하고 수정하는 과정

음악과
교수 적합화의
방법

① 정의
② 수정
③ 조절
④ 교수 환경
⑤ 교수 집단
⑥ 교수 내용
⑦ 교수 방법
⑧ 평가 방법
⑨ 교수 전략

⑧ 평가 방법

- 교사는 학생의 장애에 초점을 맞추는 것이 아니라 장애 학생들이 할 수 있고 알고 있는 것에 초점을 두어야 함
- 평가 적합화의 유형은 과정을 중심으로 평가 전, 평가 중, 평가 후의 단계로 범주화하기도 함

⑦ 교수 방법

- 교실 내의 모든 학생을 대상으로 교수하지만, 서로 다른 방식으로 교수함
- 교사는 단일한 수업 맥락 안에서 모든 학생을 위한 교수 계획을 수립해야 함
- 교수 적합화를 실행할 때는 장애 학생이 교실 전체 수업에서 소외되지 않도록 주의를 기울여야 함

12

② 수정

- 한 학생이 교실 내의 다른 학생들과 동일한 교과 영역을 학습하고 수행하면서 보여주는 기대 수준을 변화시킴

③ 조절

- 정보를 바탕으로 지식과 기술을 보여주는 동등한 기회를 학생들에게 제공하기 위해 교수 혹은 평가 절차에 가해지는 변화

④ 교수 환경

- 수업이 진행되는 장소의 모든 요소를 의미함
- 교수 환경의 적합화는 통합학급의 물리적, 심리적, 사회적 환경을 수정하고 보완하는 것을 의미함

⑤ 교수 집단

- 수업을 진행하기 위해 학급 구성원을 조직화하기도 함
- 교수 집단 구성은 학생들의 학습과 행동에 큰 영향을 미치므로 교수 집단에 대한 특별한 주의가 필요함
- 전제 학급 교수, 또래집단 교수, 협력학습 집단, 컴퓨터 보조 교수 집단, 협력교수 집단, 보조교사 활용, 교정 프로그램 배치 등이 필요함

⑥ 교수 내용

- 장애 학생의 요구 수준에 따라 단계적으로 교수 자료와 방법을 적합화해야 함
- 교수 자료는 그들의 생활 연령에 적합한 기능과 생활기술을 포함하고 있어야 함
- 교수 내용의 적합화 단계
  - 1단계 : **같은 과제, 같은 교수 목표, 같은 교수 자료**
  - 2단계 : **같은 과제, 수정된 교수 목표, 같은 교수 자료**
  - 3단계 : **같은 과제, 다른 교수 목표, 다른 교수 자료**
  - 4단계 : **같은 주제, 다른 교수 목표, 다른 과제**
  - 5단계 : **다른 주제, 다른 과제, 다른 교수 목표, 다른 교수 자료**

PART **4**

특수교육 음악과
교육과정의 이해

13

음악과 기본교육과정의 변화 1

(제7차 특수학교 음악과 기본교육과정~2011년 개정 특수교육 음악과 기본교육과정)

음악은 사람의 생각이나 감정을 음으로 표현하고, 이를 음미하며 즐기는 예술로서 삶에 많은 영향을 미친다. 사람은 음악 활동을 통해 미적 아름다움을 경험하며 창의성, 인지, 정서 등 심리적 과정을 발달시키고, 음악의 사회적 역할과 가치를 인식함으로써 자아를 실현하고 삶의 폭을 넓힐 수 있다. 특히 장애 학생에게 음악은 다양한 표현 활동을 통하여 창의력과 표현력을 기르고 다른 사람들과 협력하여 즐길 수 있는 공동체적 삶과 태도를 길러 자아실현을 할 수 있는 근간을 마련해야 한다. 그리고 이러한 근간은 학교 교육과정에 반영되어야 한다.

따라서 이 장에서는 학교교육과정의 발달을 위하여 특수교육 음악과 기본교육과정의 기초 체계를 비교하고 그 변천 과정에 대하여 살펴보고자 한다.

1. 음악과의 성격

1) 교육과정

① 제7차 특수학교 기본교육과정

음악과 교육은 학생의 음악적 잠재력과 창의성을 계발하고, 음악을 통하여 자신의 감정과 생각을 표현하도록 하며, 삶의 질을 높이고 전인적인 인간이 되도록 하는 데 그 목적이 있다. 또 역사적, 사회적, 문화적 맥락 속에서 음악을 이해하고 애호하며 즐기는 태도를 갖게 한다.

음악과는 다양한 악곡을 경험하여 음악 개념을 이해하고, 음악 활동을 통하여 창의적인 표현과 사고력을 길러 음악에 대한 심미적 안목과 바람직한 가치관을 기르는 교과이다. 또한 음악과는 우리나라 음악 문화유산의 비교를 통해 그 특질과 가치를 이해하고 이를 바탕으로 우리의 음악 문화를 계승하고 발전시켜 새로운 음악 문화를 창달하는 데 기여한다.

초등학교 음악과는 기초적인 음악 개념의 이해, 다양한 음악 활동의 경험, 음악에 대한 흥미와 즐겨 참여하는 태도를 기르는 데 중점을 둔다. 이해와 활동 영역은 통합적으로 운영되도록 하며, 음악 활동을 통하여 음악 개념을 이해하고 창의적인 사고력과 표현력을 기르도록 한다.

중학교 음악과는 초등학교에서 다루어지는 기초적인 음악 개념을 바탕으로 심화된 음악 개념에 대한 이해와 다양한 악곡과 음악 활동을 통하여 창의적으로 표현할 수 있는 능력을 계발하는 데 중점을 둔다. 또 음악생활에 적극적으로 참여하여 음악에 대한 애호심과 긍정적인 태도를 갖도록 한다.

고등학교 음악과는 다양한 악곡과 음악 활동을 통하여 음악성과 창의성을 기르고, 풍부한 음악적 감수성과 바람직한 가치관을 기르는 데 중점을 둔다. 또 다양한 시대와 문화권의 음악을 듣고, 연주하고, 분석하며, 생활 속에서 음악의 역할과 가치를 이해하여 음악을 생활화하도록 한다.

② 2008년 개정 특수학교 기본교육과정

음악과는 학생들의 잠재된 음악적 능력을 계발하고, 다양한 문화를 경험하며, 음악 개념을 이해하고 풍부한 정서를 기르는 것과 동시에, 음악을 통하여 자기의 생각이나 느낌을 창의적으로 표현하고, 감상능력을 기를 수 있도록 음악적 경험을 제공하는 교과이다.

음악과는 다양한 음악을 체계적으로 활용하여 변화를 유도하고 심리적 안정감과 만족감을 극대화하여 다양한 발달 영역에서의 기능을 향상시키며 바람직한 행동 변화를 통해 자아실현을 하도록 한다. 또 학생 개개인의 자발적인 참여를 권장하고 개인의 음악적 요소에 대한 반응과 판단을 존중하여 음악을 즐길 수 있는 능력과 태도를 기르는 데 중점을 둔 활동과 전통적·현대적 악기의 기능과 활동을 적절하게 변형시켜 창의적인 표현력을 기르는 데 중점을 둔다.

음악과의 내용 영역은 지각 활동, 표현 활동, 감상 활동으로 구성하였으며, 각 영역은

3단계로 연속성 있게 조직하였다. 전 영역에 걸쳐 다양한 감각능력을 자극하여 음악에 대한 개념을 이해하고, 자유로운 표현과 다양한 경험으로 풍부한 정서적 표현 능력을 기르며 감상 활동을 통해 심미적 경험을 제공하여 바람직한 가치관을 확립하도록 한다.

③ 2011년 개정 특수교육 기본교육과정

음악이란 사람의 생각이나 감정을 음으로 표현하고, 이를 음미하며 즐기는 예술로서 인간의 삶에 많은 영향을 미친다. 사람은 음악 활동을 통해 미적 아름다움을 경험하며, 창의성, 인지, 정서 등 심리적 과정을 발달시키고, 음악의 사회적 역할과 가치를 인식함으로써 자아를 실현하고 삶의 폭을 넓혀갈 수 있다. 즉 음악이 지닌 아름다움을 통해 심미적인 품격을 형성하고, 다양한 표현과 감상 활동을 통해 창의력을 기르며, 합창이나 합주 등을 통해 자신과 타인을 이해하고 협력하며 함께 즐기는 공동체적 삶과 태도를 기른다.

또한 음악 활동을 통해 아름다움과 즐거움을 경험하면서 자연스럽게 개인의 전반적인 발달을 이룰 수 있다. 즉 다양한 감각 체계를 활용한 음악 활동을 통하여 지각-운동 능력을 기르고, 끊임없는 감각과 지각 활동을 통해 정보 처리와 사고 능력, 기억력과 주의 집중력의 발달을 촉진할 수 있다.

음악과는 개인의 전 생애를 통하여 음악적 가치를 인식하고 생활화할 수 있는 바탕을 마련하려는 궁극적인 목적과 함께 장애 학생들의 언어, 인지, 정서, 사회성, 신체, 긍정적 자아개념 및 창의성 등의 발달을 촉진하고 지원하는 교과이다. 장애 학생들은 신체적 결손, 능력의 제한성, 참여의 제약으로 인해 발달과 학습에 어려움을 겪는다. 이러한 어려움은 이동, 운동, 협응, 인지, 언어, 사회성, 행동 등 발달 영역에서 지체나 일탈의 형태로 나타난다. 음악과는 장애 학생들이 지닌 특별한 요구를 바탕으로 개성과 능력에 적합한 다양한 음악적 경험을 제공하고, 음악 활동에 필요한 기본적 능력을 길러주며, 이를 일상생활 속에서 적용할 수 있도록 해줌으로써 삶을 더욱 풍요롭게 한다. 또한 음악을 통해 공동체적 의식을 함양하고 즐거운 생활을 할 수 있도록 함으로써 학생들의 사회화와 같은 전인적인 발달에 기여할 수 있다.

음악과의 내용 영역은 '활동', '이해', '생활화'의 3개 영역으로 구성하고, 각 영역은 5개의 학년군으로 구분하여 계열성을 강조하였다. 활동 영역은 '가창', '연주', '창작', '감상'의 4개 소영역으로 구성되어 있으며, 다양한 음악 활동을 통해 표현 및 감상능력을 기를 수 있도록 한다. 이해 영역은 리듬, 가락, 화성, 빠르기, 셈여림, 형식, 음색의 범주로 구성되어 있으며, 음악의 기본적인 구성요소에 대한 개념을 이해하도록 한다. 생활화 영역은 생활 속에서 다양한 음악을 경험하고 활용하며 적용하는 태도를 기를 수 있도록 한다.

　음악과는 장애 학생의 신체 발달과 인지능력을 동시에 고려하는 생애주기적 접근을 강조한다. 그리고 장애 학생의 요구와 특성에 따라 융통성 있는 교수 · 학습의 접근을 강조한다. 또한 활동 영역, 이해 영역, 생활화 영역을 통합적으로 운용하며 필요에 따라 다른 교과와의 통합적 접근을 시도할 수 있다.

2) 교육과정의 비교

앞에 제시된 성격을 분석하여 키워드 중심으로 각 교육과정을 비교해보면 다음과 같다.

① 제7차 특수학교 기본교육과정

1. 학생의 음악적 잠재력과 창의성을 계발하고, 음악을 통하여 자신의 감정과 생각을 표현하도록 하며, 삶의 질을 높이고 전인적인 인간이 되도록 하는 데 그 목적이 있으며 역사적, 사회적, 문화적 맥락 속에서 음악을 이해하고 애호하며 즐기는 태도를 갖도록 한다.
2. 음악과 다양한 악곡을 경험하여 음악 개념을 이해하고 가창, 기악, 창작, 감상의 음악 활동을 통하여 창의적인 표현과 사고력을 길러 음악에 대한 심미적 안목과 바람직한 가치관을 기르도록 한다.

> 제7차 특수학교 기본교육과정은 음악적 잠재력과 창의성을 계발하고 자신의 감정과 생각을 표현하며 삶의 질을 높이고 전인적인 인간이 되도록 하고 있다. 여기서 전인적인 인간이란 표현 활동을 통해 정서적, 사회적으로 발달하여 음악적 요소와 감상을 통해 지적 성장까지 총체적으로 성장하는 인간을 말한다.

② 2008년 개정 특수학교 기본교육과정

1. 학생들의 잠재된 음악적 능력을 계발하고, 다양한 문화를 경험하며, 음악 개념을 이해하고 풍부한 정서를 기르는 것과 동시에, 음악을 통하여 자기의 생각이나 느낌을 창의적으로 표현하고, 감상능력을 기를 수 있도록 음악적 경험을 제공한다.

2. 학생 개개인의 자발적인 참여를 권장하고 개인의 음악적 요소에 대한 반응과 판단을 존중하여 음악을 즐길 수 있는 능력과 태도를 기르는 데 중점을 둔 활동과 전통적·현대적 악기의 기능과 활동에 맞게 변형시켜 창의적인 표현력을 기르는 데 중점을 둔다.

3. 지각 활동, 표현 활동, 감상 활동의 3개 영역으로 연속성 있게 조직한다.

2008년 개정 특수학교 기본교육과정은 제7차 특수학교 기본교육과정을 바탕으로 개정되었다. 1번은 제7차 특수학교 기본교육과정과 거의 비슷하다고 볼 수 있고 2번은 학생 개개인의 자발적인 참여를 권장하며 개인의 음악적 요소에 대한 반응과 판단을 존중한다는 것이다. 또한 장애 학생 개개인의 특성을 강조하고 악기를 활동에 맞게 변형시킨다는 것은 교수 적합화에 대한 내용이 포함됨을 의미한다.

③ 2011년 개정 특수교육 기본교육과정

1. 개인의 전 생애를 통하여 음악적 가치를 인식하고 생활화할 수 있는 바탕을 마련하려는 궁극적인 목적과 함께 장애 학생들의 언어, 인지, 정서, 사회성, 신체, 긍정적 자아개념 및 창의성 등의 발달을 촉진하고 지원한다.

2. 장애 학생들이 지닌 특별한 요구를 바탕으로 개성과 능력에 적합한 다양한 음악적 경험을 제공하고, 음악 활동에 필요한 기본적 능력을 길러주며, 이를 일상생활 속에서 적용하고, 음악을 통해 공동체적 의식을 함양하고 즐거운 생활을 할 수 있도록 함으로써 학생들의 사회화를 촉진한다.

2011년 개정 특수교육 기본교육과정은 개인의 전 생애와 생활화를 강조하였다. 그리고 제7차 특수학교 기본교육과정에서의 전인적인 발달을 구체적으로 언어, 인지, 정서, 사회성, 신체, 긍정적 자아개념 및 창의성 등의 발달이라고 제시하였다. 특히 2008년 개정 특수학교 기본교육과정보다 더욱 구체적이며, '장애 학생들이 지닌 특별한 요구를 바탕으로'라는 문구가 명시되어 있다. 2008년 개정 특수학교 기본교육과정과 마찬가지로 생활화를 강조하였으며 2008년 개정 특수교육 기본교육과정과의 차이점은 공동체적 의식을 통한 사회화를 포함하여 학생들이 사회적으로 상호작용을 할 수 있도록 해야 함을 강조하였다.

④ 비고

1. 활동, 이해, 생활화의 3개 영역으로 계열성을 강조한다.

2. 음악을 생활화하여 전반적인 발달을 강조한다.

3. 요구와 특성에 따라 융통성 있는 교수 학습으로 접근한다.

4. 영역을 통합적으로 운용하여 다른 교과와의 통합적 접근이 가능하다.

> 2011년 개정 특수교육 기본교육과정은 계열성과 전반적인 발달과 생활화, 장애 학생의 요구와 특성에
> 따른 교수 적합화, 그리고 다른 교과나 영역 간의 통합적 접근을 강조하였다.

2. 음악과의 목표

1) 교육과정의 목표

① 제7차 특수학교 기본교육과정 음악

다양한 악곡과 음악 활동을 통하여 음악성과 창의성을 기르고, 음악적 정서를 풍부하게
한다.

- 음악의 구성요소를 이해한다.
- 가창, 기악, 창작, 감상 활동을 통하여 음악성과 창의성을 기른다.
- 음악의 역할과 가치를 이해하여 음악을 생활화하는 태도를 기른다.

② 2008년 개정 특수학교 기본교육과정

2008년 개정 특수학교 음악과 기본교육과정은 일상생활에서 아름다움을 느끼고 이를 창
의적으로 표현할 수 있는 다양한 음악 활동의 기회를 가짐으로써, 풍부한 정서를 함양하
고 자발적인 표현 활동을 즐길 수 있는 능력과 태도를 기르는 것을 목표로 한다.

- 소리에 관심과 흥미를 가지고 생각이나 느낌을 자유롭게 표현한다.
- 음악의 요소를 이해하고, 올바른 감상 태도와 능력을 기른다.
- 다양한 음악 활동에서 경험한 것을 실제 생활에서 활용한다.

- 전통 음악에 대한 이해를 높여 우리 문화에 대한 자긍심을 기른다.

③ 2011년 개정 특수교육 기본교육과정

2011년 개정 특수교육 음악과 기본교육과정의 목표는 교과 목표와 학년군별 목표로 나눌 수 있다. 음악과의 교과 목표는 다양한 악곡과 활동을 통하여 음악의 아름다움을 경험하게 하며, 음악의 표현·감상·이해능력을 기르고, 음악을 생활화함으로써 즐거운 생활을 하는 태도를 기르게 하며, 음악 활동을 통해 정서적, 사회적, 신체적, 인지적 발달을 촉진하는 것을 목적으로 한다.

- 다양한 음악 활동을 통해 표현 및 감상능력을 기른다.
- 음악의 기본적인 구성요소에 대한 개념을 이해한다.
- 생활 속에서 다양한 음악을 경험하고, 활용하며, 적용하는 태도를 기른다.

음악과의 학년군별 목표는 초등학교 1~2학년, 3~4학년, 5~6학년 목표와 중학교 1~3학년 목표, 고등학교 1~3학년 목표로 나눌 수 있다. 학년군별 목표는 아래와 같다.

초등학교 1~2학년 : 기초적인 음악 활동을 통해 생활 속에서 음악을 경험한다.
- 노래를 듣고 따라 부르며 신체와 주변의 물건을 이용하여 연주한다.
- 여러 가지 소리의 특성을 탐색한다.
- 생활 속에서 다양한 음악을 경험한다.

초등학교 3~4학년 : 기본적인 음악 활동을 통해 음악을 즐기는 태도를 기른다.
- 바른 자세로 노래와 연주를 하고 분위기를 느끼며 음악을 듣는다.
- 음악의 기초적인 구성요소를 이해하고 타악기의 종류를 안다.
- 생활 속에서 음악을 즐기는 태도를 기른다.

초등학교 5~6학년 : 다양한 음악 활동을 통해 음악 행사에 적극적으로 참여하는 태도를 기른다.
- 자연스러운 발성으로 노래하고 바른 주법으로 가락 악기를 연주하며 4박자의 간단한 즉흥 가락을 만든다.
- 음악의 기본적인 구성요소를 이해하고 건반 악기의 종류를 안다.
- 생활 속에서 음악 활동에 적극적으로 참여하는 태도를 기른다.

중학교 1~3학년 : 다양한 음악 활동을 통해 음악을 활용하는 능력을 기른다.

- 무리 없는 발성으로 노래하고, 바른 주법으로 다양한 악기를 연주하며, 즉흥 가락을 만든다.
- 음악의 구성요소에 대한 개념을 이해하고 현악기의 종류를 안다.
- 생활 속에서 음악을 활용하는 능력을 기른다.

고등학교 1~3학년 : 다양한 음악 활동을 통해 음악을 생활 속에서 적용하는 태도를 기른다.

- 정확한 발음과 아름다운 발성으로 노래하고 악곡의 느낌을 살려 합주하며 7음을 이용하여 즉흥 가락을 만든다.
- 음악의 구성요소를 이해하고 관악기의 종류와 음색을 안다.
- 음악의 쓰임새를 알고 생활 속에서 적용하는 태도를 기른다.

2) 교육과정 목표의 비교

음악과 총괄 목표와 하위 목표의 체계를 정리하면 다음과 같다.

① 제7차 특수학교 기본교육과정

총괄 목표	일상생활에서 아름다움을 느끼고 이를 창의적으로 표현할 수 있는 다양한 기회를 가짐으로써 풍부한 정서생활을 즐길 수 있는 능력과 태도를 기른다.

하위 목표	• 음악적 · 미술적 요소를 지각한다. • 다양한 예술 활동을 통하여 생각이나 느낌을 창의적으로 표현한다. • 다양한 감상 활동을 통하여 대상에 흥미와 관심을 가지고 아름다움을 느낀다.

② 2008년 개정 특수학교 기본교육과정

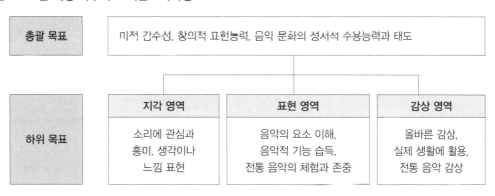

총괄 목표	미적 감수성, 창의적 표현능력, 음악 문화의 정서적 수용능력과 태도		
	지각 영역	**표현 영역**	**감상 영역**
하위 목표	소리에 관심과 흥미, 생각이나 느낌 표현	음악의 요소 이해, 음악적 기능 습득, 전통 음악의 체험과 존중	올바른 감상, 실제 생활에 활용, 전통 음악 감상

③ 2011년 개정 특수교육 기본교육과정

교과 목표

다양한 악곡과 활동을 통하여 음악의 아름다움을 경험하게 하며, 음악의 표현·감상·이해능력을 기르고, 음악을 생활화함으로써 즐거운 생활을 하는 태도를 기르게 하며, 음악 활동을 통해 정서적, 사회적, 신체적, 인지적 발달을 촉진한다.
- 다양한 음악 활동을 통해 표현 및 감상능력을 기른다.
- 음악의 기본적인 구성요소에 대한 개념을 이해한다.
- 생활 속에서 다양한 음악을 경험하고, 활용하며, 적용하는 태도를 기른다.

초등학교 1~2학년

기초적인 음악 활동을 통해 생활 속에서 음악을 경험한다.
- 노래를 듣고 따라 부르며 신체와 주변의 물건을 이용하여 연주한다.
- 여러 가지 소리의 특성을 탐색한다.
- 생활 속에서 다양한 음악을 경험한다.

중학교 1~3학년

다양한 음악 활동을 통해 음악을 활용하는 능력을 기른다.
- 무리 없는 발성으로 노래하고, 바른 주법으로 다양한 악기를 연주하여 즉흥 가락을 만든다.
- 음악의 구성요소에 대한 개념을 이해하고 현악기의 종류를 안다.
- 생활 속에서 음악을 활용하는 능력을 기른다.

초등학교 3~4학년

기본적인 음악 활동을 통해 음악을 즐기는 태도를 기른다.
- 바른 자세로 노래와 연주를 하고 분위기를 느끼며 음악을 듣는다.
- 음악의 기초적인 구성요소를 이해하고 타악기의 종류를 안다.
- 생활 속에서 음악을 즐기는 태도를 기른다.

고등학교 1~3학년

다양한 음악 활동을 통해 음악을 생활 속에서 적용하는 태도를 기른다.
- 정확한 발음과 아름다운 발성으로 노래하고 악곡의 느낌을 살려 합주하며 7음을 이용하여 즉흥 가락을 만든다.
- 음악의 구성요소를 이해하고 관악기의 종류와 음색을 안다.
- 음악의 쓰임새를 알고 생활 속에서 적용하는 태도를 기른다.

초등학교 5~6학년

다양한 음악 활동을 통해 음악 행사에 적극적으로 참여하는 태도를 기른다.
- 자연스러운 발성으로 노래하고 바른 주법으로 가락 악기를 연주하며 4박자의 간단한 즉흥 가락을 만든다.
- 음악의 기본적인 구성요소를 이해하고 건반 악기의 종류를 안다.
- 생활 속에서 음악 활동에 적극적으로 참여하는 태도를 기른다.

표1 특수학교 음악과 기본교육과정의 목표 비교

구분	제7차 특수학교 기본교육과정	2008년 개정 특수학교 기본교육과정	2011년 개정 특수교육 기본교육과정
	기본 교육과정 예능과의 목표 제시	기본 교육과정 음악과의 목표 제시	특수교육 교육과정 음악과의 목표 제시
	총괄 목표	총괄 목표	총괄 목표
목표	일상생활에서 아름다움을 느끼고 이를 창의적으로 표현할 수 있는 다양한 기회를 가짐으로써 풍부한 정서생활을 즐길 수 있는 능력과 태도를 기른다.	일상생활에서 아름다움을 느끼고 이를 창의적으로 표현할 수 있는 다양한 음악 활동의 기회를 가짐으로써 풍부한 정서를 함양하고 자발적인 표현 활동을 즐길 수 있는 능력과 태도를 기른다.	다양한 악곡과 활동을 통하여 음악의 아름다움을 경험하게 하며, 음악의 표현·감상·이해능력을 기르고, 음악을 생활화함으로써 즐거운 생활을 하는 태도를 기르며, 음악 활동을 통해 정서적, 사회적, 신체적, 인지적 발달을 촉진하는 것을 목적으로 한다.
	하위 목표	하위 목표	하위 목표
목표	• 음악적, 미술적 요소를 지각한다. • 다양한 예술 활동을 통하여 생각이나 느낌을 창의적으로 표현한다. • 다양한 감상 활동을 통하여 대상에 흥미와 관심을 가지고 아름다움을 느낀다.	• 소리에 관심과 흥미를 가지고 생각이나 느낌을 자유롭게 표현한다. • 음악의 요소를 이해하고 올바른 감상 태도와 능력을 기른다 – 다양한 음악 활동에서 경험한 것을 실제 생활에서 활용한다. • 전통 음악에 대한 이해를 높여 우리 문화에 대한 자긍심을 기른다.	• 다양한 음악 활동을 통해 표현 및 감상능력을 기른다. • 음악의 기본적인 구성요소에 대한 개념을 이해한다. • 생활 속에서 다양한 음악을 경험하고 활용하며 적용하는 태도를 기른다.

3. 음악과의 내용 체계

1) 제7차 특수학교 기본교육과정

① 교과 내용의 체계

예능과 교과의 내용은 교과의 성격 및 목표와의 적합성, 발달지체 학생들의 흥미와 관심, 상상력과 창의성의 발달, 성장의 발달 단계 등을 고려하여 선정, 조직하였다. 교과 내용의 기본적인 체계는 학생들의 생활 경험을 중심으로 음악적, 미술적 활동과 관련된 학습 활동의 통합적인 의미를 보다 심화 확대하기 위해 크게 지각 활동, 표현 활동, 감상 활동으로 구성하여 다음과 같이 체계화하였다.

② 단계별 지도내용

학생들의 생활 주변에서 쉽게 접할 수 있는 활동을 주제로 하여 지각 활동, 표현 활동, 감상 활동 등이 상호 보완작용을 할 수 있도록 내용을 구체적으로 제시하였다.

영역별 내용 또한 교과 내의 다른 영역과의 통합뿐만 아니라 다른 교과와의 통합도 고려하여 Ⅰ단계에서는 단순하고 구체적인 것에서부터 시작하여 Ⅱ단계, Ⅲ단계로 점차 그 수준을 높였다.

 표2 단계별 지도내용

단계 영역	Ⅰ단계	Ⅱ단계	Ⅲ단계
지각 활동	-음악적 요소 지각하기 -미술적 요소 지각하기	-음악적 요소 지각하기 -미술적 요소 지각하기	-음악적 요소 지각하기 -미술적 요소 지각하기
표현 활동	-소리 만들기 -악기 다루기 -노래 부르기 -그리기 -만들기와 꾸미기 -찍기 -붓글씨 쓰기	-소리 만들기 -악기 다루기 -노래 부르기 -그리기 -만들기와 꾸미기 -찍기 -붓글씨 쓰기	-소리 만들기 -악기 다루기 -노래 부르기 -그리기 -만들기와 꾸미기 -찍기 -붓글씨 쓰기
감상 활동	-바른 감상 태도 익히기 -주위의 사물 감상하기	-바른 감상 태도 익히기 -서로의 작품 감상하기	-음악 감상하기 -발표회, 음악회, 연극, 영화, 전시회 관람하기 -자연미와 조형미 비교하기

지각 활동

지각 활동은 자연과 주변 사물들이 지니고 있는 예술적 요소들에 대한 인식과 지각력을 높여줄 뿐만 아니라 더욱 창의적인 표현능력과 감상능력의 발달을 촉진하는 영역이다. 따라서 학생들이 예술적 표현의 소재가 되는 다양한 재료를 찾도록 하고 학생들의 예술적 요소들에 대한 인식과 지각력을 높여주기 위해서는 직접 보고, 듣고, 만지고, 움직이고, 찾는 등의 능동적이고 직접적인 기회를 제공해야 한다.

표현 활동

다양한 예술 활동을 통해 생각과 느낌을 표현하게 함으로써 창의적 표현능력을 기르고 정서적 안정감을 갖게 하는 활동이다. 특히 또래에 비해 어휘력, 문장력, 언어적 표현능력이 부족한 발달지체 학생들이 경험하고 느낀 것을 자발적으로 자유롭게 표현하는 방법이 될 수 있다.

감상 활동

자연물이나 예술품, 음악, 그리고 자신들의 작품들을 보고, 듣고, 즐기는 가운데 자연스럽게 아름다움을 느끼고 인식하며 이해할 수 있도록 해야 한다. 그리고 다양한 예술작품들은 생활 세계를 음악적, 미술적으로 표현한 것으로서 사회와 문화의 전통, 신념, 가치를 접하고 이해의 폭을 넓힐 수 있는 매우 중요한 활동이다.

2) 2008년 개정 특수학교 기본교육과정

① 교과 내용의 체계

음악과의 내용은 교과의 성격 및 목표에 적합하도록 구성하되, 장애 학생들이 흥미와 관심을 가질 수 있게 일상생활과 관련된 학습을 통해 학습 동기를 증진하도록 보완하였다. 또한 학생들의 생활 연령과 발달 단계, 상상력과 창의성 발달 정도 등을 고려하여 가능한 한 쉽고 재미있게 접근하여 자신 있게 표현하는 학습이 되도록 내용을 조직하였다. 다양하고 즐거운 활동을 제공함으로써 음악적 지각능력과 잠재된 음악적 능력을 계발하고 자유롭고 창의적인 표현 활동, 감상 활동을 통하여 정서적 안정을 누릴 기회를 제공해주도록 하고 있다.

교과 내용의 기본 체계는 학생들의 생활 경험을 중심으로 하는 음악 활동을 시각 활동, 표현 활동, 감상 활동으로 구분하여 심화할 수 있도록 Ⅰ, Ⅱ, Ⅲ단계로 나누어 표 3과 같이 체계화하였다. Ⅰ단계에는 개인생활과 가정생활을 중심으로 한 28제재, Ⅱ단계는 학교생활과 사회생활을 중심으로 한 29제재, Ⅲ단계는 경제생활과 여가생활을 중심으로 하여 38제재로 구성되어 있다.

표3 기본교육과정

단계 영역	I 단계	II 단계	III 단계
지각 활동	-생활 속의 소리 듣기 -소리의 특징 구별하기 -여러 가지 소리에 대한 느낌 알기	-음악의 요소 알기 -다양한 악곡 듣고 느낌 표현하기 -음악의 쓰임새 알기	-음악의 요소 알기 -음악의 기호 알기 -악기의 종류 알기 -연주 형태와 음악의 쓰임새 알기
표현 활동	-여러 가지 방법으로 소리 내기 -주변 사물을 이용하여 소리 만들기 -타악기 다루기	-바른 자세로 자연스럽게 노래 부 르기 -리듬악기 다루기 -신체를 이용하여 소리 만들기	-바른 자세로 노래 부르기 -악기 다루기 -창작 활동하기
감상 활동	-바른 감상 태도 기르기 -다양한 음악 감상하기	-다양한 연주곡 감상하기 -생활 속의 음악으로 여가 활동하 기	-악곡의 주제와 내용 이해하기 -음악을 여가 활동으로 활용하기

② 단계별 지도내용

학생들의 생활 주변에서 쉽게 접할 수 있는 활동을 주제로 하여 지각 활동, 표현 활동, 감상 활동 등이 상호 보완작용을 할 수 있도록 내용을 구체화하여 제시하였다.

영역별 내용 또한 교과 내의 다른 영역과의 통합뿐 아니라 다른 교과와의 통합도 고려하여 I단계에서는 단순하고 구체적인 것에서부터 시작하여 II단계, III단계로 점차 그 수준을 높였다.

표4 단계별 지도내용

I 단계	인지·학습능력이 떨어지거나 음악 활동에 관심이나 흥미가 없는 학생들 도 쉽게 접근하여 흥미를 느낄 수 있도록 우리 주변에서 나는 소리를 지각 하고, 표현하고, 감상하도록 구성한다.		
지각 활동	표현 활동		감상 활동
주변에서 쉽게 들을 수 있는 여러 가지 소리를 듣고 음의 높낮이나 길이 등을 이해할 수 있도록 한다.	학생들의 손, 발이나 주변의 사물 등을 이용하여 소리를 내어보고 타악기로 간단한 소리 내기 정도를 할 수 있도록 한다.		학생들이 소리와 음악에 대해 흥미를 갖고 간단한 동요나 합창곡 등을 바르고 편한 자세로 감상하도록 구성한다.

(계속)

Ⅱ단계	내용 체계 중에서 지각 활동 영역은 주제별로 구성되어 있으므로, 상황에 따라서 단계와 관계없이 학생의 수준에 맞게 내용을 선택하여 지도하는 것이 효과적이다.	
지각 활동	표현 활동	감상 활동
음의 장단·고저 등을 알고 동요·민요·행진곡을 들은 후 느낌을 표현하며 행사·놀이 등에 쓰이는 음악을 듣고 느끼게 하여 음악의 쓰임새를 알도록 구성한다.	간단한 노래를 들은 후, 바른 음정과 박자에 맞춰 부르기, 간단한 악기 다루기, 신체를 이용한 소리 내기 등을 포함한다.	성악곡·합주곡 등 다양한 음악 감상하기와 음악회에서의 연주·감상 등을 포함하여 다양한 음악에 관심을 두고 감상하도록 한다.

Ⅲ단계	Ⅰ, Ⅱ단계보다 진일보한 단계로 국민 공통 기본교육과정과의 연계성을 고려하여 구성한다.	
지각 활동	표현 활동	감상 활동
음의 장단 및 고저, 화음, 악곡의 형식과 빠르기 등의 음악적 요소, 음표와 계이름 등의 음악 기호 알기, 악기의 종류, 연주의 형태와 음악의 쓰임새 알기 등으로 구성한다.	다양한 음악 활동을 통해 음악적 재능을 계발하고 정서를 함양할 수 있도록 외워서 노래 부르기, 바르게 악기 다루기 및 연주하기, 하고 싶은 말을 노래로 표현하는 창작 활동하기 등으로 구성한다.	다양한 악곡을 들은 후 주제와 내용을 이해하고 표현하기, 음악을 여가 활동으로 활용하는 학예회 등에서 발표하기 등을 포함한다.

3) 2011년 개정 특수교육 기본교육과정

음악과의 내용 영역은 '활동', '이해', '생활화'의 3개 영역으로 구성하고, 각 영역은 3개의 학년군으로 구분하여 계열성을 강조하였다. 활동 영역은 '가창', '연주', '창작', '감상'의 4개 소영역으로 구성되어 있으며, 다양한 음악 활동을 통해 표현 및 감상능력을 기를 수 있도록 한다. 이해 영역은 리듬, 가락, 화성, 빠르기, 셈여림, 형식, 음색의 범주로 구성되어 있으며, 음악의 기본적인 구성요소에 대한 개념을 이해하도록 한다. 생활화 영역은 생활 속에서 다양한 음악을 경험하고 활용하며 적용하는 태도를 기를 수 있도록 한다.

활동 영역, 이해 영역, 생활화 영역을 통합적으로 운용하며 필요에 따라 다른 교과와의 통합적 접근을 시도할 수 있다.

2011년 특수교육 기본교육과정의 단계별 내용은 표 5와 같다.

표5 2011년 개정 특수교육 기본교육과정의 단계별 내용

영역		초등학교			중학교	고등학교
		1~2학년	3~4학년	5~6학년	1~3학년	1~3학년
활동	가창	-노래 듣고 따라 부르기	-바른 자세로 노래 부르기	-자연스러운 발성으로 노래 부르기	-무리 없는 발성으로 노래 부르기	-정확한 발음과 아름다운 발성 으로 노래 부르기
	연주	-신체와 주변의 물건을 이용하 여 연주하기	-리듬 악기 연주 하기	-가락 악기 연주 하기	-다양한 악기 연주하기	-합주하기
활동	창작	-주변의 물건으 로 자연과 생활 의 소리 만들기	-2박자와 4박자 의 리듬과 2음 을 이용한 즉흥 가락 만들기	-4박자 리듬과 3음을 이용한 즉흥 가락 만들기	-3박자 리듬과 5음을 이용한 즉흥 가락 만들기	-반복 형태의 리듬과 7음을 이용한 즉흥 가락 만들기
	감상	-소리에 관심을 갖고 반응하기	-소리를 탐색하 며 음악의 분위 기 느끼기	-악기의 음색을 탐색하며 음악 듣기	-이야기나 주제 가 있는 음악 감 상하기	-악곡의 특징을 파악하며 음악 감상하기
이해		-긴 소리와 짧은 소리 -높은 소리와 낮은 소리 -빠름과 느림 -큰 소리와 작은 소리 -메기고 받는 형식 -소리의 탐색	-박(센박, 여린박) /자진모리 장단 -올라가는 가락 과 내려가는 가 락 -빠름과 느림 -큰 소리와 작은 소리 -메기고 받는 형식 -리듬악기의 종류와 음색	-4박자 리듬꼴/ 세마치장단 -같은 가락과 다른 가락 -점점 빠르게와 점점 느리게 -점점 커지는 소리와 점점 작아지는 소리 -단음과 화음 -건반 악기의 종류와 음색	-3박자 리듬꼴/ 굿거리장단 -반복되는 가락 -빠르기의 변화 -소리의 크기 변화 -어울리는 소리 와 안 어울리는 소리 -현악기의 종류 와 음색	-여러 가지 박자/ 여러 가지 장단 -계속되는 가락 과 끝나는 가락 -빠르기의 변화 -소리의 크기 변화 -주요 3화음 -관악기의 종류 와 음색
생활화		-생활 속에서 음악 경험하기	-생활 속에서 음악을 즐기는 태도 기르기	-생활 속에서 음악 활동에 적극적으로 참여하는 태도 기르기	-생활 속에서 음악을 활용하 는 능력 기르기	-음악의 쓰임새 를 알고 생활 속 에서 적용하는 태도 기르기

4) 비교

① 제7차 특수학교 기본교육과정의 변화

- 영역을 지각 활동, 표현 활동, 감상 활동의 세 영역으로 제시한다.

- 단계별, 영역별로 성취해야 할 행동적 목표를 제시한다.

※ 학생의 발달 단계 및 특성에 따른 지도를 위해 세분화된 내용이 필요하다.

② 2008년 개정 특수학교 기본교육과정의 변화

- 지각 활동을 소리 듣기, 특징 및 쓰임새 알기, 악기 구별하기 등으로 구체화한다.

- 표현 활동은 기존의 4개 분야를 구체적으로 제시한다.

- 감상 활동은 주제와 내용 이해하기, 여가 활동으로 활용하기를 추가한다.

③ 2011년 개정 특수교육 기본교육과정의 변화

- 학년 간 상호 연계와 협력을 통한 학교 교육과정 편성 · 운영을 부여하기 위하여 학년 군을 설정하였다. 즉 기존의 Ⅰ, Ⅱ, Ⅲ단계 체제를 1~2학년군, 3~4학년군, 5~6학년 군 체제로 바꾸어 운영하도록 한다.

- 기존의 지각 활동, 표현 활동, 감상 활동의 세 영역을 활동, 이해, 생활화로 구분한다.

- 활동 영역은 가창, 연주, 창작, 감상으로 세분화한다.

4. 평가 방법

1) 기본교육과정 음악과 평가

① 제7차 특수학교 기본교육과정

평가 방법 및 유의점

평가는 그 결과가 학생들의 학업 성취 결과를 확인하고 내적 동기를 유발하여 학습 목표에 도달하는 데 도움을 줄 수 있어야 하므로 평가 자체의 기능만으로 존재하는 것이 아니라 교수 · 학습 전체의 과정 속에서 유기적 역할을 담당해야 한다.

- 수업의 계획에서부터 과정 및 결과에 대한 반성으로서 학생 개개인에 대한 능력을 고려한 학습 방법 개선에 필요한 자료로 활용한다.
- 학교생활 전반에 걸친 정보 자료로 활용한다.
- 평가를 통하여 자기 자신의 부족한/노력할 점 등을 알아볼 수 있도록 하여, 학습에 도움이 되도록 한다.
- 예능은 통합 교과로, 평가의 방향도 전인교육의 측면에서 이루어지도록 한다.
- 학생의 득징과 진보의 정도, 발달 과정 등을 종합적으로 기술하여 학생의 이해를 돕거나 다음의 교수 · 학습에 적용되도록 한다.

② 평가 활동을 중심으로, 수업에 임하는 태도의 관찰, 작품 분석, 실연법, 면담 등 다양한 방법을 활용하여 평가한다.

수행평가

예능과의 평가는 학생 스스로 자신의 지식이나 기능을 나타낼 수 있도록 산출물을 만들거나 행동으로 나타내도록 하는 수행평가 방법을 적용하는 것이 바람직하다.

평가방법
- 관찰법 : 집단 내에서 개인 간 또는 소집단 간의 역동적 관계를 집중적으로 관찰, 기록하는 방법으로 일화 기록법, 체크리스트, 평정 척도 등의 방법을 적용한다.
- 실연법 : 실기 기능 평가에 주로 적용되고 양적 평가와 질적 평가를 고르게 적용하는 것이 좋으며 통제되거나 강요된 상황이 아닌 자연스러운 활동 상황에서 평가한다.
- 작품 분석법 : 적용할 때에는 학생의 작품을 지속적으로 모아 학생 개개인의 발달 과정을 종합적으로 평가한다.
- 면담법 : 보다 깊이 있는 정보를 얻을 필요가 있을 때 이용한다.

③ 표현 활동과 관련된 평가는 결과보다는 활동 과정에서 나타나는 학생의 흥미와 자발성, 창의성, 적극성 등을 충분히 반영하여 학습 과정 및 결과를 균형 있게 평가한다.

평가의 목적

학생의 지적, 심동적 수준을 진단하고 이해 및 기능 수준을 높이며 개별 학습을 촉진한다.

표현 활동 평가

활동 과정에서 나타나는 특성들을 중시하여 인지적, 심동적 영역뿐만 아니라 흥미, 태도,

적극성 등 정의적인 영역을 포함하는 종합적이고 전인적인 형태로 이루어져야 한다.

④ 평가는 교육 과정의 한 과정임을 고려하여 개개인의 특성을 중심으로 이해의 차원에서 실시하되, 학생의 단점을 부각해 지적하거나 상호 비교함으로써 자아의식을 저해하거나 열등감을 갖게 하는 일이 없도록 한다.

1. 평가 시에는 학생들의 단점을 부각해 지적하거나 상호 비교하지 않도록 한다.
2. 단편적인 영역에 대한 일회적 평가를 지양하고, 작품집이나 누가 기록한 기능 측정표 등을 통해 학생 개개인의 발달 과정을 종합적, 지속적으로 평가하고 그 결과를 기술한다.

⑤ 자연스러운 상황에서 지각 · 표현 · 감상 활동 영역을 모두 평가해야 한다.
⑥ 평가의 결과는 누적 기록하여 개인별 성장 수준을 파악해야 한다.

개개인의 성장 발달 및 수업 개선 자료로 활용하고 이를 학부모에게 통보, 이해시킴으로써 협동적인 지도 체제를 구축한다.

2) 2008년 개정 특수학교 기본교육과정

① 평가 방법

음악과 평가는 학생들에 대한 평가 자체의 기능과 학업 성취 결과를 확인하고 내적 동기를 유발하여 학습 목표에 도달하는 데 도움을 줄 수 있어야 하며, 교수 · 학습 과정에서 유기적인 역할을 담당해야 한다.

또한 평가는 교육과정의 목표, 내용, 과정에 부합되도록 하며, 학교 자체에서 설정한 학습 목표에 어느 정도 도달했는지를 알아보기 위해 지각 활동, 표현 활동, 감상 활동의 전 영역에 대하여 균형 있게 평가하도록 해야 한다. 교사는 평가에 대한 신뢰도와 타당도를 높이기 위해 객관적인 평가 방법, 도구, 기준 등을 마련해야 하며, 학생들의 학업 성취도 평가는 수행평가, 관찰평가 등으로 다양하게 이루어져야 한다.

• 평소의 음악 활동을 중심으로 다양한 방법을 활용하여 평가한다.
• 자연스러운 상황에서 지각 활동, 표현 활동, 감상 활동 영역을 골고루 평가한다.
• 교수 · 학습 · 활동 과정에서 나타나는 학생의 흥미와 자발성, 창의성, 적극성 등을 충분히 반영하여 학습 과정과 결과를 균형 있게 평가한다.
• 학생 중심의 음악적 흥미 및 기능과 학습특성을 고려한다.

- 음악과의 본질적인 특성을 살려서 바람직한 방향으로의 진행 상황을 서술식으로 기록한다.

장애 학생들을 위한 음악과 평가는 학생들이 독특한 장애 조건을 가지고 학습 활동에 참여하고 있음을 고려하여 목표에 대한 성취도 평가뿐만 아니라 학생들의 활동 과정과 발전 정도 및 가능성을 동시에 평가하는 것이 바람직하다. 또한 가창과 기악에서는 자세, 발성, 주법, 리듬, 음정, 음악적 표현력, 태도 등을 평가하고, 창작에서는 음악 개념에 대한 이해, 표현력 및 창의력 등을 평가하며, 감상에서는 음악을 듣고 작품을 이해하는 능력, 느낌이나 생각을 표현하는 능력, 태도 등을 평가한다. 또한 음악에 대한 태도는 학교 내외에서의 음악에 대한 관심과 흥미에 관점을 두고 실기 평가, 관찰, 학생 상호 간의 평가, 포트폴리오 등과 같은 다양한 평가 방법과 도구를 활용하며, 평가의 결과는 학습 지도 계획과 지도 방법 개선에 활용하도록 한다.

② **평가상의 유의점**

교육은 의도적이고 계획적이며 조직적인 경영으로 계획–실천–평가라고 하는 일련의 활동이 반복되면서 학생의 성장을 목표로 이루어진다. 교사의 측면에서 볼 때 평가 결과는 수업의 계획에서부터 과정 및 결과에 대한 반성이므로, 학생 개개인에 대한 학습 방법 개선에 필요한 자료가 되어야 하고 학부모에게는 학교생활 전반에 걸친 정보 자료로 활용될 수 있어야 한다. 그리고 학생들은 평가를 통해 자신의 부족한 점, 더 노력해야 할 분야 등을 살펴봄으로써 궁극적으로는 학습에 도움을 줄 수 있는 평가가 되도록 해야 한다.

특히 음악은 미술, 체육 교과와 연계하여 평가의 방향도 전인교육의 측면에서 이루어지도록 해야 한다. 그리고 평가의 결과는 학생의 특징과 진보의 정도, 발달 과정 등을 종합적으로 기술하여 학생의 이해를 돕거나 다음의 교수 · 학습에 적용되도록 해야 한다.

3) 2011년 개정 특수교육 기본교육과정

음악과의 평가는 영역별, 학년군별 지도내용을 중심으로 기초 기능, 표현능력, 태도뿐만 아니라 실생활에서 적용할 수 있는 생활화 능력에 중점을 두어 종합적으로 평가하여 음악과 교육과정의 목표를 구현할 수 있도록 한다.

① 평가계획

음악과의 평가는 다양한 음악 활동의 기회를 가짐으로써 풍부한 정서를 함양하고, 자발적인 표현 활동을 즐길 수 있는 능력과 태도를 기르는 데 도움을 주며, 교수·학습 과정에서 유기적인 역할을 할 수 있도록 계획한다.

- 평가계획은 교육과정에 근거하여 수립한다.
- 평가의 범위와 수준은 학생과 학교의 상황을 고려하여 계획한다.
- 평가의 내용, 기준, 방법은 개별 학생의 음악적 능력과 수준, 흥미, 특성을 고려하여 계획한다.
- 평가는 교수·학습 활동 과정에서 나타나는 학생의 흥미와 자발성, 창의성 등을 충분히 반영하여 학습 과정과 결과를 균형 있게 평가하도록 계획한다.
- 평가는 정시평가와 수시평가를 고루 활용하여 학생이 수업에 임하는 태도나 학업 성취도의 향상을 점검할 수 있는 과정 중심의 평가가 되도록 계획한다.
- 평가는 학습과 학교와 현실을 고려하여 적절한 기간과 횟수를 계획한다.
- 평가는 활동, 이해, 생활화의 각 영역을 통합적으로 평가할 수 있도록 계획한다.
- 평가는 교수·학습 활동에서 습득한 음악적 능력을 생활 속에서 신장시킬 수 있도록 체계적이고 장기적으로 계획한다.

② 평가목표와 내용

- 활동 : 활동 영역은 직접 경험하고 체험하는 과정을 통해 기초 기능, 창의적인 표현능력, 감상능력 등을 종합적으로 평가한다.
- 이해 : 이해 영역은 실음과 악곡과의 연계성 속에서 이루어지는 실음 중심의 평가가 되도록 하며, 학생의 특성을 고려하여 실제 학습 과정 속에서 음악의 기본 요소에 대한 이해 정도를 평가한다.
- 생활화 : 생활화 영역은 학교 내·외의 다양한 음악 활동에 참여하는 정도, 지속적으로 즐기는 태도, 생활에 적용할 수 있는 능력 등을 평가한다.

③ 평가 방법

음악과 평가는 평가의 내용이나 대상에 따라 적절한 평가가 이루어질 수 있도록 하며, 학생들의 음악적 능력과 수준, 흥미도, 현실성, 지역성 등을 고려하여 다양한 방법으로 평가한다.
- 각 영역의 성격과 내용을 포괄적이고 균형 있게 반영함으로써 타당성과 신뢰성이 높은 평가가 되도록 한다.
- 평가는 학습한 내용을 중심으로 평가하되, 학습 과정에서 관찰되는 행동과 태도의 변화를 평가하여 과정 중심의 평가가 이루어질 수 있도록 한다.
- 평가는 활동, 이해, 생활화의 각 영역이 서로 연계되어 통합적으로 평가될 수 있도록 한다.
- 관찰, 면접, 자기평가, 상호 평가, 포트폴리오 평가, 실기 평가, 실음 지필 평가 등 다양한 방법을 사용한다.
- 실기 평가의 내용, 방법, 도구 등은 학생과 학교의 상황을 고려하여 제시한다.
- 평가는 노래 부르기, 악기 연주하기, 신체 표현하기 등의 음악 활동에 따라 적절한 시설 및 공간에서 실시하도록 한다.
- 학생의 개별적인 특성과 수준을 고려하여 평가 방법이나 도구를 적절하게 수정하여 평가한다.

④ **평가 결과의 활용**

평가 결과는 성취 기준을 달성하는 데 어려움이 있는 학생들의 개별적인 학습 전략을 수립하기 위한 자료뿐만 아니라 교수·학습 계획과 수업방법 개선을 위한 자료로 활용한다.

♫ 정리

지금까지 음악과 제7차 특수학교 기본교육과정, 2008년 개정 특수학교 기본교육과정, 2011년 개정 특수교육 기본교육과정에 대해서 살펴보고 비교해보았다. 제7차 특수학교 기본교육과정에서 2008년 개정 특수학교 기본교육과정으로 변화되었을 때의 특징으로는 학생 개개인의 특성이 존중되어야 한다는 것을 강조하면서 기악교육에 있어 악기를 변형시켜야 한다는 내용이 추가되어 교수 적합화의 내용이 반영되었음을 알 수 있다. 또한 2011년 개정 특수교육 기본교육과정에서는 개인의 전 생애와 생활화를 강조하였다. 2008년 개정 특수학교 기본교육과정에서 2011년 개정 특수교육 기본교육과정으로 변화되었을 때에는 공동체 의식을 통한 사회화를 포함하여 사회적 상호작용과 장애 학생을 위한 개인별 요구 및 특성을 강조하였다. 정리하면, 교육과정이 개정되면서 학생들의 장애 유형과 정도에 따른 개별적인 지원이 강조되었고, 사회적 상호작용과 자아실현을 위한 교육과정으로 변화하고 있다는 것을 알 수 있다.

♫ 연구과제

1. 기본교육과정의 역사와 변천 과정을 비교해보자.
2. 음악과 목표가 교육과정의 변천에 따라 어떻게 변화되었는지 알아보자.
3. 통합교육 현장에서 장애 학생을 평가함에 있어 어떠한 방법을 사용해야 하는지 생각해보자.

① 성격

② 목적 및 목표

③ 내용 체계

④ 평가

음악과
기본교육과정의
변화 1

④ 평가

특수학교 음악과 교육과정 비교

- **제7차 특수학교 기본교육과정**
  평가는 그 결과를 통해 학생들의 학업 성취 결과를 확인하고 내적 동기를 유발하여 학습 목표에 도달하는 데 도움을 줄 수 있어야 하므로 평가 자체의 기능만으로 존재하는 것이 아니고 교수-학습의 전체 과정에서 유기적 역할을 담당해야 함

- **2008년 개정 특수학교 기본교육과정**
  평가는 교육과정의 목표, 내용, 과정에 부합하도록 하며, 학교 자체에서 설정한 학습 목표에 어느 정도 도달하였는지를 알아보기 위해 지각 활동, 표현 활동, 감상 활동의 전 영역에 대하여 균형 있게 골고루 평가하도록 해야 함

- **2011년 개정 특수교육 기본교육과정**
  음악과의 평가는 영역별, 학년군별 지도내용을 중심으로 기초 기능, 표현능력, 태도뿐만 아니라 실생활에서 적용할 수 있는 생활화 능력에 중점을 두어 종합적으로 평가하여 음악과 교육과정의 목표를 구현할 수 있도록 해야 함

① 성격

특수학교 음악과 교육과정 비교

• **제7차 특수학교 기본교육과정**
음악적 잠재력과 창의성을 계발하고 자신의 감정과 생각을 표현하며 삶의 질을 높이고 전인적인 인간이 되도록 함

• **2008년 개정 특수학교 기본교육과정**
학생 개개인의 자발적인 참여를 권장하고 개인의 음악적 요소에 대한 반응과 판단을 존중함

• **2011년 개정 특수교육 기본교육과정**
2008년 개정에 비해 좀 더 구체적이고 명시적으로 '특수교육 대상 학생들이 지닌 특별한 요구를 바탕으로'라는 문구를 사용함. 공동체적 의식을 통한 사회화를 포함함

• **공통점**
계열성과 전반적인 발달과 생활화, 그리고 요구와 특성에 따른 교수-학습의 수정과 다른 교과나 영역 간의 통합적 접근

② 목적 및 목표

특수학교 음악과 교육과정 비교

• **제7차 특수학교 기본교육과정**
일상생활에서 아름다움을 창의적으로 표현하는 다양한 기회를 가짐으로써 풍부한 정서 생활을 즐길 수 있는 능력과 태도를 기름

• **2008년 개정 특수학교 기본교육과정**
다양한 음악 활동의 기회를 가짐으로써 풍부한 정서를 함양하고 자발적인 표현 활동을 즐길 수 있는 능력과 태도를 기름

• **2011년 개정 특수교육 기본교육과정**
다양한 악곡과 활동을 통하여 음악의 아름다움을 경험하게 하며, 음악의 표현 · 감상 · 이해능력을 기르고, 음악을 생활화함으로써 즐거운 생활 태도를 기르며, 음악 활동을 통해 정서적, 사회적, 신체적, 인지적 발달을 촉진하는 것에 그 목적이 있음

• **공통점**
음악의 아름다움을 경험하며, 음악을 생활화함으로써 즐거운 생활 태도를 기름

③ 내용 체계

특수학교 음악과 교육과정 비교

• **제7차 특수학교 기본교육과정**
① 영역을 지각 활동, 표현 활동, 감상 활동의 세 영역으로 제시함
② 단계별, 영역별로 성취해야 할 행동적 목표를 제시함
③ 학생의 발달 단계 및 특성에 따른 지도를 위해 세분화된 내용이 필요함

• **2008년 개정 특수학교 기본교육과정**
① 지각 활동을 소리 듣기, 특징 및 쓰임새 알기, 악기 구별하기 등으로 구체화함
② 표현 활동은 기존의 4개 분야를 구체적으로 제시함
③ 감상 활동은 주제와 내용 이해하기, 여가 활동으로 활용하기를 추가함

• **2011년 개정 특수교육 기본교육과정**
① 학년 간 상호 연계와 협력을 통한 학교 교육과정 편성 · 운영을 부여하기 위하여 학년군을 설정함
② 기존의 지각 활동, 표현 활동, 감상 활동의 세 영역을 활동, 이해, 생활화로 구분함
③ 활동 영역은 가창, 연주, 창작, 감상으로 더 구체적으로 세분화함

음악과 기본교육과정의 변화 2

(2011년 개정 특수교육 음악과 기본교육과정~2015년 개정 특수교육 음악과 기본교육과정)

최근 교육 목표의 흐름은 창의적이고 인간적이며 자기주도적 학습능력 신장에 초점을 두고 있다. 이러한 흐름 속에서 학교 교육은 새로운 정보에 대하여 학습할 수 있는 기회를 학생들에게 제공해주어야 하고 그 상황에 맞게 대처할 수 있는 사고능력을 길러주어야 한다. 음악교육은 이러한 교육의 흐름에 맞추어 적절한 방향을 제시하고 장기적으로는 현실에 부합하는 제도적인 장치를 연구하고 개선해야 하는데 이때 교육과정은 매우 중요한 역할을 한다(김민희, 2013). 교육과정이란 교육의 목표를 세우고, 그 목표를 달성하기 위하여 요구되는 교육의 내용을 결정하고 제시하기 위한 교육의 전체적인 계획으로 교수-학습의 본질과 방향을 설정하는 역할을 한다.

교육과정은 사회와 교육적 요구의 변화에 의해 교육에 대한 개혁의 필요성을 인지하여 수시로 개정되고 있어 이 장에서는 2011년 개정 특수교육 음악과 기본교육과정과 2015년 개정 특수교육 음악과 기본교육과정을 비교하고자 한다.

1. 음악과의 성격

1) 2011년 개정 특수교육 기본교육과정

음악이란 사람의 생각이나 감정을 음으로 표현하고, 이를 음미하며 즐기는 예술로서 인간의 삶에 많은 영향을 미친다. 사람은 음악 활동을 통해 미적 아름다움을 경험하며 창의성, 인지,

정서 등 심리적 과정을 발달시키고, 음악의 사회적 역할과 가치를 인식함으로써 자아를 실현하고 삶의 폭을 넓혀갈 수 있다. 즉 음악이 지닌 아름다움을 통해 심미적인 품격을 형성하고, 다양한 표현과 감상 활동을 통해 창의력을 기르며, 합창이나 합주 등을 통해 자신과 타인을 이해하고 협력하며 함께 즐기는 공동체적 삶과 태도를 기른다.

또한 음악 활동을 통해 아름다움과 즐거움을 경험하면서 자연스럽게 개인의 전반적인 발달을 이룰 수 있다. 즉 다양한 감각 체계를 활용한 음악 활동을 통하여 지각–운동능력을 기르고, 끊임없는 감각과 지각 활동을 통해 정보 처리와 사고능력, 기억력과 주의집중력의 발달을 촉진할 수 있다.

음악과는 개인의 전 생애를 통하여 음악적 가치를 인식하고 생활화할 수 있는 바탕을 마련하려는 궁극적인 목적과 함께 장애 학생들의 언어, 인지, 정서, 사회성, 신체, 긍정적 자아개념 및 창의성 등의 발달을 촉진하고 지원하는 교과이다. 장애 학생들은 신체적 결손, 능력의 제한성, 참여의 제약으로 인해 발달과 학습에 어려움을 겪는다. 이러한 어려움은 이동, 운동, 협응, 인지, 언어, 사회성, 행동 등 발달 영역에서 지체나 일탈의 형태로 나타난다. 음악과는 장애 학생들이 지닌 특별한 요구를 바탕으로 개성과 능력에 적합한 다양한 음악적 경험을 제공하고, 음악 활동에 필요한 기본적 능력을 길러주며, 이를 일상생활 속에서 적용할 수 있도록 해줌으로써 삶을 더욱 풍요롭게 한다. 또한 음악을 통해 공동체적 의식을 함양하고 즐거운 생활을 할 수 있도록 함으로써 학생들의 사회화와 같은 전인적인 발달에 기여할 수 있다.

음악과의 내용 영역은 활동, 이해, 생활화의 3개 영역으로 구성하고, 각 영역은 5개의 학년군으로 구분하여 계열성을 강조하였다. 활동 영역은 '가창', '연주', '창작', '감상'의 4개 소영역으로 구성되어 있으며, 다양한 음악 활동을 통해 표현 및 감상능력을 기를 수 있도록 한다. 이해 영역은 리듬, 가락, 화성, 빠르기, 셈여림, 형식, 음색의 범주로 구성되어 있으며, 음악의 기본적인 구성요소에 대한 개념을 이해하노록 한다. 생활화 영역은 생활 속에서 다양한 음악을 경험하고 활용하며, 적용하는 태도를 기를 수 있도록 한다.

음악과는 장애 학생의 신체 발달과 인지능력을 동시에 고려하는 생애주기적 접근을 강조한다. 그리고 장애 학생의 요구와 특성에 따라 융통성 있늗 교수 · 학습의 접근을 강조한다. 아울러 활동 영역, 이해 영역, 생활화 영역을 통합적으로 운용하며 필요에 따라 다른 교과와의 통합적 접근을 시도할 수 있다.

2) 2015년 개정 특수교육 기본교육과정

음악은 소리라는 매체를 통해 인간의 감정과 생각을 느끼고 표현하며 즐기는 기본적인 예술 형태로서 인간의 삶에 큰 영향을 끼친다. 인간은 음악 활동을 통하여 미적 경험과 즐거움을 얻고 창의성을 계발하며 인지, 정서, 언어, 사회성, 심신의 건강 등 인간의 기본 능력을 발달 시키고, 음악의 사회적 역할과 가치를 인식함으로써 자아를 실현하고 삶의 폭을 넓혀 간다.

즉 인간은 어린 시기부터 다양한 유형의 음악 활동을 통해 지각과 운동 능력을 발달시키고, 정서적 공감능력, 사고능력, 기억력과 주의집중력, 창의적 표현능력 등 개인의 전반적인 발달을 향상시킨다. 또한 합창이나 합주 활동을 통해 자신과 타인을 이해하며 공동체의 일원으로서 살아가는 태도를 기른다.

음악교육은 음악적 경험을 통해 원만한 인간관계를 형성해주고, 음악의 아름다움을 느끼며 삶의 즐거움을 찾는 것을 도와준다. 또한 장애 학생의 긍정적 자아상 확립과 사회성 발달, 정서적 안정과 언어발달, 문제 행동의 감소, 성취감과 자존감의 제고, 참여와 협력의 유도 등 전반적인 발달에 기여한다.

음악과는 장애 학생들의 개성과 능력을 고려한 음악적 경험에 바탕을 두면서, 학습자로 하여금 다양한 활동을 통해 음악을 아름답게 표현하고, 기초적인 지식과 기능을 익히며, 자신의 생각과 음악적 느낌을 효율적으로 전달할 수 있도록 하는 교과이다. 특히 협동적 음악 활동을 통해 공동체와 조화를 이루기 위한 가치와 규율을 익히게 하고 학교, 가정, 지역사회에서 적극적으로 참여하고 협력하는 태도를 기를 수 있도록 한다. 또한 음악 활동은 타 교과와 연계함으로써 통합적으로 사고하는 능력과 다양하게 표현하는 능력을 향상시켜 주고 전반적인 학교생활에 도움을 준다.

음악과는 음악과의 특성을 고려하여 음악적 표현, 음악적 감수성, 음악적 소통능력, 창의 융합 능력을 핵심 역량으로 삼는다.

'음악적 표현'은 자연과 사물의 현상, 자신의 느낌과 생각을 소리로 표현하여 전달할 수 있는 능력이다. '음악적 감수성'은 소리에 반응하고 지각하여 음악의 아름다움을 느끼고 즐길 수 있는 능력이다. '음악적 소통능력'은 다른 사람들과 함께 하는 음악 활동을 통해 음악적 공감을 형성하고, 원만한 관계를 유지시킬 수 있는 능력이다. '창의 융합 능력'은 음악 분야의 지식과 소양을 타 교과와 조화롭게 연계해 새롭고 의미 있는 결과물을 생산해낼 수 있는 능력이다.

음악과의 내용은 표현, 감상, 생활화의 3개 영역으로 구성된다. '표현' 영역에서는 기본적인 음악적 지식과 기능을 익혀 음악의 아름다움을 경험하고, 자신의 생각과 음악적 느낌을 효율적으로 전달할 수 있는 능력을 기른다. '감상' 영역에서는 음악의 아름다움과 분위기를 느끼며 바르게 감상하는 태도를 함양한다. 또한 여러 종류의 음악과 다양한 문화권의 음악을 감상하고 느낌과 생각을 표현할 수 있도록 한다. '생활화' 영역에서는 음악의 역할과 가치를 이해하고, 생활 속에서 다양한 음악을 활용할 수 있는 태도를 기르도록 한다.

2. 음악과의 목표

1) 2011년 개정 특수교육 기본교육과정

다양한 악곡과 활동을 통하여 음악의 아름다움을 경험하게 하며, 음악의 표현·감상·이해 능력을 기르고, 음악을 생활화함으로써 즐거운 생활을 하는 태도를 기르게 하고, 음악 활동을 통해 정서적, 사회적, 신체적, 인지적 발달을 촉진하는 것을 목적으로 한다.

- 다양한 음악 활동을 통해 표현 및 감상능력을 기른다.
- 음악의 기본적인 구성요소에 대한 개념을 이해한다.
- 생활 속에서 다양한 음악을 경험하고, 활용하며 적용하는 태도를 기른다.

  초등학교 1~2학년 : 기초적인 음악 활동을 통해 생활 속에서 음악을 경험한다.

  1. 노래를 듣고 따라 부르며 신체와 주변의 물건을 이용하여 연주한다.

  2. 여러 가지 소리의 특성을 탐색한다.

  3. 생활 속에서 다양한 음악을 경험한다.

  초등학교 3~4학년 : 기본적인 음악 활동을 통해 음악을 즐기는 태도를 기른다.

  1. 바른 자세로 노래와 연주를 하고 분위기를 느끼며 음악을 듣는다.

  2. 음악의 기초적인 구성요소를 이해하고 타악기의 종류를 안다.

  3. 생활 속에서 음악을 즐기는 태도를 기른다.

초등학교 5~6학년 : 다양한 음악 활동을 통해 음악 행사에 적극적으로 참여하는 태도를 기른다.

1. 자연스러운 발성으로 노래하고 바른 주법으로 가락 악기를 연주하며 4박자의 간단한 즉흥 가락을 만든다.

2. 음악의 기본적인 구성요소를 이해하고 건반 악기의 종류를 안다.

3. 생활 속에서 음악 활동에 적극적으로 참여하는 태도를 기른다.

중학교 1~3학년 : 다양한 음악 활동을 통해 음악을 활용하는 능력을 기른다.

1. 무리 없는 발성으로 노래하고, 바른 주법으로 다양한 악기를 연주하며, 즉흥 가락을 만든다.

2. 음악의 구성요소에 대한 개념을 이해하고 현악기의 종류를 안다.

3. 생활 속에서 음악을 활용하는 능력을 기른다.

고등학교 1~3학년 : 다양한 음악 활동을 통해 음악을 생활 속에서 적용하는 태도를 기른다.

1. 정확한 발음과 아름다운 발성으로 노래하고 악곡의 느낌을 살려 합주하며 7음을 이용하여 즉흥 가락을 만든다.

2. 음악의 구성요소를 이해하고 관악기의 종류와 음색을 안다.

3. 음악의 쓰임새를 알고 생활 속에서 적용하는 태도를 기른다.

2) 2015년 개정 특수교육 기본교육과정

다양한 음악 활동을 통하여 음악의 아름다움을 경험하고, 음악의 기본적인 지식과 기능을 함양하며, 음악의 역할과 가치를 이해하여 음악을 생활화할 수 있는 능력과 태도를 길러줌으로써 궁극적으로 인지, 정서, 언어, 사회성의 발달을 도모한다.

- 음악을 다양한 방법으로 표현하는 능력을 기른다.
- 음악의 구성요소에 대한 기본적인 지식을 익힌다.
- 음악의 아름다움을 느끼며 올바르게 감상하는 능력을 기른다.
- 생활 속에서 다양한 음악을 적극적으로 활용하는 태도를 기른다.

초등학교 : 다양한 소리를 탐색하는 활동을 통하여 기초적인 음악 개념을 이해하고 기능을 익혀 생활 속에서 음악을 즐기는 태도를 갖는다.

1. 다양한 소리의 특성을 인식하여 모방하거나 창의적으로 표현한다.

2. 음악의 기초적인 구성요소들을 익힌다.

3. 여러 가지 소리를 탐색하고 바른 태도로 음악을 감상한다.

4. 생활 속에서 음악을 즐기는 태도를 갖는다.

중학교 : 음악의 분위기와 느낌을 바탕으로 다양한 음악 개념을 이해하고 기능을 익혀 생활 속에서 음악을 활용하는 능력을 기른다.

1. 자연스러운 발성으로 노래를 부르고, 바른 주법으로 악기를 연주한다.

2. 음악의 다양한 구성요소들을 탐색하고 익힌다.

3. 음악의 분위기를 느끼며 다양한 종류의 음악을 감상한다.

4. 생활 속에서 음악을 적극적으로 활용하는 태도를 갖는다.

고등학교 : 음악을 통해 다양한 문화를 경험하고, 여러 가지 음악 개념을 활용하여 음악 활동에 적극적으로 참여하는 태도를 갖는다.

1. 아름다운 발성으로 노래하고, 음악의 느낌을 살려 악기를 연주한다.

2. 다양한 악기와 목소리의 특성 및 음악의 구성요소를 익힌다.

3. 다양한 문화권의 음악을 감상하고 느낌과 생각을 표현한다.

4. 음악의 쓰임새를 알고, 음악 행사에 적극적으로 참여하는 태도를 갖는다.

3. 내용의 체계 및 성취 기준

1) 2011년 개정 특수교육 기본교육과정

음악과의 내용 영역은 활동, 이해, 생활화의 3개 영역으로 구성하고, 각 영역은 3개의 학년군으로 구분하여 계열성을 강조하였다. 활동 영역은 가창, 연주, 창작, 감상의 4개 소영역으로 구성되어 있으며, 다양한 음악 활동을 통해 표현 및 감상능력을 기를 수 있도록 한다. 이해 영역은 리듬, 가락, 화성, 빠르기, 셈여림, 형식, 음색의 범주로 구성되어 있으며, 음악의 기본적인 구성요소에 대한 개념을 이해하도록 한다. 생활화 영역은 생활 속에서 다양한 음악을 경험하고 활용하며 적용하는 태도를 기를 수 있도록 한다.

  활동 영역, 이해 영역, 생활화 영역을 통합적으로 운용하며 필요에 따라 다른 교과와의 통합적 접근을 시도할 수 있다.

　2011년 개정 특수교육 교육과정의 단계별 내용은 다음과 같다.

학교 학년 영역		초등학교			중학교	고등학교
		1~2학년	3~4학년	5~6학년	1~3학년	1~3학년
활동	가창	-노래 듣고 따라 부르기	-바른 자세로 노래 부르기	-자연스러운 발성으로 노래 부르기	-무리 없는 발성으로 노래 부르기	-정확한 발음과 아름다운 발성으로 노래 부르기
	연주	-신체와 주변의 물건을 이용하여 연주하기	-리듬악기 연주하기	-가락 악기 연주하기	-다양한 악기 연주하기	-합주하기
	창작	-주변의 물건으로 자연과 생활의 소리 만들기	-2박자와 4박자의 리듬과 2음을 이용한 즉흥 가락 만들기	-4박자 리듬과 3음을 이용한 즉흥 가락 만들기	-3박자 리듬과 5음을 이용한 즉흥 가락 만들기	-반복 형태의 리듬과 7음을 이용한 즉흥 가락 만들기
	감상	-소리에 관심을 갖고 반응하기	-소리를 탐색하며 음악의 분위기 느끼기	-악기의 음색을 탐색하며 음악 듣기	-이야기나 주제가 있는 음악 감상하기	-악곡의 특징을 파악하며 음악 감상하기
이해		-긴 소리와 짧은 소리 -높은 소리와 낮은 소리 -빠름과 느림 -큰 소리와 작은 소리 -메기고 받는 형식 -소리의 탐색	-박(센박, 여린박)/자진모리 장단 -올라가는 가락과 내려가는 가락 -빠름과 느림 -큰 소리와 작은 소리 -메기고 받는 형식 -리듬악기의 종류와 음색	-4박자 리듬꼴/세마치장단 -같은 가락과 다른 가락 -점점 빠르게와 점점 느리게 -점점 커지는 소리와 점점 작아지는 소리 -단음과 화음 -건반악기의 종류와 음색	-3박자 리듬꼴/굿거리장단 -반복되는 가락 -빠르기의 변화 -소리의 크기 변화 -어울리는 소리와 안 어울리는 소리 -현악기의 종류와 음색	-여러 가지 박자/여러 가지 장단 -계속되는 가락과 끝나는 가락 -빠르기의 변화 -소리의 크기 변화 -주요 3화음 -관악기의 종류와 음색
생활화		-생활 속에서 음악 경험하기	-생활 속에서 음악을 즐기는 태도 기르기	-생활 속에서 음악 활동에 적극적으로 참여하는 태도 기르기	-생활 속에서 음악을 활용하는 능력 기르기	-음악의 쓰임새를 알고 생활 속에서 적용하는 태도 기르기

2) 2011년 개정 특수교육 기본교육과정

영역	핵심 개념	내용 (일반화된 지식)	내용 요소				기능
			초 3~4	초 5~6	중	고	
표현	표현과 전달	음악은 생각과 느낌을 목소리와 악기로 표현하고 전달하는 예술이다.	말 리듬	주고받는 노래	호흡과 발성	박자와 음정	- 표현하기 - 노래 부르기 - 연주하기 - 탐색하기 - 반응하기 - 구별하기 - 비교하기 - 경험하기 - 놀이하기 - 활용하기 - 참여하기 - 찾아보기 - 발표하기 - 태도 갖기 - 관람하기
			타악기	선율 타악기	가락악기	다양한 악기	
	음악의 요소	음악 요소는 음악의 미를 완성시키는 기본 원리이다.	빠름과 느림	점점 빠르게, 점점 느리게	다양한 빠르기	빠르기의 변화	
			큰 소리, 작은 소리	점점 크게, 점점 작게	다양한 셈여림	소리 크기의 변화	
			박	음의 길고 짧음	반복되는 리듬	다양한 리듬	
			같은 음, 다른 음	음의 높고 낮음	소리의 크기 변화	소리의 어울림	
감상	음악의 특징	음악의 특징은 여러 가지 소리, 음악의 형태, 음악의 문화적 요소를 반영한다.	여러 가지 소리	음색	여러 형태의 음악	다양한 문화의 음악	
	음악의 분위기	음악은 소리의 특성, 주제와 이야기, 장면 등을 바탕으로 다양한 분위기를 형성한다.	소리와 움직임	음악과 느낌	표제 음악	이야기 음악	
생활화	음악과 소통	음악은 사회와 문화 속에서 생각과 느낌을 소통하고 공유하게 한다.	음악의 즐거움	일상생활의 음악	음악과 행사	공연 음악	
	음악의 쓰임	음악의 쓰임은 일상생활과 문화 속에서 다양하게 나타난다.	음악과 놀이	음악과 춤	음악과 의식	음악과 대중 매체	

4. 평가 방법

1) 2011년 개정 특수교육 기본교육과정

음악과의 평가는 다양한 음악 활동의 기회를 가짐으로써 풍부한 정서를 함양하고, 자발적인 표현 활동을 즐길 수 있는 능력과 태도를 기르는 데 도움을 주며, 교수-학습 과정에서 유기적인 역할을 할 수 있도록 계획한다.

① **평가 계획**
- 평가 계획은 교육과정에 근거하여 수립한다.
- 평가의 범위와 수준은 학생과 학교의 상황을 고려하여 계획한다.
- 평가의 내용, 기준, 방법은 개별 학생의 음악적 능력과 수준, 흥미, 특성을 고려하여 계획한다.
- 평가는 교수-학습 활동 과정에서 나타나는 학생의 흥미와 자발성, 창의성, 적극성 등을 충분히 반영하여 학습 과정과 결과를 균형 있게 평가하도록 계획한다.
- 평가는 정시평가와 수시평가를 고루 활용하여 학생이 수업에 임하는 태도나 학업 성취도의 향상을 점검할 수 있는 과정 중심의 평가가 되도록 계획한다.
- 평가는 학습과 학교와 현실을 고려하여 적절한 기간과 횟수를 계획한다.
- 평가는 활동, 이해, 생활화의 각 영역을 통합적으로 평가할 수 있도록 계획한다.
- 평가는 교수-학습 활동에서 습득한 음악적 능력을 생활 속에서 신장시킬 수 있도록 체계적이고 장기적으로 계획한다.

② **평가목표와 내용**
- 활동
  활동 영역은 직접 경험하고 체험하는 과정을 통해 기초 기능, 창의적인 표현능력, 감상 능력 등을 종합적으로 평가한다.
- 이해
  이해 영역은 실음과 악곡과의 연계성 속에서 이루어지는 실음 중심의 평가가 되도록 하며, 학생의 특성을 고려하여 실제 학습 과정 속에서 음악의 기본 요소에 대한 이해 정도를 평가한다.

- 생활화

  생활화 영역은 학교 내·외의 다양한 음악 활동에 참여하는 정도, 지속적으로 즐기는 태도, 생활에 적용할 수 있는 능력 등을 평가한다.

③ 평가 방법

음악과 평가는 평가의 내용이나 대상에 따라 적절한 평가가 이루어질 수 있도록 하며, 학생들의 음악적 능력과 수준, 흥미도, 현실성, 지역성 등을 고려하여 다양한 방법으로 평가한다.

- 각 영역의 성격과 내용을 포괄적이고 균형 있게 반영함으로써 타당성과 신뢰성이 높은 평가가 되도록 한다.
- 평가는 학습한 내용을 중심으로 평가하되, 학습 과정에서 관찰되는 행동과 태도의 변화를 평가하여 과정 중심의 평가가 이루어질 수 있도록 한다.
- 평가는 활동, 이해, 생활화의 각 영역이 서로 연계되어 통합적으로 평가될 수 있도록 한다.
- 관찰, 면접, 자기평가, 상호 평가, 포트폴리오 평가, 실기 평가, 실음 지필 평가 등 다양한 방법을 사용한다.
- 실기 평가의 내용, 방법, 도구 등은 학생과 학교의 상황을 고려하여 제시한다.
- 평가는 노래 부르기, 악기 연주하기, 신체 표현하기 등의 음악 활동에 따라 적절한 시설 및 공간에서 실시하도록 한다.
- 학생의 개별적인 특성과 수준을 고려하여 평가 방법이나 도구를 적절하게 수정하여 평가한다.

④ 평가 결과의 활용

평가 결과는 성취 기준을 달성하는 데 이려움이 있는 학생들의 개별적인 학습 전략을 수립하기 위한 자료뿐만 아니라 교수–학습 계획과 수업방법 개선을 위한 자료로 활용한다.

2) 2015년 개정 특수교육 기본교육과정

음악과 평가는 영역별, 학년군별 지도 내용을 중심으로 표현능력, 감상능력, 이해능력, 음악적 태도뿐만 아니라, 생활 속에서 음악을 활용할 수 있는 능력에 중점을 두어 종합적으로 평가함으로써 음악과 교육과정의 목표를 구현할 수 있도록 한다.

① **평가 방향**

- 평가는 교육과정의 범위와 수준에 근거하여 수립한다.
- 평가의 범위와 수준은 학생의 특성과 수행능력을 고려하여 선택한다.
- 평가의 내용, 기준, 방법은 개별 학생의 음악적 능력과 수준, 흥미, 특성을 고려한다.
- 평가는 표현, 감상, 생활화의 각 영역을 통합적으로 평가할 수 있도록 한다.
- 평가는 수시 평가와 관찰 평가를 적절하게 활용하여 학업 성취도의 향상 정도를 점검할 수 있는 과정 중심의 평가가 되도록 한다.

② **평가 방법**

음악과 평가는 교과의 성격과 교수–학습 내용에 따라 적절하게 평가가 이루어질 수 있도록 하고, 학생들의 능력과 수준, 흥미도 등을 고려하여 다양한 방법으로 평가한다.

- 평가는 학습한 내용을 중심으로 평가하되, 학습 과정에서 관찰되는 행동과 태도의 변화 등도 반영한다.
- 평가는 표현, 감상, 생활화의 각 영역을 서로 연계하여 통합적으로 평가한다.
- 학생의 개별적인 학습 특성과 수행능력을 고려하여 평가 방법이나 도구를 적절하게 수정하여 평가하도록 하되, 음악의 기능적인 부분에 치중하기보다는 음악을 통한 학생들의 긍정적인 정서적 변화와 향상 정도를 파악하도록 한다.
- 평가는 관찰 평가, 자기평가, 상호 평가, 포트폴리오 평가, 실음 평가 등 다양한 방법을 사용한다.
- 노래 부르기, 악기 연주하기 등의 표현 활동은 기초 기능과 표현 능력, 태도 등을 고루 반영하여 평가한다.
- 감상 영역의 평가는 음악의 특징을 파악하고 분위기를 느끼며 반응할 수 있는지를 평가한다.
- 생활화 영역은 음악을 즐기는 태도, 생활 속에서 활용할 수 있는 능력, 교내·외의 다양한 음악 활동에 참여하는 정도 등을 평가한다.
- 가정 및 지역사회에서 이루어지는 음악 활동은 가정과 연계하여 평가한다.

③ 유의사항

● 평가는 노래 부르기, 악기 연주하기 등의 음악 활동에 따라 적절한 시설 및 공간에서 실시하도록 한다.

● 표현 영역은 실제의 체험을 통한 실음 중심의 평가가 되도록 하며, 학생의 학습능력을 고려하여 가장 기초적인 음악의 기본 요소에 대한 이해 정도를 평가한다.

● 평가 결과는 교수-학습 계획과 수업 방법 개선을 위한 자료로 활용하고, 성취 기준을 달성하는 데 어려움이 있는 학생들을 위해 별도의 학습 지도 계획 및 방법을 개발하기 위한 자료로 활용한다.

♫ 정리

교육과정에 맞추어 학습하게 되는 교수-학습은 '다양한 악곡과 음악 활동을 통하여 음악성과 창의성을 기르고, 음악적 정서를 풍부하게 한다'라고 하는 음악교육의 포괄적 목표를 달성하기 위해서 학문적 · 시대적 요구에 부응해야 하며 학교 현장에서는 교육과정을 적용한 교수-학습의 변화와 자료의 확보가 필요하다.

특히 장애 학생에게 있어 음악교육은 조화로운 인격 형성의 터전을 만들 수 있다는 점에서 그 중요성이 매우 강조되고 있으며, 이때 그 방향을 제시하는 것이 교육과정이므로 교육과정은 사회적, 교육적 흐름에 맞추어 장애 학생의 수준과 발달 단계에 맞게 점차적으로 변화되어야 할 것이다.

♫ 연구과제

1. 2011년 개정 특수교육 음악과 기본교육과정과 2015년 개정 특수교육 음악과 기본교육과정에 있어 내용 체계의 차이점을 비교해보자.

2. 음악과 교육과정을 제시할 때에 새롭게 추가되어야 할 내용은 어떠한 것이 있는지 살펴보자.

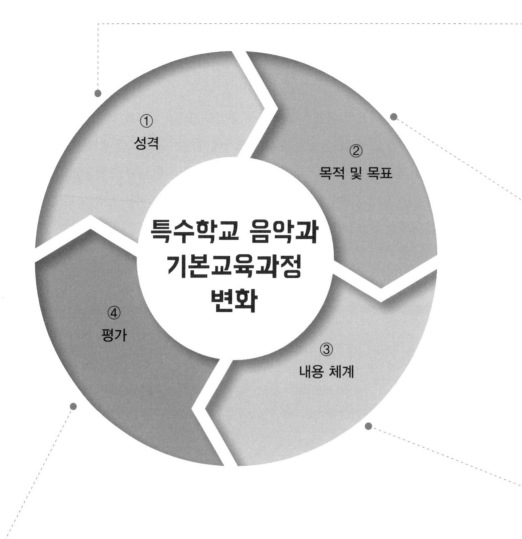

①
성격

②
목적 및 목표

특수학교 음악과
기본교육과정
변화

④
평가

③
내용 체계

④ 평가

2011년 개정 특수교육 기본교육과정
다양한 음악 활동의 기회를 가짐으로써 풍부한 정서를 함양하고, 자발적인 표현활동을 즐길 수 있는 능력과 태도를 기르는 데 도움을 주며, 교수·학습 과정에서 유기적인 역할을 할 수 있도록 계획함

2015년 개정 특수교육 기본교육과정
영역별, 학년군별 지도 내용을 중심으로 표현 능력, 감상 능력, 이해 능력, 음악적 태도뿐만 아니라, 생활 속에서 음악을 활용할 수 있는 능력에 중점을 두어 종합적으로 평가함으로써 음악과 교육과정의 목표를 구현할 수 있도록 함

14

① 성격

2011년 개정 특수교육 기본교육과정

개인의 전 생애를 통하여 음악적 가치를 인식하고 생활화할 수 있는 바탕을 마련하려는
궁극적인 목적과 함께 장애 학생들의 언어, 인지, 정서, 사회성, 신체, 긍정적 자아개념
및 창의성 등의 발달을 촉진하고 지원하는 교과

2015년 개정 특수교육 기본교육과정

장애 학생들의 개성과 능력을 고려한 음악적 경험에 바탕을 두면서, 학습자로 하여금 다
양한 활동을 통해 음악을 아름답게 표현하고, 기초적인 지식과 기능을 익히며, 자신의
생각과 음악적 느낌을 효율적으로 전달할 수 있도록 하는 교과

② 목적 및 목표

2011년 개정 특수교육 기본교육과정

다양한 악곡과 활동을 통하여 음악의 아름다움을 경험하게 하며, 음악의 표현 · 감상 ·
이해 능력을 기르고, 음악을 생활화함으로써 즐거운 생활을 하는 태도를 기르게 하며, 음
악 활동을 통해 정서적, 사회적, 신체적, 인지적 발달을 촉진하는 것을 목적으로 함

2015년 개정 특수교육 기본교육과정

다양한 음악 활동을 통하여 음악의 아름다움을 경험하고, 음악의 기본적인 지식과 기능을
함양하며, 음악의 역할과 가치를 이해하여 음악을 생활화할 수 있는 능력과 태도를 길러
줌으로써 궁극적으로 인지, 정서, 언어, 사회성의 발달을 도모함

③ 내용 체계

2011년 개정 특수교육 기본교육과정

학년 간 상호 연계와 협력을 통한 학교 교육과정 활동, 이해, 생활화의 3개 영역으로 구성하고,
각 영역은 5개의 학년군으로 구분하여 계열성을 강조
활동 영역은 '가창', '연주', '칭작', '감상'의 4개의 소영역으로 구성되어 있으며, 다양한 음악 활
동을 통해 표현 및 감상 능력을 기를 수 있도록 함.
이해 영역은 리듬, 가락, 화성, 빠르기, 셈여림, 형식, 음색의 범주로 구성
생활화 영역은 생활 속에서 다양한 음악을 경험하고 활용, 적용하는 태도를 기를 수 있도록 함

2015년 개정 특수교육 기본교육과정

표현, 감상, 생활화의 3개 영역으로 구성된다.
표현 영역은 기본적인 음악적 지식과 기능을 익혀 음악의 아름다움을 경험하고, 자신의 생각과
음악적 느낌을 효율적으로 전달할 수 있는 능력을 기름
감상 영역은 음악의 아름다움과 분위기를 느끼며 바르게 감상하는 태도를 함양함
생활화 영역은 음익의 역할과 가치를 이해하고, 생활 속에서 다양한 음악을 활용할 수 있는 태도
를 기르도록 함

PART **5**

특수음악교육
접근 방법의 확장

15

음악교육의 공학적 접근

과학의 발달에 따라 교육 환경을 포함한 사회의 모든 분야가 급격히 변화하고 있다. 음악교육 또한 기존의 전통적인 제도와 방법에서 벗어나 사회적 발달과 변화에 적응할 수 있는 새로운 제도와 방법을 개발해야 한다. 지금까지의 학교 음악교육은 전통적인 집단 교육으로, 학생 개개인의 개성을 무시하여 창의적이고 자유로운 인간 교육을 펼치기 어려웠다. 따라서 미래의 이상적인 음악교육을 위해서는 이러한 문제들을 해결해야 하며, 이를 위해서는 음악교육의 생활화, 자율화, 개별화가 필요하다. 더 나아가 음악교육을 통해 창의성을 계발하고 풍부한 정서함양과 음악의 아름다움을 제시할 수 있어야 한다.

그러나 특수교육 현장에서는 특수교육과 음악교육을 동시에 전공한 교사가 거의 없어 특수교사의 음악교육적 전문성과 능력이 한정된 것이 사실이다. 이때 교육공학은 그 대안으로서 공학적 매체를 활용하여 학생과 교사에게 다양한 전문양식을 제공할 수 있고 음악교육매체 혹은 공학적 도구 등을 사용하여 장애의 제한성을 감소시킬 수 있을 것이다.

따라서 이 장에서는 음악교과에 도입할 수 있는 장애 학생을 위한 공학적 접근 방법과 가치 및 교사의 역할에 대하여 기술하고자 한다.

1. 음악교육공학

1) 음악교육공학의 목적

음악교육공학은 사람과 사물의 모든 자원을 효율적으로 구성하여 음악교육의 효과를 높이고, 음악적 삶으로 이끌 수 있도록 음악교육을 과학적으로 연구하여 교육 목표를 이루도록 하는 것을 목적으로 한다.

2) 음악교육공학의 흐름

초기에는 교육의 효과를 높이기 위한 전자-시청각 기기의 연구와 개발에 중점을 두었다가 점차 이러한 기기를 활용하기 위한 학습 자료를 개발하는 데 초점이 옮겨졌다. 이후에는 음악교육의 심리적 특성을 염두에 두어 이를 적용하고, 음악교육의 전 과정을 과학적으로 실행하고자 하는 연구에 깊은 관심을 두고 있다.

3) 음악교육공학의 특성

① 음악 학습에서 이루어져야 할 학습 목표를 제시한다

음악교육에서 자세하고 명확한 학습 목표를 설정하기 위해서는 학습에 대한 필요성, 흥미, 인지적 발달 단계와 같은 각 학생의 기초 자료와 음악 학습이 갖는 성격, 학생에게 미치는 영향, 가능한 학습 형태, 주어진 음악 학습 시간과 조건 등을 종합하여 고려해야 한다. 또한 대상 학생이 성취 가능한 목표와 성취 불가능한 목표를 구별해주어야 한다.

② 음악 학습에서의 과제를 분석하고 차례차례 적용한다

음악 학습의 과제 분석을 위해서는 인지발달적 고려가 필요한데, 이를 위해서는 먼저 인지 과정을 이해해야 한다. 심리학자 블룸(Benjamin Bloom)은 인지적인 사고를 '인간이 새로운 문제를 처리하기 위해 이전의 경험을 통해 가지고 있는 적절한 정보를 찾아 사용하는 지적 능력'으로 정의하였다. 음악 인지발달 측면에서 음악 학습 과제를 분석하고 차례차례 적용하기 위해서는 먼저 학습할 음악지식에 대해서 학생이 어느 정도의 사전 지식을 가지고 있는지 파악해야 한다. 자신이 가지고 있는 사전 지식을 사용하여 새로운 학습 내용을 이해하고 학습한 새로운 내용을 다른 음악적 표현에 적용할 수 있도록 수업을 계획해야 한다. 그리고 학습과정이 올바르게 이루어졌는지 분석, 평가하여 다음 학습을 예상하고 계획해야 한다.

③ 음악 학습에 필요한 자료와 전자매체의 효과에 대해 짜임새 있게 조직적으로 평가하고 적절하게 선택하여 사용한다

교수매체를 실제 교수–학습 상황에 효과적으로 활용하기 위해서는 다음과 같은 원리를 반드시 고려해야 한다(이형행, 2012).

가장 중요한 기준은 학습 목표와 학습 내용의 적합성이다. 즉 학습 내용을 가장 효과적·효율적으로 전달함으로써 학습 목표를 효과적으로 달성할 수 있는 매체를 선택해야 한다. 다음 기준은 학습자의 특성이다. 학습자의 연령, 성별, 학년, 인지적·정의적·신체적 특성 등을 고려해야 한다. 다음으로 중요한 요소는 교사의 활용 가능성과 용이성이다. 아무리 좋은 교수매체라 할지라도 교사가 원활하게 사용하지 못하면 무용지물이 된다. 마지막으로는 교수 방법 및 환경의 적합성이다. 강의식 수업인지 토론식 수업인지, 아니면 개별학습의 형태인지에 따라서 교수매체의 선택은 달라질 것이다.

음악교육에서 자료와 전자매체를 활용하는 것은 음악교육의 목적을 효과적으로 이룰 수 있도록 하는 교육 전략이다. 자료와 전자매체를 활용하면 더 적은 비용으로 음악교육 현장에서의 현실감을 최대화하고 다채로운 음악적 체험을 제공할 수 있으며 학생에게 강한 음악적 자극을 주어 보다 적극적인 학습 참여를 이끌 수 있기 때문이다. 그러므로 교육 현장에서 자료와 전자매체의 효과적인 활용을 통해 효과적인 학습이 이루어질 수 있도록 교육공학과 교육심리를 통합하는 작업이 필요할 것이다.

④ 음악 학습과정의 과학적 실행을 도모하여 교육이 효율적으로 이루어지도록 한다

학습은 계획–설계–실행–평가의 과정으로 이루어진다. 계획 및 설계 단계에서는 학생의 연령, 인지발달, 음악 학습 환경, 음악적 지식 수준 등을 고려해 학습을 계획하고 설계한다. 실행 및 평가 단계에서는 동기유발, 학습 실행, 정리, 평가의 단계를 거친다.

도입 과정에서의 동기유발은 내적 동기유발과 외적 동기유발로 나눌 수 있는데, 이는 개인의 특성에 따라 다르게 나타나기 때문에 교사는 적절한 동기유발을 제공하기 위해 그 특성을 잘 파악해야 한다. 학습 초기에서의 동기유발은 외적 동기유발을 많이 사용하여 집중력을 높여주고, 학습 내용을 익숙하게 받아들일 수 있도록 해준다. 그리고 어느

정도 학습내용이 익숙해지면 외적 동기유발보다는 내적 동기유발을 일으킬 수 있도록 유도함으로써 학생이 직접 학습한 것을 더 적극적이고 효과적으로 사용할 수 있도록 해주는 것이 중요하다. 또한 동기유발은 학습 내용과 일치해야 한다.

실행 과정에서는 음악에 대한 개념과 구조를 학습하는 학습 이해, 실질적인 음악 표현 활동을 하는 음악 연주, 소리나 음악작품을 미학적으로 탐구하는 음악 예술성 탐구가 이루어지므로, 이들 학습 영역을 균형 있게 학습할 수 있도록 계획해야 한다. 음악 학습 초기에는 음악에 대한 개념과 구조를 학습하는 학습 이해의 영역 위주, 학습 중기에는 실질적인 음악 표현 활동을 하는 음악연주 위주, 학습 후기에는 소리나 음악작품을 미학적으로 탐구하는 음악 예술성 탐구를 위주로 하여 학생이 학습한 음악적 요소들을 자기화할 수 있도록 돕는다. 평가 과정에서 평가 도구를 선택, 활용할 때에는 학습 목표, 내용, 과정, 학습 영역 간의 균형, 학습자의 연령 등을 고려하여 선택하고, 다양한 평가 도구를 활용하여 모든 과정과 영역에서 균형 있는 평가가 이루어질 수 있도록 해야 한다. 그리고 평가는 결과를 순서대로 나열하려는 목적보다는 다음 학습을 계획하고 학습 방법을 개선하기 위한 목적으로 활용하도록 해야 한다.

⑤ **음악 학습 시간을 단축하고 교육비를 절감하며 음악 학습의 완성도를 높여 교사의 지도력을 강화한다**

음악교육공학의 활용을 통해 더 적은 비용으로 현장감 있는 음악 수업을 진행할 수 있다. 이는 직접 현장으로 가서 학습하지 않아도 현장감 있는 학습이 가능하도록 하므로 음악 학습의 완성도를 높여 학습 시간도 단축할 수 있다.

4) ICT를 활용한 음악과 수업

음악교육에서 ICT를 활용하는 것은 학생의 학습동기를 유발하고 다양한 시각적, 청각적 자료를 통하여 개인의 음악적 경험을 구체화하며 창의력을 증진하는 데 도움을 준다. 가창이나 기악 수업에도 유용하게 사용할 수 있지만, 특히 창작수업이나 감상수업에 ICT를 활용하게 되면 학습자 자신의 음악적 능력을 향상하는 데 큰 도움을 준다(배정임, 2010).

① 가창수업

ICT를 활용한 가창수업은 교사가 단순히 피아노 반주를 하는 사람의 위치에서 벗어날 수 있도록 가창 학습을 실제적으로 지도하면서 평가할 수 있는 자유로운 위치를 제공한다.

우선 프레젠테이션을 통하여 학습 목표나 곡의 특징 등을 소개할 수 있고, 오디오 시스템을 이용하여 제재곡을 미리 감상한다. 학생이 모둠별로 작곡자, 곡의 특징, 발성법 등을 조사하여 인터넷을 이용하여 발표하기도 한다. 악보를 빔프로젝터를 이용하여 화면에 띄우면, 학생은 화면을 보면서 가창곡을 익히게 된다. 교과서를 보고 노래할 때는 자세가 흐트러지기 쉽지만 빔프로젝터를 이용하면 집중도가 높아지고 가창하는 자세도 바르게 되어 여러 가지로 효과를 거둘 수 있다. 또 시퀀싱 프로그램으로 작성된 미디 파일들은 다양한 악기로 소리를 바꿀 수 있어서 피아노 반주에만 의지하던 수업에서 탈피하여 다양한 악기 소리를 들으면서 노래를 익힐 수 있다. 그뿐만 아니라 부분적인 반복학습이 가능하므로 자주 틀리거나 음정이 불안한 부분을 완전히 익힐 때까지 반복학습을 하는 데 아주 유용하다.

제재곡은 인터넷을 통하여 개개인이 공유할 수 있다. 메일을 통해 전송받을 수도 있고, 자료실을 검색해서 실시간으로 들을 수 있어서 가정에서도 가창을 연습하기에 좋은 도구가 된다.

② 기악수업

학생이 가지고 있는 악기들로 기악수업을 하려다 보면 몇 가지 문제가 발생하는데 그중하나는 편곡과 악기별로 균형 잡힌 합주에 대한 어려움이다. 그러나 ICT를 활용하면 의외로 많은 부분을 해결할 수 있다. 과거에는 리코더 합주를 할 경우에는 단순한 피아노 반주에만 의지하여 합주했지만 시퀀싱 프로그램을 이용하면 미디오케스트라 반주에 맞춰 합주할 수 있다. 시퀀싱 프로그램은 악기마다 음역에 맞는 악기 소리를 구현해주기 때문에 어떤 형태로 악기가 구성되더라도 부족한 부분을 보강하여 연주할 수 있다. 특히 베이스 파트를 강화하고, 드럼을 사용하게 되면 훨씬 리듬감 있는 연주를 할 수 있어서 학생이 흥미를 갖고 기악수업에 임하는 것을 보게 된다.

③ 창작수업

창작수업에서 ICT 활용은 많은 교육적 효과를 제공한다. 컴퓨터는 음악재료의 자유로운 저장, 재생, 축소, 확대 등의 하이퍼미디어 기능을 제공하기 때문에 이러한 기능을 이용하게 되면 창작수업을 가창처럼 상시로 수업하는 것이 가능해진다. 창작 영역은 창의성의 측면에서 음악 수업의 주된 영역이 되어야 하는데, ICT를 활용하며 이 문제를 쉽게 해결할 수 있다. 또한 네트워크를 사용하면 공동으로 음악을 창작할 수 있으므로 모둠별, 학급별 합작품을 만들어낼 수 있다. 학생에게 있어서 작곡이란 자신의 음악적 아이디어를 공개하는 장이 될 것이며 창작 수업은 창의성과 더불어 협동성을 기를 수 있는 수업이 된다.

④ 감상수업

감상수업에서도 ICT의 활용 방법은 무궁무진하다. 웹사이트를 이용하면 다양한 장르의 음악을 실시간으로 감상할 수 있을 뿐 아니라 연주 상황을 동영상으로 감상할 수 있다. 그뿐만 아니라 음악사의 시대적인 특징과 작곡가를 조사할 수 있고, 시대별 작곡가의 대표적인 작품들을 선택해서 감상할 수 있다. 그리고 저작권에 저촉되지 않는 한 원하는 음악을 다운받아 음악 앨범을 제작할 수 있다.

감상수업에서의 ICT 활용은 이론과 음악의 분리에 따른 음악 학습의 단점을 보완해준다. 미디파일 mid, cwp, wrk, mus 등으로 된 음악파일들은 다양한 형태의 화면을 제공하기 때문에 도표화된 음악의 흐름을 직관적으로 이해하는 데 도움을 준다. 이러한 파일들은 음악을 듣는 순간에도 연주가 진행되는 모습을 실시간으로 보여주기 때문에 시각적 표현과 소리의 결합을 통해 음악의 인지효과를 극대화할 수 있게 해준다.

트랙별로 악기 구성이 되어 있으므로 원하는 트랙만 선택하여 악기별 소리의 특성을 파악할 수 있고, 같은 음악이라도 악기 음색, 템포, 강약, 리듬의 변화에 따라 서로 다른 감동을 줄 수 있음을 체험할 수 있다. ICT 활용의 최대 장점은 이렇게 교사의 교수 목표에 따라 음악재료들을 자유롭게 조작할 수 있다는 것이다.

5) ICT의 효과적인 활용과 교사의 역할

최근에는 컴퓨터가 없는 곳이 없을 정도로 컴퓨터의 보급이 일반화되었다. 컴퓨터는 정보에 대한 무선적 접근, 정보 활용의 유연성, 정보의 보존 및 공유의 용이성 등의 특징으로 인하여 모든 영역에서 활발하게 사용되고 있다(권덕원·석문주·최은식·함희주, 2008).

이렇듯 현대 사회 과학의 발달로 교육 현장에도 교육공학을 활용한 교육자료, 교수 방법, 평가 방법 등이 다양하게 개발되고 있다. 현재의 교육 환경은 교사가 이전처럼 단순하게 정보와 지식을 전달하는 데만 그치지 않고 의무, 역할 등을 변화할 것을 요구한다. 위에서 언급했던 것과 마찬가지로 주지 교과에 주로 적용해 왔던 교육공학을 음악교과에도 도입할 수 있는 것은 현대의 교육공학이 음악교육을 포용할 만큼 변화하였기 때문이다(이철수, 2011).

현재의 음악교육자와 교사교육기관은 어떤 것이 음악교육의 내용이 되고 어떻게 효율적으로 가르쳐야 할 것인가에 대하여 미리 생각하고 준비해야 할 것이다. 이를 위해서는 음악교사 양성기관 및 재교육 기관·단체에서 새로운 테크놀로지에 관한 지속적인 연구와 투자가 있어야 하며 그 내용은 교사 교육에 즉각 반영되어야 한다. 그리고 교사 개인 역시 학생의 다양한 음악적 요구에 적절하게 대응할 수 있는 수준의 자질을 유지해야 한다(권덕원·석문주·최은식·함희주, 2008).

이러한 변화들은 교사 중심의 전통적 교육 체제를 학생 중심의 교육 체제로 전환하게 하였다. 교사 중심의 전통적 교육 체제는 단순히 교사가 학생에게 정보나 지식을 전달하는 수동적인 활동을 의미하는 반면, 학생 중심 교육 체제는 학생 개개인의 능력과 적성, 특성을 고려하여 학습 동기를 높이고 학습 목표에 효율적으로 도달할 수 있도록 다양한 시청각매체 등의 교수자료와 교육 기자재를 선정하여 활용하는 것을 말한다.

교사는 학생 개개인의 학습 경험을 수집하여 분석한 뒤 그들의 능력과 특성에 맞게 개별화된 학습 목표와 학습 내용 또한 설정할 수 있어야 한다. 또한 관심과 흥미 등을 고려하여 다양한 시청각매체와 교육기자재 등을 선정, 활용할 수 있어야 하며, 학습동기를 높여 학습 목표에 효과적으로 도달할 수 있도록 다양한 학습 자료에 대한 정보를 습득하고 학습 자료를 개발할 수 있어야 한다. 그리고 개개인의 수준, 능력에 적절한 보충학습, 심화학습의 기회를 제공하여 학업 성취도를 높일 수 있어야 한다.

학생 중심 체계에서의 교사 역할은 단순하게 지식이나 정보를 전달하는 사람이 아니라 학습 체제의 계획자, 학습 자료의 구성자, 학습과정의 조정자나 평가자로서의 다양한 역할을 수행할 수 있어야 한다. 특히 특수교육에서는 교사의 다양한 역할이 중요한데, 개인의 학습능력 및 특성을 조사·수집하여 개별화교육계획(Individualized Education Plan, IEP)을 통해 학생에게 개별화된 학습 목표와 학습 내용을 설정해야 하고, 학습동기를 높이며 학습 목표에 효율적으로 도달할 수 있도록 개개인의 관심, 흥미 등을 고려해야 한다.

또한 교사는 교수 적합화를 통해 교수 환경, 교수 집단, 교수 방법, 교수 내용, 평가 방법 등에서 학습과정을 조정해주어 학습 목표에 효과적으로 도달할 수 있도록 해야 하다. 학습과정의 조정이란 학생이 배울 내용의 수준을 낮추며 양을 줄이는 것이 아니라 학생이 최대한 효과적으로 배울 수 있는 수준과 양으로 맞추는 것을 말한다(임미경, 2004). 음악 수업 시 교육공학의 활용에 대한 내용을 기술하면 다음과 같다.

 표1 음악 수업 시 교육공학의 활용

교사의 필요에 따라 만들어진 ICT 자료 활용하기	교육학술정보원에서는 교과별 멀티미디어 자료를 개발해 에듀넷에 탑재해 놓고 있는데, 교수-학습 상황이 학교마다 다르고 학습자의 요구 내용, 통신 환경 등이 다르므로 필요한 자료를 Course ware로 엮어 놓기보다는 Clip 형태로 제시하는 것이 바람직하다는 관점에서 비롯된 것이다. 즉 음악 교사는 서버에 접속하여 나름의 교수-학습 상황에 필요한 자료를 다운받아 정리하여 수업을 진행하면 되므로 교사는 예전처럼 자료 자체를 만들기 위하여 수고할 필요 없이 주어진 자료를 필요에 따라 적절하게 배열하여 교수-학습을 주도하면 된다.
개인차를 고려한 학습/모둠별 학습에 활용하기	음악과는 개인차를 고려한 교수-학습을 표방하고 있다. 이는 개인의 흥미, 적성, 능력 등에 알맞은 내용을 학습자가 선택하여 학습함을 의미한다. 학급을 적절히 나누고 각 모둠에 컴퓨터 및 ICT를 활용하여 각기 다른 수업제재를 제시하므로 개인차를 고려한 음악 학습을 효율적으로 수행할 수 있다.
시뮬레이션 자료와 반복학습에서 활용하기	실제적인 시범이 불가능한 경우가 있는데 예를 들어 발성연습을 위한 복식호흡의 경우 시뮬레이션 자료를 활용하여 실제로 볼 수 없는 세계를 보여줌으로써 학습효과를 높일 수 있다. 또한 악기의 운지법, 시창, 청음, 계명 익히기 등의 반복을 요구하는 학습에서 ICT의 활용은 효율적인 대안학습방안이 된다.

교육공학을 음악 수업에 적용 시 유의사항을 제시하면 다음과 같다.

첫째, 전통적 방법과 ICT 활용 수업을 병행하는 것이다. 매 수업 전체를 ICT화하거나, 교사가 전적으로 ICT에만 의존하여 교수-학습을 수행한다면 문제가 있으므로 기존 수업에서 ICT 활용이 필요한 부분에 효과적으로 병용하는 것이 바람직하다. 둘째, 학생의 교육적 요구를 판단하고 그 결과에 적합한 수업을 계획하여 이에 따른 ICT 활용 계획을 수립하는 것이다. 셋째, 적절한 피드백을 주고 학생과 교육의 창을 구축하는 것이다. 일제식 음악 수업의 난점으로는 개별학생에 대한 피드백이 어렵다는 점이 있는데, ICT의 적절한 활용은 학생과 개별적인 접촉을 할 수 있도록 배려하여 교실 수업이 가지는 단점을 보완할 수 있어야 한다. 그뿐만 아니라 학생에 대한 바른 이해를 바탕으로 개별학생에 대한 지속적인 관심과 격려로 ICT 를 활용한 음악 수업은 더욱 개별적이고 의미 있는 수업이 된다(임지경, 2004).

2. 스마트폰을 이용한 음악 수업

1) 음악교육적 가치

오늘날 정보통신기술의 혁신적인 발전은 우리의 생활뿐만 아니라 교육 현장에서도 놀랄 만한 변화를 일으키고 있다. 이러닝(e-learning)은 이미 대중적인 학습의 한 형태로 자리 잡고 있어 학습자가 유선 네트워크를 통해 웹을 사용할 수만 있다면 때와 장소를 초월하여 자기주도적인 학습이 가능하게 되었다.

유비쿼터스적 속성의 스마트폰을 이용한 엠러닝(m-learning)은 시공간의 제약 없이 상호작용을 통해 이루어지는 학습자의 자기주도적 학습 방법으로 엠러닝을 이용한 모바일 인터넷은 첫째, 항상 휴대하기 간편하여 언제 어디서나 움직이면서 학습할 수 있어 학습 장소에 대한 제약이 없다. 둘째, 원하는 학습 자료에 빠르게 접속하고 쉽게 접근할 수 있다. 셋째, 커뮤니케이션 상황에서 실시간 피드백 등의 상호작용이 뛰어나다(이영민, 2005; 한태인, 2006; 고병오, 2008 재인용). 다시 말하면 수준별·적성별로 자기주도적인 선택이 가능하고 흥미롭게 같이 참여할 수 있는 수업환경이 구성되며 다양한 인터넷 매체나 도구들을 실시간 활용할 수 있고 정보기술의 지원으로 언제 어디서나 신속한 접속과 활용이 가능한 수업의 형태를 스마트교육이라 한다(류진, 2013).

따라서 스마트폰을 교육 현장에 활용하게 된다면 수업이라는 개념에 이동성을 가미함으로 인해 장애 학생들이 시간적 유연함과 공간적인 확장을 경험하게 할 수 있음(경남대, 2010)은 물론 장애 학생들의 의사소통능력을 기반으로 하는 상호작용의 다양한 장면에서도 많은 교육적 효과를 기대할 수 있을 것으로 예상한다.

우리가 현장에서 만나고 있는 장애 학생들의 경우 일반교육매체에 비해 동영상, 인터넷 등의 복합적인 매체에 의해 학습활동에 적극적으로 동기화되고, 교수-학습 상황에서 멀티미디어의 활용이 가능한 컴퓨터, 모바일 기기 등을 통하여 지식과 정보를 더 쉽고 빠르게 수용하고 일반화하는 것을 볼 수 있다. 오경아(1992)는 멀티미디어의 활용을 통해 특히 주의집중과 상호작용 증진에 의한 교육적 효과를 거둘 수 있다고 강조했다. 그러므로 스마트폰을 장애 학생들을 위한 수업에 활용하는 것은 그들의 잠재능력을 고려한 또 다른 교수적 배려가 될 것이다.

2) 장애 학생의 음악 수업을 위한 스마트폰 애플리케이션의 예

스마트폰의 성장과 함께 애플리케이션 마켓도 크게 활성화되고 있으며, 애플리케이션을 직접 개발하여 무료로 제공하는 개발자들도 늘어나고 있다. 다양한 기능을 가진 애플리케이션은 건강, 날씨, 교육, 교통, 커뮤니케이션, 의료, 오락 및 게임, 사진, 음악 등으로 크게 분류된다. 현재 활용되고 있는 음악 애플리케이션들은 작곡, 악기 연주, 유아교육 음악 이론으로 크게 나눌 수 있다. 작곡 애플리케이션은 비교적 적은 용량을 가지고도 스마트폰을 이용하여 간단한 작곡이 가능케 한다. 활용도가 높은 작곡 애플리케이션으로는 노트 형태로 자유로운 편집모드를 제공하여 편리한 Music Studio, 수업 활동 중 학생들의 목소리를 음악으로 바꾸어 주기도 하고 이를 그래픽으로 표현해주는 Voice Band, 쉽게 흥미를 끌 수 있게 다양한 형태의 비트 제작이 가능한 Beat Maker 등이 있다(류진, 2013). 장애 학생의 음악 수업을 위한 스마트폰 애플리케이션의 예를 들면 표 2와 같다.

표2 장애 학생의 음악 수업을 위한 스마트폰 애플리케이션의 예

애플리케이션	설명	사진
리틀 모차르트 색칠동요	음악교육을 처음 시작하는 만 4세 전후 유아를 위한 인터렉티브 음악교육 애플리케이션	
리듬 교육	음악교육에서 리듬 맞추기를 돕고 리듬 교육을 흥미 있게 배울 수 있는 애플리케이션	

(계속)

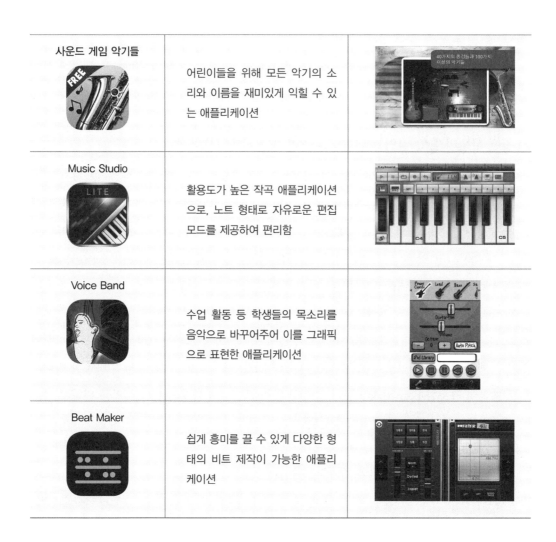

사운드 게임 악기들	어린이들을 위해 모든 악기의 소리와 이름을 재미있게 익힐 수 있는 애플리케이션	
Music Studio	활용도가 높은 작곡 애플리케이션으로, 노트 형태로 자유로운 편집 모드를 제공하여 편리함	
Voice Band	수업 활동 등 학생들의 목소리를 음악으로 바꾸어주어 이를 그래픽으로 표현한 애플리케이션	
Beat Maker	쉽게 흥미를 끌 수 있게 다양한 형태의 비트 제작이 가능한 애플리케이션	

3) 스마트폰을 이용한 음악교육 수업 시 주의사항

스마트폰을 이용해서 음악교육을 전개할 때는 몇 가지 주의사항이 있는데 그 구체적인 내용은 다음과 같다.

첫째, 정보통신교육을 통하여 학생들에게 태블릿 PC와 스마트폰의 사용법 및 기능, SNS에 대한 이해 등을 지도하여 엠러닝의 기본적 소양을 길러주어야 할 것이다.

둘째, 엠러닝과 스마트 기기 활용에 따른 역기능을 미리 파악하여, 학생들의 스마트 기기 활용에 따른 부작용을 최소화하는 방안을 마련해야 할 것이다.

셋째, 교사들에게 스마트 기기를 보급하고, 엠러닝과 스마트 기기 활용 연수를 통해 특수교사들의 엠러닝 활용 역량을 키워야 할 것이다.

넷째, 다양한 교육용 애플리케이션의 개발이 시급하며, 특히 특수교육용 애플리케이션 개발에는 특수교사가 직접 참여하여 특수교육 현장의 특수성과 장애 학생의 교육적 요구를 반영해야 할 것이다.

♫ 정리

장애 학생의 음악 학습에 있어 예술성 탐구에 대한 학습은 이루어지지 않고 단순한 음악연주에서 그치는 경우가 많지만, 장애 학생도 충분히 음악적으로 생각하고 즐길 수 있는 능력이 있으므로 교육공학 관련 프로그램을 이용하여 학습할 수 있도록 해야 한다. 물론 장애 학생에게 음악공학을 이용한 교수-학습을 구현하는 데는 어려움이 따르지만 학습할 음악내용을 과제 분석을 통하여 일반 학생보다 단계별로 나누어 제시하고, 학생의 발달 단계와 수준을 고려한 소프트웨어를 이용한다면 어느 정도 효과를 거둘 수 있을 것이다.

특히 ICT의 교육적 활용에서 교사는 교육공학에 열린 마음을 가지고 급속히 변화하는 교육공학 관련 도구를 연구한다면 교육공학적 접근이 음악과 교육의 양적 · 질적인 확장에 기여할 수 있을 것이다.

♫ 연구과제

1. 교육공학기기를 이용하여 장애 학생을 지도할 수 있는 방법에 대해 알아보자.
2. 장애 학생의 음악성 신장을 위한 스마트폰 애플리케이션을 조사해보자.

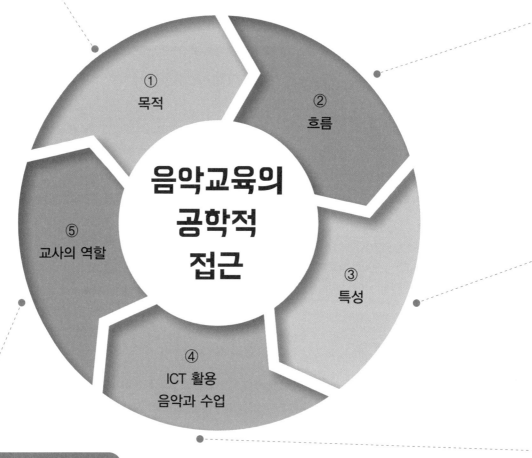

- 음악교육의 효과를 높이고, 아동을 음악
  적 삶으로 이끌 수 있도록 연구하여 교육
  목표를 이루는 데 그 목적을 둠

① 목적

② 흐름

③ 특성

④ ICT 활용
음악과 수업

⑤ 교사의 역할

음악교육의
공학적
접근

⑤ 교사의 역할

- 어떤 것이 음악교육의 내용이 되고 그것을 어떻게 효과적으로
  가르쳐야 할 것인가에 대하여 미리 생각하고 준비해야 함
- 개별화교육계획(IEP)을 통해 학생에게 개별화된 학습 목표와 학
  습 내용을 설정하고, 학습동기를 높여 학습 목표에 효과적으로
  도달할 수 있도록 개인만의 학습 자료를 마련해야 함

ICT 활용 교수-학습

- 교사의 필요에 따라 만들어진 ICT 자료를 활용
- 개인차를 고려한 학습/모둠별 학습에 활용
- 시뮬레이션 자료와 반복학습에서 활용

② 흐름

- 초기에는 음악교육공학이 학습 자료 개발에 초점이 맞춰졌으나, 현재는 음악교육의 전 과정을 과학적으로 실행하고 평가함

③ 특성

① 음악 학습에서 학생이 이루어야 할 학습 목표를 자세하고 명확하게 설정함
② 음악 학습에서의 과제를 분석하고 차례차례 적용함
③ 음악 학습에 필요한 자료와 전자매체의 효과에 대해 짜임새 있게 조직적으로 평가하고 적절하게 선택하여 사용함
④ 음악 학습과정의 과학적 실행을 도모하여 교육이 효율적으로 이루어지도록 함
⑤ 음악 학습시간을 단축하여 교육비를 절감하고 음악 학습의 완성도를 높여 교사의 지도력을 강화함

④ ICT 활용 음악과 수업

① **가창수업** : ICT를 활용하여 가창학습을 실제적으로 지도, 평가할 수 있는 위치를 제공함
② **기악수업** : ICT를 활용하여 편곡과 합주를 더욱 편하게 할 수 있음
③ **창작수업** : ICT를 활용하여 음악을 조작할 수 있는데 이는 창의성과 협동성을 기를 수 있음
④ **감상수업** : ICT를 활용하여 웹사이트를 이용해 다양한 장르의 음악을 감상할 뿐 아니라 연주 상황을 동영상으로 감상함. 이는 교사가 음악재료를 자유롭게 조작할 수 있음

16

음악교육의 치료적 접근

음악치료는 즐거움만을 목적으로 하거나 건강에 직접적으로 도움을 주는 것이 아니라, 내담자(client)의 필요를 파악하고 그것을 달성하기 위해 단계적으로 밟아가는 과정을 적용하는 것을 의미한다. 음악치료는 소수의 제한된 인원을 대상으로 구체적인 목적을 가지고 있어야 하며, 음악치료사는 장·단기 치료의 목적을 내담자와 의논해야 한다.

현재 활발하게 진행되고 있는 음악치료는 20세기 초 미국이 그 시작이다. 당시 미국에서는 정신병원의 격리된 병동에서 황폐한 삶을 살아가는 환자들이 늘고 있었다. 이러한 만성 정신 질환자들은 때때로 찾아주는 독지가들의 위문을 통해서만 사회와 연결될 수 있었다. 이와 같은 자선적인 위문 음악 활동 중 하나로 성 토마스 길드가 했던 '치료 음악회'라는 것이 있었는데, 이로부터 근대 음악치료법의 큰 흐름이 시작되었다고 한다. '음악치료'라는 용어는 1950년 국립음악협회(National Music Council, NMC)에서 공식 명칭으로 채택되었다. 이러한 음악치료의 배경지식을 가지고 음악치료의 개념, 근거, 이론, 경험, 과정에 대해 설명하고자 한다.

1. 음악의 치료적 개념

1) 음악치료의 정의

음악치료는 음악의 유용성을 살려 질병의 치료에 활용하는 것이다. 여기서 음악을 수단으로 하여 사람의 신체 내의 자율신경계가 균형을 이루도록 하는 것이 음악치료 기법이다. 또한 음악치료는 신체적인 것만이 아니라 심리적·사회적으로도 좋은 상태의 회복, 유지, 개선 등의 목저을 위해 치료자가 음악을 의도적으로 사용하는 것이라 정의한다. 이것은 음악이 가진 생리적, 심리적, 사회적 움직임을 의도적, 계획적으로 활용하여 장애의 회복, 기능의 유지 및 개선, 생활의 질 향상, 행동의 변화 등을 이끌어내는 치료기법이다. 즉 음악치료는 정신적·신체적 건강 증진과 유지 및 회복을 위한 치료적 목표를 달성하기 위하여 음악을 사용하는 것이다.

음악치료는 과학적 관점과 치료적 관점 두 가지로 나누어볼 수 있는데 우선 과학적 관점에서 볼 때 음악치료는 소리와 인간의 상호관계를 연구하고 조사하여, 소리가 음악적이든 비음악적이든 간에 그 소리 안에 내재된 진단적 요소와 치료적 방법을 발견해내는 과학의 한 분야이다. 치료적 관점에서의 음악치료는 소리, 음악, 동작 등을 이용해 퇴행효과를 주며 환자의 훈련과 사회 복귀 과정을 시작하도록 하여 클라이언트의 의사소통을 쉽게 해주는 통로를 열어주는 의학의 인접 분야이다. 음악치료는 치료자와 클라이언트의 일종의 표현 수단으로서 주로 즉흥음악을 이용하는 것이다. 내담자, 치료사 혹은 쌍방에 의해 만들어지는 즉흥음악은 내담자와 치료사의 정서적 상태 등이 음악으로 표현되어 그 사람의 내적세계나 자기 내면의 역사를 의미한다. 즉 음악치료는 음악을 이용하여 음악적 경험과 치료를 통해 건강을 회복시키고 역동적으로 변화시키는 치료라고 할 수 있다.

2) 음악치료의 배경

먼저, 고대에서부터 인간들은 조용한 음악은 마음을 가라앉히는 진정효과가 있고 활기찬 음악은 마음을 흥분시키는 작용을 한다고 인식해 왔다. 1890년에는 윔머(Sebastian J. Wimmer)에 의해 체계적인 음악치료의 효과가 보고되었고 1945년에는 알트슐러(Altschuller)가 음악을 정서생활과 관련지어 신경학적으로 고찰함으로써 음악치료에 한 걸음 다가갔다. 또한 1968년 가스통은 『음악요법』에서 음악치료란 음악과 내담사를 관계 짓는 것이며, 집단 참여를 통해서 내담자가 생활에 적응하도록 돕는 것이라고 정의하였고 1970년대에는 노르도프(P. Nordoff)와 로빈스(C. Robbins)가 복합장애아들을 위한 즉흥연주 방법을 개발하면서 음악치료가 보조적인 치료 수단이 아니라 전문적이고 적극적인 치료 방법으로 활용되기 시작하였다.

현재는 특히 자폐, 지적장애와 같은 발달장애 학생에게 효과적이라는 연구가 많이 이루어지면서 미국을 비롯하여 일본 등 각국에서 임상적으로 널리 사용되고 있다.

3) 음악치료의 특징

음악치료는 개인의 신체적, 심리적, 정서적 통합을 돕고 질환을 치료하는 데 음악을 사용하는 것이다. 이것은 다양한 치료 형태를 가지고 모든 연령의 환자 영역에 적용된다. 음악은 비언어적 속성을 지니고 있지만, 언어와 소리 표현에서는 광범위한 기회를 제공한다. 음악이 변화의 요인으로서 치료적 관계 형성과 인간의 성장, 발전, 그리고 자아실현을 돕는 도구로 사용될 때 그 일련의 과정을 음악치료라고 한다.

음악치료는 치료의 한 형태로서 이를 통해 클라이언트의 현재 조건에 치료를 가하여 변화를 일으키는 치료사와 클라이언트 상호 간의 관계 형성 과정이다. 치료사는 다양한 클라이언트와 함께 일하게 되는데, 정서적ㆍ신체적ㆍ정신적ㆍ심리적인 결함을 지닌 학생이나 성인 모두를 환자의 상태에 따라 설정된 치료 목적을 달성하기 위해 음악적 경험이나 활동을 나누고 관계를 형성해 나간다.

또한 음악치료는 심리치료의 효율성을 높이기 위해 음악과 소리를 사용한다. 즉 신체적ㆍ정신적ㆍ정서적 장애를 가진 학생과 성인들의 치료, 교육 등을 위한 음악의 도구적 사용은 사람의 신체와 정신 기능 및 삶의 질을 향상시키고 더 나은 행동 변화를 가져오게 하는 음악 활동의 전문분야이다.

한마디로 음악치료는 치료사와 클라이언트 간에 관계를 형성하여 다양한 경험을 통해 특정한 역할관계 속에서 클라이언트의 문제해결을 위한 방법을 찾아 건강에 관한 잠재력 향상을 돕는다. 즉 치료사가 클라이언트를 도와 건강을 회복시키기 위하여 음악적 경험과 상호작용을 사용하여 행동의 변화를 끌어내는 체계적인 치료이다.

4) 음악치료의 주요 요소

학자들에 따라 음악치료에 대한 정의는 약간씩 다르지만 '음악치료'로 불리기 위해서는 다음의 세 가지 요소를 공통적으로 갖추어야 한다.

- 음악치료는 훈련된 치료사에 의해 시행되어야 한다.
- 음악치료는 체계적인 과정이 있어야 한다.
- 음악치료는 치료적 행위가 있어야 한다.

2. 음악의 치료적 근거

음악이 치료적으로 사용되는 이유는 음악이 인간의 심리적, 생리적, 사회적인 면에서 반응을 일으키기 때문이다. 즉 음악은 인간의 정서반응을 일으키고, 이러한 정서반응은 인체의 혈압, 맥박, 심장박동, 피부반응 그리고 뇌파에 영향을 주어서 생리적인 반응을 일으키게 하는데, 이러한 생리적인 반응과 심리적인 반응은 곧 사회적인 관계에도 영향을 주게 된다.

음악적 자극요소에 의해 발생하는 '분위기'가 클라이언트의 상황에 맞아떨어질 때 정서적 변화가 일어나게 되며 이것은 행동 변화를 유지해주는 결정적인 역할을 한다.

1) 심리적 반응

음악이 심리적으로 인간의 정서와 행동에 미치는 영향은 변연계와 관련된다. 시상을 매개로 하는 변연계의 음악자극 처리 과정으로 인해 음악은 사람에게 의미 있는 정서적 반응을 일으킨다(Roederer, 1975). 음악으로 유발된 의미 있는 정서반응들은 임상실험에서 정서적 변화를 가능하게 하며, 이러한 정서 수정은 치료적 목적을 달성할 수 있는 인지학습과 행동 변화에 필수 요소가 된다(Thaut, 1990).

소리의 진동은 우리 정신과 신체에 반응을 일으키는데, 정서반응이 일어날 때는 자율신경체계에 의한 생리적인 반응들도 동시에 일어난다. 이렇듯이 외부에서 청각신경계를 거쳐서 들어오는 음악적 자극은 시상과 시상하부에서 우선 감정을 유발하고 그것이 자율신경계에 의해서 신체에 직접 영향을 미치게 된다. 음악 자체가 특정한 감정을 유발하기보다는 음악을 듣는 사람의 과거 경험과 사회 · 문화적 배경, 그리고 음악적 선호도와 음악교육의 정도 등이 음악을 들을 때의 정서적 반응과 관계가 있다는 것이 밝혀졌다(Radocy & Boyle, 1988).

음악의 선율이나 리듬, 화성악적 구조, 강약 등도 음악을 듣는 사람에게 개인적으로 특정한 경험을 하도록 어느 정도는 영향을 미친다. 그러나 특정 음악에 대한 반응은 사람마다 다르게 나타난다. 일반적으로 부드럽고 안정적인 음악은 부교감신경을 자극해 긴장을 풀어주고 마음을 편안한 상태로 유도하며, 자극적인 음악은 교감신경을 자극해 움직임을 유도하고 신체의 근육을 활성화해준다. 그리고 음악으로 유발된 심리적인 관계에도 영향을 미치게 된다.

음악이 의미 있는 정서적 반응을 불러일으키는 것은 정서 수정과 연관이 있는데, 정서 수정은 음악적 자극요소에 의해 발생하는 분위기가 클라이언트의 상황적 필요와 일치할 때 일어나게 되며 이것은 행동 변화를 유지해주는 결정적인 역할을 하게 한다는 것이다.

대개 음악에 대한 심리적인 반응에는 대상자의 과거 경험이 깊게 관여하게 되며 음악적 자극에 의해 내면에 형성되는 보상과 이것에 의해 평가되는 가치, 이러한 과정을 통해 유발되는 동기가 중요하게 다루어진다.

2) 생리적 반응

음악이 인간의 신체에 직접적인 반응을 일으킨다고 하는 관련 연구들은 활발히 진행되어 왔다. 예를 들어 음악이 혈압, 맥박, 심장박동, 호흡 수, 뇌파, 그리고 피부반응 등에 영향을 미친다는 것이 많은 연구에서 밝혀지고 있다. 생리적 반응은 사람에 따라 다르게 나타나며, 반응의 정도 또한 매우 다양하다. 그 이유는 개인의 신체적인 상태와 심리적인 상태, 그리고 음악 선호도와 경험 등이 각기 다르기 때문이라고 할 수 있다. 그러나 대개 음악 소리가 갑자기 커질 때 깜짝 놀란다거나 박자가 빠르고 갑자기 조성이 바뀌는 음악을 들을 때 심장 박동이 빨라지고 조급함이 느껴지거나 혹은 조용하고 부드러운 레가토의 음악을 들을 때 마음이 편안해지는 경우와 같이 일반적으로 나타나는 음악의 특성에 대해서는 비슷한 반응을 보일 수 있다. 최근에 나온 연구[미국 템플대학교의 딜레오 머란토(Dileo Maranto) 교수팀] 결과에 의하면 음악치료는 인간의 신체적 질병이나 통증을 감소시키는 데 관심을 기울이게 되었으며, 음악치료가 암 환자의 면역증가요법의 하나로 사용되는 이론적 근거를 마련하기도 했다. 따라서 음악에 대한 인간의 생리적인 반응은 분만 시 산모의 통증조절이나 암 환자의 면역증가요법, 그리고 안정이 필요한 환자의 신체 이완 등에 음악치료를 적용할 가능성을 보여준다.

활동을 자극하는 음악은 사람의 교감신경을 자극하여 근육 운동 시스템을 활성화하며, 침체시키는 음악은 사람의 부교감신경을 자극하여 편안하고 안정된 상태로 유도한다는 것이다.

3) 사회적 반응

음악은 인간의 사회적 관계에도 영향을 미친다. 음악이라는 매개체를 통하여 클라이언트는 자신을 인식하게 되고, 더 나아가 타인과 환경에 대해서도 반응하게 된다. 미학적인 관점으로 볼 때 음악은 아름답고 즐거운 경험을 주는 매개체이므로 언어능력이 제한된 사람에게도 즐겁고 성공적인 사회적 경험을 갖게 할 수 있다. 클라이언트는 치료사와 함께 연주하면서 기뿜, 슬픔, 분노와 같은 자신의 감정을 음악으로 표현할 때 그 감정은 음악을 통해 치료사에게 전달되고 치료사의 음악적 지지는 클라이언트에게 감정적 지지로 인식된다. 음악적 표현은 새로운 자아인식으로 연결되고, 자아인식과 연결된 자기표현은 그룹치료 안에서 다른 사람들과 함께하는 사회적 교류로 이어지게 된다. 음악은 클라이언트의 사고와 내적 감정을 표출할 수 있는 통로 역할을 하게 된다. 클라이언트는 말로 표현하기 어려운 자신의 사고와 내적 감정들, 즉 사랑, 분노, 불안, 우울, 갈등, 좌절 등의 다양한 감정들을 악기 연주나 노래 부르는 활동을 통해서 더욱 자연스럽게 표출할 수 있다. 음악을 듣거나 연주하면서 음악적 경험을 통해 나누는 활동을 통하여 클라이언트는 음악 안에서 다른 사람들과 함께 사회적 관계를 맺으며 교류하게 된다.

언어로 표현하기 힘든 상황 속에서도 음악을 통해 자신의 감정을 쉽게 표현할 수 있으며, 상대방이 자연스럽게 받아들이도록 할 수도 있다. 사람의 신체 생리에 미치는 영향력으로, 심리에 미치는 영향력으로, 그리고 사회적 구조가 기반이 되는 음악의 영향력을 살펴본 것이다. 거의 말을 하지 않는 자폐학생이 음악적으로 치료사와 관계를 맺으며 음악에 반응을 보이는데, 이것은 음악의 힘이 개인의 장애를 넘어서 개인과 관계를 맺는 것을 보여준다. 이처럼 음악적 관계는 곧 사회적 관계로 발전하게 된다.

따라서 비언어적인 의사소통의 방법으로서 소리를 사용하여 듣는 사람이 누군가가 자신에게 말을 걸고 자신을 이해해준다고 느끼게 하므로 내적인 감정을 자유롭게 표현할 수 있다.

3. 음악의 치료적 접근

1) 관련적 음악치료

가스통(E. T. Gaston, 1968)은 '음악과 그것의 영향력은 행동과학의 틀 속에서 이루어졌다'고 하여 인간 행동에 미치는 음악과 음악 환경에 주목하였다. 관련적 음악치료에서는 음악을 통한 치료 상황, 클라이언트 그리고 클라이언트 간의 교류를 통해 관계를 확립하거나 재확립할 것을 강조하였다. 한편, 한계점은 자극적인 음악과 진정시키는 음악에 머물렀으며, 구체적인 음악의 영향력을 과학적으로 규명하지는 못한 것이라고 볼 수 있다.

2) 경험적 음악치료

시어즈(Sears, 1968)가 주장한 경험적 음악치료 이론은 사람의 신체 생리와 관련된 음악이라는 구조 속의 경험을 말한다. 음악은 시간에 입각한 행동을 요구한다. 이 특성은 클라이언트의 현실감각을 일깨우며, '지금-여기(here and now)'에 적합한 행동을 요구한다.

이 이론에서 음악은 감각과 관련된 행동을 끌어낸다. 청각자극에 국한되지 않고 다른 감각과 통합되어 사용되는데, 예를 들어 악보를 보는 시각, 진동을 경험하는 촉각, 음악에 따라 움직이는 신경근육운동까지 통합된 경험을 갖도록 한다. 이러한 경험은 음악이라는 자극물에 의한 음악의 구조 속 경험인 것이다.

3) 행동적 음악치료

행동적 치료(behavioral therapy)라고도 부르는 초창기 음악치료인 행동치료는 행동과학의 개념에서 치료적 절차를 수행한다. 이는 행동을 생성하고, 수정하고, 유지하는 조건에 관심을 갖는다. 이것은 학습 이론을 기반으로 치료를 위한 환경을 조절한다. 따라서 치료란 부적응적인 행동을 적응적 행동으로 재학습시키려는 목적이 있다.

행동적 음악치료는 효과와 효율을 높이기 위해 사용하는데, 이를 위해서는 다음 사항을 살펴야 한다.

- 치료와 행동반응 간의 기능적 관련성을 확인한다.
- 지속적이면서도 정확하게 클라이언트의 행동을 관찰한다.
- 관련성이나 과정을 최대한 단순화한다. 만일 세션에서 클라이언트의 행동에 목표하는 변화가 없는 경우 치료사는 치료를 바꾸어야 한다.

스탠리, 존슨, 롭(Standly, Johnson, & Robb, 2004)은 현대 행동치료의 접근을 다음의 세 가지로 요약하고 있다.

- 응용행동분석으로 행동은 그것의 결과에 따른 기능이다. 그래서 치료적 중재는 드러난 행동과 그 결과의 관계를 변화시키는 것을 강조한다.
- 반응을 가져오도록 하는 자극으로서 중재다. 치료적 목적을 위해 들려주거나 연주하는

음악 요소나 연상을 통해 행동 변화를 가져오고 유지할 수 있도록 정서 수정의 단계를 거치는 것이다.

- 사회학습발달 이론에서 온 것으로, 환경과 상호 교류에 개입하면서 스스로 선택하는 행동 변화의 방향을 이끌어내도록 한다.

4) 심리분석적 음악치료

초기 유럽의 음악치료사에게 익숙한 것으로서 미국 동부를 중심으로 발달하였다. 전통적인 심리분석의 목적은 클라이언트가 자신을 스스로 '발견'하도록 하는 것이다(Wigram et al., 2002).

여기서 치료란 일반적으로 무의식적 요소를 의식으로 불러오는 것으로 구성된다. 무의식적 요소를 의식으로 불러오는 방법으로는 음악적 경험을 통해 클라이언트와 치료사와의 관계를 형성하는 것이다. 이러한 관계에서 형성된 '전이'를 처리하는 것이 심리분석적 치료의 중요한 과정이다.

프리스틀리(Priestley, 1975)는 '분석적 음악치료는 소리 표현이란 방법을 통해 분석적 음악치료사와 함께 무의식 세계를 탐구하는 방법'이라고 정의하였다.

쉐비(Scheiby, 2005)는 분석적 음악치료를 '치료상의 변화를 용이하게 하기 위한 중재수단으로서 즉흥적 음악이나 기존의 음악을 사용한다. 신체적, 정신적, 영적 문제는 음악창작이나 음악 청취를 통하여 접근 가능할 뿐만 아니라 이 문제가 해결될 수도 있다. 이 과정에서 얻은 통찰력을 인도·해석·강화·확인·통합하기 위하여 언어적 대화가 음악적 경험에 수반될 수도 있다'고 하였다.

특별히 음악은 클라이언트에게 많은 이야기를 해주고, 그것을 전달하게 한다. 음악은 말로 설명할 수 없는 복잡하고 깊은 내용을 이야기로 나타내주며, 사람 간의 감정적이고 관계적인 상황을 말해준다. 클라이언트가 다른 사람과 잘 나누지 않는 내면의 이야기나 과거와 현재의 경험을 치료사에게 나타내준다.

5) 기타 관련 이론

실존적·인본적 접근은 사람의 경험은 개인마다 독특하며 모든 사람은 성장을 향해 이끄는 힘이 내면에 있다는 믿음을 갖는다. 치료사는 느낌이나 지각을 공유하며 클라이언트의 지각적 세계에 들어가는 것으로 이러한 성장을 일으킨다. 치료 과정에서 클라이언트에게 더 큰 영향력과 결정권을 허용하면서 치료사는 클라이언트가 탐구하기 바라는 것이 무엇이든 클라이언트를 존중하고 허용한다. 이러한 접근과 관련된 주요 이론가는 빈스방거(Ludwig Binswanger), 로저스(Carl Rogers), 매슬로(Abraham Maslow), 그리고 액슬린(Virginia Alxline)이 있다(Bruscai, 1987).

펄스(Fritz Perls)와 진커(Joseph Zinker)가 주요 이론가인 게슈탈트 심리치료는 지금-여기에서의 감정체험과 지각, 그리고 현재-경험-지각-현실을 강조한다. 치료 과정에서 클라이언트는 자신의 내면에 존재하는 대립의 요소를 관찰하고 이해하며, 이것을 조화시킴으로써 문제의 해결방안을 찾는다.

신경학적 음악치료(neurologic music therapy)는 과학적 모델에서 출발하였다. 이 접근은 사람의 신경 시스템의 질병 때문에 인지, 감각, 운동장애에 치료적 음악을 적용하는 것이다. 비음악적 대뇌와 행동 기능에 영향을 주는 음악지각과 생성에서 과학적 지식에 기초하고 있다. 이 치료 기법은 치료적 음악 경험으로 클라이언트의 필요, 음악적 창의성, 그리고 기능적인 적용을 표준화한 점이 독특하다 할 수 있다(Thaut, 1999). 특히 적극적인 건강 개념에서 삶의 질을 높이고 지속적으로 건강을 유지하려는 다양한 음악치료 적용을 '웰니스 음악치료(wellness music therapy)'라고 부른다(Ghetti, Hama, & Woolrich, 2004).

이러한 전통적인 심리치료 이론 이외에도 음악치료와 관련한 접근으로는 감각통합치료(James, 1984), 음악적 사이코드라마(Moreno, 1980), 그리고 물리학의 양자 이론을 치료에 적용한 이글(Eagle, 1991)의 양자치료 이론이 있다.

4. 음악의 치료적 경험

1) 재창조 연주 경험

① 기악적 재창조
클라이언트는 지정된 방식으로 기악 앙상블, 악기연주, 연주의 녹음 등의 활동을 하게 된다. 그리고 악기를 능동적으로 사용하여 미리 작곡된 음악의 내용을 재현하는 경험을 하게 된다.

② 발성적 재창조

클라이언트는 지정한 방식으로 발성 연습, 시창, 노래 부르기, 성가, 합창, 발성 레슨, 멜로디 발성 모방, 녹음 노래 립싱크 등의 경험을 하게 된다. 여기서 핵심은 구조적인 음악적 소재나 미리 작곡된 노래를 목소리로 재현하는 것이다.

③ 음악적 재생

클라이언트는 경연대회, 뮤지컬, 연극이나 드라마, 리사이틀 또는 기타 청중이 있는 음악 연주에 참여한다. 여기서 관건은 청중 앞에서 연주하는 것이며, 관련된 모든 준비를 포함한다.

④ 음악 게임과 활동

클라이언트는 뮤지컬 게임(예 : 곡조 말하기, 뮤지컬 몸짓놀이, 음악 의자 등) 또는 음악으로 구성된 활동에 참여한다.

⑤ 지휘

클라이언트는 자신의 음악적 표현을 연주자에게 지시하여 즉흥연주를 지휘한다. 기본적 치료 목적은 다음과 같다.

- 감각운동 기술의 발달
- 적응적이고 시간에 정연된 행동의 촉진
- 주의력과 현실감각의 개선, 기억기술의 발달
- 타인과의 일체감과 감정이입 촉진
- 아이디어와 감정을 해석하고 전달하는 기술의 발달
- 각종 대인 교류 상황에서 구체적인 역할 행동의 학습
- 상호교류적인 집단 기술의 개선

2) 즉흥적 경험

① 즉흥연주를 하는 이유

건강한 삶이란 내게 주어진 삶을 완전히 받아들이고 창조해 가는 과정이라 할 수 있다.

즉흥연주의 이면에 숨어 있는 중요성은 주어진 상황 속에서 가장 완전한 경험을 하는 것이다. 만일 연주하는 어떤 악기의 일차적인 강점이 멜로디라면 치료사는 클라이언트에게 멜로디를 통해 리더십이 나오도록 한다. 하지만 이 리더십의 개념은 무엇이 '맞거나 틀린' 개념은 아니다. 주어진 악기와 관계 속에서 상호 완전한 경험을 맛볼 수 있도록 하는 것이다. 치료사는 클라이언트에게 상황을 만들어 주므로 다른 각도에서 클라이언트가 자신의 역할을 발견하고, 주어진 상황에서 완전한 경험을 할 수 있도록 하면서 두 사람 모두 싱징할 수 있다.

② **즉흥적 연주의 의미**

우리는 즉흥연주를 할 때 자기 마음대로 소리를 낼 수 있다. 그러나 주어진 환경이 있다. 주어진 환경은 바로 악기인데 악기의 크기, 높이, 모양, 소리 등이며, 이렇게 제한된 조건 속에서 내가 낼 수 있는 모든 가능성을 시도해보는 것이다.

창조적 음악치료

창조적 음악치료(creative music therapy, Nordoff · Robbins Model)는 여러 명의 치료사가 한 팀이 되어 진행한다. 주요 과정으로는 클라이언트가 음악적으로 반영하도록 하고, 성악과 기악 반응을 불러일으키고, 음악적 기술과 자유로움을 표현하도록 하고, 커뮤니케이션과 내부적 반응을 발달시키는 것이다. 즉흥연주 과정에 보이는 클라이언트의 음악성과 창의성은 치료 과정에서 중요하게 취급된다.

이에 대해 창조적 음악치료의 세 가지 주요 단계를 요약하면 다음과 같다.

첫 번째는 음악적으로 만나는 단계(meeting the child musically)이다. 이 단계에서는 클라이언트가 실행한 것을 수용하고 반영한다.

두 번째는 음악적 기술을 발달시키는 단계(develop musical skills)이다. 특별히 표현을 발달시키는 것을 돕는다. 특히 특정한 음악기술을 발달시키는 것, 일정한 박자를 유지하는 것, 내 리듬과 일치하는 것, 소리의 세기를 맞추는 것 등은 일반인에게는 평범한 것 같이 보이지만 혼란된 학생에게는 결코 쉬운 일이 아니다.

세 번째는 교류를 확립하는 단계(establish communication)이다. 이때는 의사교류를 형성하고 내부적 반응을 발달시킨다.

분석적 음악치료

분석적 음악치료는 감정적인 조사가 필요한 이슈를 확인하고 즉흥연주를 위한 타이틀을 만든다. 또 즉흥적 역할을 치료사와 클라이언트가 정한 후 타이틀에 맞추어 즉흥연주를 한다. 그후 최종적으로 연주하고 토의한다.

실험적 즉흥연주

실험적 즉흥연주에는 환기, 사정, 반응 등이 있다.

환기(evoke, 감정을 불러일으킴)는 내담자가 소리를 내도록 환경을 계획하고, 준비시키며, 즉흥연주 과정으로 진행하는 것이다. 즉흥연주 과정에 참여시키는 방법으로는 첫째, 표현의 수단을 제시한다(예 : 음성, 악기, 몸동작). 둘째, 특정한 소리의 내용을 제시하면서 탐색하도록 한다(예 : 리듬, 멜로디, 화성 진행). 셋째, 즉흥연주의 형식을 전체 또는 부분에서 구분하도록 한다(예 : ABA, crescendo-diminuendo, accelerando-ritardando). 넷째, 교류하는 음악과 다른 사람과의 관련성에 대해 규명하도록 한다. 다섯째, 음악적으로 그려내기 위해 음악 외적인 이미지, 느낌, 환상, 이야기 등을 제시하도록 한다. 여섯째, 반응을 이끌어내는 음악으로 만들도록 한다.

사정(assess)은 음악에서 어떤 것이 변화되거나 그대로 유지되는지에 대한 관찰 과정을 충분히 마치고 나서 치료사가 즉흥연주의 경험을 클라이언트와 연관 지어 의미가 있는 내용은 언어로 다시 묘사해준다. 이때 경험할 중요한 내용은 다음과 같다.

먼저, 클라이언트의 신체가 악기, 음악, 다른 즉흥연주자와 어떻게 연관되는지다. 둘째, 사용된 소리의 '질(quality)', 표현된 무엇에 관련된 '정체성(identity)' 또는 '성격(character)', 크기(이것은 정체성 혹은 성격이 얼마나 영향력 있게 나타났는지와 연관됨)이다. 셋째, 소리가 얼마나 간격(space)을 가지고 있는가? 소리의 길이, 개인의 호흡과 몸동작에 관련된 프레이징(phrasing), 다른 소리와 관련되어 나타나는 소리의 밀집도(texture)이다. 넷째, 소리가 얼마나 함께 나는가? 리듬이 얼마나 기본박과 박자에 잘 어울리는가?(이것은 조직과 신체 에너지의 조절과 연관됨) 멜로디가 있는 경우 화성과 조성의 중심에 얼마나 잘 어울리는가?(이것은 느낌 간의 관련성과 연관됨) 다섯째, 음악에서 어떤 것이 변화되거나 그대로 유지되는가?(이것은 자신을 그대로 지키려는 것인지, 다음 단계로 발달시켜 가려는 것인지와 연관됨) 여섯째, 클라이언트의 음악을 통해 표현된 특정한 느낌이다.

마지막으로 반응(respond)은 치료사와 함께 내담자가 음악 활동을 전개하면 치료사는 감정이입을 위한 방법을 찾거나, 즉흥연주를 위한 구조화 혹은 재조정, 특정한 반응 발생, 수동적인 역할을 맡을 수 있다. 이러한 반응은 클라이언트의 신체, 음악, 느낌에 대해 다양한 즉흥연주의 기술을 사용하여 적용할 수 있다.

오르프-슐베르크 즉흥연주 모델

오르프-슐베르크* 즉흥연주 모델은 시, 운율, 게임, 짧은 노래, 동작을 자료와 도구로 사용한다. 이러한 활동은 즉흥적으로 만들어낸 독창적이 것으로 말, 노래, 손뼉치기, 발 구르기, 북, 막대기, 종 등으로 반주하기도 한다.

- 공간의 탐색 : 공간의 탐색에는 외적 동기에 의한 움직임(자연스럽게 이루어지는 동작, 즉 걷기, 달리기, 뛰어놀기, 깡충 뛰기, 기어 다니기)과 내적 동기에 의한 움직임(숨 쉬며 움직이기, 심장박동을 느끼기) 그리고 다시 약간 높은 차원의 외적 동기에 의한 움직임(숨쉬기, 박동 느끼기 등을 특정한 형식이 있는 걷기, 달리기, 뛰어 놀기, 깡충 뛰기, 기어 다니기 등과 연계하기) 등이 있다.

- 소리의 탐색 : 소리의 탐색은 주위의 소리와 개의 짖음, 문 닫는 소리, 비행기 지나는 소리, 물체 떨어지는 소리 등 비인공적인 소리의 탐색에서 시작한다. 다음에는 북소리, 채 두드리는 소리 등 점차 정리된 소리의 탐색으로 옮겨 간다. 악기를 두드려보고 딱딱한 소리, 부드러운 소리, 나무 소리, 금속 소리, 방울 소리, 견고한 소리 등 소리의 질을 터득한다. 이러한 악기에서 만들어진 소리는 일정한 빠르기의 시작과 마침이 있는 단순한 형식을 갖추도록 유도된다. 소리의 자원은 같은 질의 소리로 조합되고, 전체적으로 하나의 작품으로 귀결된다. 이러한 작품은 그 자체가 목적이 아니라 다음 탐색 단계를 위한 준비 과정이며, 발전을 위한 기초가 된다.

  비논리적이고 비언어적인 소리는 어린이나 어른 모두에게 경이감과 즐거움을 준다. 이러한 소리의 사용은 전체 음악적인 경험을 진일보하게 하는 계기가 된다.

- 형식의 탐색 : 형식의 탐색은 공간 및 소리의 탐색과 동시에 이루어진다. 움직임은 패턴으로 정리되고, 정리된 패턴은 무용으로 연결되며, 소리는 유사한 악구(phrase)와 비유

---

* 오르프-슐베르크 : 학교와 활동을 의미하는 합성어. 즉 오르프 교육적 이념을 강조한 악곡 모음집이며, 음악 학습을 위한 학습용 교재임.

사한 악구로, 서주와 종결귀로 구분된다. 움직임의 모습과 소리의 형태가 도식화되고, 이 과정에서 특정한 상징 기호가 만들어진다. 이러한 과정은 아주 초보적이지만 악보에 대한 개념이 생성되는 중요한 과정이다. 마치 석기시대의 벽화와 같이 매우 단편적이지만 오르프-슐베르크 접근법에서 나타나는 요소의 중요성을 드러낸다.

- **모방에서 창조로** : 모방은 가장 오래된 학습방법으로 중세의 기능공은 장인이 되기 위해 견습생의 과정을 거쳤다. 우리나라는 물론 아프리카 고수의 경우 이러한 견습생 제도를 지금까지 유지하고 있다. 오르프-슐베르크 접근에서 교사는 바로 이 장인의 역할이나 주된 모형을 담당한다. 따라서 학생이 점점 음악적으로 독립하게 되며, 문제해결을 해나감에 따라 교사는 그 역할을 점차 줄여나간다. 즉 '관찰-모방-탐색-창조'의 패턴은 새로운 개념을 대할 때마다 반복하게 된다.

- **개별적인 것에서 그룹 앙상블로** : 공간의 특성, 소리의 특성, 형식의 특성을 스스로 발견하고 탐색하는 것도 중요하지만, 자신이 속한 모임의 일원으로서 전체를 이루는 데 기여하는 것도 중요하다. 아주 기초부터 나의 역할이 집단에 끼치는 영향에 대해 인식하고 집단 없이는 음악이 만들어질 수 없다는 것을 주지하는 것은 오르프-슐베르크 접근법의 기본 철학이다. 이러한 즉흥적 경험의 기본적인 치료 목적은 다음과 같다.

  비언어적 의사소통의 채널 형성과 언어적 의사소통의 가교를 형성하고 자기표현과 정체성 형성을 위한 방법을 제공하며 타인과 관련한 자아의 다양한 측면을 탐색한다. 또 대인 친밀감의 역량을 발달하고 집단과 함께하는 기술의 발달과 다양한 구조적 수위에 따른 창의성, 표현의 자유, 즉각성 및 유쾌성의 발달, 감각의 자극 및 발달, 지각적 인지기술의 발달 등이 있다.

3) 창작적 경험

전형적인 음악치료그룹에서는 치료사가 4마디 또는 8마디의 간단한 노래를 만들어 노래를 통해 질문하고, 클라이언트의 답을 듣는 방법을 사용한다. 또는 간단한 노래에 자신의 느낌을 넣어 곡을 끝맺는 방법을 사용하기도 한다. 이런 노래는 치료사에 의해 즉석에서 만들 수도 있지만, 클라이언트에게 익숙한 곡으로 해당 그룹 활동의 주제에 맞는 곡을 선택하여 사용할 수도 있다. 또한 그룹 활동을 통해 느낀 감정과 새로운 마음의 상태를 노래 가사로 적은 후 음악치료사가 곡을 만들어 함께 노래하면서 클라이언트가 만든 곡을 다시 음미하게 하기도 한다. 이 경우 대개 음악치료를 통해 나타난 긍정적인 상태로 노래를 부르게 된다. 이러한 노래를 클라이언트가 오랫동안 기억하면서 비슷한 어려움을 당할 때마다 그 노래를 기억하면서 어려움을 극복하는 경우도 종종 있다.

노래의 개사 혹은 작곡을 통한 창작 경험에서 작곡 경험의 기본적 치료 목표는 조직 및 기획력의 발달과 창조적 문제해결 기술의 발달, 자기 책임감 증진, 내면의 경험 기록 및 전달 능력 발달, 가사를 통한 치료 주제의 모색 증진, 부분을 전체로 통합하고 종합하는 능력 발달이라 정의할 수 있다.

4) 감상 경험

사용하는 음악은 클라이언트나 치료사의 생음악이거나 녹음된 즉흥곡, 연주곡, 자작곡 또는 여러 장르(예 : 클래식, 록, 재즈, 컨트리, 영가, 뉴에이지)의 녹음 음악일 수 있다. 감상 경험은 음악의 물리적, 감정적, 지적, 미학적, 영적 측면을 강조할 수 있고, 클라이언트의 반응은 경험하게 되는 치료적 목적에 따라오게 된다.

감상 경험을 통하여 수용성의 촉진, 특정 신체의 반응 유발, 자극 또는 긴장이완, 청각/운동 기술의 개발, 정서 상태나 정서적 경험 유발, 타인의 의견과 생각 탐구, 기억, 환기 및 회귀의 활성화, 심상과 상상 유발, 감상자를 지역사회나 사회문화단체와 연계, 감정을 고조시키며 영적 경험 자극을 할 수 있다.

GIM은 다음의 네 가지 단계로 진행하는데 처음은 도입부(prelude)다. 치료사는 내담자를 맞아 자연스럽게 담화를 나누면서 현재의 삶에 중요한 일이나 사건 혹은 치료를 통해 목적하는 바를 나누게 되는데, 치료사는 이 시간을 통해 그날 사용할 음악의 주제를 설정한다. GIM을 시작할 준비가 되었을 때는 둘째 단계인 긴장이완(relaxation)의 시간을 갖는다. 치료사는 대화를 통해 내담자가 몸과 마음을 편안하게 할 수 있도록 유도하며, 점진적 긴장이완법이나 호흡을 조절하도록 하는 등의 방법을 통해 몸과 마음을 이완하도록 한다. 내담자가 충분히 이완되었다고 판단될 때 치료사는 음악을 들려준다. 음악과 함께 여행하는 세 번째 단계에서 치료사는 내담자가 음악과 함께할 수 있도록 대화를 통해 지지한다. 심상의 경험을 마치면 치료사와 내담자는 여행의 경험을 함께 나누는 시간을 갖는다. 이것을 마무리(postlude)라 부르는데, 이

때에는 만다라 그림을 그리면서 또한 대화를 통해 여행의 경험을 서로 나눈다.

GIM을 사용하는 데 주의할 점은 클라이언트가 다음의 네 가지 사항에 반드시 해당해야 한다는 것이다. 첫째, 클라이언트는 상징적인 생각을 할 수 있어야 한다. 둘째, 클라이언트는 상징적인 생각과 현실의 차이를 구분할 수 있어야 한다. 셋째, 클라이언트 자신의 경험을 치료사에게 알릴 수 있어야 한다. 넷째, GIM 치료를 통해 그 결과가 긍정적인 발달로 귀결되는 것을 보여야 한다.

5. 음악의 치료적 과정

1) 진단평가

음악치료사는 음악치료를 시행하기 전에 반드시 클라이언트의 현재 상태와 현재적 필요가 무엇인지를 알아야만 한다. 또한 치료가 효과적으로 시행되기 위해서는 클라이언트가 갖는 특정한 문제점을 규명하는 것과 함께 강점과 약점에 대해 살펴보는 작업이 있어야 한다. 이렇게 치료사가 클라이언트에 대해 진단평가(assessment)를 하기 위한 일차적 작업으로는 개인적·사회적, 배경, 그리고 병력을 검토하는 것, 치료팀의 멤버와 의견을 교환하는 것, 음악 활동을 통해 나타나는 사회성, 운동력, 청력, 그리고 커뮤니케이션 기술 수준을 관찰하는 것 등을 들 수 있다.

2) 치료 목적과 목표 설정

음악치료사는 클라이언트에 대한 진단평가를 마치는 대로 단기치료 목적과 장기치료 목적을 설정하게 된다. 이 단계에서는 함께 진료를 담당하는 치료팀과 신단평가에서 나타난 문제점을 의논한 후 환자의 전체적 치료 목적의 달성을 위해서 음악치료가 할 수 있는 목적을 선택하게 된다.

① 목적 설정

일반적으로 음악치료의 목적이 포함되는 범주는 넓은 의미에서 크게 여섯 가지 영역과 관련된다. 즉 청각 개념, 시각 개념, 대운동 기술, 소운동 기술, 언어 발달, 사회 기술이 그것이다. 물론 이러한 범주에 기초하여 사회심리, 운동심리, 생리학의 분야까지 더욱 전문적인 음악치료를 적용하게 된다. 그리고 때로는 음악적인 목적이 설정되기도 하지만 대개 음악 외적인 목적을 설정하는 경우가 많다. 예를 들어 정신분열증 환자에게 치료사가 부르는 노래의 리듬에 맞추어 북을 치도록 할 경우 그 목적을 '북을 친다'고 하기보다는 북을 칠 수 있는 행위에 관련되는 음악 외적인 행동, 즉 집중력, 협조 능력, 지속력, 용납되는 사회적 행동 등과 같은 목적 가운데서 가장 직접적인 연관이 있는 것 하나를 선택하도록 한다.

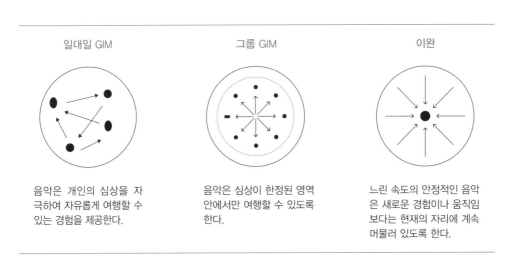

일대일 GIM	그룹 GIM	이완
음악은 개인의 심상을 자극하여 자유롭게 여행할 수 있는 경험을 제공한다.	음악은 심상이 한정된 영역 안에서만 여행할 수 있도록 한다.	느린 속도의 안정적인 음악은 새로운 경험이나 움직임보다는 현재의 자리에 계속 머물러 있도록 한다.

② **목표 설정**

다음 단계로는 설정된 목적을 달성하기 위해 치료사가 구체적으로 어떻게 할 것인가에 대한 행동목표(objectives)를 설정한다. 이때 치료적인 조건(condition), 대상자(client), 기대되는 행동(behavior), 기준(criterion)의 네 가지 요소가 필요하다.

적절한 기준을 설정하기 위해서는 행동 상황에 맞는 시스템을 선택하는 것이 중요하다. 어떤 시스템이 내가 측정하려는 행동의 양상을 측정하는 데 적합한지는 행동의 성격, 측정의 내용을 고려해 다음의 내용을 참고로 가장 적합한 시스템을 선정해야 한다.

- 빈도(rate) : 시간에 따라 나타나는 빈도수를 위해 사용한다. 예를 들어 철수가 세션 중 치료사의 지시에 세 번 따르지 않았다. 순희는 세션 중 공격성 행동을 두 번 보였다 등이다.

- 지속시간(duration) : 얼마나 오랫동안 행동을 지속하였는지 말하는 경우에 사용한다. 예를 들어 철수는 드럼 연주를 2분간 하였다. 순희는 의자에 앉아 주어진 과제를 5분 동안 수행하였다.

- 잠복시간(latency)의 고려 : 행동을 개시하기까지 걸린 시간을 가리킨다. 예를 들어 선생님이 '드럼을 쳐 보세요.'라고 지시하였을 때 철수는 멍하니 벽만 바라보고 있었는데 말하고 2분 뒤에 드럼을 치기 시작했다. 순희에게 노래하자고 치료사가 초청하고 노래를 부르기 시작했는데 순희는 30초가 지나서야 노래를 따라 부르기 시작했다.

- 행태(topography) : 행태는 행동의 모양을 의미한다. 예를 들어 철수가 의자에 바른 자세로 앉아 페달 드럼을 쳤다. 순희는 트라이앵글을 왼손에 잡고 오른손으로 연주하였다.

- 강도(force) : 행동이 어디서 발생하였는지를 가리킨다. 예를 들어 철수는 북을 치는 데 너무 작게 쳐 옆사람에게조차 북소리가 들리지 않는다. 순희는 성질을 부리며 소리를 질렀는데, 그 소리가 관찰실의 어머니에게까지 들릴 정도였다.

- 장소(locus) : 행동이 어디서 발생하였는지를 의미한다. 예를 들어 철수는 드럼의 가장자리 부분을 연주하였다. 순희는 피아노를 치는 데 검은 건반만을 사용하였다.

3) 음악 활동의 계획

음악 활동은 그 내용이나 적용 면에서 설정된 목적을 달성하는 것과 연결되어야 한다. 이렇게 음악 활동을 통해 클라이언트의 음악 외적인 목적을 달성하는 방법으로 덕슨(Duerksen, 1978)은 다음의 다섯 가지를 소개하고 있다—(1) 정보의 운반자로서의 음악, (2) 강화재로서 음악, (3) 학습을 위한 배경으로서의 음악, (4) 학습 활동을 위한 물리적인 구조로서 음악, (5) 학습할 기술 및 과정의 반영으로서의 음악.

4) 치료계획서 작성

대상자에 따라 예측할 수 없는 반응이 나타나 달리 적용하는 경우도 있지만(이런 경우는 개인 음악치료에서 더욱 두드러진다) 전체적인 틀은 미리 준비한 계획을 따라가게 된다.

치료계획서에는 세션 동안 시행할 활동이 조화롭게 작성되어야 한다. 첫 활동은 노래를 통해 인사하면서 이름을 서로 말하는 것으로 시작한다. 대개 다양한 활동을 조화 있게 배치하는 데, 주로 세션 시간이 2/3 정도 경과한 뒤에는 그룹의 절정을 이루게 하며, 이후 마칠 때까지 자연스럽게 종결을 유도한다. 마무리 단계 역시 처음과 유사하게 그룹을 종결짓는 노래를 통해 그룹에 대한 만족감을 느끼고 세션을 종결하게 된다. 일반적으로 4R의 중요성을 잊지 않도록 한다.

- 일과성(routine) : 그룹을 매주 고정적으로 할 경우 매번 같은 노래로 시작하는 등 같은 양식으로 시작하고 끝을 맺음으로써 자신이 참석하는 그룹에 대해 안정감을 느끼고 새로운 것이 있을지도 모른다는 당혹감이나 불안감에서 벗어나도록 해주는 것을 말한다.
- 반복(repetition) : 자신감을 주고 부담 없이 치료사를 따라올 수 있도록 반복적인 음악의 형식을 이용하는 것이다. 예를 들어 노래를 부르고 자기 생각을 이야기하게 할 때도 론도 형식을 사용하면, Ⓐ 노래 그리고 Ⓑ 부분에서 한 사람이 자신의 생각을 말하고, 다시 Ⓒ 에 해당하는 노래를 부르고 옆 사람의 Ⓒ 차례로 넘어가고, 다시 Ⓐ 노래를 부르고 다음 사람의 Ⓓ로 반복하면서 넘어간다.
- 이완(relaxation) : 마음을 개방하여 변화를 수용하기 위해서는 반드시 몸과 마음이 이완되고 맺힌 부분이 풀어져야만 한다. 이러한 이유로 그룹에서는 긴장이완을 가져오는 단계나 활동이 수반되어야 하는데, 대개 사람은 음악 활동에 집중하면서 자연스럽게 긴장이완을 경험하게 된다.
- 해결(resolution) : 각 세션은 저마다의 성공적인 종결이 있어야 한다. 해결을 하지 못한 세션은 클라이언트에게 부담을 주거나 원치 않는 결과를 초래하기 때문에 그룹에서 일어난 새로운 경험이 고조되었을 경우 꼭 그룹이 종결되기 전에 긍정적인 해결을 할 수 있도록 해야 한다.

5) 치료 활동의 적용과 반응 평가

음악치료사는 치료의 과정으로 환자에 대한 진단평가, 치료적 목적 및 목표 설정, 음악 활동 계획, 반응 평가 등을 하게 된다.

먼저 진단평가에서는 대상자의 상태와 배경, 특히 현재 환자가 보이는 장점과 약점에 대해 평가한다. 치료 목적과 행동목표는 진단평가에서 나타난 문제점을 통해 장기 및 단기치료 목적으로 구분하여 설정한다.

또한 치료 목적과 행동목표가 설정되면 음악 활동을 계획에 따라 적절하게 구성하고 세션마다 활동 계획을 만들며, 이 계획에 따라 세션을 시행하고 그 결과를 데이터로 만든다. 이때 수집되는 데이터를 통해 치료 결과를 평가하는데, 이 데이터는 반드시 사전에 행동목표에서 설정된 기준에 의해 수집된 것이어야 한다.

🎵 정리

음악치료는 음악 또는 음악적 요소인 리듬, 가락, 화성, 형식, 셈여림, 빠르기, 음색 등을 이용하여 신체적, 정신적 건강을 재활하고 유지하기 위해 하는 것이다. 심리적, 정서적 문제를 가진 장애 학생들의 치료와 교육, 그리고 청소년들의 정신건강은 물론 마약, 알코올, 폭력 등을 방지, 치료, 교육하고, 정신 신경증의 치료 등이 음악으로 하나의 예술적 수단으로 심리치료의 한 목적으로 사용될 수 있다는 치료적 배경을 갖게 되는 것을 우리는 음악치료라고 말한다.

음악교육은 음악이라는 매개체를 이해시키고 교육해 더 나은 인간으로 발전시키거나 전문인을 양성하는 데 목적을 두고 있고, 음악치료는 음악을 하나의 수단으로서, 음악이라는 요소를 통해 신체적 · 정신적인 치료를 목적으로 사용된다는 차이가 있다.

🎵 연구과제

1. 음악교육과 음악치료의 목적을 설명하고 차이점을 비교해보자.
2. 장애 학생을 위한 음악치료 세션을 만들어보자.

❶ 정의
- 정신적, 신체적 건강 증진과 유지 및 회복을 위한 치료적 목표를 달성하기 위하여 음악을 사용
- 치료자와 클라이언트 사이의 표현 수단으로서 주로 즉흥음악을 이용

❷ 특징
치료사가 클라이언트를 도와 음악적 경험과 상호작용을 사용하여 행동적인 변화를 끌어내는 체계적인 치료임

❸ 주요 요소
- 치료계획 설정
- 자유로운 형태의 음악/음악 활동
- 치료받는 대상/훈련된 치료사
- 치료적 목적

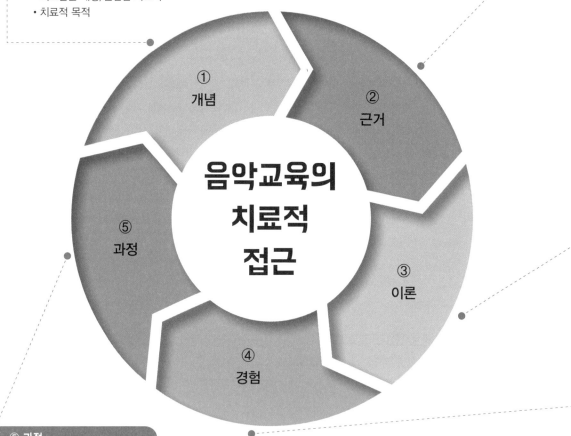

① 개념

② 근거

음악교육의
치료적
접근

⑤ 과정

③ 이론

④ 경험

⑤ 과정

❶ 진단평가
현재 상태와 목적을 파악해야 함

❷ 치료 목적과 목표 설정
- 사회심리, 운동심리, 생리학의 분야까지 더욱 전문적인 음악치료를 적용함
- 음악적인 목적이 설정되기도 하지만 대개 음악 외적인 목적을 설정하는 경우가 많음

❸ 음악 활동의 계획
❹ 치료계획서 작성
❺ 치료 활동의 적용과 환자의 반응 평가

② 근거

❶ 심리적 반응

정서 수정에서는 음악적 자극요소에 의해 불러일으키는 환기가 클라이언트의 상황적 필요에 맞아떨어질 때 정서 수정이 일어남

❷ 생리적 반응

개인의 신체적 상태와 심리적 상태, 그리고 음악 선호도와 경험 등이 각기 달리 나타남

❸ 사회적 반응

언어로 표현하기 힘든 상황에서도 음악을 통해 자신의 감정을 쉽게 표현할 수 있음

③ 이론

❶ 관련적 음악치료

관련적 음악치료에서는 음악을 통한 치료 상황, 클라이언트, 그리고 클라이언트 간의 교류를 통해 관계를 확립 및 재확립함

❷ 경험적 음악치료

음악은 감각과 관련된 행동을 끌어내므로, 청각자극에 국한하지 말고 다른 감각과 통합하여 사용해야 함

❸ 행동적 음악치료

행동을 생성하고, 수정하고, 유지하는 조건에 관심을 가짐. 학습이론을 기반으로 치료 환경을 조절함

❹ 심리분석적 음악치료

무의식적 요소를 의식으로 불러오는 방법으로, 음악적 경험을 통해 클라이언트와 치료사와의 관계를 형성함

❺ 기타 관련 이론

적극적인 건강 개념에서 삶의 질을 높이고, 건강을 유지하려는 다양한 음악치료를 지속해서 적용함
예 : '웰니스 음악치료' 등

④ 경험

❶ 재창조 연주 경험

• 기악적 재창조
• 발성적 재창조
• 음악적 재생
• 음악 게임과 활동
• 지휘

❷ 즉흥적 경험

마음대로 소리를 냄으로써 모든 가능성을 시도함

❸ 창작적 경험

주제에 맞는 곡을 선택하여 작곡함

❹ 감상 경험

여러 장르의 음익을 감상함

PART

임용고시 대비를
위한 음악이론

제17장 임용고시 대비를 위한 음악이론

임용고시 대비를 위한 음악이론

1. 서양음악의 기초

1) 음악의 정의와 종류

① **음악의 정의**

페티스는 '음악이란 음의 배합에 의해 사람의 감정을 감동시키는 예술'이라고 정의하였다. 즉 음악이란 소리를 재료로 하여 시간의 흐름 속에 의도적으로 조직, 배합함으로써 인간의 생각이나 느낌 등을 표현하는 시간 예술이다.

② **음과 진동**

- 순음 : 홑진동. 기본적이고 단순한 소리. 라디오의 시보와 같은 소리를 말한다.
- 고른 음 : 탄력 있는 물체의 규칙적이고 주기적인 진동으로 생기는 음. 따라서 일정한 음의 높이를 지닌다.
- 시끄러운 음 : 진동이 불규칙적이고 복잡한 음. 물체의 부딪치는 소리나 타악기 소리. 음악에 주로 쓰이는 음들은 고른 음이지만 현대음악에서는 개성 있는 표현을 위해 이러한 음도 쓰인다.

③ **음의 종류**

- 높낮이 : 음의 높낮이는 일정한 시간 내의 진동수에 의해 결정되며 진동수가 많으면 높은음, 진동수가 적으면 낮은음이 난다.

- 셈여림 : 진동 에너지의 크기에 따라 결정되며 진동폭이 넓으면 센음, 진동폭이 좁으면 여린음이 난다.
- 음길이 : 진동시간의 길이에 따라 결정된다.
- 음색 : 같은 높이의 음이라도 물체의 구조, 재료 및 소리 내는 방법에 따라 소리의 빛깔이 다르게 난다.

2) 음자리표, 음이름, 음표와 쉼표

① 보표와 음자리표

- 보표(Staff) : 수평으로 그어진 5개의 줄과 그 줄 사이 4개의 간. 즉 5선을 보표라고 한다. 5선만으로 음의 높이를 다 적지 못할 때에는 덧줄을 사용한다.
- 음자리표(Clef) : 절대적인 음높이를 표시해주고 음이름을 결정해준다.
  - 높은음자리표(G clef) : G(사)음의 자리를 정해준다.
  - 낮은음자리표(F clef) : F(바)음의 자리를 정해준다.
  - 가온음자리표(C clef) : C(다)음의 자리를 정해준다.
- 보표의 종류
  - 작은 보표 : 홑보표라고도 하며, 독창곡이나 독주곡을 적을 때 쓰인다.
  - 큰 보표 : 높은음자리표와 낮은음자리표를 세로줄과 대괄호로 묶어서 사용. 합창곡이나 피아노, 오르간 곡을 적을 때 쓰이는 보표이다.
  - 모음 보표 : 3개 이상의 작은 보표를 한데 모아서 보표를 한눈에 볼 수 있도록 모아 적은 것. 관현악이나 실내악, 대합창곡 등에 쓰인다.

② 음이름

- 원음과 사이음 : 여러 개의 음 중 가상 많이 쓰이는 7개의 음을 원음이라고 한다. 원음을 반음 올리거나 내려서 변화 받은 음을 사이음이라고 한다.
- 온음과 반음 : 피아노 건반에서 반음은 서로 인접하는 흰 건반과 검은 건반 사이, 검은 건반과 흰 건반 사이, 혹은 '시'음과 '도'음 사이 및 '미'음과 '파'음 사이 등의 거리이다. 반음이 2개 합쳐지면 온음이 된다.

③ 음표와 쉼표

- 음표와 쉼표

음표는 보표 위에 놓인 음의 높이와 음의 길이를 나타내고 쉼표는 음악 진행 중의 쉬는 부분에 표기된다.

음표

그림	이름	박자	리듬표시
o	온음표	4박자	VVVV
♩.	점2분음표	3박자	VVV
♩	2분음표	2박자	VV
♩.	점4분음표	1박자 반	V\
♩	4분음표	1박자	V
♪.	점8분음표	반 박자 반	\v
♪	8분음표	반 박자	\
♫	16분음표	반의 반 박자	\

쉼표

그림	이름	박자	리듬표시
▬	온쉼표	4박자	VVVV
▬	점2분쉼표	3박자	VVV
▬	2분쉼표	2박자	VV
ξ	점4분쉼표	1박자 반	V\
ξ	4분쉼표	1박자	V
⅞	점8분쉼표	반 박자 반	\v
⅞	8분쉼표	반 박자	\
⅞	16분쉼표	반의 반 박자	\

- 점음표와 점쉼표

점은 그 앞의 음표의 반(1/2)이다. 겹점음표에 있어서 두 번째 점은 그 앞의 점의 반(1/2)이다(쉼표에 있어서도 음표 때와 같다).

예 : ♩ = ♩ + ♪   ♩.. = ♩ + ♪ + ♫

- 잇단음표

2등분 또는 4등분되어야 할 음표를 3등분 또는 6등분하여 써야 할 때가 있는데 이때 잇단음표를 쓴다.

④ 변화표

변화표란 원음을 그 자리에 둔 채로 반음 올리거나 반음 내릴 때 쓰는 표를 말한다.

- 변화표의 종류
  - 올림표 ♯(Sharp) : 원음을 반음 올릴 때 음표(머리)의 왼편에 붙인다.
  - 겹올림표 ♯♯(Double sharp) : 원음을 반음 올린 음을 또 올릴 때 붙인다.
  - 내림표 ♭(Flat) : 원음을 반음 내릴 때 음표(머리)의 왼편에 붙인다.
  - 겹내림표 ♭♭(Double flat) : 원음을 반음 내린 음을 또 내릴 때 붙인다.
  - 제자리표 ♮(Natural) : 올리거나 내린 음을 본래 음으로 돌려놓을 때, 즉 변화표 효력을 취소할 때 붙인다.

⑤ 변화표의 효력

- 조표로서의 효력 : 조표로 붙은 변화표는 옥타브 차이와 상관없이 해당 음과 음이름이 같은 음에 모두 효력이 있다.
- 임시표로서의 효력 : 임시표가 붙을 때는 그 마디 안에서의 해당 음표에만 효력이 있다. 마디가 바뀌거나 같은 마디라도 옥타브 차이가 있을 때는 효력이 없다.
- 딴이름 한소리 : 음이름은 다르나 같은 (한)소리를 내는 것을 딴이름 한소리라 한다.
  예 : 내림 나 → 올림 가, 내림 가 → 올림 사

3) 박자

① 박과 박자

음악 속에는 규칙, 혹은 불규칙적인 강약의 반복이 있는데, 반복되는 강과 약의 한 묶음을 '박자(meter)'라고 하며 '강' 혹은 '약'의 부분을 '박(beat)'이라고 한다.

② 박자의 종류

박자는 2박자계와 3박자계, 4박자계 그리고 2박자와 3박자가 혼합된 섞음 박자계로 분류한다. 또한 민음표를 박의 단위 음표로 하는 홑박자계와 점음표를 각 박의 단위음표로 하는 겹박자계로 분류한다.

박자 갈래	2박자 계통	3박자 계통	4박자 계통
홑박자	$\frac{2}{2}\cdot\frac{2}{4}$	$\frac{3}{2}\cdot\frac{3}{4}\cdot\frac{3}{8}$	$\frac{2}{2}\cdot\frac{4}{4}\cdot\frac{4}{8}$
겹박자	$\frac{6}{8}$	$\frac{9}{8}$	$\frac{12}{8}$
섞임(혼합)박자		$\frac{5}{4}\quad\frac{7}{4}$	

③ 당김음

음악 내에서 센박과 여린박의 위치가 어떤 수난에 의해 변화되면 센박과 여린박이 이동하게 된다.

- 여린박이 센박보다 길 때 (리듬에 의한 것 포함)
- 센박에 쉼표가 있을 때
- sf, ＞(악센트 : 그 음을 특히 세게), slur 등의 부호가 붙을 때

④ 연주용어 및 기호

- 이음줄과 붙임줄
  - 이음줄(slur) : 높이가 다른 2개 이상의 음에 이은 줄
  - 붙임줄(tie) : 높이가 같은 2개의 음에 붙인 줄
- 스타카토(staccato) : 음을 짧게 끊어 소리를 내라는 표시로 스타카토, 메조 스타카토, 스타카티시모의 세 종류가 있다.

- 테누토(tenuto) : 음표의 길이를 충분히 끌어 연주하라는 뜻
- 도돌이표
  - D.C.(da capo) : 곡의 맨 처음으로 돌아가서 연주하고 fine에서 마치라는 표
  - D.S.(dal segno) : segno로 돌아가 연주하고 fine에서 마치라는 표

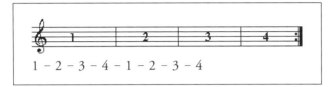

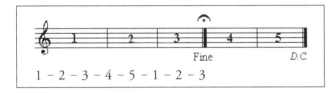

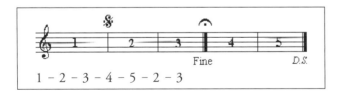

4) 빠르기표와 나타냄 말

빠르기표에는 악곡 전체의 빠르기를 나타내는 것과 악곡 어느 일부분에만 일시적으로 적용하는 것이 있다.

① 악곡 전체의 빠르기를 나타내는 말

빠르기말	뜻	빠르기말	뜻
Prestissimo	Presto보다 빠르게	Andante	느리게
Vivacissimo	Vivace보다 빠르게	Adagietto	Adagio보다 빠르게
Presto	매우 빠르게	Adagio	매우 느리고 평온하게
Vivace	아주 빠르게	Lento	아주 느리게
Allegro	빠르게	Larghetto	largo보다 빠르게
Allegretto	조금 빠르게	Largo	아주 느리게
Moderato	보통 빠르게	Grave	매우 느리게
Andantino	조금 느리게		

② 악곡의 부분적인 빠르기를 나타내는 말

빠르기말	뜻	빠르기말	뜻
accel.(accelerando)	점점 빠르게	piu mosso	더 빠르게 약동하여
ad libitum	자유롭게	rall.(rallentando)	점점 느리게
allargando	점점 느리고 폭넓게	rit.(ritardando)	점점 느리게
a tempo	본디 빠르기로	ritenuto	곧 느리게
con moto	빠르게	smorzando	차차 꺼지듯이
L'istesso tempo	같은 빠르기로	sostenuto	음을 끌어서
meno mosso	보다 느리게	stringendo	점점 서두르며
morendo	점점 느리고 사라지듯이	Tempo I	처음 빠르기로
piu lento	좀 더 느리게	tempo rubato	음의 길이를 자유롭게

③ 나타냄 말

원어	뜻	원어	뜻
Agitato	흥분하여, 성급하게	Animato	생기 있게
Amabile	사랑스럽게	Appassionato	열정적으로
Brillante	화려하게	Con sentimento	감정을 갖고
Cantabile	노래하듯이	Comodo	평온하게
Con brio	싱싱하게	Con moto	생생하게
Con spirito	생생하게	Dolce	부드럽게, 달콤하게
Doloroso	슬프게	Espressivo	표정을 살려서
Grazioso	우아하게	Marcato	힘을 주어 똑똑하게
Maestoso	장엄하게	Marciale	행진곡풍으로
Pastorale	목가 풍으로	Scherzando	유머러스하고 경쾌하게
Sempre	항상, 계속해서	Tranquillo	고요하게
Un poco	조금씩		

5) 셈여림표

셈여림표는 센 정도 혹은 여린 정도를 표현하는 기호(expression mark)로서 강약의 변화를 지시하여 악곡의 느낌이 잘 전달되도록 하는 데 사용된다.

● 셈여림표

표	pp	p	mp	mf	f	ff
뜻	매우 여리게	여리게	조금 여리게	조금 세게	세게	매우 세게

표	cresc.	decresc.	dim.	sf, sfz	fz	fp
뜻	점점 세게	점점 여리게	점점 여리게	그 음만 특히 세게		세게 곧 여리게

6) 조표와 으뜸음

- 조성 : 악곡의 성질과 높낮이를 나타내는 것으로, 조표 붙이는 순서는 아래와 같다.
  - ♯ 일 때 → 파, 도, 솔, 레, 라, 미, 시(다장조로 읽을 때)의 순서로 붙인다.

    ♯표는 '올림'을 의미 (#바장조=올림바장조)

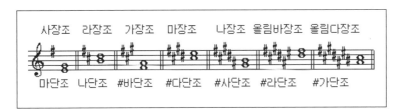

  - ♭ 일 때 → 시, 미, 라, 레, 솔, 도, 파(#의 역방향임)의 순서로 붙인다.

    ♭표는 '내림'을 의미 (b마장조=내림마장조)

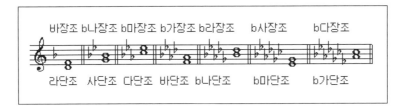

7) 음정

① 음정의 정의

두 음 사이의 거리를 음정이라 하고, 그 거리는 숫자와 도(degree)로 표시한다. 또한 2개의 같은 음을 1도라 부르고, 음 사이의 간격이 한 위치씩 넓어짐에 따라 2도, 3도 등으로 표시한다.

② 음정의 종류

- 홑음정 : 두 음의 거리가 한 옥타브(완전 8도) 안의 음정
- 겹음정 : 두 음의 거리가 한 옥타브(완전 8도) 밖의 음정

③ 음정의 어울림

- 완전 어울림 음정 : 완전 1, 4, 5, 8도
- 불완전 어울림 음정 : 장·단 3, 6도
- 안어울림 음정 : 장·단 2, 7도, 모든 증·감음정

④ **음정의 변화**

변화표 또는 그 밖의 조건으로 두 음 사이의 간격이 넓어지거나 좁아짐에 따라 음정의 성질이 바뀐다.

⑤ **음정의 식별법**

● 도수를 계산한다.

● 음정 안에 들어 있는 반음 수를 고려하여 음정의 종류를 결정한다.

도수	1도	2도	3도	4도	5도	6도	7도	8도
음정의 성질	완전	장	장	완전	완전	장	장	완전
반음 수	0	0	0	1	1	1	1	2

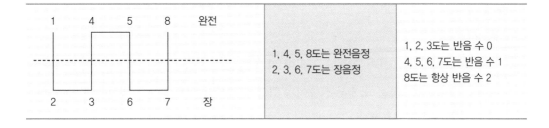

● 변화표를 고려하여 음정을 결정한다.

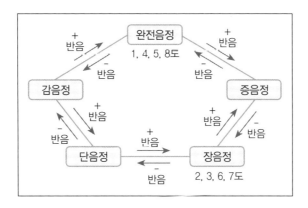

⑥ 음정의 자리바꿈

높은 쪽의 음을 한 옥타브 낮추거나 낮은 쪽의 음을 한 옥타브 높이는 것을 음정의 자리바꿈이라고 한다.

(자리바꿈음정)	(원음정)	(자리바꿈음정)
단6도	장3도	단6도

- 도수의 변화 (9-원음정=자리바꿈 도수)

   1도↔8도   2도↔7도   3도↔6도   4도↔5도
- 성질의 변화

   완전↔완전   장↔단   증↔감   겹증↔겹감

8) 음계

① 음계의 정의

어떤 음을 바탕으로 하여 일정한 규칙에 따라 음의 높이를 차례로 놓은 것을 음계라 한다. 이러한 음계는 작품 내에서 선율이나 화성에 있어서 매우 중요한 역할을 담당하게 되며 크게 장음계와 단음계로 나뉜다.

② 음계의 종류와 특징

- 장음계 : 3-4, 7-8음 사이가 반음, 나머지는 온음이다.
- 단음계 : 2-3, 5-6음 사이가 반음, 나머지는 온음이다.
   - 단음계의 종류에는 크게 자연, 가락, 화성 단음계가 있다.

〈자연단음계〉

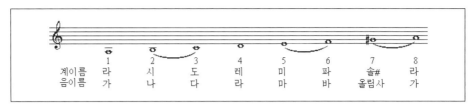

〈화성단음계〉

〈가락단음계〉

9) 관계조

① 정의

딸림조, 버금딸림조, 나란한조, 같은 으뜸음조 등과 같이 밀접한 관계를 가지고 있는 조를 관계조라 한다.

② 종류

어떤 조의 위로 5도 관계(딸림음조)와 아래로 5도 관계(버금딸림음조)에 있는 조를 가까운 조라고 하는데 딸림조와 버금딸림조로 구성되어 있다.

- 딸림음조 : 원조에서 위로 완전5도 관계인 조
- 버금딸림음조 : 원조에서 아래로 완전5도 관계인 조
- 나란한조 : 같은 조표를 사용하는 장조와 단조(으뜸음이 단3도 간격)
- 같은 으뜸음조 : 으뜸음(으뜸음의 음이름)이 같은 장조와 단조

다장조의 관계조

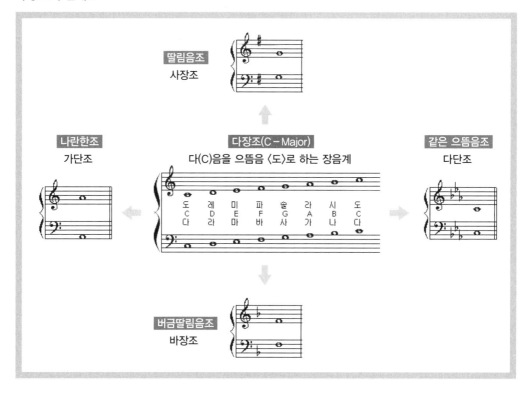

다단조의 관계조

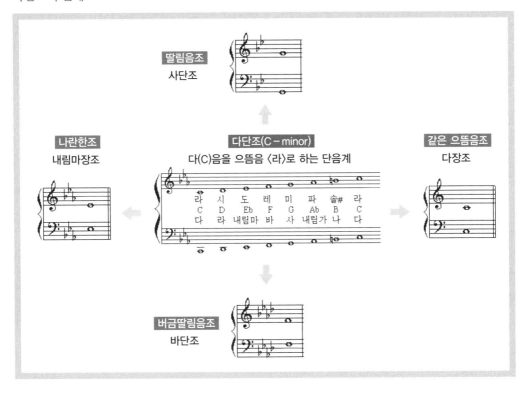

딸림음조
사단조

나란한조
내림마장조

다단조(C – minor)
다(C)음을 으뜸음 〈라〉로 하는 단음계

라	시	도	레	미	파	솔#	라
C	D	Eb	F	G	Ab	B	C
다	라	내림마	바	사	내림가	나	다

같은 으뜸음조
다장조

버금딸림음조
바단조

10) 조바꿈

악곡 도중에 변화를 주기 위해 조를 바꾸는 것을 말한다. 대개 관계조로 바뀌거나 조표를 사용할 때도 있다.

- 일시적(경과적) 조바꿈 : 일시적으로 다른 조로 바뀌었다가 다시 원조로 돌아오는 것으로 임시표(#, b 등)를 쓴다.
- 확정적 조바꿈 : 비교적 길게 조바꿈되는 경우로 이때는 조표를 바꾸어 사용한다.
- 연속적 조바꿈 : 조바꿈이 한 번(일시적)으로 끝나지 않고 계속하여 다른 조로 조바꿈이 이루어지는 상태를 말한다.

11) 조옮김

곡이 너무 높거나 낮아서 노래 부르기 어려울 때, 연주자의 음역에 알맞도록 악곡 전체를 높이거나 낮추는 것을 말한다.

① 조옮김 순서
- 어떤 조로 조옮김할 것인지 파악한다. 즉 몇 도 음정 차이의 조인가 확인한다.
- 새로 옮길 조의 음자리표, 조표, 박자표를 적는다.
- 원조의 계이름대로 읽으면서 적어간다.
- 기둥과 꼬리를 적을 때 유의하며 #, ##, b, bb 등의 임시표 쓰임에 유의한다.

12) 악곡의 구조와 형식

① 악곡의 구조
- 동기(motive) : 악곡을 구성하는 가장 작은 단위(보통 2마디).
- 작은악절(phrase) : 2개의 동기로 구성된다(보통 4마디).
- 큰악절(period) : 2개의 작은악절로 구성된다(보통 8마디).

② 가곡(가요) 형식
- 한도막 형식 : 1개의 큰악절로 구성된다.
- 두도막 형식 : 2개의 큰악절로 구성된다.
- 세도막 형식 : 3개의 큰악절로 구성된다.

- 작은 세도막 형식 : 작은악절 3개로 구성된다(12마디).

③ 기악곡 형식

- 겹세도막 형식(compound three part from) : 두도막 또는 세도막 형식 3개가 합쳐서 이루어진 형식

- 변주곡 형식(variation) : 비교적 짧은 선율을 주제로 하여 리듬, 가락, 화성, 박자, 조성 등을 여러 모양으로 변화시키는 예술적인 구상으로 배열한 것을 변주곡이라 한다. 변주는 반복의 일종으로 작은 단위의 동기를 반복한 것이 아니라 가요 형식으로 된 주제 전체를 반복한다.

- 론도 형식(rondo) : 론도의 원 뜻은 일정한 구절이 순환 반복되는 시를 가리키는 말로, 어떤 주제가 여러 번 반복(3회 이상)되는 동안 주제와 주제 사이에 성격이 다른 주제를 넣어서 만든 악곡 형식이다. 교향곡, 협주곡, 소나타의 마지막 악장에 많이 쓰인다.

- 소나타 형식(sonata) : 모든 음악 형식 중에서 가장 규모가 크며 〈제시부〉, 〈발전(전개)부〉, 〈재현부〉의 세 부분으로 이루어져 있다. 대개 소나타, 교향곡, 협주곡의 1악장에 주로 쓰인다.

④ 기악곡의 종류

- 교향곡(symphony) : 관현악으로 연주되는 소나타로 기악곡 중 가장 규모가 크고 완전한 짜임새를 가진 곡이다. 보통 4악장으로 구성된다.

- 소나타(sonata) : 소나타 형식을 포함한 3개 또는 4개의 악장으로 구성된 기악 독주곡

- 협주곡(concerto) : 독주악기와 관현악의 협연으로 이루어지는 소나타로, 3악장으로 구성되어 있다.

- 모음곡(suite) : 짧은 춤곡을 여러 곡 모아서 엮은 악곡으로, 무용곡이나 오페라 중에서 구성되기도 한다.

- 실내악(chamber music) : 적은 인원이 연주하도록 구성된 중주나 합주곡

- 서곡(overture) : 오페라(가극), 발레, 오라토리오가 막이 오르기 전에 연주하는 곡을 말한다. 대개 소나타 형식이 사용된다. 연주회용의 독립적인 서곡도 있다.(예 : 1812년 서곡, 대학 축전 서곡).

- 연습곡(ctude) : 원래 기교를 연마하기 위해 만들어진 곡인데, 체르니 연습곡에는 두도

막, 세도막 형식을 갖추고 있고 쇼팽이나 리스트의 연주회용 연습곡은 기교적으로도 어렵고 예술성도 높은 작품들이다.

- 행진곡(march) : 행진을 위한 2박자, 4박자의 곡으로 겹세도막 형식이 만들어진다.
- 교향시(symphonic poem) : 표제 음악의 한 종류로 문학적, 시적 내용을 자유로운 형식으로 관현악에 의해 표현한 것
- 춤곡
  - 미뉴에트(Menuett) : 프랑스의 고전 춤곡. 3/4박자의 우아한 리듬이 특징임
  - 볼레로(bolero) : 3/4박자의 스페인 춤곡. 그리 빠르지 않은 반주 부분이 특징임
  - 왈츠(waltz) : 오스트리아에서 생긴 3/4박자 춤곡
  - 마주르카(Mazurka) : 폴란드의 민속적인 춤곡. 왈츠와 같은 3/4박자이나 왈츠와는 리듬이 아주 다르다.
  - 폴로네즈(Polonaise) : 남성적이고 힘찬 3/4박자 폴란드 춤곡
  - 폴카(Polka) : 보헤미아에서 일어나 독일, 프랑스로 전한 2/4박자의 급속하고 활발한 춤곡
  - 타란텔라(Tarantella) : 이탈리아 나폴리 지방의 춤곡. 빠르면서도 격렬한 6/8, 3/8박자

⑤ **성격적 소곡**

- 즉흥곡(impromptu) : 낭만시대에 생겼던 기악 소품의 하나로 작곡자의 마음에 언뜻 떠오른 악상을 즉흥적 요소를 넣어서 자유롭게 만든 악곡
- 녹턴(nocturne) : 낭만시대의 악곡으로 아이슬란드의 작곡자 존 필드(John Field)에 의해 시작됐는데 쇼팽에 의해 예술적 가치가 높아졌다. 속도가 느리고 표정에 넘친 멜로디가 분산화음으로 반주되어 몽상적인 분위기를 묘사한다. 겹세도막 형식으로 됨
- 랩소디(rhapsody) : 민속적, 서사적인 성격을 지닌 자유로운 형식의 기악곡
- 디베르티멘토(divertimento) : 18세기 후반에 성행했던 기악 합주의 형식. 편성은 일정치 않고 실내악 편성에서부터 소관현악 편성에 이르기까지 가지각색이다.
- 세레나데(serenade) : 본래 애정이나 존경을 품은 사람에게 바치는 저녁음악. 성악의 세레나데는 저녁나절 사랑하는 여인의 창가에서 부르는 사랑의 노래를 말하고 기악의 세레나데는 바로크 후기의 관현악 모음곡과 고전 교향곡의 중간시대에 융성했던 소합주

에 의한 다악장 악곡이다.

- 발라드(ballade) : 본래 줄거리가 있는 서사시에 의한 가곡을 말하나 쇼팽과 브람스는 성격적 소품의 피아노곡에 발라드란 이름을 썼다.
- 환상곡(fantasie) : 자유롭게 형식 없이 환상적인 악상을 펼쳐나가는 곡
- 토카타(Toccata) : 즉흥적인 악곡을 이르는 말
- 기타 : 유머레스크, 뱃노래, 엘레지, 자장가, 로망스, 카프리치오, 노베레테 등

⑥ **성악곡의 종류**

- 민요(folk song) : 각 나라에 예로부터 내려오는 민족적으로 고유한 색채를 띤 소박한 노래
- 예술가곡(lied) : 시와 음악이 융합되어 문학적이고 슈베르트가 대표적인 작곡가이다.
- 오페라(opera, 가극) : 오페라는 16세기경 이탈리아인 페리(Jacopo Peri)가 작곡한 오페라 〈다프네〉가 시초가 되어 그 후 독일, 프랑스로 퍼져 발전된 문학, 음악, 미술, 무용 등의 종합 예술로서 우리나라의 판소리와 유사한 점이 많다.

오페라의 구성
서곡 : 막이 오르기 전 연주하는 관현악곡(극의 내용을 암시함)
간주곡 : 막과 막 사이에 연주되는 곡
아리아 : 주인공이 부르는 서정적인 독창곡
레시터티브 : 대사를 말하듯이 노래하는 것

- 종교 음악
  - 미사곡(missa) : 가톨릭교회의 의식에서 불리는 대규모의 합창곡으로 구원송, 영광송, 성체경, 복송, 신경 등의 6장으로 구분한다.
  - 진혼곡(requiem) : 죽은 사람의 영혼을 달래 주기 위하여 만든 미사곡으로서, 라틴어로 되어 있는 것이 원칙이다.
  - 성담곡(oratorio) : 종교적 내용을 소재로 만든 음악극으로서, 오페라와 다른 점은 연기, 의상, 무대 장치 등을 사용하지 않는다. 헨델의 〈메시아〉, 하이든의 〈천지 창조〉

가 유명하다.

- 교성곡(cantata) : 오라토리오보다 규모가 작고 극적인 요소를 제외한 기악 반주로 연주되는 교회 합창곡으로서 독창, 중창, 합창으로 구성된다. 교회 칸타타와 세속 칸타타(바흐의 〈농민 칸타타〉)로 구분된다.

13) 음악의 연주 형태

① 성악

- 목소리의 갈래
  - 남성 : 테너-바리톤-베이스
  - 여성 : 소프라노-메조소프라노-알토
- 성악의 연주 형태
  - 독창 : 한 사람이 노래하는 것으로 대개 피아노 반주가 따른다. 때로는 관현악이 반주할 때도 있다.
  - 중창 : 둘 이상의 성부를 한 사람씩 맡아 함께 노래하는 것을 의미한다.

2중창 : 소프라노 – 알토, 소프라노 – 테너, 테너 – 베이스 등
3중창 : 소프라노 – 메조소프라노 – 알토, 소프라노 – 알토 – 테너, 소프라노 – 테너 – 바리톤 등
4중창 : 소프라노 – 알토 – 테너 – 베이스, 제1테너 – 제2테너 – 바리톤 – 베이스 등

  - 합창 : 각 성부를 여러 사람이 노래하는 것을 의미한다.

여성 2부 : 소프라노 – 알토
여성 3부 : 소프라노 – 메조소프라노 – 알토
남성 3부 : 테너 – 바리톤 – 베이스
혼성 4부 : 소프라노 – 알토 – 테너 – 베이스 등

- 제창 : 여러 사람이 한 가락을 노래하는 것을 의미한다.
- 윤창(돌림노래) : 하나의 성부를 일정한 간격을 두고 다른 성부가 똑같이 반복하는 것을 의미한다.
- 아카펠라 : 무반주 합창을 의미한다.

② **기악**

악기의 소리에 의하여 만들어진 악곡을 기악이라 한다.

- 악기의 종류(악기 이름을 누르면 이미지와 소개가 있음)
  - 현악기 : 바이올린, 비올라, 첼로, 더블베이스(콘트라베이스), 하프 등
  - 목관악기 : 피콜로, 플루트, 오보에, 클라리넷, 바순(파곳) 등
  - 금관악기 : 트럼펫, 트롬본, 호른, 튜바, 수자폰 등
  - 타악기 : 실로폰, 팀파니, 큰북, 작은북, 심벌즈 등
- 기악의 연주 형태
  - 독주 : 어떤 악기를 한 사람이 연주하는 것
  - 중주 : 2~10사람 정도가 독주 악기로 함께 연주하는 형태

피아노 3중주 : 피아노, 바이올린, 첼로
현악 4중주 : 제1바이올린, 제2바이올린, 비올라, 첼로
피아노 4중주 : 피아노, 바이올린, 비올라, 첼로
현악 5중주 : 제1바이올린, 제2바이올린, 비올라, 첼로, 더블베이스
목관 5중주 : 플루트, 오보에, 클라리넷, 바순, 호른
금관 5중주 : 제1트럼펫, 제2트럼펫, 호른, 트롬본, 튜바

  - 합주 : 여러 가지 악기로 함께 연주하는 형태

현악합주(string ensemble) : 현악기만으로 합주하는 형태
관악합주(brass band) : 관악기와 타악기로 합주하는 것
관현악합주(orchestra) : 관악기, 현악기, 타악기로 연주하는 규모가 가장 큰 연주 형태

---

14) 서양음악의 역사

① 바로크 음악

16세기 말~18세기 중엽까지 이탈리아와 독일을 중심으로 발전한 음악의 흐름을 바로크 음악이라 하는데 대위법을 바탕으로 한 음악이 성행하였고, 음악의 최고 형식인 푸가를 완성하였다. 음악가로는 비발디, 바흐, 헨델 등이 있다.

② 고전파 음악

18세기 중엽~19세기 초까지 오스트리아를 중심으로 발전한 음악의 흐름을 고전파 음악이라 한다. 교향곡이 확립되었고, 현악 4중주 등 실내악의 발생과 소나타 형식이 완성되었다. 작곡가로는 하이든, 모차르트, 베토벤 등이 있다.

③ 낭만파 음악

고전파 이후 19세기에 발전한 음악 사조를 낭만파 음악이라 하는데 음악 형식의 구조보다는 주관적인 감정을 더욱 중요하게 생각한다. 이 시기에 표제 음악, 교향시, 악극 등이 발전하였으며 대표적인 작곡가로서는 베버, 슈베르트, 멘델스존, 쇼팽, 슈만, 리스트, 바그너, 베르디, 브람스, 차이코프스키 등을 들 수 있다.

④ 국민악파 음악

19세기 후반 유럽에서는 독일을 중심으로 낭만파 음악이 절정을 이루고 있을 때 러시아, 노르웨이, 폴란드, 핀란드, 헝가리 등에서 자신의 민속 음악을 바탕으로 한 새로운 음악이 발달했는데 이 음악을 국민악파 음악이라 한다. 작곡가는 스메타나, 드보르작, 시벨리우스, 그리그, 무소르그스키 등을 들 수 있다.

⑤ 20세기 음악(근대 · 현대음악)

● 제1차 세계대전까지(1900~1918년)

이 시기는 후기 낭만파의 연장선상에서 새롭게 구축되었다. 드뷔시의 인상주의 음악은 고도의 세련미와 정교함, 안개처럼 모호한 분위기가 특징이다. 이런 경향은 인상파 회화, 상징시와 함께 그 맥을 같이하는데 그에 맞는 화성, 음계, 리듬 등을 창조해냈다. 프랑스의 라벨, 스페인의 팔랴, 이탈리아의 레스피기, 러시아의 스크랴빈 등을 들 수 있다. 다음으로 표현주의 음악이 대두되는데 이것은 프랑스의 인상주의에 반기를 든 독일인들에 의해 주로 인간의 잠재의식을 표출하는 기법으로 생겨났다. 거친 불협화음, 무조음악 등으로 치달았고, 결국 12음 기법이란 방법까지 창출되었다. 작곡가로는 쇤베르크, 베르크, 베베른 등을 들 수 있다.

- 양차 대전 중간기(1918~1945년)

이 시기는 한 마디로 반인상주의, 반표현주의, 반낭만주의라 요약할 수 있다. '바흐로 돌아가라'는 슬로건 아래 고전적이고 자율적인 형식미를 갖는 신고전주의가 태어났다. 이는 18세기 고전주의의 모방에 국한되지 않고 현대 감각에 맞는 화성과 리듬, 선율을 구사하였다. 대표적 인물로 스트라빈스키, 프로코피예프, 힌데미트 등을 들 수 있다. 이 밖에 낭만파 내지 국민악파의 경향을 20세기 상황에 적용한 작곡가로 독일의 리하르트 슈트라우스, 헝가리의 바르토크 등을 꼽을 수 있다.

- 제2차 세계대전 이후(1945년~)

이 시기 이전까지는 바로크시대 이후의 서양전통에 바탕을 두고 있었으나 이 시기 이후엔 음악이란 개념을 파괴한 듯하다. 20세기의 과학과 기술의 발달로 전위와 실험 음악이 생겨났다.

- 우연성 음악 : 이것은 작곡가나 연주가가 어떤 음악적 재료를 무작위로 선별한 것을 토대로 작품이 만들어진다. 음악적인 한계를 뛰어넘은 우연한 동기들을 마구 삽입함으로써 '엉뚱한 행동'까지도 나올 수 있다. 미국의 존 케이지(John Cage)가 중국의 역(易)에서 힌트를 얻어 창출했고, 슈톡하우젠, 크세나키스, 불레즈 등에게 충격을 주었다.

- 전자음악 : 이 음악은 전자적으로 발생하는 소리를 이용한다. 이 음악엔 신시사이저(synthesizer)나 컴퓨터가 많이 이용된다. 또 한편으로 성악이나 기악 등 종래의 매체를 저자 매체와 합성시켜 독특한 배합음을 내기도 한다. 독일의 마이어 애플러와 아이메르트(Herbert Eimert)에 의해 연구된 것으로, 그 뒤 여러 현대 작곡가들에 의해 채택되었다.

2. 국악의 기초

1) 아악

① 궁정악 : 궁중에서 모든 의식에 사용하던 음악

- 제례악 : 궁중의 모든 제향에 쓰이던 음악

  - 문묘제례악 : 문묘 제향에 연주되는 음악으로 문묘란 문선왕묘의 준말이며 문선왕은 공자를 의미한다. 고려 예종 때 송나라에서 들어왔고, 세종 때 박연, 맹사성 등이 중국 역대 문헌을 참작하여 주 시대에 가까운 아악으로 복고, 개편했다.

  - 종묘제례악 : 조선 역대 임금을 모신 사당인 종묘의 제향에 연주되는 음악이다. 세종 17년(1435년) 중국계 고취악과 향악을 참작하여 제정, 세조 9년(1464년)에 개작되어 종묘제향에 연주되어 왔다. 조종의 문덕을 찬양한 보태평 11곡(희문, 기명, 귀인, 형가, 집녕, 융화, 현미, 용광정명, 중광, 대유, 역성)과 조종의 무공을 찬양한 정대업 11곡(소무, 독경, 탁정, 선위, 신정, 분웅, 순응, 총수, 정세, 혁정, 영관)이 있다. 보태평은 5음 음계의 황종궁 계면조이며 문무가 따른다. 한문 가사로 된 악장이라는 노래가 있고 연주는 등가(대뜰 위에서 연주하는 음악)악단, 헌가(대뜰 아래에서 연주하는 음악)악단이 교대로 연주한다. 등가의 악기 편성은 편종, 편경, 방향, 축, 박, 장구, 절고, 대금, 당피리, 아쟁 등이며, 헌가에는 편종, 편경, 방향, 축, 박, 장구, 진고, 대금, 당피리, 해금 등이다. 제례 절차는 영신-전폐-진찬-초헌-아헌-종헌-철변두-송신의 차례로 거행된다.

  - 경모궁제례악 : 경모궁은 정조가 돌아가신 그의 아버지 사도세자의 시위를 모신 혼전으로, 경모궁 악장은 정조 7년(1738년)에 대제학 이휘지가 지어올린 바를 그 후 대제학 남공철이 개찬했다. 그 악보는 속악원보 신편에 전하는데 오휴곡, 진색곡, 유길곡, 혁우곡, 독경곡, 휴운곡이다. 이 7곡은 종묘제례악인 정대업과 보태평을 축소, 개작한 것이다.

- 연례악 : 궁중의 조회나 의식, 향연 등에 사용되던 음악

  - 낙양춘 : 임금에게 하례할 때나 신하들이 절을 할 때 쓰이는 음악

  - 보허자 : 왕세자의 동화나 궁중 향연 정제 반주 음악

- 여민락(승평만세지곡) : 세종 27년 4월 우찬성 권제, 우참찬 정인지, 공조참판 안지 등
  이 용비어천가를 지어 올렸는데, 국한문 가사와 순한문의 2종류가 있다. 용비어천가
  125장 중에서 1, 2, 3장과 말장에 곡을 붙인 것으로 세종 때 창제되어 궁중 향연에
  두루 사용되었다. 정 10장이었으나 7장만 전하며 성악곡은 전승되지 않는다. 여민락
  은 5음 음계인 평조에 속하는 음악으로 관현합주를 반주로 하여 용비어천가를 노래
  한 곡이다.
- 수제천 : 우리나라 고대의 아악곡으로 원래는 정읍사를 노래하던 음악이나 궁중의
  연례와 임금의 거동, 처용무, 정재무에 연주되었다. 속도가 느리고 장중하기가 비길
  데 없는 곡으로 아악의 백미라 할 수 있다. 이 곡의 형식은 전강, 후강, 과편으로 되
  어 있는데 악학궤범에서는 세틀 형식(만, 중, 삭)으로 소개했다. '빗가락 정읍'이라고
  도 한다.
- 수연장 : 보허자의 반복 연주(도드리) 부분을 따로 떼어 7장으로 나누고 '6박 1각'의
  도드리장단으로 변주한 곡으로 보허자에서 파생하였으나 완전히 향악화되었다.
- 영산회상 : 영산회상은 세조 때의 음악을 모은 대악후보에 악보가 처음 보인다. 본래
  는 '영산회상 불보살'의 7자를 노래 부르던 불교 음악으로 상영산만 있었으나 뒤에
  기악화되면서 파생곡이 첨가되어 9곡한 바탕이 되었다. 이 곡은 궁중, 민간 상류층
  의 풍류로 연주되던 대표적인 정악곡이다.
- 중광지곡 : 줄풍류의 대표적인 곡이며 거문고 중심으로 연주되기 때문에 '거문고회
  상'이라고도 한다(상영산, 중영산, 세령산, 가락덜이, 삼현환입, 하현환입, 염불환입, 타
  령, 군악 9곡).
- 평조회상 : 거문고회상은 우조의 계면조인 데 비하여 평조회상은 낮은 평조의 계면
  조로 변조한 회상이라는 뜻에서 붙여진 이름이다(상여산, 중영산, 세령산, 가락덜이,
  삼현환입, 염불환입, 타령, 군악 8곡).
- 삼현 영산회상(표정만방지곡) : 거문고회상을 피리, 대금 중심의 관악곡으로 편곡한
  것인데 궁중의 연향, 정재(궁중무) 반주 및 민간의 풍류로 연주된다(구성은 평조회상
  과 같은 8곡).

- 정재무 : 궁중 연례무용을 말한다.
  - 처용무 : 봉황음에 맞춰 춘다.
  - 검무 : 표정만방지곡에 맞춰 춘다.
  - 수연장 : 장춘불로지곡에 맞춰 춘다.
  - 포구락 : 함영지곡에 맞춰 춘다.
  - 아박 : 수제천에 맞춰 춘다.
  - 학무 : 일승월항지곡에 맞춰 춘다.
  - 춘앵전 : 유초신에 맞춰 춘다.
  - 선유무 : 취타에 맞춰 춘다.
- 군악 : 취타악이라고도 부르며 왕의 거동, 장군의 개선 등에 쓰인다.
  - 대취타 : 불고 치는 악기로 연주하는 행진 음악으로 왕의 행차나 군대의 행진에 사용 되었는데 타악기(자바라, 징, 용고)와 관악기(나발, 나각) 중심이다. 태평소만이 가락을 연주한다.
  - 취타 : 대취타를 2도 올려 관현악 또는 관악 연주가 가능하도록 변조한 12박한 장단 의 7장의 도드리 형식이다. 만파정식지곡이 있으며, 이곡이 부족하면 절화, 길타령, 금전악 등을 이어서 연주한다.

2) 정악

① 풍류

풍류란 영산회상곡을 말하기도 한다. 영산회상에 나오는 각 악장의 순서는 다음과 같다. 상영산-중영산-세영산-가락덜이-삼현도드리-하현도드리-염불도드리-타령-군악-계 면가락도드리-양청도드리-우조가락도드리

- 줄풍류 : 현악기가 중심이 되고 관악기가 곁들여진 편성의 정악. 방중악, 세악이라고도 부름
- 대풍류 : 대나무로 만든 관악기가 중심이 되고 몇 개의 현악기가 곁들여진 편성

② 정가

가곡, 가사, 시조가 여기에 속한다.

- 가곡(만년장환지곡) : 관현악 반주에 맞추어 부르는 시가로 '만년장환지곡'이라고도 한다. 시조시를 5장 형식으로 짜서 부르는데 대여음-초장-2장-3장-중여음-4장-5장의 순서로 연주된다.
  - 연혁 및 종류 : 가곡은 고려 가요인 진작(정과정곡)에서 연원되었다고 하는데, 조선 초기에는 느린 만대엽만이, 중기에는 만대엽과 이보다 약간 빠른 중대엽이, 말기에는 중대엽과 빠른 삭대엽이 불렸으며 현재는 삭대엽만이 불린다. 남창과 여창, 우조와 계면조, 남창 가곡 26곡, 여창 가곡 16곡으로 분류된다.
  - 반주 악기 및 장단 : 반주 악기는 거문고, 가야금, 세피리, 해금, 대금, 양금, 장구, 단소 등의 세악 편성이고 장단은 16박, 10박이 있다.
  - 근대 가곡의 계보 : 가곡의 명인을 선가라고 하는데 영조 때 청구영언의 김천택, 해동가요의 김수장, 고종 때 가곡원류의 박효관, 안민영이 당대 최고의 선가이다.
- 가사 : 조선 중엽 이후에 나타난 것으로 보며 정악조의 장편 시가로서 12곡이 전창되고 있다(청구영언에 17곡이 실려 있으나 7곡이 없어지고 죽지사와 수양산가가 새로 생겼다). 가곡과는 달리 장고 하나의 반주로도 가능하며 피리, 대금, 해금 등의 반주로도 노래할 수 있다.
- 시조 : 초장, 중장, 종장의 3장 형식으로 초장, 중장은 각각 5·8·8·5·8박의 5장단, 종장은 5·8·5·8박의 4장단, 총 14장단 94박으로 구성되며 황종과 중려 두 음을 기본음으로 하는 평조 음악이다.

3) 속악

① 무악(巫樂)

신라시대의 선악에서부터 유래하였고 무당들이 굿을 하는 절차에 따라 악(樂), 가(歌), 무(舞)로 나눌 수 있다.

- 오귀굿 : 죽은 사람의 영혼을 위한 굿
- 재수굿 : 안택굿이라고도 하며, 집안의 재수를 비는 굿
- 별신굿 : 마을의 행운을 비는 굿

사용되는 악기는 장구, 북, 피리, 대금, 해금 등 삼현육각과 꽹과리, 징, 지바라 등의 금

속타악기가 부가된다.

② **법악**

법악은 불교의 의식에 쓰이는 각종 음악을 말하며, 범패가 있다. 인도 소리, 어산, 범음이라고도 한다. 창법에 따라 홑소리와 짓소리로 구별하는데, 홑소리는 혼자서 간단하고 짧게 부르는 노래이며, 짓소리는 긴 소리와 큰 소리라는 뜻으로 여러 사람이 복잡한 꾸밈음으로 길게 부르는 노래를 말한다. 불교에서 쓰이는 의식 무용을 작법이라 하며 나비춤, 바라춤, 법고춤 등이 있다.

③ **농악**

옛날 삼국시대 이전부터 농사를 지으며 전체 행동의 통일과 피로를 덜기 위하여 연주되어 온 향토 음악으로 각 고장마다 특색이 있다. 상쇠(꽹과리)가 지휘자격이며, 부쇠(꽹과리), 소고, 장구, 북, 징 등의 타악기로 연주된다. 태평소가 유일한 선율악기이지만 때때로 나발, 피리, 대금 등도 곁들여지는 진풀이 농악도 있다.

④ **산조**

악기의 특성과 기법을 최대한으로 사용하는 독주곡을 말하는데 김창조에 의하여 이루어졌다. 진양조, 중모리, 중중모리(굿거리), 자진모리, 휘모리, 단모리 등의 장단에 따른 모음곡으로 매우 느린 속도에서 점점 빨라지며 계속된다. 장단은 북과 장구가 반주된다.

- 가야금 산조 : 1880년경 김창조에 의해 만들어졌으며 산조의 효시를 이룬다.
- 거문고 산조 : 백낙준의 창시로 신쾌동과 박석기, 한갑득에 의해 계승되었다.
- 대금 산조 : 박종기, 강백천, 한주환, 김광식, 편재준, 한범수 등에 의해 이루어졌다.
- 해금 산조 : 지용구에 의해 시작되어 지영희로 이어졌다.
- 단소 산조 : 전용선에 의해 이루어졌다.
- 피리 산조 : 이충선에 의해 이루어졌다.
- 아쟁 산조 : 전추산, 한일섭에 의해 이루어졌다.

⑤ **판소리**

조선 중엽 평민 문화의 발달로 하한담, 최선달 등이 극적인 내용을 가진 긴 이야기를 음악화한 것으로 한 사람이 북장단에 맞추어 노래하는 극적인 요소를 가진 곡을 말한다. 고수가 대사의 내용에 따라 산조와 같은 장단을 치는데 이 북장단과 추임새를 반주로 혼자 서서 노래 부른다. 노래는 소리라 부르고, 소리와 소리 사이에 때로는 대사로 이어지는데 이것을 아니리라 하며 가사에 어울리게 한손에 부채를 들고 형용 동작을 섞어 진행하는데 이것을 발림이라 한다. 연주 시간이 짧은 것은 3시간, 긴 것은 10시간이 넘는다. 판소리에는 12마당이 있었으나 이 중 춘향가, 심청가, 흥보가, 수궁가, 적벽가 5마당만 전해진다.

⑥ **시나위**

시나위는 남도 지방의 무악에서부터 연유된 것으로 보는데 여러 사람이 여러 종류의 악기로 제각기 다른 산조 가락을 즉흥적으로 연주하면서 조화를 이루는 합주곡을 말한다.

⑦ **단가**

판소리를 부르기에 앞서 목을 풀기 위하여 짤막하게 부르는 것을 단가라 한다. 서정적인 장편시나 판소리의 한 대목을 따로 부르는데 장단은 거의 중모리이다. 많이 불리는 것은 강산풍월, 고고천편, 관경사, 만고강산, 몽유가, 박석고개, 백수산, 범피중류, 불수빈, 사시풍경가, 소상팔경, 운담풍경, 장부가, 장부한, 조어환주, 죽장망해, 진국명산, 초한가, 탐경가, 편시춘, 풍월강산, 호남가 등이다.

⑧ **병창**

가야금을 연주하면서 단가나 판소리의 한 부분이나 민요 등을 부르는 형태를 말한다.

⑨ **속요**

- 잡가 : 조선 중엽의 평민문화로 직업적인 음악인들에 의해 해학적인 긴 사설에 기교 있는 꾸밈새를 더한 노래를 말한다. '경기 12잡가'와 '서도 잡가'로 구분된다.
- 선소리 : 잡가를 앉아서 부른다 하여 좌창이라 하는데, 선소리는 서서 부른다는 뜻이다. 원래는 사당패들의 노래로 여러 가지 가무잡희를 연출하면서 곁들여진 노래이다.
- 민요 : 예로부터 불리어 오는 향토 음악으로 선조들의 생활 감정을 노래로 읊은 것이며, 그 지방의 사투리나 말의 억양과 밀접한 관계를 가지고 있다.

⑩ **민요의 지방적 특징**

- 경기도 : 경쾌하고 가락이 부드럽고 서정적이다(늴리리야, 아리랑, 도라지타령 등)
- 평안도, 황해도 : 소리를 섞어 떨며 애수적이고 감성적이다(몽금포 타령, 수심가, 박연폭포 등)

- 강원도 : 높은 음에서 낮은 음으로 내려오는 선율이 많다.
- 경상도 : 쾌활하고 활동적이며 억양이 강하다(밀양 아리랑, 쾌지나 칭칭 등).
- 전라도 : 구성지며 격렬하게 떠는 음과 꺾는 음을 많이 사용한다(진도 아리랑, 농부가, 강강술래 등).
- 제주도 : 가락의 흐름이 특이하며 특유의 방언을 사용하기도 한다(오돌또기, 해녀가 등).

4) 국악기

① 국악기의 분류

- 재료에 따른 분류(팔음)

- 금부 : 금속으로 주조하여 만든 악기로 편종, 특종, 꽹과리, 징, 방향, 자바라, 운라 등이 있다.
- 석부 : 돌을 깎아 만든 악기. 대부분 타악기로 편경이 있다.
- 사부 : 명주실을 꼬아 만든 악기. 대부분 현악기로 가야금, 거문고, 해금, 아쟁, 대쟁, 금, 슬, 비파 등이 있다.
- 죽부 : 대나무관으로 만든 악기. 대부분 관악기로 대금, 중금, 소금, 피리, 당적, 단소, 퉁소 등이 있다.
- 포부 : 바가지로 만든 악기로 생황이 있다.
- 토부 : 흙 등을 구워 만든 악기로 훈, 나각 등이 있다.
- 혁부 : 통에다 가죽을 씌워 만든 악기. 대부분 타악기로 장구, 북, 좌고 등이 있다.
- 목부 : 나무를 깎아 만든 악기로 태평소, 박, 축, 어 등이 있다.

- 연주법에 따른 분류
  - 관악기 : 불어서 소리 내는 악기

가로 악기 : 대금, 당적, 지
세로 악기 : 약, 저, 소, 퉁소, 단소
겹서 악기 : 향피리, 당피리, 세피리, 태평소

– 현악기 : 줄을 뜯거나 튕기거나 마찰시켜서 소리 내는 악기

찰현악기 : 해금, 아쟁
발현악기 : 거문고, 가야금, 향비파, 당비파, 금, 슬, 대쟁, 월금, 공후
타현악기 : 양금(금부)

– 타악기

유율악기 : 편종, 특종, 방향, 운라〈금부〉, 편경, 특경〈석부〉
무율악기 : 자바라, 징, 소금(꽹과리)〈금부〉, 박, 축, 어〈목부〉, 부〈토부〉, 장구, 갈고, 진고, 절고, 좌고,
　　　　　 소고, 용고, 교방고, 노고, 노도, 뇌고, 뇌도, 영고, 영도, 건고, 삭고, 응고, 중고〈혁부〉

부록

특수학교(초등) 교사 임용시험
음악과 기출문제 및 해설

기출문제는 출제자와 평가자에 따라서 정답의
풀이가 달리질 수 있으니 참고만 하시기 바랍니다.

특수학교(초등) 교사 임용시험 음악과 기출문제 및 해설

〈2016학년도 특수임용(초등) 교육과정 B〉

7. (가)의 〈악보 1〉은 '2009 개정 음악과 교육과정'의 3~4학년군 제재곡이고, 〈악보 2〉는 5~6학년군 제재곡이다. (나)는 〈악보 1〉을 활용한 수업에 대해 교사들이 나눈 대화이고, (다)는 〈악보 2〉를 활용한 예비교사의 교수·학습 활동 계획이다. 물음에 답하시오.
[5점]

(가)

(나)

최 교사 : 제 수업은 〈악보 1〉을 활용한 기악 중심 수업이었 습니다.

신 교사 : 악보의 첫째 단 둘째 마디의 음을 ㉠ 멜로디언의 텅잉(tonguing) 주법으로 바르게 연주하려면 건반을 한 번만 눌러야 하는데, 이것을 선생님께서 직접 보여주셔서 학생들이 잘 따라한 것 같아요.

정 교사 : 탬버린으로 둘째 단 4마디 전체를 반주할 때, 선생님 께서 특정한 리듬꼴을 반복하여 연주하라는 뜻의 (㉡) 반주를 활용하신 것도 좋았어요.

신 교사 : 선생님께서 〈리듬 악보〉를 제시하신 것도 효과적인 것 같았어요. 학생들이 〈리듬 악보〉의 음표 기둥에 적힌 표시를 보고 (㉢) 주법으로 바르게 연주 하더군요.

〈리듬 악보〉

(다)

음악 요소	활동
토리	메나리토리의 특징을 이해하며 노래 부르기
장단	굿거리장단을 ㉣ 장구의 바른 주법으로 연주하기
장단의 세	장단의 세를 살려 무릎장단 치기
형식	두 모둠으로 나누어 긴자진형식으로 노래 부르기
장단꼴	A의 두 장단꼴을 다는 형과 맺는 형으로 반주하기

1) (나)의 ㉡, ㉢에 알맞은 음악 용어를 각각 쓰시오. [2점]

• ㉡ : _____

• ㉢ : _____

2) (다)에서 제재곡의 음악 요소에 맞지 않은 활동 2가지를 찾아 틀린 부분을 각각 바르게 고치시오. [2점]

• ① : _____

• ② : _____

3) (나)의 ㉠ 활동과 (다)의 ㉣ 활동을 공통으로 지도할 수 있는 '2009 개정 음악과 교육과정' 표현 영역의 성취 기준 1가지를 쓰시오. [1점]

• _____

제목 잠자리
박자 4/4
조성 다장조
특징 백약란 작사, 손대업 작곡의 우리나라 대표적인 동요로 작은 세도막 형식(12마디)으로 구성되어
     있다.

제목 늴리리야
지역 경기도 민요
장단 자진모리장단
특징 늴리리야는 조선 후기에 생긴 민요로써 반음이 없는 5음 음계로 구성되며 매우 흥겹고 구성지다.
     늴리리야는 피리의 음색을 따온 구음(口音)으로 일제 강점기에는 피압박 민족의 비애와 분노를 담
     은 애절한 호소의 노래가 되기도 하였다. 후렴인 '늴리리야 늴리리야 니나노 난실로 내가 돌아간
     다'를 먼저 부르고 나서(1절) '청사초롱 불 밝혀라 잊었던 낭군이 다시 돌아온다. 늴 늴리리 늴리리
     야'로 들어간다.

1) ⓛ 오스티나토
   ⓒ 트레몰로

1)　ⓛ 오스티나토는 어떤 일정한 음형(音型)을 같은 성부(聲部)에서 같은 음높이로 계속 되풀
    이하는 기법, 또는 그 음형으로 다음과 같은 음악교육적 장점을 가지고 있다. 첫째, 긴장
    과 해결을 모두 다 사용하기 때문에 형식에 대한 느낌을 발달시킨다. 둘째, 간단한 리듬
    으로 구성되어 있기 때문에 자신감을 신장시킨다. 셋째, 즉각적인 결과를 가져오는 쉬운
    테크닉이므로 즉흥적인 연주를 위한 바탕이 될 수 있다.
    ⓒ 트레몰로는 연주에서 음이나 화음을 빨리 규칙적으로 떨리는 듯이 되풀이하는 주법으
    로, '떨린다'는 뜻에서 나온 말이며 일반 현악기에서는 활을 빨리 상하로 움직여서 어떤
    음을 되풀이하는 주법이다. 극적 효과를 목적으로 17세기 초부터 사용되었다. 트레몰로
    의 표기에 있어 '사선'은 '음표의 꼬리'를 의미한다.

다) ① 각 지방의 민요나 무가(巫歌) 등 민간 음악의 기층에 깔린 고유의 음악적 특징을 말한다. 같은 지방의 민요와 무가(巫歌), 민속기악 등은 선율이나 창법이 대체로 비슷하기 때문에 이것을 대표적 민요의 이름을 따서 범주화했다. 서울 · 경기도 · 충청도는 경토리 혹은 창부타령 토리(경조), 평안도는 수심가토리(수심가조), 경상도 · 강원도 · 함경도는 메나리토리(메나리조), 전라도와 충청도 일부 지방은 육자배기토리(육자배기조), 제주도는 제주도토리(제주도조)를 지닌다.

② 메기고 받는 형식은 한 사람이 소리를 메기면 여러 사람이 후렴으로 받는 형식으로 받는 부분의 노랫말과 선율은 고정되고, 메기는 부분은 사설과 선율이 다양하게 변화한다. 메기는 부분은 대체로 낮게 시작하는 '숙여내는 소리', 중간 소리로 시작하는 '평(平)으로 내는 소리', 높은 음에서 시작하는 '질러내는 소리' 등으로 변화를 준다.

3) 바른 자세와 주법으로 악기를 연주할 수 있다.

2009년 개정 음악과 교육과정의 각 영역별 성취기준은 다음과 같다.

영역	내용 체계	성취 기준
표현	1-1. 바른 자세로 표현하기	(1) 바른 자세로 노래 부를 수 있다.
		(2) 바른 자세와 주법으로 악기를 연주할 수 있다.
	1-2. 악곡의 특징을 살려 표현하기	(1) 3~4학년 수준의 음악 요소 및 개념을 이해하며 노래 부르거나 악기로 연주할 수 있다.
		(2) 악곡에 어울리는 신체 표현을 할 수 있다.
		(3) 악곡을 외워서 혼자 또는 여럿이 노래 부르거나 악기로 연주할 수 있다.
		(4) 동요나 민요를 듣고 부르거나 보고 부를 수 있다.
	1-3. 창의적으로 음악 만들어 표현하기	(1) 상황이나 이야기를 여러 가지 소리로 표현할 수 있다.
		(2) 제재곡의 노랫말을 바꾸거나 노랫말에 맞는 말붙임새로 만들 수 있다.
		(3) 제재곡의 리듬 꼴이나 장단 꼴을 바꾸어 표현할 수 있다.
감상	2-1. 음악의 요소 및 개념 이해하기	(1) 3~4학년 수준의 음악 요소 및 개념에 대해 구별할 수 있다.
	2-2. 악곡의 특징을 이해하며 감상하기	(1) 표제 음악 등을 듣고 악곡의 특징에 대해 이야기할 수 있다.
		(2) 노동요, 놀이요, 춤곡, 행진곡 등을 듣고 음악의 쓰임에 대해 이야기할 수 있다.
생활화	3-1. 음악을 즐기는 태도 갖기	(1) 생활 속에서 음악을 즐길 수 있다
	3-2. 우리 음악의 가치 인식하기	(1) 생활 속에서 우리 음악을 찾아볼 수 있다.

문제에서의 지도내용은 '멜로디언의 텅잉주법으로 바르게 연주하기', '장구의 바른 주법으로 연주하기' 등과 같이 기악에서의 바른 자세와 주법을 강조하였으므로 '바른 자세와 주법으로 악기를 연주할 수 있다'라고 기술한다.

6. (가)는 정서·행동장애학생 지우의 특성이고, (나)는 통합학급 교사와 특수학급 교사가 지우의 수업 참여 증진을 위해 협의하여 지도한 자기교수 전략이다. (다)는 '2009 개정 교육과정' 음악과 3~4학년군 '덕석몰자'를 제재로 지우를 고려하여 작성한 교수·학습 계획서의 일부이다. 물음에 답하시오. [5점]

(가) 지우의 특성

○ 대부분의 시간에 위축되어 있고 다른 친구들과 상호작용을 하지 않음.
○ 자기 표현을 하지 않고 수업 활동에 참여하지 않음.
○ 음악 시간에 따라 부르기를 할 때에 소리를 내지 않고 창밖만 응시함.

(나) 자기교수 전략

자기교수 단계와 자기진술문의 예시
- (㉠): "나는 지금 무엇을 해야 하지?"
- 계획: "이제 어떻게 하지?"
- 자기 평가: "어떻게 했지?"
- 자기 강화: "잘했어."

자기교수 전략을 가르치기 위한 교수 활동
1단계: 인지적 모델링
2단계: 외현적 자기교수 안내
3단계: ㉡ 외현적 자기교수
4단계: 자기교수 용암
5단계: 내재적 자기교수

(다) 교수·학습 계획서

〈활동 1〉 ㉢'덕석몰자' 노래 듣고 따라 부르기

전라도 민요

〈활동 2〉 '덕석몰자'의 노랫말 바꾸어 부르기

○ 짝을 지어 선생님이 바꾸어 준 노랫말로 부르기
- '놀자 놀자 친구야 놀자'로 바꾸어 부르기

놀자 놀자 지우야 놀자 / 놀자 놀자 ○○ 놀자
노올-자 지우야 놀자 / 노올-자 ○○ 놀자

- '안녕 안녕 친구야 안녕'으로 바꾸어 부르기
- '사랑 사랑 친구야 사랑'으로 바꾸어 부르기

1) (나)의 ㉠ 단계의 명칭을 쓰시오. [1점]

•_____

2) 다음은 (나)의 ㉡에 해당되는 활동이다. 괄호에 들어갈 교사의 활동을 쓰시오. [1점]

지우가 큰 소리로 자기교수를 말하면서 과제를 수행한다. 그리고 교사는 (   ).

•_____

3) (다)의 수업 제재곡인 ㉢ '덕석몰자'의 ⓐ 노래 형식과 ⓑ 장단을 쓰시오. [2점]

• ⓐ : _____

• ⓑ : _____

4) 교사가 지우의 특성을 고려하여 ㉢의 노래 형식을 응용한 수업을 계획할 때, 〈활동 2〉에 근거하여 지우를 위한 학습 목표를 쓰시오. [1점]

•_____

제목 덕석몰자
지역 전라도 민요
장단 자진모리 장단
특징 전라도 지역의 시김새인 '떠는 소리', '평으로 내는 소리', '꺾는 소리'의 특징이 잘 나타나 있다.

3) ⓐ 메기고 받는 형식
　 ⓑ 자진모리장단

3)　ⓐ 메기고 받는 형식이란 민요의 대표적인 형식으로 한사람이 독창으로 메기면, 그 후렴
구를 받아 여러 명이 제창으로 받는 형식을 의미한다.
　ⓑ 덕석몰자에 가장 잘 어울리는 장단은 자진모리장단이다. 장단은 기본 장단과 변형 장
단이 있으나 악곡에 따라 다르게 사용하기도 한다.

자진모리장단

4) 노랫말을 메기고 받는 형식으로 바꾸어 부를 수 있다.

4)　〈활동 2는〉 노랫말을 바꾸어 부르는 활동이므로 메기고 받는 형식을 이용해야 한다.

8. 다음은 박 교사가 2007 개정 음악과 교육과정의 세 영역을 통합하여 재구성한 단원 개관이다. 물음에 답하시오. [4점]

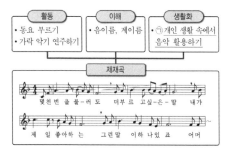

1) 다음은 ㉠에 대하여 박 교사와 예비교사가 나눈 대화이다. ㉡의 방안을 2007 개정 음악과 교육과정에 제시된 생활화 영역의 교수·학습 방법에 근거하여 1가지 쓰시오. [1점]

박 교사: 이 단원의 이전 차시들에서 위의 제재곡을 노래하고, 리코더로 연주합니다. 마지막 차시에서 음악의 생활화를 위해 홈페이지 꾸미기를 합니다.

예비교사: 그럼, 마지막 차시의 홈페이지 꾸미기에서 어떻게 활동 영역을 ㉡ 생활화 영역과 연계할 수 있나요?

  •_____

2) 다음은 박 교사가 수업에서 활용할 악곡의 일부이다. 음이름과 계이름을 완성하고, 음이름 사용의 장점을 리코더 지도를 예로 들어 설명하시오. [3점]

• 음이름: **다 바**

• 계이름: **솔 도**

• 음이름 사용의 장점: _____

_____

1) 홈페이지에 직접 녹음한 제재곡을 배경음악으로 설정한다.
   제재곡을 연주하거나 노래 부르는 영상을 홈페이지에 게시한다.

개정 교육과정의 영역 중 활동 영역과 생활화 영역을 연계하는 방법이다. 학생들이 학교에서 갖춘 음악적 능력(노래, 악기 연주)을 개인 생활 속(홈페이지)에서 활용하는 방법이므로 노래 및 연주 녹음파일, 영상을 홈페이지에 게시하는 것이 방법이 될 수 있다.

　※ 초등학교 개정 음악과 교육과정
　　　– 음악을 즐기는 태도 갖기
　　　– 학교 내외에서 음악 발표하기
　　　– 생활 속에서 음악 활용하기
　　　– 우리 음악의 가치 인식하기
　　　– 학교 내외의 음악 행사에 참여하기
　　　– 개인생활 속에서 음악 활용하기

2) • 음이름 : 다 바 가 가 내림나 가 사 바
   • 계이름 : 솔 도 미 미 파 미 레 도
   • 음이름 사용의 장점 : 계이름과 달리 음이름은 고정도법이므로, 기악 악기를 연주함에 있어 음이름대로 연
     주할 수 있다는 장점이 있다.

음이름은 고정도법이므로 다장조일 때의 세명으로 읽어야 하고, 계이름은 이동도법이므로 바장조의 계명으로 읽어야 한다. 악기를 연주할 때는 조성과 관계없이 악보에 나와 있는 대로 연주하게 되므로, 고정도법인 음이름을 사용하는 것이 더 좋다.

　참고로 계이름은 조성에 따라 읽는 방법과 이름이 아래와 같이 달라진다. 그러나 음이름으로 리코더를(문제에서는 리코더라는 가상 상황을 제시하였으므로) 연주할 경우 조성을 계산하지 않고 오선보에서 제시한 원음으로 리코더를 연주할 수 있어 지적인 제한성을 가지고 있는 학생이 조성을 파악하는 과정 없이 쉽게 리코더를 연주할 수 있다.

1) 음이름 : 조표와 상관없이 그 위치가 고정되어 있는 이름

　　　한국 : 다, 라, 마, 바, 사, 가, 나, 다

　　　영어 : C, D, E, F, G, A, B, C

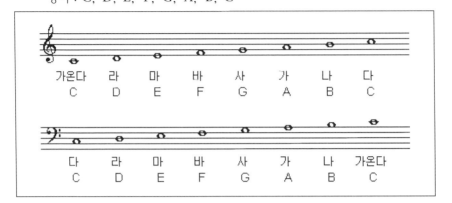

2) 계이름 : '도, 레, 미, 파, 솔, 라, 시'의 7음으로 조표에 따라 변하는 이름

● 라장조

● 바장조

● 내림나장조

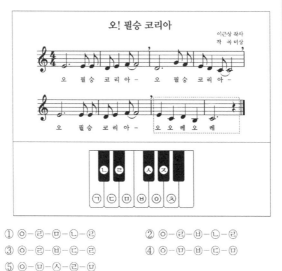

33. 정서·행동장애 학생들이 기본교육과정 음악 시간에 '오! 필승 코리아'를 부르던 중, 흥에 겨워 음을 점점 높여 부르게 되었다. 특수학교 교사가 악보의 첫 음 '미'를 '솔'로 올려 조옮김을 한 후 연주할 때, 전체 악보 중 마지막 두 마디의 건반 순서로 옳은 것은?

① ⓞ-ⓡ-ⓜ-ⓝ-ⓡ   ② ⓞ-ⓡ-ⓑ-ⓝ-ⓡ
③ ⓞ-ⓡ-ⓑ-ⓓ-ⓡ   ④ ⓞ-ⓜ-ⓑ-ⓓ-ⓜ
⑤ ⓞ-ⓜ-ⓢ-ⓡ-ⓜ

제목	오! 필승 코리아
박자	4/4
조성	다장조
특징	대한민국의 응원 구호 및 월드컵 응원가이다.

③ 번

위 악곡은 다장조의 악곡이므로, 첫 음인 미를 솔로 올려 조옮김하게 될 경우 단 3도 올린 내림마장조의 악곡이 된다. 따라서 '미'에 ♭을 붙여 '솔 미♭ 파 레 미♭'인 ③이 정답이다.

33. 다음은 2008년 개정 특수학교 기본교육과정 교과서 음악 2에 제시된 '숲 속을 걸어요' 악보이며, 특수학교 김 교사는 자폐성장애 학생 은수에게 이 곡을 지도하려고 한다. 제재곡 악보 및 김 교사의 지도와 관련된 적절한 설명을 〈보기〉에서 고른 것은?

숲 속을 걸어요

─────────〈 보 기 〉─────────

ㄱ. 위의 제재곡은 기본교육과정 음악과 표현활동 영역인 '소리의 높고 낮음 구별하기'를 지도하는 데 적절하다.

ㄴ. 세 번째 작은 악절은 조금 여리게 부르도록 지도한다.

ㄷ. 은수의 장애특성을 고려하여 그림악보를 사용하는 것이 효과적이다.

ㄹ. 소리를 듣고 높은 음과 낮은 음을 구별하도록 지도하기 위해 계단 오르내리기 활동을 하는 것이 적절하다.

ㅁ. 위의 제재곡을 피아노로 반주할 때 세 번째 마디 선율과 어울리는 화음은 ▮▮ ▮▮▮ ▮▮ 이다.

① ㄱ, ㄴ, ㄷ   ② ㄱ, ㄹ, ㅁ   ③ ㄴ, ㄷ, ㄹ
④ ㄴ, ㄷ, ㅁ   ⑤ ㄷ, ㄹ, ㅁ

제목 숲 속을 걸어요
작사 유종슬
작곡 정연택
박자 4/4
조성 바장조
특징 숲 속을 걷는 듯한 느낌을 주제로 동심을 자극하는 아름다운 동요

③ 번

㉠ 소리의 높고 낮음 구별하기는 음악 개념(인지적)에 관한 학습 활동이므로 표현 활동과는
다른 활동이다.

㉡ mp(메조피아노)는 '조금 여리게'를 의미하는 음악용어이다.

㉢ 위의 악곡의 조성은 바장조로 시(B)는 시♭(B♭)으로 연주해야 한다.

33. 다음은 '어머님의 은혜'의 일부이다. 청각장애 학생을 대상으로 이 노래의 (ㄱ)~(ㅁ)을 지도할 때 바른 것을 <보기>에서 모두 고른 것은?

<보 기>

ㄱ. (ㄱ) 박자젓기를 할 때 학생들의 청음 능력을 고려하여 $\frac{4}{4}$박자로 지도한다.

ㄴ. (ㄴ) 음높이를 지도할 때 몸이나 손과 같은 신체 표현을 지도한다.

ㄷ. (ㄷ) 리코더를 연주할 때 포르타토(portato) 주법으로 표현하도록 지도한다.

ㄹ. (ㄹ) 리듬마다 이름을 매겨 리듬 음절을 이해하도록 지도한다.

ㅁ. (ㅁ) 리듬치기를 할 때 리듬을 바르게 표현할 수 있도록 시각적으로 지도한다.

① ㄱ, ㄴ   ② ㄴ, ㄹ   ③ ㄷ, ㄹ
④ ㄱ, ㄷ, ㅁ   ⑤ ㄴ, ㄹ, ㅁ

제목 어머님의 은혜
작사 윤춘병
작곡 박재훈
박자 6/8
조성 다장조
특징 어머니의 높은 사랑을 서정적으로 그려낸 어버이날 동요

③ 번

㉠ 위의 곡은 6/8박자이므로, 한 마디를 반으로 쪼개었을 때 3박자 계통의 박이 되므로, 4/4 박자로 지도하는 것은 알맞지 않다.

㉢ (ㄷ)은 붙임줄이므로, 연결된 두 음 중 뒷음은 연주하지 않고, 그 시간만큼 소리만 내라는 표시이다. 포르타토는 텅잉으로 끊어 연주하는 주법이므로 옳지 않다.

※ 포르타토(Portato)
   포르타토는 리코더에서 가장 많이 사용하는 텅잉으로 음과 음 사이의 간격을 두지 않지만 매 음마다 텅잉을 하며(두 두 두 두) 부드럽게 이어서 연주한다.

참고문헌

서 적

교육과학기술부(2009). 특수학교 교육과정. 서울 : 대한교과서주식회사.

교육과학기술부(2008). 장애인 등에 대한 특수교육법령 해설자료. 교육과학기술부.

교육인적자원부(2000). 기본교육과정 예능 3. 서울 : 대한교과서주식회사.

교육부(1998). 특수학교 교육과정. 서울 : 대한교과서주식회사.

교육부(1998). 음악과 교육과정. 서울 : 대한교과서주식회사.

교육인적자원부(2000). 기본교육과정 예능 1. 서울 : 대한교과서주식회사.

권덕원 외 3인(2005). 음악교육의 기초. 서울 : 교육과학사.

권덕원 · 석문주 · 최은식 · 함희주(2008). 음악교육의 기초. 서울 : 교육과학사.

길애경 · 임미경(1996). 초등음악지도법. 서울 : 수문당.

김동일(1999). 학습부진 영재아동. 서울 : 원미사

김동주(2008). 음악치료 길라잡이. 서울 : 작은우리.

김영환(1994). 몬테소리에 의한 감각교육의 실제. 서울 : 도서출판 특수교육.

김온기 외 2인(2004). 아동을 위한 창의적 동작 교육. 창문사.

김은심(2004). 아동 동작 교육의 이론과 실제. 서울 : 창지사.

김은심(2001). 아동을 위한 동작 교육. 서울 : 정민사.

김은심 · 안숙희(2008). 영아 아동을 위한 음악 · 동작 교육. 서울 : 파란마음.

김을곤(1995). 음악의 이해와 감상을 위한 새 악기해설. 서울 : 아름출판사.

김정화 · 전영애(2007). 아동 음악과 동작. 서울 : 공동체.

김종옥(2013). 처음 만나는 공자. 서울 : 산하.

김종환(2004). 음악 교육론 : 음악 교육사상과 원리의 이해. 서울 : 교육과학사.

김현지 외 3인(2011). 아동동작 교육의 이론과 실제. 창지사.

김희규 · 김찬수 · 김현자 · 민경훈 · 손상희(2011). 특수교육 음악교육론. 서울 : 교육과학사.

문영일(1990). 음악교수법. 서울 : 청우.

문정화 · 하종덕(1999). 또 하나의 교육 창의성. 서울 : 학지사

민경훈 외 11인(2010). 음악교육학 총론. 서울 : 학지사.

박정숙(1995). 감각통합의 원리와 지도방법. 서울 : 도서출판 특수교육.

박준원(2002). 미학특강. 부산 : 동아대학교 출판부.

방금주 · 김용희(2000). 음악 창작 아카데미. 서울 : 학지사

백대웅(1993). 인간과 음악. 서울 : 도서출판 어울림.

변영계 · 김영환(1999). 교육방법 및 교육공학. 서울 : 학지사.

보수초등학교(2005). 음악과 다양한 창작활동을 통한 창의력 표현력 신장. 교실수업개선 연구학교
　운영보고서.

사이토 히로시(2013). 음악심리학. 서울 : 스카이.

서석남(2001). 프뢰벨 생명교육 1. 서울 : 국민서관.

서석남(2003). 프뢰벨 생명교육 2. 서울 : 국민서관.

석문주(2007). 음악교육의 이해와 실천. 서울 : 교육과학사.

석문주(1999). 교실에서의 음악감상. 서울 : 교육과학사.

성경희(1988). 음악과 교육론. 서울 : 갑을 출판사

송진범(2000). 음악교육학. 서울 : 학문사

신현기(2004). 교육과정의 수정과 조절을 통한 통합교육 교수적합화. 서울 : 학지사.

안미자(1991). 음악교육학 개론. 서울 : 교육과학사.

오연주 외 3인(2004). 아동 동작 교육의 이론과 실제. 창지사.

유덕희(1983). 아동발달과 음악교육. 서울 : 개문사.

유덕희(1983). 음악 교육론. 서울 : 개문사

윤영돈(2006). 유가의 예악 사상에서 악(樂)의 문제.

윤재흥(2012). 교육철학 및 교육사 : 인간과 교육에 대한 관점의 다양성과 변화. 학지사.

이강숙(1988). 음악학. 서울 : 민음사.

이강숙(1987). 열린 음악의 세계. 서울 : 현음사.

이강숙(1981). 열린 음악의 세계. 서울 : 은애출판사.

이강희(1985). 음악의 이해. 서울 : 민음사.

이상호(2011). 유교적(儒敎的) 관점에서 본 음악(音樂)의 도덕교육적(道德敎育的) 함의(含意).

이석원(1994). 음악심리학. 서울 : 심설당

이순화(2010). 아동음악치료의 이론과 실제. 경기 : 가나북스.

이신동(2007). 최신 영재교육학개론. 서울 : 학지사

이영 외 2인(2004). 아동을 위한 창의적 동작 교육. 서울 : 교문사.

이용식(2002). 한국음악학과 음악민족지.

이용일(1999). 음악교육학개론. 서울 : 현대음악출판사.

이은진 · 최애나 · 임용자(2008). 예술심리치료의 이해. 서울 : 창지사.

이종구(1989). 악기 백과. 서울 : Artsource.

이철수(2011). 심리학으로 본 음악교육. 서울 : 교육과학사.

이홍수(1994). 음악여행. 서울 : 세광음악출판사.

이홍수(1992). 느낌과 통찰의 음악교육. 서울 : 세광출판사.

이홍수(1990). 음악교육의 현대적 접근. 서울 : 세광출판사.

이홍우(2005). 교육의 과정. 서울 : 배영사.

임미경(2004). 음악교육의 이론과 실제. 서울 : 도서출판 예종.

임은희(1999). 음악치료학 입문. 서울 : 이시이미디어 리서치.

장사훈(1994). 한국음악사. 서울 : 세광출판사.

장창환 · 조효임 · 이동남(2003). 초등음악과 지도법. 서울 : 삼호뮤직.

장혜성 외 3인(2007). 개별화교육프로그램과 연계한 장애아 음악활동의 이론과 실제. 교육과학사.

장혜성 · 장혜원 · 황은영 · 김은영(2007). 장애아 음악활동의 이론과 실제. 서울 : 교육과학사.

장혜성 · 장혜원 · 황은영(2007). 개별화교육프로그램과 연계한 장애아 음악활동의 이론과 실제. 서울 : 교육과학사.

장호(2006). 중등학교 음악교육의 이론과 실제. 서울 : 예솔.

전인평(2000). 새로운 한국음악사. 서울 : 현대음악출판사.

성영조(2002). 음악치료. 서울 : 하나의학사.

최병철(2006). 음악치료학. 서울 : 학지사.

E. S. Sobol(2013). 장애아동 음악교육 지침서. 신현기, 남경욱, 이종열 외 2인 역. 서울 : 시그마프레스.

H. Gardner(1983). Frames of Mind : The Theory of Multiple Intelligences. Basic Books.

J. L. Mursell(1986). 음악 교육과 인간형성. 서울 : 세광출판사.

J. S. Renzulli(1978). What Makes Giftedness? Reexamining a Definition. Phi Delta Kappan.

N. Hartman(1983). 미학. 전원배 역. 서울 : 을유문화사.

T. W. Adorno(1984). 미학이론. 홍승용 역. 서울 : 문학과지성사.

학위 논문

강성숙(2001). MMCP이론에 근거한 중학교 음악교과 학습방법에 관한 연구. 창원대학교 교육대
학원 석사학위논문.

고경은(2005). 음악치료의 대상별 효과. 경북대학교 교육대학원 석사학위논문.

곽나연(2014). 2009 개정 음악과 교육과정에 의한 중학교 음악 통합교과서 분석과 지도방안 연
구 : 가창영역을 중심으로. 계명대학교 교육대학원 석사학위논문.

곽나연(2013). 2009 개정 음악과 교육과정에 의한 중학교 음악 통합교과서 분석과 지도방안 연구.
계명대학교 교육대학원 석사학위논문.

곽선옥(2008). 코메니우스의 자연주의 교육사상과 루소의 음악 교육에 관한 연구. 연세대학교 석
사학위논문.

김경문(2008). 전국 교육대학교 교육대학원 기악 관련 논문 내용 분석. 부산교육대학교 교육대학
원 석사학위논문.

김금희(2001). 페스탈로찌 음악 교육사상의 현대적 의미. 숙명여자대학교 석사학위논문.

김민희(2013). 한국과 영국 중학교 음악과 교육과정 비교 분석. 상명대학교 교육대학원 석사학위
논문.

김선아(2014). 다양한 발성법에 따른 가창영역 지도방안연구 : 2009 개정교육과정 중학교 교과서
를 중심으로. 경희대학교 교육대학원 석사학위논문.

김수현(2010). 특수학급 학생의 음악수업 통합교육에 대한 음악교사 인식과 교수적합화 조사. 대
구대학교 교육대학원 석사학위논문.

김숙현(1998). 음악 치료의 원리와 방법의 이론적 연구. 전남대학교 교육대학원 석사학위논문.

김인숙(1982). 정신지체아의 음악교육 내용 및 가창 프로그램 연구. 경희대학교 교육대학원 석사학위논문.

김정수(2001). 기악 중심 음악활동이 정신지체아의 문제행동에 미치는 영향. 대구대학교 특수교육대학원.

김정화(2012). 시각장애 학생을 위한 중학교 음악 수업 지도 방안. 목포교육대학원 석사학위논문.

김종구(2001). 인지 발달론에 근거한 초등학교 음악 개념 지도 방안. 한국교원대학교 교육대학원 석사학위논문.

김종환(1993). 미국에 있어서 음악 교육의 현대화 과정에 관한 연구. 대구대학교 교육대학원 석사학위논문.

김지현(2014). 초등 3~4학년 음악 창작 수업에서의 스마트 교육 적용 방안. 부산교육대학교 교육대학원 석사학위논문.

김하영(2012). 음악 감상이 특수교육 대상 아동의 정서 및 행동 변화에 미치는 영향. 전주대학교 교육대학원 석사학위논문.

김형미(2011). 중학교 음악 교과서 기악영역 분석연구 : 중학교 1학년 교과서를 중심으로. 제주대학교 교육대학원 석사학위논문.

남경민(2007). 음악교육심리학과 관련된 중학교 음악 감상 수업 연구. 경희대학교 교육대학원 석사논문.

류진(2013). 스마트 교육기기를 활용한 효과적인 음악수업 방안. 경북대학교 교육대학원. 석사학위논문.

마신이(2007). 음악적 개념 이해를 위한 제재곡 활용방안 연구. 부산교육대학교 교육대학원 석사학위논문.

박영숙(1995). 한국 노동요를 통해 본 기능음악의 이해. 숙명여자대학교 교육대학원 석사학위논문.

박은선(2008). 현대음악 창작수업을 위한 학습지도방안 연구. 국민대학교 교육대학원 석사학위논문.

박지현(2003). 창의성 신장을 위한 초등 음악 프로그램 개발 및 효과에 관한 연 구. 서울대학교 일반대학원 석사학위논문.

박혜은(2002). 정신지체 특수학교의 예능교과서 분석과 음악교과 교육과정의 개선 방안 연구. 국민대학교 교육대학원 석사학위논문.

배정임(2010). 창의적인 교수법개발을 통한 활성화 방안 연구. 경북대학교 교육대학원 석사학위논문.

송지영(2009). 개념적 접근 방법을 활용한 음악학습 지도 방안. 충남대학교 교육대학원 석사학위 논문.

신선영(2007). 효율적인 가창지도 방안 : 초등학교 학생을 중심으로. 계명대학교 교육대학원 석사 학위논문.

신혜경(1998). 음악 학습에서 시각 매체의 영향에 관한 고찰. 서울대학교 대학원 석사학위논문.

심혜은. 그림악보를 활용한 창작활동이 음악적 창의성에 미치는 영향. 연세대학교 교육대학원 석 사학위논문.

안승희(2008). 정신지체 특수학교 음악교사의 자질에 대한 기대수준과 지각수준 간의 차이. 대구 대학교 교육대학원 석사학위논문.

이강자(2001). 슈타이너 학교의 통합적 음악 교육 형태와 그 적용에 관한 연구. 한국교원대학교 교 육대학원 석사학위논문.

이경민(2011). 프뢰벨의 인간교육에 대한 연구. 한신대학교 교육대학원 석사학위논문.

이만석(2009). 교수적합화를 통한 초등학교 정신지체 장애아동의 통합체육 실행연구. 연세대학교 대학원 석사학위논문.

이미정(2006). 이야기 음악 만들기 활동을 통한 창의적 표현 능력 신장. 대구교육대학교 교육대학 원 석사학위논문.

이수연(2011). 정신지체 아동의 음악개념 형성을 위한 기악 지도방안. 한양대학교 석사논문.

이양옥(2001). 시의 음악적 요소를 활용한 가락 창작지도 방안 연구. 한국교원대학교 교육대학원 석사학위논문.

이지영(2012). 이해를 위한 교수를 적용한 음악창작수업이 자기 효능감에 미치는 영향. 경인교육 대학교 교육대학원 석사학위논문.

이지은(2004). Orff-Schulwerk 접근법을 이용한 음악놀이가 정신지체 유아의 사 성 및 사회적 행동 에 미치는 효과. 단국대학교 교육대학원 석사학위논문.

이하영(2003). 영상매체활용수업(MAI)이 아동의 통일의식에 미치는 효과. 서울교육대학교 교육대 학원 석사학위논문.

이화선(2008). 플라톤과 프뢰벨의 전인 교육을 위한 음악 교육관 연구. 연세대학교 교육학원 석사 학위논문.

이효숙(2001). 유아음악극 활동의 교육적 효과. 중앙대학교 일반대학원 박사학위논문.

이효준(1992). 음악교육의 철학적 접근. 평택대학교 교육대학원 석사학위논문.

전광수(1983). 음악감상 교육을 통한 인성지도에 관한 연구. 경희대학교 교육대학원 석사학위논문.

정경윤(2011). 쉴러의 『미적교육론』에 나타난 미적 경험과 예술교육. 건국대학교 교육대학원 석사학위논문.

정영경(2008). 발도르프 학교의 음악 교육 방법을 적용한 수업 연구. 전주교육대학교 석사논문.

정지심(2000). 특수학교 기본교육과정에 따른 예능(음악) 교과서 분석 연구. 대구대학교 교육대학원 석사학위논문.

정현진(2007). 중학교 음악과 기악교육의 효과적인 지도방법론. 계명대학교 교육대학원 석사학위논문.

조재구(2002). 한국 특수교육의 변천과정과 지향 방향. 경상대학교 교육대학원 석사학위논문.

조정윤(2003). 기능음악의 교육적 수용에 관한 연구. 한국교원대학교 일반대학원 석사학위논문.

최경희(1983). 중학교 음악감상 교육이 학생의 정서에 미치는 영향에 관한 연구. 경희대학교 교육대학원 석사학위논문.

최선민(2004). 중학교 2학년 음악교과서의 기악 영역에 관한 연구. 전북대학교 교육대학원 석사학위논문.

추영경(2007). 중학생의 효율적인 가창지도 방안 연구. 영남대학교 교육대학원 석사학위논문.

한소양(1990). 음악 교육의 새 방향모색. 숙명여자대학교 교육대학원 석사학위논문.

학회

구혜승(2012). 오르프 교수법이 창의적 음악 표현력과 음악 태도에 미치는 효과. 교육학 논총, 33(2).

김광자(2005). 포괄적 음악교육에 기초한 유아의 음악적 능력 증진 프로그램 개발 및 효과. 한국유아교육학회, 25(1).

김미선(1995). 20세기 음악에 나타난 동양사상. 음악과 민족, 10(1).

김미숙(2012). 음악개념 학습을 위한 개념도의 실제적 적용. 음악교육공학, 15(1).

김효정(2008). 음악적 창의성 신장을 위한 초등학교 음악 수업의 개선 방안. 한국 달크로즈유리드믹스학회, 2(1).

민경훈(2013). 음악과 수행평가 준거에 관한 연구, 교육논총, 29(3).

이상은(1987). 악기(樂記)의 음악론에 관한 고찰. 동양철학연구, 8(1).

이상은(1985). 악기(樂記)의 음악론에 관한 고찰. 동양철학연구, 6(1).

이숙 · 이난복(2007). 한국 정신지체 특수학교 교육과정 변천사 연구. 특수교육저널 : 이론과 실천, 8(3).

이승희(2009). 브루너의 발견학습이론의 음악교육적 적용과 단계적 발견학습의 모델, 교과교육학연구, 13(3).

조경식(2002). 프리드리히 쉴러의 미학서간에서 나타난 예술의 자율성에 대한 분석. 독일문학, 43(1).

주재근(2006). 고구려의 현악기에 관한 연구-삼국사기 악지의 고구려 음악을 중심으로. 동양음악, 28(1).

이인화(2012). 루소의 자연주의와 현대 음악 교육 사상. 음악연구, 48(1).

Sternberg, Robert J.; Detterman, Douglas K., eds.(1986). What is intelligence? Contemporary view points on its nature and definition. Norwood (NJ) : Ablex.